# 市民参加型調査が文化を変える

## 野尻湖発掘の文化資源学的考察

Regional Culture is Changed by the Research with Citizen Participation

Cultural Resources Studies of Nojiri-ko Excavation

土屋正臣 著

Masaomi Tsuchiya

美学出版

# 市民参加型調査が文化を変える

野尻湖発掘の文化資源学的考察

市民参加型調査が文化を変える――野尻湖発掘の文化資源学的考察――◎目次

# 序章

## 第1節　埋蔵文化財行政の立ち位置

本書は、発掘調査の持つ社会教育的な意義の検証を通じて、埋蔵文化財行政の望ましい方向性を提示することを目的とする。この論文の問題意識は、筆者の経験に基づいている。筆者は、大学で考古学を専攻した後に、基礎自治体の文化財保護行政に関わることになった。その過程で考古学研究と文化財保護行政とは全く異なる次元にあることに気がついた。前者はあくまで真理を探究する学術研究であり、後者は行政の範疇にある。特に、同じ発掘調査という手段を必要としてはいても、学術上の成果を生み出すことを目的とする学術発掘と、行政が主に開発事業に伴って破壊される遺跡を記録として保護する行政発掘とは、その目的や意味が全く異なる。記録保存のための発掘調査は、行政施策として実施する以上、結果的に住民の福祉の増進を図る（地方自治法）ためのものでなければならない。

文化財保護法は、文化財の保存とその活用によって、国民の文化的向上や世界文化の進歩に貢献することを目的としている（第一条）。そして、政府・地方公共団体は、「文化財が我が国の歴史・文化等の正しい理解のために欠くことのできないものであり、且つ将来の文化の向上発展の基礎をなすものであることを認識」し、「その保存が適切に行われるように、周到の注意をもってこの法律の趣旨の徹底に努めなければならない」（第三条）としている。つまり、文化財の持つ情報は、国民の文化的な発展を支えるものとして存在する。そして、最終的にそれは住民の福祉の増進を図る地方自治法の精神とも深く関わっている。

この文化財保護行政に関する事務を所管するのが教育委員会である。地方教育行政の組織及び運営に関する法律は、教育委員会の職務権限の一つとして、「文化財の保護に関すること」（第二一条第一四項）を掲げている。また、地方公共団体の長は、条例の定めるところにより「文化に関すること」（第二三条第二項）を管理、執行できる(1)。しかし、この「文化に関すること」のうち、文化財の保護に関することは対象外となっている。すなわち、文化財の保護は、教育委員会固有の職務であって、あくまで教育委員会が管理し、執行しなければならない。

ところが、埋蔵文化財保護行政の日常的な業務は、教育とはほど遠い状況にある。後述するように、遺跡を記録として遺すことが中心となってしまい、そこで得られた成果が教育行政という枠組みを通じて社会に還元される機会は、極めて限定的であった。現在では、開発事業の減少とともに、発掘作業だけに職員が追われることも減少しつつあるが、それでも発掘調査によって得られた知見や見識――ここではそれらを総称して〈知〉とする――が、学びというかたちをとって、人々の生活や社会の発展に寄与しているとは言い難い。どちらかと言えば、開発を阻害する要因としての遺跡をいかに処理するか、という土木行政に近い状況が生まれている。

このことを痛感したのが、筆者が勤務する基礎自治体における、二〇〇二年の博物館建設計画の凍結事件である。古墳の遺跡博物館として一九九七年に基本計画の中に盛り込まれ、その計画の実現に向けて筆者も関わってきた。しかし、首長交替後に逼迫した自治体財政を理由に博物館計画は凍結された。この出来事で筆者が衝撃を受けたのは、自治体組織内部での議論や議会での反応に比べ、市民の無反応、無関心ぶりであった。裏を返せば、発掘調査の成果や古墳を含めた遺跡のあり方、そしてそれを展示する博物館の機能について、ほとんど地域社会の中で認知されていなかった。少ないながらも存在した市民の反応は、博物館の建設コストや史跡公園化のための用地買収費に関するものであり、発掘調査から史跡整備、博物館建設の過程で、それらについての教育行政としての意義が、地域社会の中で注目されることは無かった。それだけではなく、自治体組織内部でもこの問題が問われることはほとんど無かった。このことは、この事業が如何に狭い範囲でのみ議論されていたかを端的に物語っている。この要因の一つには、埋蔵文化財行政が遺跡処理業務化していることが挙げられる。発掘調査のプロセスやその成果が地域社会に還元されるための議論が後景化し、合理的かつ迅速に遺跡を処理することに重きが置かれてきた結果として、遺跡博物館の議論も未成熟のままだったのである。

これと関連する問題として現在進行しているのが、発掘調査業務の外部委託化である。埋蔵文化財調査を自治体の直営で行なうのではなく、民間の発掘調査会社に委託して実施するものである。自治体財政規模の縮小化に伴い、自治体職員の採用数が絞られている。このため、埋蔵文化財行政担当職員を採用する枠もまた限定されてきている。この状況を補うものとして、民間発掘調査会社に発掘調査業務を委託しているのである。こうした手法は、地方自治体の土木行政においては、日常的に用いられている。発掘調査業務の委託そのことが否定されるべきではない。しかし、土木行政と異なるのは、埋蔵文化財行政を教育行政という枠組みで捉えた時、発掘調査の結果と同時に、プロセスそのものが教育的意義を負っていることにある。業務の外部委託化が効率性や迅速性を求めるあまり、自治体の直営事業よりもさらに、遺跡と地域社会との関係が希薄化し、発掘調査の持つ教育的意義が排除されてしまう危険性を筆者は危惧する。

以上のような課題を文化財保護行政ないし埋蔵文化財行政が抱えてはいるものの、こうした法制度の趣旨を踏まえた上で論を進めるならば、特に、基礎自治体において、文化財保護行政は教育行政、その中でも社会教育行政と密接な関係に位置づけられることが少なくない。例えば、社会教育行政の中に文化財保護行政の担当のセクションを設けている基礎自治体は多い(2)。また、現在「文化財保護課」とされている組織も元々は、「社会教育課文化財保護係」といったかたちで、社会教育行政の中に文化財保護部門が位置づけられてきたケースが存在する(3)。

一九六〇年代後半以降、大規模開発による遺跡破壊が進む中で、記録保存のための発掘調査体制の整備が急務となっていった。その過程で、基礎自治体においては、社会教育行政の中に文化財保護行政を位置づけていった。いや、むしろ学校教育以外の教育行政をまとめた結果、「社会教育課文化財保護係」が生まれた事例も少なくないと推察される。そのために、一九六〇年代から一九七〇年代における文化財保護の専門職員の配置が順次進められていた段階では、職員が複数の業務を掛け持ちながら、その中の一つの仕事として文化財保護も担当するという状況が続いていた。例えば、金井塚良一が東松山市の事例として取り上げているように、「文化財関係の実際的な仕事は、社会教育の一部門としてあつかわれ、一人の文化財係が担当」していたのが一九六〇年代の状況の一端であり、「社会教育関係の仕事の片手間」として文化財保護が行なわれていた(4)。つまり、少なくとも基礎自治体では、専属的に文化財保護の業務を担う職員が配置できないために、結果的に社会教育行政の一部として文化財保護行政を兼務せざるを得ない状況があった。そのために、開発行為に伴って破壊される遺跡の保護は、手薄になりがちであった。そして、一人の職員による掛け持ちの状況は現在でも必ずしも解消されてはいない。

ただし、こうした問題を孕んでいるにせよ、文化財保護行政が社会教育行政と近接した関係の中で扱われてきたことは、積極的に評価しても良いのではないかと考える。後述するように、学びによって次の社会を創るのが社会教育なのであれば、文化的な発展の礎である文化財の保護もまた社会教育の枠組みで捉えなおすことができるのではないか。学校教育以外の教育として結果的にまとめられてしまったとしても、必ずしもそれを否定的に捉える必要は無い。むしろ、社会教育としての文化財保護行政の在り方を積極的に模索すべきであろう。

## 第2節　新たな社会を切り拓くための社会教育

### 1　社会教育に対する批判

今日、文化財保護行政ないしは埋蔵文化財行政が社会教育的な観点から必ずしも運営されていない背景には、市民の文化活動の実態と乖離していた、社会教育行政が抱える事情があった。松下圭一は著書『社会教育の終焉』(一九八六)の中で、成人の学習ないしそれを含む成人の文化活動を市民文化活動と位置づけた。その上で、こうした自発的・能動的な学びを実践する人々を行政が「オシエソダテル」という社会教育は成り立たないとした(5)。

特に本書で松下の批判に注目したいのは、社会教育主事等の専門性を持った人々の役割を否定的に捉えている点である。

社会教育行政に携わる職員を「指導者」とする社会教育の在り方に松下は疑義を呈し、市民相互の関係である相互教育の本来的な意味が、行政と市民との関係にすり替えられていると指摘する。そしてこの「指導者」としての専門家の存在が、「オシエソダテル」社会教育システムを補完し、行政が市民を教導する形態を維持し続けているのだとする。

この行政の専門家が人々を「正しい市民」に教え導くという社会教育モデルは、文化財保護行政にも適用されてきた。例えば一九五四年から毎年実施されてきている「文化財保護強化週間」は国及び地方公共団体が文化財保護の一層の推進を図り、広く国民に文化財保護思想を普及啓発し、その理解と協力を得ることを目的としている。具体的にはこの期間中に全国各地で文化財に関する展覧会や芸能発表会、史跡めぐりなどの各種事業が実施されている。こうした文化財に直接触れるイベントを通じて、文化財に対する国民の無理解から生じる文化財の破壊や消失を避けるために、正しい文化財の保護や愛護の思想を人々に浸透させることが、文化財保護行政の重要な柱となっている(6)。

このような文化財保護行政の発想こそ、まさに社会教育行政における「オシエソダテル」思想と符合するものである。教導型社会教育においては、教える側(行政)と教わる側(市民)が、明確に分離され、その二者の間で「正しい」知識が啓蒙される。その一つが文化財の保護となっているのである。しかしながら、教導型の社会教育システムの中で、文化財保護行政が機能してきたために、社会教育批判によって社会教育から生涯学習へと転換が図られるようになると、旧態依然とした文化財保護行政は、教育行政の中での位置づけが不明瞭となっていった。つまり、文化財保護のシステムそれ自体が地域社会との関わり方が曖昧なことに加え、拠り所としていた「オシエソダテル」型の社会教育が批判され、その内容が問い直されるようになると、「オシエソダテ」ない文化財保護の方向性もまた不透明となっていったのである。

それゆえに、「オシエソダテ」ない文化財保護の姿を模索するかのように、二〇〇〇年代に入ると、「文化財の保存・活用の新たな展開——文化遺産を未来へ生かすために——」(平成一三年一一月一六日文化審議会文化財分科会企画調査会)に代表される、「文化財の保存と活用」が盛んに指摘されるようになる。もちろん文化財保護法の精神に立ちかえれば、文化財の保存と活用という方向性は必然的なものである。だが、そもそも文化財保護行政が拠り所としてきた市民への教導型社会教育に対する批判的検討が、文化財保護行政の中で培われてこなかったために、「保存と活用」へと方針を転換しても、具体的な施策は従来の「オシエソダテル」形式から脱却しているとは言い難い。

この背景には、社会教育行政における社会教育主事のように、文化財保護行政の専門職員の「指導者」としての位置づけが「オシエソダテル」型の社会教育システムを温存してきたという事情がある。後述するように、文化財保護行政、特に埋蔵文化財行政に携わる職員の数は、記録保存のための発掘調査件数の増大に比例して増えていった。これらの職員は、学芸員や教員、一般事務吏員といった複数の枠で採用され、記録保存を目的とした発掘調査や調査報告書の刊行に従事してきた。しかし、こうした職員は、その調査成果の地域社会への還元＝市民に対する文化財保護思想の啓蒙と普及という図式を刷り込まれてきたために、一九八〇年代以降の社会教育の変容を前にしても根本的な意識改革を遂げることなく今日まで来ている。こうした職員は自らを「行政内研究者」と称してきた。自らの専門性をアピールした造語なのだが、問題はその専門性の中身である。発掘調査ができる、あるいは考古学的な素養を身につけているという点で専門性がこうした職員に備わっていると言える。だが、その専門性は民間の発掘調査会社の社員も有しているものである。民間委託できるような、代替可能な専門性は行政の中で特別視されることはない。むしろ経済性や迅速性の観点だけで考えれば、発掘調査業務は民間事業者に委託した方が有利である。だからこそ、発掘調査件数の減少と共に、一般事務吏員採用職員を中心として、「行政内研究者」は他の部署への配置転換を余儀なくされている。発掘調査という特殊技能を除けば、他の一般事務吏員と何が違うのかという問いに、当の埋蔵文化財行政担当職員が明確に反論できない。

実はこうした職員に立場上、求められる専門性は、考古学研究者あるいは埋蔵文化財発掘調査者としての専門性ではない。「私を含め行政内の文化財担当専門職員は一面では研究者であるが、主に文化財保護行政のために配置された職員としての自覚が必要である」(7)と後藤祥夫が指摘しているように、あくまで埋蔵文化財行政の専門家とは、文化財保護「行政」における専門性を有していることが最も重要な意味を持っている。それにもかかわらず、文化財保護行政に関わる職員の中で、研究者としての自意識が優先されるが為に、自ずとその成果を地域社会に還元しようとすると、啓蒙主義的に市民に知識を教授してしまうことになる。社会教育行政が市民の教導から脱しようとする中で、文化財保護行政を担当する職員の場合、研究者としての性格を意識するあまり、成人である市民を「オシエソダテル」発想の転換が遅れている。それゆえに新しい文化財の「保存と活用」というスローガンの中でもまた、従来の「文化財保護思想の啓蒙と普及」を繰り返してしまう。そして、この文化財保護行政を担当する職員の行政における専門性の曖昧さこそが、結果的に文化財保護行政や埋蔵文化財行政が教育行政の中で浮き上がってしまう要因を作り出している。

## 2　社会を創る学びとしての社会教育

再び社会教育における議論の推移を確認しておきたい。松下圭一の社会教育行政に対する批判以後、生涯学習のような個人の成長を促す学びが重視される一方で、社会教育の意味を再確認する議論も成立していった。後者における社会教育とは、例えば佐藤一子が指摘するように、「社会を創る学び」である。一九八〇年代以降における「社会における学び」から「社会を創る学び」への転換という国際的潮流の中で、日本においても一九九〇年代以降、人々の直接的な参加による「自己実現と社会参加」という二重の展望を開く学びの重要性が認知されてきた。特に子どもの学びと違い、大人の学びは、生活の質の改善や生き甲斐を得るために欠かせない。大人の学びは、単に知識や技術の習得ではなく、それまで蓄積してきた経験や考え方を異なる領域と結びつけることで、個人が楽しさや生き甲斐を得るだけでなく、それが社会の発展にとっても有益である点に特徴がある。

さらに、こうした社会を創る学びは、北田耕也が指摘するように、単に個々の自発的な学びが自己完結するのではなく、特定の集団の中で互いに支え合っていこうとする「学習共同体」における「共同の知」の形成という課題とも重なり合う(8)。特定のコミュニティに帰属する中で、個人の成長を促すだけでなく、それが同時にコミュニティ自体の発展へとつながり、やがてそれは地域社会全体の在り方さえも変革する可能性を持っている。

　このような大人の学びは、決して二次的な資料のつなぎ合わせで得られるものではない。一次資料にあたり、試行錯誤しながらそこから必要な情報を抽出し、一つの答えを導き出す。誰かが提示した結論や結果ではなく、自らの手で結論や結果を手にしようとするからこそ、真に個人の教養の涵養や社会発展の礎となる。二次的な情報が巷にあふれ、かつそれを自分の意見として無批判に受け入れたり、揺るぎない真実として疑わなかったりする人々が多い今日において、こうした自ら行動し、芸術や学術等の諸領域において、何らかのかたちを求める作法の社会的意義は、小さくないはずである。社会教育における大人の学びとは、フィールドワークのような、実際に自ら行動して調べ分析し、結論をまとめるという一連の行為を含むものである。また、それを支える環境を整えることが社会教育行政なのである。

　したがって、本書で参照したい社会教育とは、松下圭一が終焉論で批判した、行政が市民を「オシエソダテル」社会教育ではない。むしろ、松下圭一の批判後、特に一九九〇年代以後の「社会を創る学び」としての社会教育である。この視点に立って、人々の能動的な学びと創造の活動が、文化財の保護や発掘調査という場、さらには公民館や博物館といった社会教育施設でどのように展開していくのか、あるいは展開しないのかを考えてみたい。

　社会教育行政の意義は、公民館や博物館、市民ホールといった施設整備や講座を設けて、知識や技術の教授を市民に対して行なうだけにとどまらない。「社会における学び」だけでなく、「社会を創る学び」の様々な選択肢を社会の中に切り拓くことが、社会教育施設の機能にも求められる。

　具体的なケースとして、社会教育施設の一つである博物館の事例を取り上げてみたい。滋賀県にある長浜市立長浜城歴史博物館は、長浜城を自らの手で再建しようという気運が市民の間で高まり、四億円を超える寄付金が寄せられて建設された博物館である。当初は市制四〇周年記念事業という行政主導によるものであったが、博物館の建設プロセスの中で、かつての町衆としての市民意識が喚起され、市民と行政による「まちづくり」運動へと発展した(9)。博物館建設を契機に市民自身が地域と向かい合い学ぶ中で、まちづくりへと展開していくこの事例は、自己実現のための学びから地域をつくる学びへという社会教育の潮流の一つを示している。個人の学びが地域と向き合う契機となり、それがやがて人と人との結びつきを生み出し、新たな社会を形成している。

このように社会教育施設は、発掘調査等のフィールドワークや文化財の展示、さらには長浜歴史博物館のように、建設プロセスを通じて人々の学びを支援し、人々が社会と向き合う機会を生み出す機能を持つ。社会教育法上において博物館を社会教育施設に位置づけることで、社会教育と文化財保護は接点を有する。この部分だけを取り上げるならば、社会教育と文化財保護は極めて局所的な関係しか持っていないかのようである。しかし、実際には、法制度上の接点を有するだけでなく、博物館等の社会教育施設を介して、人々の学びはまちづくりへと展開するように、社会教育と密接な関係を持っている。

## 第3節　文化財保護行政と社会教育行政の望ましい関係構築に向けて

ここまで文化財保護行政と社会教育行政の関係について法制度上、組織上、両者が近接した関係におかれてきたことを確認してきた。もちろんそれが、学校教育以外の教育として一括りに扱われてきたという、消極的な要因によるのも事実である。しかし、その一方で、両者の関係を生産的なものへと転換しようとしてきた議論もこれまで積み重ねられてきた。社会教育法では、社会教育施設の一つとして規定しているように、博物館は文化財調査の成果について展示等を通じて社会教育の観点から地域社会に還元するための施設となっている。また、文化財保護における公民館の役割もこれまで論じられてきた。

佐藤満洋は、「文化財を理解し、文化財保護を一部の人たちにまかせておくのではなく、地域住民がみんなで保護活用するためのお世話をする」ことを目的とした公民館活動に注目している(10)。さらに、佐藤暁は、公民館活動が「官僚のお手盛り社会教育だ」として批判されながらも、「文化財保護行政や文化財研究者と公民館の結び付き」が密接になれば、「文化財に関する調査研究の仕事が公民館を通じて大衆に伝達」され、「理解と協力を得る方向がえられる」とし、最終的には「文化財保護が大衆の手によって行われるようになる」のだと説く(11)。

このように文化財保護と社会教育の接点は、博物館だけに限定されない。公民館もまた「地域の文化センターとして郷土史料の展示室など」を備え、人々の創造的な学びを支援する装置であるならば、社会教育行政の中に文化財保護行政との接点を見出すことは、可能である(12)。しかし、彼らのように文化財保護行政と社会教育行政との接点を探っていた人々が存在してきたにもかかわらず、残念ながら現実は両者の有機的な関係が構築できているとは言い難い。これまでも、そして現在でも文化財保護行政の教育的側面が語られることはあっても、実際の事業として成立することは希である。

筆者も、自身が担当する埋蔵文化財の発掘調査途中で、遺跡の説明会や親子での発掘調査体験教室を開催したり、各地の公民館で遺跡の展示に携わってきた。だが、そのどれもが来場者、参加者に対する一方的なレクチャーであった。主催者側である行政が、市民に対して考古学的な知識や発掘調査で得られた知見を教えるという固定的な関係がそこに存在していた。さらに、このようなイベントの評価は、教育的意義よりは、開催回数や参加人数が重要視される。そのために、社会を切り拓こうとする社会教育の方向性とこうした文化財保護の実際のイベントとは、あまりにも隔たっている。筆者の経験は、他の多くの埋蔵文化財保護担当職員にも共通する経験であろう。

この問題の根源は、そもそも誰が、どのようなプロセスで文化財を文化財として扱っているかという問題に尽きる。例えば、埋蔵文化財の場合、発掘調査という行為を通して、地中のモノを掘り起こす中で解釈し、その歴史的・文化的な価値を評価することで埋蔵文化財となる。こうしたプロセスを経なければ、埋蔵文化財は単なるモノにすぎない。調査という行為は、対象を社会や文化といった文脈の中に位置づけるものである。聞き取りによる民俗調査も、各地の蔵に眠る古文書の調査も基本的には同様である。それゆえに、調査の手法や対象を選択し、調査成果を社会や文化の文脈に位置づける調査主体が、調査内容にとって重要な意味を持ってくる。埋蔵文化財の場合、発掘調査主体である行政の判断、厳密に言えば、調査担当者の判断が埋蔵文化財の持つ価値を決定づけている。

この調査主体＝行政という前提が変わらない限り、文化財保護行政を公民館活動の中に組み込んだとしても、それは行政が価値づけたものを市民に提示するにすぎない。筆者が経験した発掘体験教室等での失敗の原因は、遺跡に対する価値判断があくまで調査者である行政側に限定され、行政が描いた文脈にしたがって、市民が参加しているにすぎなかったことにある。市民の自発的・能動的な参加とは言いながらも、調査者である行政の描いたストーリーに沿ってイベントは開催される。一九六〇年代に社会教育との接点の中で文化財保護行政が語られていたにもかかわらず、両者の有機的関係が構築し難かった原因の一つは、ここに求められるのではないか。

ではこうした問題に対して、調査主体を行政主導から市民主導へと転換するならば、発掘調査という行為を通じた文化財保護活動が、社会教育的な意義を持つのだろうか。行政が調査を通じてその価値を決定したものを是として受け取るのではなく、市民自らが調査や分析に直接関与し、結論を導き出す。それは、一次資料から自ら考え、学び、何らかのかたちを得ようとする社会教育のあり方と符合する。調査という行為が結果的に大人を含めたすべての人の学びに繋がるのであれば、文化財保護行政と社会教育行政との新たな可能性を拓くことになるはずである。

本書は、こうした発掘調査を含めたフィールドワークが、学術的な成果を生み出すとともに、そこに関与する人々の学びへとつながる可能性に注目したい。そして、このフィールドワークの特性に注目することで、フィールドワークを前提として成立している文化財保護行政と社会を創る学びとしての社会教育行政との関係を問い直すことにしたい。

人々の学びが社会を創造するという社会教育的観点から文化財保護行政を問い直すにあたって、今日における首長部局を中心とした文化政策との関係にもここで触れておきたい。例えば、二〇〇一年の文化振興基本法には、文化芸術の振興にあたって、「多様な文化芸術の保護及び発展」（第二条第五項）を図ることが盛り込まれ、基本的施策として、文化財等の保存及び活用が明記されている。ここでは、教育行政にとどまらず、文化財の保存・活用の充実は、民間の非営利活動や文化ボランティアによる活動の重要性が広く認知されてきた社会的背景が影響している。そして、文化的な遺産の保護とともに、地域経済の活性化や文化的なアイデンティティの拠り所として人々から期待され、文化財の持つ社会的意義が見直されている。

こうした現在の状況は、社会において文化財のもつ多面的な価値を引き出す上で歓迎すべき状況だと筆者も考えている。しかし、その一方で、基礎自治体を中心に、社会教育行政と密接な関係に置かれてきた文化財保護行政のあり方を考えるならば、その教育行政としての文化財保護行政と社会の関わり方にあえて焦点を当ててみたい。これまでも社会教育的な観点から埋蔵文化財保護行政の方向性を問い直す研究が重ねられてきたが、どちらかといえば、市民参加型の発掘調査史の中で、埋蔵文化財保護行政の問題点を指摘する側面が強い(13)。本書も同様のスタンスをとるが、これまでの研究では、そこに関わる市民の実像や個々人に対する教育的な効果、調査・研究がもたらす文化的な影響にまで踏み込んで、詳細な検証が行なわれて来たとは言い難い。

しかしながら、本研究は社会教育論ではない。システム等の構築により人々の学びが新たな社会の創造につながり、人々の行動や意識が変化するのであれば、それは最終的に文化の問題として捉えかえす必要がある。文化と社会の多様な関係を研究し、現在と未来に向けてよりよい社会の実現を求める学問領域として文化資源学がある。文化資源学においては、文化と社会の関係が制度化・体系化され、自明視される以前の段階にまで立ち戻り、根源的な意味を問い直すことを通じて、望ましい社会のあり方を模索する手法がとられる。本書はこの文化資源学の観点から文化財保護行政と社会の望ましい関係を今日のように制度化・体系化される以前の段階にまで立ち戻り、問い直すことを目的とする。そして、本研究が分析対象とするのは、フィールドワークの中でも発掘調査という手段が持っている社会教育的意味である。本書は発掘調査のようなフィールドワークに関係した個々人のあり方に対するミクロな分析と地域文化全体に対するマクロな分析によって議論を進めていくことになる。

開発行為前における遺跡の保存処理作業としての発掘調査ではなく、新たな地域文化の創造の場としての発掘調査の可能性を過去の事例から考察してみたい。それゆえに、現状の文化財保護行政や社会教育行政そのものを分析対象の中心とはしない。こうした枠組みの外側で繰り広げられてきた発掘調査に目を向けることで、文化財保護行政や社会教育行政の問題点を抽出し、望ましい将来像を考えていくことになる。

ところで、今日、社会教育から生涯学習へという用語の転換が主流となっているが、あえて本研究では社会教育という言葉を用いる。教育と社会の関係を中心に本書は注目することから、主に個人の学びと成長を想起させる生涯学習よりは、社会における学びを意味する社会教育という用語のほうが、筆者が論じたい内容に近いと考える。

## 第４節　行政発掘の現状と市民参加の問題点

社会教育的な意義を文化財保護行政に求めようとする際の問題は、文化財保護行政の成果を社会に還元するシステムが機能し難いことにある。改めて、その問題点を整理してみたい。

そもそも発掘調査という場を中心とするステークホルダーの広がりの範囲はどこまでなのだろうか。まずは、この点を整理してみたい。発掘調査に関わるステークホルダーの整理は、すでに一九六〇年代に佐藤暁が試みている(14)。佐藤は発掘調査に関わるステークホルダーを「学者」、「大衆」、「郷土史家」の三者に分類し、それぞれの間で発生する問題を取り上げている。

最初に、「学者と大衆」の間では、「研究者は、町や村に出向いて考古学・歴史学・民俗学の史料調査（採訪・発掘）をおこなっているが、この場合、一般大衆のもっているものやその土地にあるものの調査結果は、その所有者である大衆に伝えられることなく、殆んどが報告書となって中央（学界）に流れている」と佐藤は指摘する。そして、調査対象地に対して、調査の成果が還元されない現実を批判する。

「郷土史家と大衆」の間では、次のような問題点を佐藤は指摘する。「郷土史家」と呼ばれる人々は、地域社会の文化的発展に貢献する人々が存在する一方で、「調査者が来たときは案内をし、その知れるものを提供し、調査者からは話を聞いて多くを学ぶが、一般大衆に伝えることを忘れている」のだと佐藤は言う。そのために、「大衆」から見た「郷土史家」の姿は、「あれは好きでしているのだ」「金と暇にまかせて遊んでいるのだ」「われわれの生活に関係ないのだ」といった冷たい視線にさらされる。同じ地域に暮らしながら、両者の関係は乖離している場合が少なくない。

「学者と郷土史家」の間では、佐藤は、「郷土史家が長い年月の間、足で歩いて汗と努力によって、大衆から聞き込み、発見した資料を、提供された学者の側としては、どのような態度で受け取っているのであろうか」と疑問を呈し、「むしろ「当然として」その資料提供を受けているのではあるまいか」と指摘する。さらに、資料の提供だけでなく、郷土史家を学会活動に参加させることに学者の側が積極的でないと佐藤は言う。例えば、「岩宿遺跡を発見し旧石器文化の研究の動機を作った研究者が、其後の研究成果を発表しているにもかかわらず考古学研究会の会員ではない」といった現象は、このことを示していた。つまり、郷土史家は遺跡の情報や遺物を提供する側であっても、研究者コミュニティの中に受け入れられないという現実があった。

以上の三者の関係は、現在の発掘調査を巡るステークホルダー間の問題とも共通している。「大衆」は市民、「郷土史家」はそのまま郷土史家、あるいはアマチュア研究者、「学者」は職業的研究者になぞらえることができる。ただし、今日と状況が大きく異なるのは、この中に埋蔵文化財行政職員が含まれていないことである。そしてそれは、単にステークホルダーの数が違うということではなく、地方自治としての発掘調査や文化財保護という新たな課題が含まれていないことを示している。それを象徴しているのは、佐藤がこの三者の間の解決策として提示したのが、公民館活動だったということである。社会教育法の制定の流れを受けながら、公民館を起点とする社会教育という観点からの新たな地域の文化財保護や発掘調査の意義を佐藤は提示している。しかし、佐藤の予想に反して、その後の埋蔵文化財保護行政は、問題の解決に向かうのではなく、むしろ別の次元での新たな問題を生み出してしまう。

例えば、埋蔵文化財行政の担当職員の視点から問題を整理すると、職業的研究者との間では、埋蔵文化財の発掘調査によって得られた成果を提供する立場にはあっても、そこから学術的な成果を生み出す立場への移行はほとんどない。

そもそも行政発掘はあくまで記録保存のための発掘調査であり、そこから学術的な成果を生み出しがたいという発掘調査の性格にも起因している。この関係は、佐藤が指摘した「学者と郷土史家」とも共通する。

アマチュア研究者との関係においても、必ずしも有機的な関係が構築されてきたとは言い難い。アマチュア研究者の研究成果の一部は、埋蔵文化財行政の中でも参照枠として尊重される反面、埋蔵文化財行政の担当者が直接的にアマチュア研究者との共同的調査・研究を行なう事例は今日ほとんど見られない。一九七〇年代頃までは部分的に埋蔵文化財行政や自治体史編纂においてアマチュア研究者が活躍できる場が残されていた。しかし、埋蔵文化財行政体制の整備に伴って、こうした人々が直接埋蔵文化財行政に関与できる道は閉ざされていく。

そして、これまでも指摘したように、市民との関係においても、埋蔵文化財行政は必ずしも良好な関係を構築できていない。後に詳しく述べるように、行政発掘のシステム上の問題や特定の専門性以外を排除する傾向があり、市民が今日の埋蔵文化財行政に直接関与することは困難である。さらに、地域社会に対して自らが発掘調査で得た知見を展示等で披露することはあっても、その自治体文化政策上の位置づけを省みることは無い。そこには、教示あるいは啓蒙する側と、教導される側という単純化・固定化された関係しか存在しない。結果的に、自治体が市民を正しく導くための社会教育ではあり得ても、市民自らが主体となって学習しながら地域社会に目を向けようとする社会教育としての埋蔵文化財行政は存在していないのである。

もう一歩議論を進めて、直接的に発掘調査という場に関わりを持たない人々にとっての発掘調査の意味について考えてみたい。市民とは、実際には遺跡や発掘調査に対する関心の有無は別として、積極的あるいは直接的な関係を持たない人々が大部分である。むしろ、発掘調査に興味や関心がある人々自体、社会の中では少数派であろう。遺跡の保護や発掘調査に直接的に関与する人々の間で、学習や〈知〉の共有が可能となったとしても、それはせいぜい社会の中の一握りの人々同士の問題に過ぎない。だが、直接関わりを持たない人々にとっても、遺跡の保護や発掘調査が何らかの意味を持つとすれば、その中に埋蔵文化財保護行政の社会教育的意義を汲み取ることができるのではないだろ

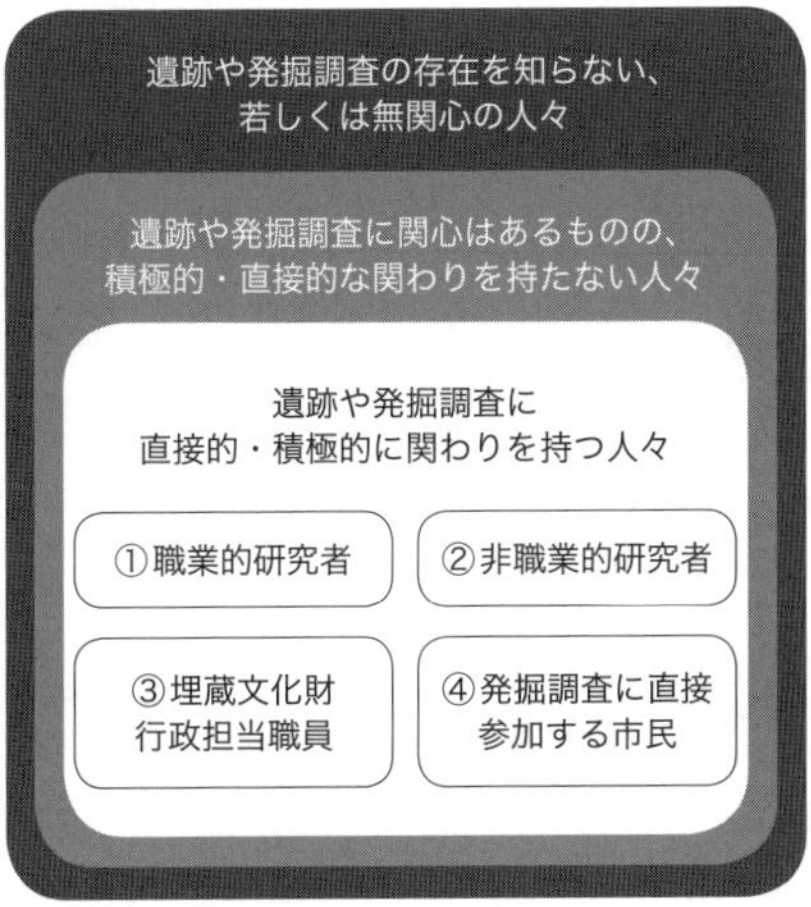


Figure 1　発掘調査をめぐるステークホルダー

うか。佐藤暁をはじめ、発掘調査に関わるステークホルダーの整理作業で欠けていたのは、こうした社会の大部分を構成する人々の姿である。本研究で論じる市民参加型の発掘調査が、学術的な〈知〉の創出や記録保存ではなく、最終的に地域文化を創る場としての可能性を持つのであれば、これまでの研究が視野の外側においてきた人々の姿まで射程に入れる必要がある(Figure1)。

このように、発掘調査を巡るステークホルダーは、〈知〉の創出や共有の過程で問題を抱えている。それとともに、直接遺跡の保護や発掘調査には関わりを持たない人々にとって、どのような意義があるのかという点も明らかにされていない。特に、佐藤暁が論じていない、埋蔵文化財行政を巡る課題について、ここで改めて次の三点に分類して整理を試みたい。第一に、行政発掘のシステム上の問題があり、第二に、専門性の問題がある。そして、第三に、調査成果の還元の問題がある。

これらの問題は、同時に解決策を見出すことができるならば、発掘調査という場が持つ社会教育的意義を導き出すことができるはずである。自己の成長の場であるとともに、それが社会の新たな可能性を切り拓く手段の一つが、発掘調査という場であるならば、それを阻害している今日的な要因を明確化することが必要となる。そこで、以下に三つの問題について整理して議論を進めることにしよう。

## 1　行政発掘のシステム上の問題

詳しくは後述するが、記録保存を目的とした発掘調査である行政発掘は、次の手順で実施される。まず、開発行為を計画した事業者は、開発予定区域における埋蔵文化財の所在状況を教育委員会の文化財保護担当部局に対して照会・協議する。必要に応じて、教育委員会は試掘調査等を実施する。調査の結果、埋蔵文化財を発見した場合、あくまで現状保存が前提であるため、教育委員会は事業者に対して事業計画の変更による埋蔵文化財の保存等の協議を行なう。その結果、事業計画が変更できず、埋蔵文化財の破壊が免れない場合、本発掘調査を実施する（参考：Figure2）。

このような流れで実施される行政発掘は、一部の学術調査を除けば、開発行為を前提としている。また、調査費については、開発行為を実施しようとする主体が負担する「原因者負担」方式が原則である。このため、地方自治体は、常に開発スケジュールを意識した短い期間で、かつ限られた調査費用の範囲で発掘調査を進めることになる。記録保存を目的とした発掘調査には、効率性や迅速性が第一に求められ、教育行政という枠組みの中で、そこで得られた成果の地域社会への還元等に関する議論は後景化しがちである。

近年、日本だけでなく、欧米諸国においても文化財保護行政と地域社会の関係が問い直されはじめているが、そこでも基本的に埋蔵文化財行政への市民の関与は難しい。例えば、英国ノーフォーク州セッジフォードで市民参加による発掘調査を行なっているニール・フォークナー（Neil Faulkner）は、開発行為に伴う発掘調査の問題点について、①考古学者のみが参加可能であり、考古学を愛好する市民が参加できない、②発掘調査は調査方法の選択、遺構の検出、遺物の解釈などの過程を繰り返し行なう作業であるべきだが、開発事業に伴う発掘調査の場合、作業がルーチンワーク化しやすい傾向にある、③絶対的な作業時間が定められ、時間をかけて遺物や遺構を分析するような環境を作り出

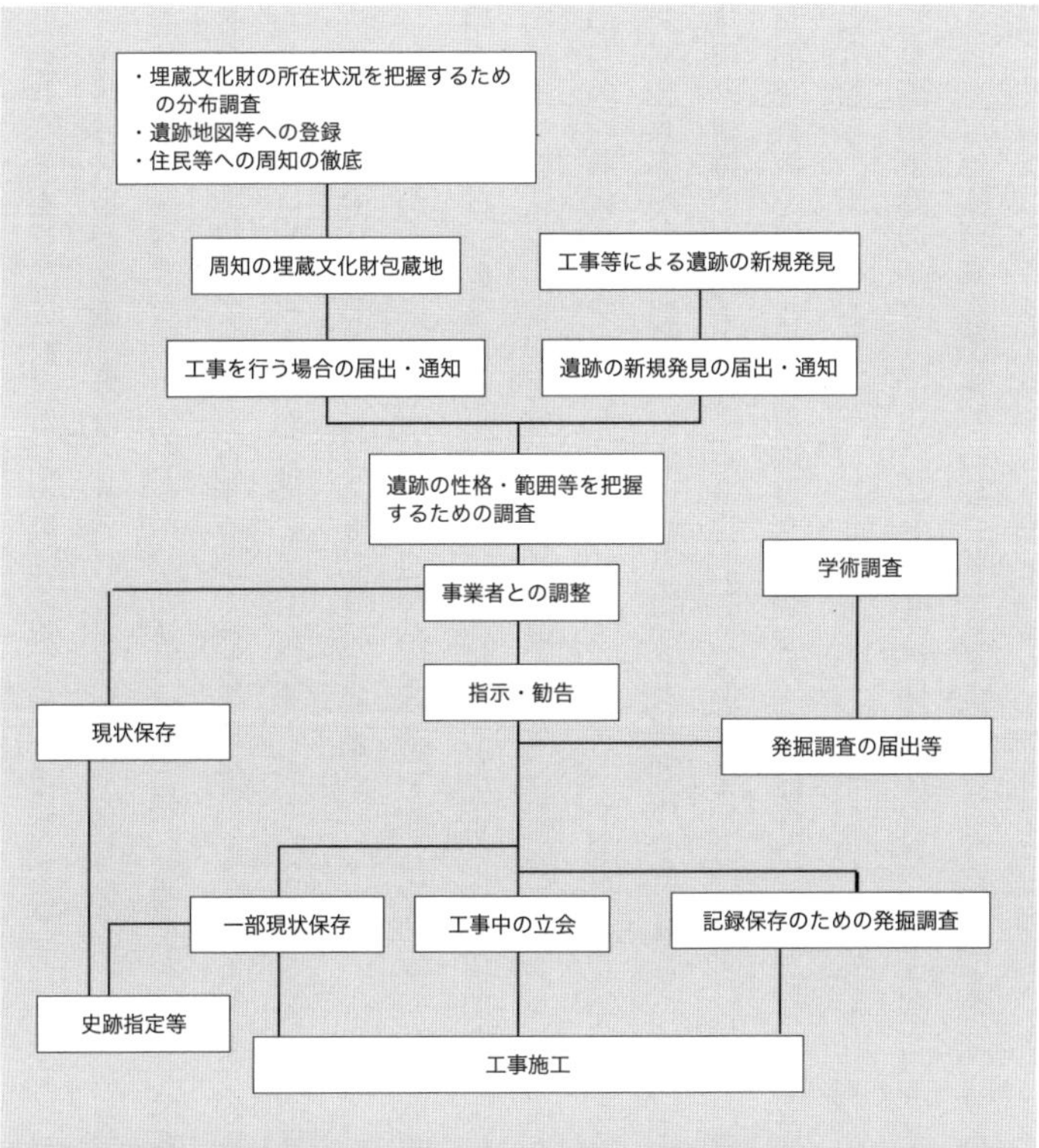

文化庁『我が国の文教施策』(1993)より作成

Figure 2 埋蔵文化財保護の手続きの流れ

しえない、とまとめている(15)。

フォークナーの指摘は、開発事業に伴う発掘調査において、考古学者以外の人々の直接的な関与がいかに難しいのかを端的に示している。そして、開発事業に伴う発掘調査とは別に、市民の参加による発掘調査を立ち上げることで、遺跡と地域社会の関係を問い直している。

結論から言えば、日本においても開発事業に伴う発掘調査のすべてに社会教育的意義を求め、市民の直接的な関わりを期待することは困難である。人類が常に開発によって、それまでの環境を改変することで、生活基盤を構築してきたことを考えるならば、開発事業か、埋蔵文化財保護か、といった課題はこれからも無くなることはない。

それゆえに、記録保存を目的とした発掘調査は、今後も必要であることに変わりは無く、市民参加型発掘調査とは対極にある効率性や迅速性を追求することになる。ここで重要なのは、行政発掘を全否定するのではなく、それとは別に、社会教育的な目的に沿った発掘調査の在り方を模索することである。フォークナーが行なったセッジフォードにおける市民参加型発掘調査では、地域の人々が週末や休日を利用しながら、自前の道具を持って参加する。参加者は、考古学者のアドバイスを受けながら、大勢で議論し、時間をかけて発掘調査を実施している。また、遺跡地の土地所有者の全面的な協力でこの発掘調査が可能となっていること、毎期一〇％の地元の人々がこの発掘調査に参加していることが、特色となっている(16)。セッジフォードでの発掘調査は、開発事業に伴う発掘調査とは別次元のものとして立ち上げられていることに注意を払う必要がある。

しかしながら、このような二元的な発掘調査を存立させることにも問題が無いわけではない。例えば、名古屋市見晴台遺跡では一九六四年以降、「市民発掘」として市民の直接的な参加によって発掘調査を実施してきた。そして、全国的にも記録保存型の発掘調査件数が増える一九七〇年代からは、名古屋市教育委員会が、この市民発掘と記録保存のための発掘調査を並行して実施してきている。記録保存の名のもとに遺跡が破壊されている一方で、見晴台遺跡の発掘調査のみが社会教育、生涯学習の場として利用されてきているのである。見晴台遺跡のみが特別扱いされる状況は、見晴台遺跡の「ショーウインド化」として揶揄されている(17)。見晴台遺跡の場合、開発事業に伴う行政発掘と社会教育的な目的を伴った市民参加型発掘調査との対照性は、名古屋市教育委員会という同一の事業主体が実施したことで、より際立ってしまった。

見晴台遺跡の「ショウウインド化」の問題から見えてくるのは、社会教育的な目的を持った発掘調査は、必ずしも地方自治体が事業主体である必要があるのかという疑問である。発掘調査の事業主体を地方自治体以外に求めることで、より幅広い視野から発掘調査の持つ社会的役割を模索できるのではないか。その上で、改めて文化財保護行政の役割を振りかえることがより可能になるのではないだろうか。

## 2　専門性という障壁

埋蔵文化財行政が蓄積した成果を地域社会に還元する際に常に問題になってきたのは、素人である市民には、資料の取扱いについての知識や成果に対する理解が不足しているという点である。記録保存のための行政発掘にシステム上、市民参加が難しいと同時に、遺構や遺物の扱いに不慣れな人々を直接発掘調査に参加させるべきでないという立場も市民の参加を妨げている。

後藤祥夫は、「特権的な研究者であるかのような文化財担当職員や遺跡調査員」が多く、「彼らの多くは住民参加の発掘に批判的である。「素人の参加は調査の精度を落とす」というのがその理由」とする。しかし、素人である市民を発掘調査から遠ざける方便としての専門性の内実は、「実に滑稽」だと批判する。

> 調査の組織の主体は大学で考古学を専攻する学生やOBという場合が多い。各地で数々の経験を積んだ人々もかなりいるわけだが、素人を締め出したはずの組織のなかにそれこそ昨日大学に入ったばかりの未経験者が結構含まれているのである。もはや「精度を保つ」は建前に過ぎず、そこにはきわめて閉鎖的な学閥主義や師弟関係が存在するのみである。(18)

発掘調査における市民の参加が研究者や地方自治体に嫌厭《けんえん》される理由として、市民の専門性の欠如が挙げられることは、一見、合理的な説明として受けとめられる。しかし、大学等の学術発掘や記録保存のための行政発掘において、専門性を担保することで生み出されるはずの調査精度は、比較的調査参加者に対する教育・学習システムが確立されている市民参加型発掘調査とさほど変わらない。むしろ、調査・研究に必要な知識や技術を段階的に市民が身に付けていくような体制をとっている調査組織では、実質的に学生主体の学術発掘よりも調査・研究の水準が高い。後藤も指摘するように、専門性の担保を建前とした素人である市民の参加が学術発掘や行政発掘で拒まれる背景には、調査者による調査資料や研究成果の囲い込みや出身大学系列間の派閥争いなど、まったく別次元の要因が存在することが少なくない。

すでに一九八〇年代までの社会教育行政の問題とも関連することを指摘したが、特に埋蔵文化財行政に限れば、担当職員の立場に対する職員自身の意識と組織上の位置づけにズレが存在することが多い。その理由は、考古学出身者が大半をしめる埋蔵文化財行政の担当職員の中には、業務が考古学研究の延長線上に位置していると捉えている者が少なくないことにある。もちろん、業務を遂行する上で必要な考古学上の知識や技術を吸収する必要はある。しかし、研究職として自治体職員となっている場合を除き、埋蔵文化財行政担当職員の多くは、一般事務吏員として採用されている。配属先の文化財保護行政が教育委員会に位置づけられていれば、教育委員会の一職員にすぎない。

それにもかかわらず、自らを「行政内研究者」と称するような埋蔵文化財行政の担当職員が生まれ、研究者としての立場で埋蔵文化財行政に向き合う職員が少なからず存在する。そのために、埋蔵文化財行政が調査によって生み出してきた成果は、地域社会の中に還元されず、発掘調査に直接専門性を持たないとされる市民が関与できない仕組みができ上がってしまっている。

自治体職員として住民の福祉の向上に寄与しようとする視点で、文化財保護行政を捉えるならば、研究者目線の専門性に基づいた学術調査・研究の場からの市民の排除ではなく、学術水準の確保や文化財の保護を行ないながら、地域社会にその成果を還元する必要がある。その還元の方法の一つが、社会教育という枠組みである。どのような仕事であれ、そこに携わる人々には高い専門性を求められるが、問題はその専門性の中身である。埋蔵文化財行政がそこに関わる職員や市民に対して求めるのは、考古学の専門家や考古学者になろうとする人ではなく、地域社会と向き合い、それをより深く知ろうとする人々の姿であり、それをサポートする人々の姿である。言い換えれば、考古学としての専門性ではなく、文化財保護行政や社会教育行政としての専門性が、埋蔵文化財行政に求められている。

## 3　調査成果を還元する上での問題

以上の問題を越え、発掘調査報告書や博物館等の展示で発掘調査の成果を地域社会に還元することができれば、文化財保護行政は文化財保護の「行政」として一定の役割を果したことになる。だが、この点についても課題を抱えている。それは調査という行為全体にもかかわる問題であるが、調査者の判断や評価によって調査の成果もまた左右されることに起因している。

記録保存のための発掘調査報告書は、記録として遺跡の情報を保護し、未来に向かって継承する媒体である。そのために、建前上は発掘されたありのままの状態がそこには記載されるのであるが、遺構や遺物を解釈・記述し、結論を導き出すのは、報告書の執筆者である。執筆者の解釈や判断が、報告書の内容を規定している。完全なる客観的な報告書はありえず、執筆者の主観が報告書の作成には重要な意味を持つ。この発掘調査報告書の危ういところは、報告書として世の中に公開されるものの、そのプロセスは、査読付き学術論文などと異なり、調査者関係者や報告書執筆者以外のチェックを受けることなく刊行されることである。そして、そこで示された報告書の執筆者の判断や解釈は、「純然たる事実」として社会に受けとめられることになる。

さらに問題なのは、こうした報告書を地域の人々が批判的に検証する機会が限定されていることである。発掘調査報告書とはいえ、地方自治体の刊行物である以上、その内容は市民から問われるべきものである。しかし、発掘調査報告書という性質上、それを読み解くためには読み手に必要な知識や解釈のためのノウハウが求められる。仮にその内容を読み手である市民が理解できたとしても、その解釈や判断に異なる視点から再解釈したり、批判的に検証したりすることは、資料の制約上難しい。もし、発掘調査報告書の内容に市民の解釈や判断を取り入れるのであれば、調査から分析、検証、解釈、結論の創出といった一連のプロセスの中に市民の参加を組み入れる必要がある。

このように筆者が考える理由は、こうした発掘調査報告書の成果は、集積され、一つの物語として編纂されることで、地域史（誌）となり得るものだからである。誰が地域の歴史を描き、文化や自然を評価するのかという問いは、決して一部の行政職員や研究者に委ねられるべきではない。地域の歴史を描き、文化や自然環境を評価し、守るのは、たとえ自治体や研究者の支援を受けることがあっても、最終的にはそこに生きる市民である。発掘調査報告書が執筆者の見解に左右され、それに対する異を唱えることが市民にとって難しいのであれば、市民自身がその執筆者の一人になり、地域史（誌）の叙述者になることもまた一つの選択肢である。発掘調査に市民の参加が必要だと筆者が考える理由はここにある。一九七〇年代に東松山市史編纂事業の一環として、市民参加により雉子山遺跡の発掘が社会教育的な意義をもって実施され、報告書としてその成果がまとめられたことは、発掘調査を通じて市民が文化の担い手になり得る可能性を示唆している。

発掘調査報告書と同様に、博物館等における展示もまた、発掘調査の成果を地域に還元するための手段の一つである。展示という行為もまた展示する側の意思を巧みに反映させたものである。発掘調査報告書にも言えることであるが、発掘調査自体が調査者の解釈や判断の中で行なわれ、更に展示という場では何をどのように解釈し、展示するのかという展示する側の意図が介在することで、二重の解釈や判断というフィルターにかけられている。

市民に対して良心的に、わかりやすく、発掘調査によって得られた成果を展示することが、社会教育的な意味を持っていると捉えている人々は少なくない。しかし、そこに市民の立場からの批判や解釈を受けとめる余地は無く、展示する自治体側とそれを見る来館者（市民）という固定的関係のみが存在する。展示という行為を通じて、自治体側が持つ知識や情報を市民に啓蒙・普及するというモデルは、すでに社会教育行政に対する批判の中で展開されてきた。だが、いまだこうした社会教育システムは、少なくとも文化財保護行政の中に存在し、自治体が市民に知識を教授することに終始する。

この定型化された図式から逃れられないのは、調査・分析し、そこから科学的な〈知〉を導き出し、報告書にまとめたり、展示したりする主体として市民が位置づけられることがないからである。この発掘調査の主体の転換ができない理由は、すでに述べたように、埋蔵文化財行政の調査システムや職員の意識の問題にある。発掘調査に社会教育的意義を持たせるためには、市民を単なる作業従事者にするのではなく、〈知〉を生み出すための中心メンバーとして位置づけるシステムが欠かせない。

ここまで述べてきたように、埋蔵文化財行政が地域社会にその成果を還元する方法の一つとして、調査者として市民の参加を促すことを挙げることができる。そのためには、現在の記録保存のための行政発掘とは別建てで、社会教育的な目的を持った発掘調査を社会の中に設けることが現実的である。そして、そこに参加する市民とは、考古学者でもなければ、考古学者の卵でもない。地域社会に暮らす人々である。それゆえに、発掘調査にあたっては、市民の考古学的な専門性の有無を問うのではなく、必要な知識や技術は調査者の間で共有しつつも、むしろ市民一人一人の専門性や独自の視点を尊重し、積極的に発掘調査の場へ組み込むことが望ましい。それは、専門性という壁を作り、その壁の内側の人と外側の人とを隔ててしまう大部分の発掘調査の閉鎖性と対極に位置する。広義の学際的調査・研究をここに想定したいと筆者は考える。

学際性というと、すでに完成されたディシプリン間の融合を多くの人が思い浮かべるだろう。しかし、ここではより広い概念としての学際性を念頭に置いて議論を進めたいと考える。既存のディシプリンでは捉えきれない〈知〉、もしくは学術としての体裁が整えられていない、学術的〈知〉とは呼べない〈知〉までを射程に入れた上で、そうした様々なレベルの〈知〉が発掘調査という一つの場で重なり合うことによって生み出される新たな〈知〉の生成プロセスを本研究では注目することにしたい。

さらに、発掘調査によって生み出された〈知〉は、参加した研究者や自治体職員、市民という狭い枠の中で共有されるのではなく、社会に対して発信し、そこに刺激を受けた新たな〈知〉を創発する原動力となることが社会から期待される。だからこそ、発掘調査報告書の作成や博物館等の展示にまで、様々な年齢や経験を持った市民の直接的・

間接的な関わりが求められるのである。

発掘調査という場は、そこに参加する人々の成長を促す場となりうるだけでなく、互いの経験や知識を持ちより、それぞれの視点から調査・研究することで、新たな研究領域を切り拓く可能性を持っている。その意味で、自己の成長と社会の発展という両義性を持った社会教育的意義が、発掘調査という場には存在する。こうした発掘調査という場の両義性を実際の市民参加による発掘調査の分析を通じて考えてみたい。

## 第5節　分析の対象と視座

### 1　分析の対象

#### (1)　野尻湖発掘の概要

本研究が分析の対象とするのは、長野県信濃町の野尻湖底およびその周辺において、一九六二年から現在まで継続実施されている野尻湖発掘である。野尻湖発掘の発端は、湖畔で発見された化石がナウマンゾウの臼歯であることが明らかとなり、研究者の間でその存在が知れ渡ったことにある。信州大学出身者の初等・中等教育の教員を中心に構成され、北信地域の第四紀研究を行なっていた豊野層団体研究グループは、この化石の包含層を発掘調査によって確認することを計画した。これに加えて、旧石器時代の遺跡と大型哺乳類化石の産出層との関係にも考古学研究者からの関心を集め、地質学および考古学の研究者が参加して、一九六二年三月に最初の調査が実施された。この発掘調査の特徴は、子供から大人まで、誰もが自由意思で参加できる形態にある。参加者は調査費用を負担し、すべての運営を分担している。

一九六二年の第一次発掘の参加者は、七〇名だった。その後、回を重ねるごとに参加者は増えていき、一九六五年の第四次発掘では三八三名にまで増加している。八年間の休止期間を経て再開された、一九七三年の第五次発掘では、

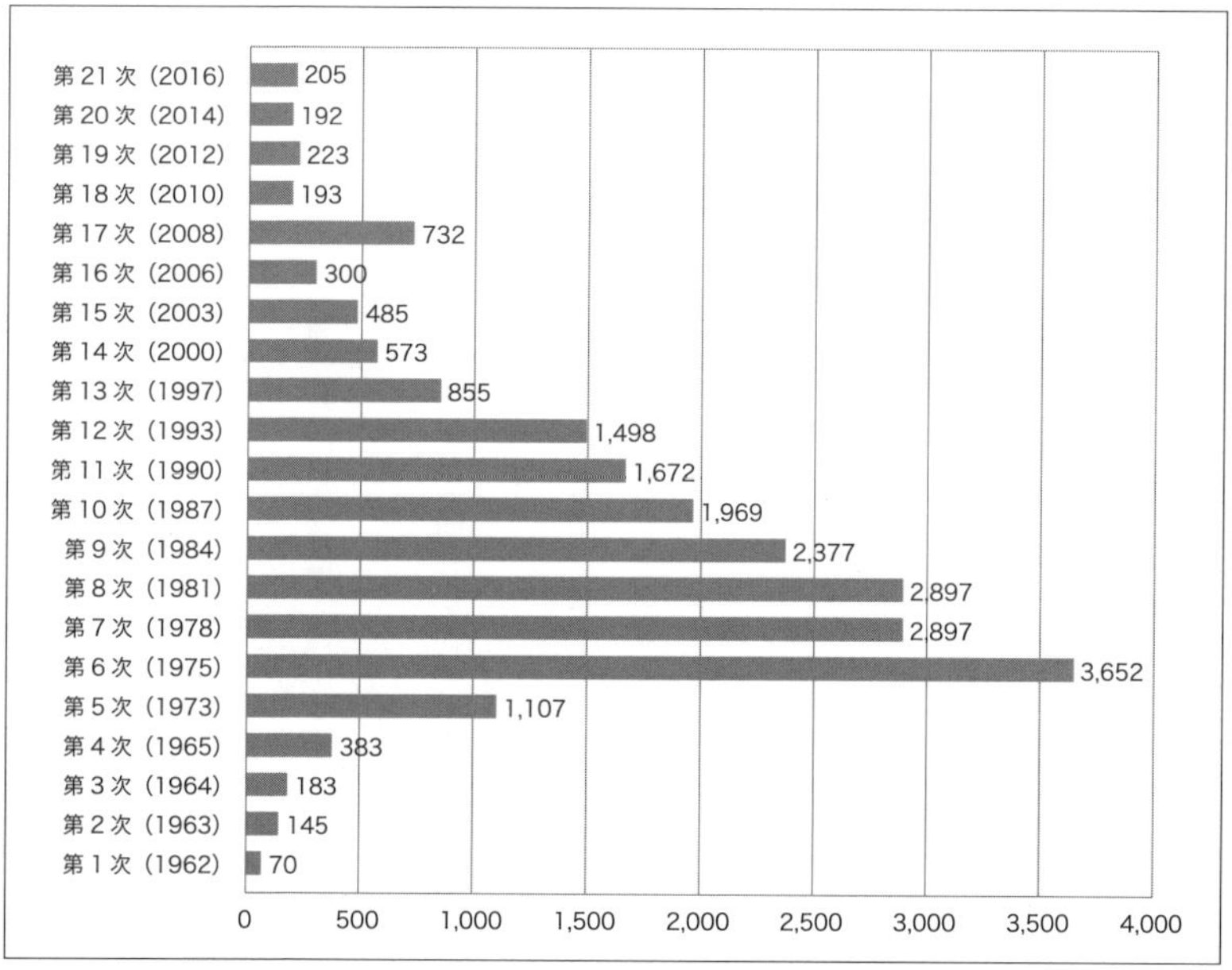


Figure 3 野尻湖発掘参加者数の変遷（人）(19)

一一〇七名が参加し、一九七五年の第六次発掘では三六五二名が野尻湖発掘に関わった。しかし、その後、第六次発掘をピークとして、参加者は漸減してきている(Figure3)。

野尻湖発掘の運営は、大きく分けて、「野尻湖友の会」と「専門別グループ」の二つの組織が支えている。野尻湖友の会は、全国各地に拠点を置き、その地域の調査・研究活動と野尻湖発掘への準備組織となっている。専門別グループは、学問領域ごとの調査・研究組織であり、発掘調査だけでなく、調査後の資料整理や分類・分析、報告書の執筆等を担っている。このような人々の参加の窓口であると共に、調査・研究の柱となる組織のほか、野尻湖発掘では発掘調査期間中の運営を支える組織が設けられている。例えば、湖底からの湧水を処理する「排水係」や休憩中のおやつを提供する「おやつ係」、メディアの取材に応える「渉外係」など、細分化された役割を参加者が担うことで、野尻湖発掘は運営されている。そして、基本的に自治体からの支援を受けていない。

野尻湖発掘では、独自の運営組織が整備され、希望すれば誰もが参加可能な環境が整えられている。今日の埋蔵文化財行政による市民参加と異なり、準備作業を含め、参加者がすべてを取り仕切ることになる。誰もが「お客さん」でないことがこの発掘の参加要件なのである。こうした環境下で運営される野尻湖発掘は、行政発掘とは全く異なるスタンスにある。それゆえに、発掘調査の社会教育的な機能を考える上で野尻湖発掘は重要な位置を占めている。

この野尻湖発掘で繰り広げられる学びは、五〇年間という長期間の中で、変化を遂げてきている。発掘調査によってナウマンゾウ臼歯化石の包含層を確認するという当初の目的は、旧石器時代の人類と大型哺乳類の関わりや古環境の復元といった、より大きなテーマへと変化していった。その間に、調査や分析の方法もまた変わってきている。また、各学問領域での学習や調査・研究が、専門別グループの立ち上げによって整備されている。しかし、それだけでは充分に分析対象の内容を明らかにすることはできない。そこで、多分野の研究領域の野尻湖発掘参加者が協同して共通の対象を分析している。このように、野尻湖発掘は、社会教育的な観点で捉えると、個人の学びを通じて、特定の学問領域の〈知〉を生み出す装置から複数の学問領域を横断する〈知〉を生み出す装置へと転換している。

## (2) 信濃町

分析の中心となる野尻湖発掘について述べてきたが、この野尻湖発掘が行なわれてきた信濃町という場所についてここで触れておく。野尻湖が位置する信濃町は、長野県の北端に位置し、妙高山や黒姫山、飯綱山、戸隠山、斑尾山といった北信五岳に囲まれた高冷盆地帯にある。

信濃町民は、非農家が多いとされる。鉱工業や商業に関わる人口割合が多く、野尻湖発掘が開始されて間もない一九六五年時点でも信濃町全体で男性の六三%は農業外の職業に従事していた。その理由は、信濃町のおかれた自然環境にあった。高冷積雪地帯である信濃町では、二毛作水田はほとんどなく、生産性の高い商品作物の生産も困難であった。四ヵ月以上の長い積雪期間に加え、「北山の霧下」と言われるような、春季の濃霧によって日照時間が少ない。さらに、農業用水の水温が低いために、水稲耕作をはじめ、大規模農業にはあまり適さない地域である。そのため、信濃町では家内工業である「信濃鎌」の生産が盛んであった(20)。

一方で、大正期以降、外国人宣教師をはじめとして、外国人の避暑地として開発されるようになる。一九二〇年には、外国人宣教師の別荘建設が計画された。しかし、外国人名義での土地買収や登記ができなかったことから、野尻湖開墾合資会社を創設して、会社名による買収が図られるなど、外国人別荘地としての開発は、野尻湖周辺地域の状況を一変させていくことになる。

その一方で、一九一三年に野尻湖開発期成同盟会が設立され、野尻湖周辺地域が観光開発されるようになる。一九三三年には長野観光協会が創立され、野尻湖開発期成同盟と提携して、遊覧客の誘致が本格化することになる。こうした観光開発の潮流は、戦後に至っていっそう拡大する。一九六四年には柏原スキー場が開設され、これに合わせるかたちで、その周辺に民宿が設けられていった。また、同年以降古海地区では夏期における学生の合宿地として野尻湖学生村が作られる。その後も野尻湖周辺を中心に学者村が作られるなど、地域外から人々を受け入れる体制が整えられていった。

このことを別のデータで確認しておきたい。国勢調査に基づく産業別就業人口結果によれば、一九六〇年には第一次産業従事者の割合は全体の六〇・〇%（四一七七人）、第二次産業で一七・五%（一二一四人）、第三次産業では二二・五%（一五六八人）であったが、次第に第二次産業、第三次産業の人口割合が増大する。最新の二〇一〇年では第一産業の割合は一三・五%（六二六人）、第二次産業の割合は二七・二%（一二五九人）、第三次産業の割合は五九・二%（二七四〇人）となっている。こうした産業別就業人口の推移は、少なくとも一九六〇年代以降における信濃町の観光地化を示している。

このように、野尻湖周辺の地域は、農業に不向きな土地柄もあって、近代以降の外国人避暑地として開発され、これに合わせるかたちで観光事業が展開していった。宿泊施設等、野尻湖発掘参加者を受け入れる環境が整っており、結果的にこれまで野尻湖発掘を支えてきた要因の一つとなっている。一方で、観光業従事者が信濃町周辺に多いことから、野尻湖発掘や野尻湖博物館を観光資源として積極的に捉えようとしてきた人々が少なくない。野尻湖発掘を取り巻くステークホルダーの状況を物語る上で、注目しておく必要のある地域の一側面である。

## 2　用語の解説――本研究における〈知〉について

何らかの実験や調査によって得られる知識や知見をここでは総称して〈知〉として表現する。この〈知〉には、二つに大きく分かれる。一つは、学問的な積み重ねの上に成立する科学的な知識や知見である。もう一つは、感覚性に依拠し、日常生活の経験や先人からの教え、広い意味においての独自の調査に基づく知識や知見である。レヴィ・ストロースにならえば、前者は家畜化された思考であり、後者は野生の思考に近いものである(21)。両者の性質の違いは知識生産の方法の違いによっている。科学的な知識や知見の生産は、科学者集団を単位とするジャーナル共同体と呼ばれる専門誌の編集・投稿・査読活動を行なうコミュニティが担っている。ジャーナル共同体では、科学者の業績は専門誌に印刷され、公刊されることで評価される。同時に科学的な知識や知見は、専門誌に掲載許諾されることでその正しさが保証される。また、科学者の育成は、この種の専門誌に掲載許諾される論文を作成する教育からはじまる。そして、科学者の次の予算獲得と地位獲得は、主にジャーナル共同体に掲載許可された論文の記された業績リストをもとに行なわれる(22)。科学的な知識生産は、その手続きに高い厳格さや透明性が求められる。

一方の日常的な経験則に基づく知識やアマチュア研究者によって生み出された知識や知見は、知識生産の手続きにおいてそれほど高い厳格さや透明性は求められない。だからと言って、これらの知識や知見は、科学者が生産した知識や知見に比して必ずしも内容が劣っているわけではない。むしろ、現実に即した知識や知見であり、問題解決にとって科学的な知識や知見よりも有効な場面もあり得る。こうした職業的な研究者以外の人々――それを総称して市民とすれば――が経験則や独自の調査によって知識や知見を生み出すことは、例えば市民の科学技術政策への関与の問題ともつながる。また、科学的な知識や知見との対概念としての生活知との議論とも重なる(23)。本研究では、これらの二つの知識や知見を総称した概念として〈知〉という言葉を用いることにする。

学術発掘という場面で、過去の科学的な知識や知見は調査を進め、それに基づいた新たな知識や知見を生み出すために不可欠なものである。だが、同時に感覚性に基づいた知識や知見もまた、たとえ論文等の刊行物に表れなくとも、調査・研究を支えている。本研究では、特に市民参加型発掘調査において、調査や研究内容を多角的に検証し、研究領域の幅を拡大する上で、「野生の」知識や知見がどのような意味を持っているのかを確認していくことになる。

なお、個人情報保護の観点から、できるだけ個人名での表記を避けた。職業的研究者については、準公人として捉え、個人名を表記した。

**註**

(1) 二〇〇七年、地方教育行政の組織及び運営に関する法律の一部が改正されたことによる。自治体合併に伴う組織再編とも関連しながら、文化・スポーツに関する事務を地域づくりの観点により、教委から首長部局へ移動させる自治体が増えた。島田桂吾・大桃敏行「合併市における教委・首長部局間の事務執行の再編に関する調査研究」『東京大学大学院教育学研究科紀要』第五一巻、二〇一一年、四二四 - 四二五頁

(2) 例えば、交野市社会教育課文化財係、逗子市社会教育課文化財保護係などがある。また、生涯学習を冠したものとしては、三条市生涯学習課文化財係、真庭市生涯学習課文化財班などがある。

(3) この歴史的背景には、GHQの強い要望により設置された文部省の社会教育局の中に、文化財保存課が一九四九年に設置されたことがある。その後、一九五〇年五月に文化財保護法が成立し、同時に文化財保護委員会が文部省の外局として設置された。この際に、社会教育局文化財保存課で処理されていた事務は、同委員会に移管され、文化財専門審議会が設置された。さらに、文化財保護委員会は、一九六八年に文化局とともに廃止され、両者を統合して新たに文部省の外局として文化庁が設置された。こうした歴史的背景の中で、文化財保護行政は、結果的に見れば、社会教育行政との緩やかな関係を持ちつつ、文化財保護法制定以後、その独自の体制を整えていった。

（4）金井塚良一「東松山市の文化財問題を通して見た市町村段階での文化財行政の諸問題」『考古学研究』一〇巻四号（一九六四年四月号）、五四頁

（5）松下圭一『社会教育の終焉』筑摩書房、一九八六年

（6）いくつかの基礎自治体においては、文化財保護部局の業務内容の一つとして、「文化財保護思想の普及・啓蒙」を掲げている。社会教育から生涯学習への転換の中で、こうした方向性を明確にしない自治体が主流になりつつある。

（7）後藤祥夫「住民主体の文化財保護――住民参加の発掘調査を例として」『月刊社会教育』三二巻八号（一九八八年八月号）、四四頁

（8）佐藤一子『生涯学習と社会参加　おとなが学ぶことの意味』東京大学出版会、一九九八年、六四―六八頁。北田耕也『大衆文化を超えて――民衆文化の創造と社会教育』国土社、一九八六年、一四八頁

（9）金山喜昭「『まちづくり』と市民意識の形成に関する地域博物館の可能性」『博物館学雑誌』第二四号第二号（一九九九年三月号）、四三頁

（10）佐藤満洋「文化財保護と公民館」『社会教育』国土社、第七二号（一九六三年一一月号）、三四―三五頁

（11）佐藤暁「地方文化財保護担当者のなやみ」『考古学研究』一〇巻四号（一九六四年四月号）、三四頁

（12）同上

（13）後藤祥夫、前掲誌（7）、三八―四五頁

（14）佐藤暁、前掲誌（11）

（15）松田陽・岡村勝行「パブリック考古学の最前線（1）パブリック考古学の成立と英国」『考古学研究』五二巻一号（二〇〇五年六月号）、一〇〇―一〇三頁

（16）同上

（17）桜井隆司・山田鉱一「市民参加の発掘二〇年――見晴台遺跡の活用」『月刊社会教育』二八巻八号（一九八四年八月号）、三〇―三五頁。なお、市民参加の発掘調査が、社会教育系雑誌に掲載されていることは、本研究の関心に照らし合わせると興味深い。市民の直接的な発掘調査への参加が、文化財の保護という枠組みだけでなく、社会教育という観点から問い直される意義をここで改めて確認しておきたい。

（18）後藤祥夫、前掲誌（7）、四四頁

（19）第一次から第四次までは、野尻湖発掘調査団『野尻湖の発掘　一九六二―一九七三』共立出版、一九七五年を参照。第六・七次は、野尻湖歌代勤編集代表「野尻湖周辺の人類遺跡と古環境」『地質学論集』第一九号、日本地質学会、一九八〇年を参照。第八次は、野尻湖

発掘調査団『野尻湖の発掘三　一九七八―一九八三』、一九八四年を参照。第九次は、野尻湖発掘調査団『野尻湖の発掘四　一九八四―一九八六』、一九七八年を参照。第一〇次発掘は、野尻湖発掘調査団『野尻湖の発掘五　一九八七―一九八九』、一九九〇年を参照。第一一次は、信濃町立野尻湖博物館『野尻湖博物館研究報告』第一号、一九九三年を参照。第一二次発掘は、信濃町立野尻湖博物館『野尻湖博物館研究報告』第四号、一九九六年を参照。第一三次は、野尻湖ナウマンゾウ博物館『野尻湖ナウマンゾウ博物館研究報告』第八号、二〇〇〇年を参照。第一四次は、野尻湖ナウマンゾウ博物館『野尻湖ナウマンゾウ博物館研究報告』第一一号、二〇〇三年を参照。第一五次発掘は、野尻湖ナウマンゾウ博物館『野尻湖ナウマンゾウ博物館研究報告』第一四号、二〇〇六年を参照。第一六次発掘は、野尻湖ナウマンゾウ博物館『野尻湖ナウマンゾウ博物館研究報告』第一六号、二〇〇八年を参照。第一七次発掘は、野尻湖ナウマンゾウ博物館『野尻湖ナウマンゾウ博物館研究報告』第一八号、二〇一〇年を参照。第一八次発掘は、野尻湖ナウマンゾウ博物館『野尻湖ナウマンゾウ博物館研究報告』第二〇号、二〇一二年を参照。第一九次から第二一次は、野尻湖博物館ＨＰ（http://nojiriko-museum.com/?page_id=112 二〇一七年五月一五日確認）参照

(20) 市川健夫「長野県上水内郡柏原地方の地域構造」『信濃』九巻七号（一九五七年七月号）、四〇一―四一〇頁

(21) Levi-Strauss, C. *La pansee sauvage*. Plon. 1962.（大橋保夫訳『野生の思考』みすず書房、一九七六年、三二五頁）

(22) 藤垣裕子『専門知と公共性　科学技術社会論の構築へ向けて』東京大学出版会、二〇〇三年、一七頁

(23) 奈良由美子・伊勢田哲治『生活知と科学知』放送大学教育振興会、二〇〇九年

# 第Ⅰ部

## 市民参加型発掘調査の系譜

# 第1章　発掘調査史

発掘調査の持つ社会教育的意義を考察するにあたって、今日の埋蔵文化財行政下における発掘調査が成立してきた歴史的背景と、それとは対照的な市民参加型発掘調査の系譜が交錯してきた状況を確認しながら、文化財保護行政と地域社会の関係において何が問題になってきたのかを確認しておく。市民参加による発掘調査は、どのような背景を持って出現し、そこでどのような役割を与えられてきたのか。そして、どのような要因によって、市民の参加を得て実施された発掘調査が成立し難くなっていくのか。こうした疑問に答えることは、今日埋蔵文化財行政と地域社会を問い直す上で避けて通ることのできない問題である。そこで、ここでは、現在の文化財保護行政の問題に直接繋がる、終戦直後の段階にまで遡って検証することにする。

## 第1節　発掘調査の持つ政治性

戦前・戦中における考古学や人類学の研究は、近世における好事家による古物蒐集の系譜を持つ一方で、日本人に向けられた西洋人の人類学的なまなざしを日本人が内面化し、アジアの人々にその眼差しを向けることにもつながっていた(1)。近代においては、学問の未分化やそれに伴う制度の未整備の中で、アカデミズムと非アカデミズムが交差する状況があった。ところが、藤森栄一が、「アカデミーが大陸考古学に韜晦《とうかい》した、いや韜晦ではなく軍に協力して進出した理由の一つである。この大陸進出については、国内で地虫のような研究を続けていたアマチュアはもちろん採用されることはなかった」と指摘するように、日本の海外進出を背景に朝鮮半島や中国大陸にフィールドを求めるアカデミックな研究者と、日本国内にフィールドを置く在野研究者の分化は、より明確なものとなっていく(2)。

こうした状況は敗戦を機に変化する。戦後、アカデミックな考古学者や人類学者は、植民地のフィールドを失う中で、日本国内に活躍の場を見出していく。例えば、中国大陸における考古学的調査を目的とし、東京帝国大学の原田淑人や京都帝国大学の浜田耕作を中心に結成、活動していた東亜考古学会の活動にあらわれている(3)。敗戦を機にそれまでのフィールドを失った東亜考古学会は、渋沢敬三が組織した九学会連合(当初は六学会連合)による対馬調査(一九五〇)の一環として、原の辻遺跡の発掘調査を行なっている。このことは、大陸進出に伴うアカデミック考古学が、日本国内のフィールドへと回帰せざるを得なかった状況を反映していた。

この九学会連合による調査・研究活動の足跡は、終戦直後の大規模な合同学術調査として大きな成果を収めた反面、資料の収奪や地域住民に対する調査協力の強要を生み出した。この調査に参加した宮本常一は、これを「調査地被害」とよんだ(4)。例えば、民俗調査において、「古老が問いつめられて、答えようのなくなっているのに、「こうだろう、ああだろう」としつこく」聞かれる場面があり、「あれは人文科学ではなくて訊問科学だ」と揶揄されることもあった。これ以外にも、地元住民が所蔵する地方文書を研究者が借用したまま返却せず、調査地と研究者との間に軋轢を生み出すこともあった(5)。このような中央の研究者が、調査地の人々の協力の元で資料や情報を収集しながら、その研究成果が直接調査地の地域社会に還元されない事例は少なくない。宮本が「調査というものは地元のためにはならないで、かえって中央の力を少しずつ強めていく作用をしている場合が多く、しかも地元住民の人のよさを利用して略奪するものが意外なほど多い」と指摘するのは、調査という行為がアカデミズムの名のもとに中央集権的な性質を持っていたことを示している(6)。

宮本が指摘したような、調査という行為が持つ政治性は、アカデミックな調査に限定されるものではない。調査成果を遺跡地の地域社会に必ずしも還元できていないことを考えれば、埋蔵文化財行政でもまた「調査地被害」が生まれている可能性がある。そして、それは単に出土した遺物を展示し、遺跡の説明をすれば解決する問題でもない。佐藤健二は、宮本の「調査地被害」を踏まえた上で、「資料すなわちデータにもとづいて形成されうるであろう〈知〉の可能性を共有していないこと」こそ根本的な問題だとする(7)。佐藤の指摘に沿えば、資料やデータそのものの公開だけでなく、その分析から立ち現われてくる科学的な〈知〉の共有範囲が重要な意味を持っている。展示施設を持つ地方自治体でも、こうした調査成果を展示することは少なくない。しかし、調査の過程で生まれた〈知〉が、どの範囲まで共有されているのかという問題が問われることは少ない。

一方で、調査という行為の先に生まれる〈知〉の共有の可能性について、宮本は重要な指摘をしている。調査の中で遺跡地に対して、「何らかの知識を落として」いったのが、考古学の発掘調査だと宮本は言う。土の掘り出しや運搬など、発掘調査は多くの労働力を必要とする。そのために、遺跡地の人々の手を借りる必要が出てくる。こうした人々は発掘を手伝っているうちに、必要な知識や技術を身につけていく。こうして各地に在野考古学者が育っていったのである。

つまり、調査という行為が政治性を孕む一方で、そこに直接従事することで結果的に、研究者ではない地域の人々が自ら調査して研究するための土壌が形成される。これこそが、調査という行為の持つ教育的意義である。調査に直接関わることで、人々の教育的効果が生まれるという宮本の指摘は、埋蔵文化財行政を社会教育的な視座から問い直す上で示唆に富んでいる。

## 第2節　月の輪古墳をモデルとする発掘調査の教育的意義

こうした発掘調査の教育的機能は、「調査地被害」を生み出してきたアカデミックな調査に対するアンチテーゼとしての意味合いを含みつつ、一部の考古学研究者によって、発掘調査という実践を通じて試みられることになる。その嚆矢とされるのが、岡山県勝田郡飯岡村（現 美咲町）に所在する月の輪古墳の発掘調査である。この発掘調査は、当時岡山大学の助手だった近藤義郎を中心に、一九五三年一月に飯岡村文化財保護同好会が発足したことに始まる。この同好会による遺跡の分布調査の結果、存在が確認されたのが、同村に所在する月の輪古墳だった。同年五月には正式にこの古墳の調査を決定し、その方針として「村民が自主的に自分達の手で」、研究者の指導のもとに発掘調査を行ない、「この発掘を通して神がかりの歴史でなく正しい歴史を学習」することが定められた。それは社会教育や社会科教育の枠組みの中に位置づけられ、「村人・学者・教師・生徒が一体となって古墳発掘に力を合わせる」といった、調査参加者の平等性が重視されたものだった。このために、在日朝鮮人・韓国人や被差別部落の住民らもこの発掘調査に関わっている。一方で、三笠宮崇仁が二泊三日の日程で参加した。延べ人数で一万人が参加したこの発掘調査は、同年一一月一四日には主要部分の調査が終了し、発掘の経過報告を兼ねた総会が開催されている。

小国喜弘が整理しているように、この発掘を支えた背景として、①戦前からの労働運動の体験を基盤とする、戦後民主主義運動の積み重ね、②発掘を主唱した人々の戦争体験、③一九四〇年代末からの教育の「逆コース」があった(8)。それゆえに、当初からこの発掘調査は学術研究であると同時に、社会運動としての側面があった。ただし、この発掘調査がマルクス主義系知識人を中心に人々の共感を得たのは、発掘運動と称されるような社会運動論と接合した点だけではない。学者任せの発掘を避けるために、遺跡地周辺の人々は、古墳研究会を設立し、定期的に輪読会を開いた。また、毎夜の講座や発掘計画の集まりの中で、遺跡地の人々が提案をするなど、発掘調査の運営に研究者以外の人々の意見が反映された。このように、月の輪古墳の発掘は、社会教育的、社会科教育的な意義を持ち、人々の意識や行動を変えていった。このことが、この発掘が市民参加型発掘調査のモデルとなっていった主な要因であった。

月の輪古墳で試みられた研究者以外の人々の発掘調査への関わり方は、その後、横浜市南堀遺跡（南堀貝塚）の発掘調査へと引き継がれていく。横浜市史編纂事業の一環として一九五五年にこの発掘調査は実施され、資源科学研究所の和島誠一を中心に、國學院大學、東京教育大学、東京大学、静岡大学、明治大学、早稲田大学、横浜市立大学の各学生、川越高校などの高校生、地元青年団、小中学生、横浜市史編纂事業に協力していた市民、総勢五〇名以上がこの調査に関わった。独立丘上に形成された縄文時代前期集落の全体を調査した結果、竪穴住居跡等を検出している。

和島は、月の輪古墳の発掘調査にも関わっており、必然的に南堀遺跡の調査も月の輪古墳の発掘方式が採用された。発掘調査への市民参加や遺跡地の地元住民への普及活動が行なわれ、調査に参加した小中学生の感想文や縄文土器の解説などを掲載した「南堀貝塚ニューズ」を発行し、調査関係者や地元住民に配布した。南堀遺跡の発掘調査もまた、月の輪古墳と同様に、教育・学習運動としての側面を持ち合わせていた。

同時に従来の学術調査に対するアンチテーゼという側面も南堀遺跡の調査は持っていた。甘粕健は「埋蔵文化財保存運動の現段階」(一九七〇)と題された座談会で、従来の発掘調査者の特徴を「とにかく中央から来て遺物はすべて持って帰ってしまう、だからぜんぜん市民とは関係ない」タイプと「もの好きな人で、畑を掘りくり返して出たものを持っていってしまうと批判される古いタイプの郷土史家」の二種類に分け、この両者は調査の成果を社会に還元していないと批判した。その上で、南堀遺跡の調査では「横浜の市民といっしょにはじめて全集落を全掘」し、従来の遺跡調査のあり方を大きく変えたとする。その流れは、この翌年の研究者と市民の手による市ヶ尾横穴古墳群の調査にも引き継がれたとしている(9)。

## 第3節　文化財保護行政への市民の直接関与が困難な歴史的背景

もちろん、月の輪古墳や南堀遺跡だけでなく、学校のクラブ活動による発掘調査のようなケースでも、調査という行為が科学的な〈知〉の創造過程で参加者にとって教育的意味を持つことは認識されていた。だからこそ、遺跡の破壊を招き、文化財保護と相容れないものとして、批判の対象となっていった(10)。

その批判の内容を一九五六年の「埋蔵文化財をめぐる諸問題」という座談会の記録から取り上げてみたい。この座談会には、後藤守一（明治大学教授）、藤田亮策（東京藝術大学教授）、八幡一郎（東京大学講師）、滝口宏（早稲田大学教授）、齋藤忠（文化財保護委員会・文部技官）といった当時の職業的考古学研究者や国の文化財保護行政に関わる人々がメンバーに名を連ねている。当時は、一九五〇年の文化財保護法施行と文化財保護委員会の設置から間もない時期であり、戦後の文化財保護制度が急速に整えられつつあった時期である。

こうした時代背景から、座談会では、地方の文化財保護という観点から文化財保護の在り方について議論が及び、「何でも東京へ取り上げるという非難を受けつつも法律の命ずるままに東京に集められておったことは、遺物の保存という立場からは、大へん大きな手柄をしておると考えるんですがね」といった後藤の発言が残されている(11)。地方での発掘調査が、遺跡地への調査成果の還元や〈知〉の共有へとつながっていないという批判の一方で、保護という観点から大学や博物館による発掘調査の意義がここで示されている。言い換えれば、「民」の手による保護の限界と「官」の保護の正当性がここに透けて見える。

それゆえに、学校単位での発掘調査にも座談会出席者の疑義が向けられた。滝口は座談会の冒頭で次のように述べた。

中には、高等学校、中学校などの生徒たちが、社会科の勉強のためにとかなんとか言って、学生、生徒たちを動員し、その連中にいろいろなものを持ってこい、集めろというものですから生徒たちが進んであっちこっち歩きまわり、探しまわって、ここが出る、よし掘ろうという調子で、めちゃくちゃに掘ってしまう、こういう例が実に多いのです。(12)

このような学校単位での発掘調査は、滝口が、「それを悪いといって文句をつけるわけにはいかない」というように一定の教育的効果があることは認めていた。それでも、こうした研究者以外の人々が直接発掘調査に関わることが、結果的に遺跡の破壊につながっているとする。

こうした議論の延長線上として浮上するのは、教育行政という枠組みの中での文化財保護行政の立ち位置であった。八幡は次のように、文化財保護と学校教育、社会教育との関係についてふれている。

文化財保護ということは、学校教育とかあるいは社会教育の基本にはなるけれども、しかし文化財保護行政は即学校教育行政、社会教育行政ではない。文化財保護行政はどこまでも独自の国家要請に基づきその面では教育行政に優先する。優先することによって、文化財は完全にそして正しく国民の宝になる。(13)

八幡は、文化財保護行政が学校教育や社会教育と密接な関係にありながら、教育行政に優先すると述べる。発掘調査に教育的機能があるとしても、それは文化財の保護が前提であり、その前提を抜きにして教育的な意味を求めるべきでないというのが八幡の立場だった。八幡によれば、そもそも学校教育や社会教育と文化財保護の接点は、学校教育や社会教育を通じて文化財保護思想を国民に敷衍し、「国民がそれ(文化財)を宝だと自覚する」ための手段だとする。

この座談会が行なわれた同じ年に制定された「地方教育行政の組織及び運営に関する法律」は、教育委員会固有の職務権限の一つとして「文化財の保護に関すること」(第二一条第一四項)を掲げている。法整備において、この座談会出席者の考え方が少なからず基礎になっていたと推察される。ここで示された文化財保護思想を国民に敷衍するための、教育行政としての文化財保護行政という観点は今日まで引き継がれてきた。文化財保護行政と社会教育行政の接点は極めて限定的であり、市民の文化財保護行政への直接的関与における教育的意義は一定程度存在するものの、それ以上に「官」による文化財の保護が優先されることになる。

この座談会の議論の中で、その三年前に実施された月の輪古墳の発掘調査もまた批判の対象となっている。

**滝口**　考古学というのは、結局発掘の累積によって初めて何か結論らしいものが出てくる。ところが最近は、例えば一つの古墳を掘って、ただちにこれの結論を出して、そして大いに宣伝をやるというような傾向があるのですね。これは私は非常に非学問的なものだと思うのです。

**藤田**　「これが学問だ」なんて宣伝するからね。

**滝口**　ところが、世の中はそれをしりませんからネ。古墳を掘って、ここに男尊女卑が出てきたとか、貴族と庶民の生活がここに現れたというふうに言われるから、なるほどそうだと拍手喝采する。非常に宣伝もうまい。これは私はきわめて非学問的な、宣伝的な行事だと思うんですがね。ちょっと私の言い方は強いかもしれませんけれども……。(14)

名指しは避けられているが、月の輪古墳における研究者以外の人々の発掘調査への参加が、マルクス主義系知識人を中心とした人々から賞賛される一方で、このように結論ありきの調査・研究手法に対する疑義を呈する人々が存在したのである。座談会出席者の指摘は、文化財の破壊や学問的な検証プロセスを経ない可能性がありながら、研究者以外の人々の参加が無批判に社会の中で称揚されてしまうことへの警鐘でもあった。この警鐘は、発掘調査における直接的な市民の関わりを排除するような、その後の文化財保護行政の方向性を決定付けていく。

## 第4節　記録保存のための発掘調査の増大

一九五〇年代以降、文化財保護行政が整備される過程で、研究者以外の人々が直接発掘調査に参加する機会が限定される。それは、素人の参加が遺跡の破壊につながるというだけでなく、高度経済成長に伴う大規模開発事業が各地で成立し、失われる遺跡の記録保存が急務になっていったこともまた要因であった。記録保存を目的とした発掘調査に研究者や市民が参加する形式は、一九七〇年代までは存在していたが、開発事業件数の急増に対して対応できず、消滅していった。

開発事業による遺跡の破壊を前に、保存運動が本格化するのは、一九五四年の大阪府イタスケ古墳の保存運動である(15)。遺跡保存のための市民運動が成功する一方、高度経済成長期には、開発による遺跡の破壊はより顕著なものとなり、次善の策としての記録保存を目的とした発掘調査が試みられるようになる。こうした状況に対して、文化財保存運動の中から、遺跡を保存する論理として「文化財は国民の財産である」という考え方が登場する。この文化財を国民の財産とすることで、それを破壊して利益を得ようとする開発事業者が調査費を負担すべきという議論が生まれることになる。一九五八年には、名神高速道路建設に際して路線内の遺跡の多くが破壊され、この時に、それまでの研究者の自主的な「手弁当」による小規模な発掘調査ではなく、開発事業者が調査費用を負担する原因者負担の調査がはじめて実施された。この原因者負担方式の発掘調査は、開発行為と埋蔵文化財保護とを両立させる手段として、以後各地で適用されることになっていく。

文化庁のデータによれば、データを取り始めた一九七六年には、工事の届出等の件数は二七一九件、工事に伴う発掘調査の件数は一五一七件に対して、開発行為に伴わない学術調査等の件数は一五五件であった(Figure4)。その後、開発行為に伴って記録保存を目的とした発掘調査の件数は急激に増大していった。原因者負担方式による記録保存のための発掘調査件数が増えていった背景には、こうした経済発展による開発事業の増加という社会情勢が大きく影響していたのである(16)。

これに伴って法制度の整備も行なわれている。一九五〇年の文化財保護法制定時では、国による発掘調査を規定していたものの、地方自治体による発掘調査の規定は盛り込まれていなかった。しかし、一九七五年の文化財保護法の一部改正では、開発事業に伴う発掘調査の件数増大に合わせて、国による発掘調査は歴史的・学術上特に価値があり、かつ、技術的に困難なものに限定され、地方自治体が記録保存のための発掘調査を主に担っていくこととなった。一九七八年の文化庁長官通知では、事務処理の迅速化の観点から、開発行為と埋蔵文化財調査の調整は地方自治体の教育委員会で行なうこととした。

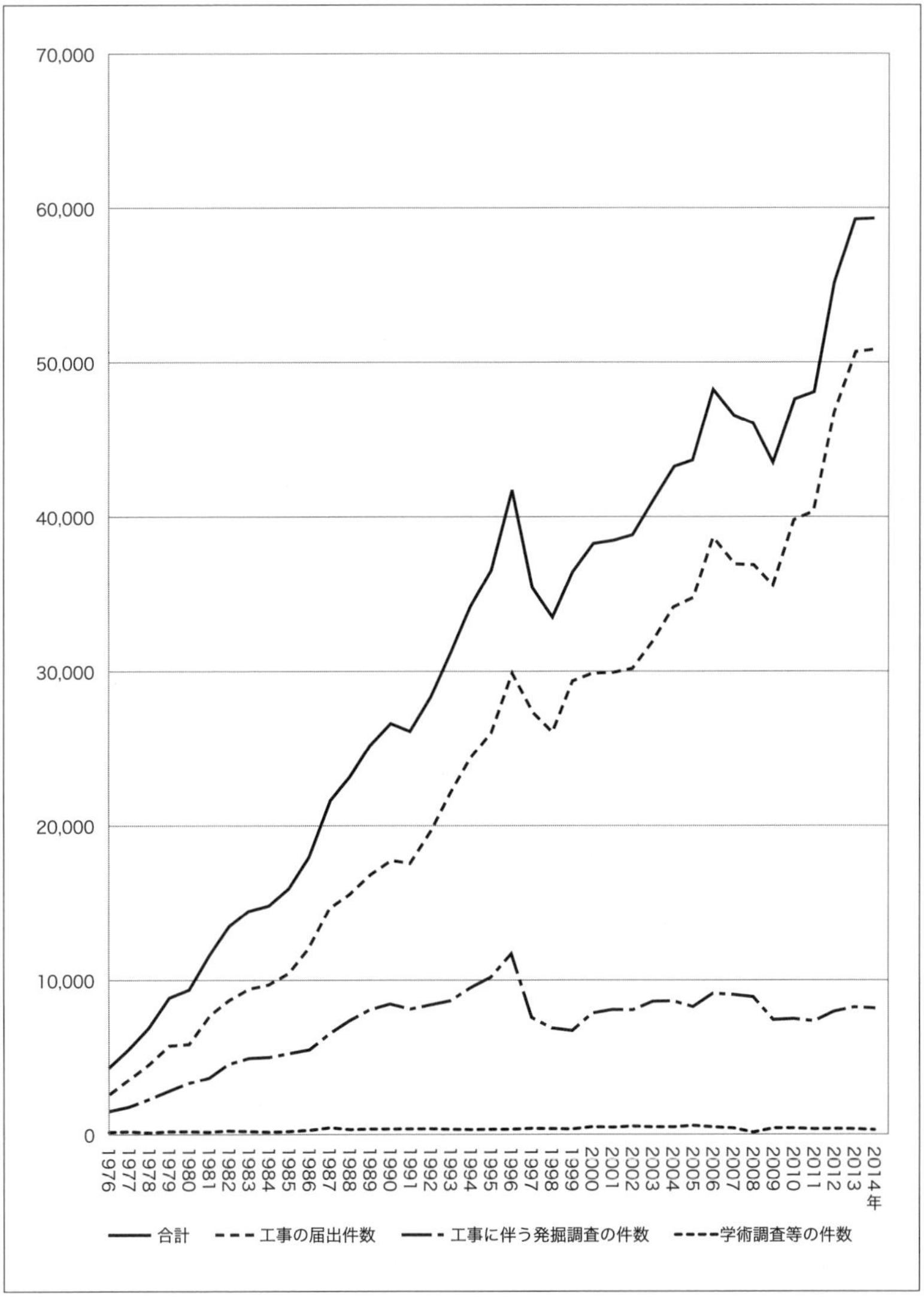


文化庁文化財部記念物課『埋蔵文化財関係統計資料』（2016）より作成

Figure 4　発掘届出件数の推移

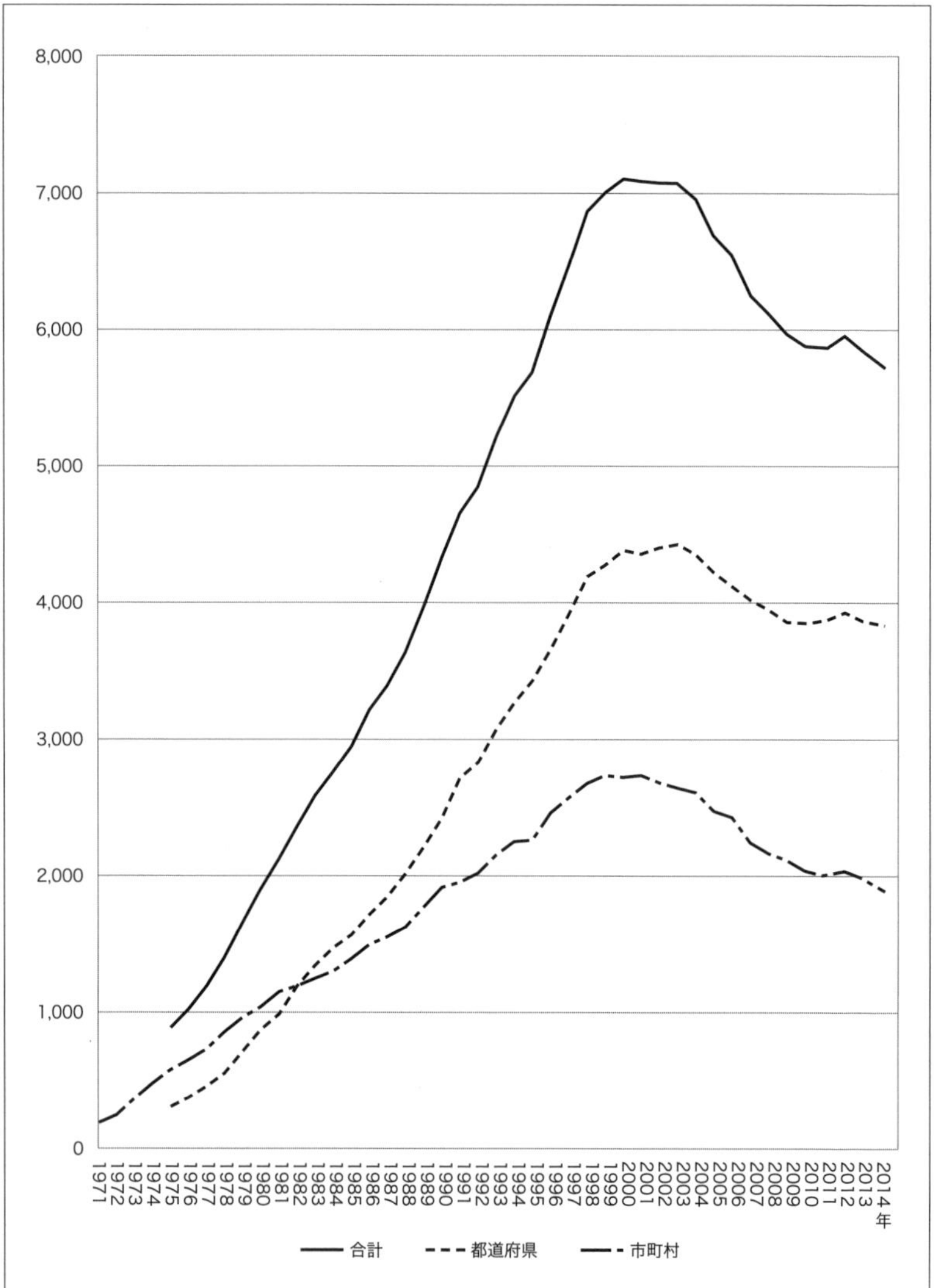


文化庁文化財部記念物課『埋蔵文化財関係統計資料』（2016）より作成

Figure 5　埋蔵文化財担当職員数の推移

地方自治体においては、開発事業に伴う発掘調査を担う専門職員を採用、配置して、組織の充実を図っていった。文化庁のデータによれば、都道府県における埋蔵文化財担当専門職員数は、一九七一年の段階で一九四人であったが、一九八〇年には一〇四一人、一九九二年には二〇二一人にまで増大している。一方で、市町村では、データを取り始めた一九七五年には三〇八人であったが、一九八二年に一二〇〇人となって都道府県の職員数を上回り、一九八六年には二〇三三人にまで増大している(Figure5)。

## 第5節　記録保存型発掘調査に対する社会教育的性格の付与

開発事業によって各地の遺跡が急速に失われていく状況に対応して、埋蔵文化財行政の体制が急速に整備され、今日の埋蔵文化財行政の基礎が一九七〇年代に形成される。そして、開発事業に伴う遺跡の消失は、同時に市民による遺跡の保存運動もまた活発化させた。例えば、東松山市とその周辺地域でも大規模開発に伴う遺跡の破壊が問題になっていた。金井塚良一を中心とする台地研究会は、こうした遺跡の破壊に対して、保存運動を展開していった。

この台地研究会は、一九五六年に松山高校の郷土研究部の卒業生を中心に結成され、本来は考古学研究のグループであった。その後、郷土教育運動の影響を受けて、比企地方でのフィールドワークを積極的に行なっていく。台地研究会は、一九六〇年代前半に大岡地区の三千塚古墳群など、遺跡の保存運動に着手するようになるが、一部で市民の協力を得つつも、結果的に要求してきた遺跡の公有地化を実現できなかった。その背景には、開発対象地である山林を売却して生活向上をはかりたいという地元住民の開発に対する期待があった。そのため台地研究会の保存運動は、「大岡の未来をぶちこわすものだという地元の不満」を生み出すこととなり、「一年あまりにわたった保存運動は、発掘調査という当初予想もしなかった事態をもって収束」することになる。こうして遺跡の保存運動は、遺跡を保存しようとする側と開発業者という対立構造だけでなく、開発に期待する地元住民の意思が交差する中で、発掘調査による記録保存という道を選択せざるを得なくなっていく。これが、市民による遺跡保存運動が減少していく背景であった。

台地研究会は、それまでの遺跡保存運動を転換し、文化財保護行政との連携による遺跡の保存という新たな道を模索する。例えば、台地研究会メンバーが中心となって結成した、松山城址の保存運動団体「松山城址を守る会」(一九七〇年設立)に代表されるように、地元自治体のバックアップを受けながら、記録保存のための発掘調査や遺跡保存のための国道建設ルートの見直し要求などを行なっている。こうして市民の自主的な学習運動としての側面を持つ発掘調査は、次第に開発事業に伴う記録保存のための行政発掘体制に組み込まれていく。このことは、台地研究会側の視点に立てば、やむを得ない選択であった反面、埋蔵文化財行政の枠組みの中で市民参加による発掘調査という新たな道を開くことができた。

この文化財保護行政と人々の主体的・能動的な遺跡保存運動として実現したのが、雉子山遺跡の発掘調査であった。台地研究会のメンバーらが中心となって、東松山市の市史編纂事業の一環として、雉子山遺跡の発掘調査を市民参加で実施した。直接の契機は、国道二五四号線バイパス建設によって破壊を受ける遺跡の記録保存にあった。遺跡の記録保存の場面に金井塚らが関わることで、「一人でも多くの市民の参加を期待する」という市民の参加による発掘調査がここに実現したのである。この発掘調査にあたっては、一九七三年に雉子山遺跡発掘調査会を結成し、金井塚を団長として、事務局を市史編さん係と教育委員会社会教育係の職員が担当している。

この発掘調査には団長である金井塚の考え方が強く反映されていた。例えば金井塚は、従来の発掘調査は、「考古学を研究する専門の研究者の仕事と考えられていました。一般の人々は単に労務提供者として発掘に参加していただけにすぎません」とする状況に対して、市民もまた「雉子山遺跡の発掘をとおして東松山市の原始・古代史を明らかにしたいという要求は、私たちと変わらない」と指摘する。そして、「雉子山遺跡を私たちと市民のみなさんの共通した学習の場」であるとし、「一緒に発掘しながらそれぞれ発掘参加の目的が充分達成できるように努め」ることが、市民参加による発掘調査の意義であると説く(17)。

このように高校のクラブ活動を発展させた台地研究会は、開発事業に伴う遺跡の破壊を前に、遺跡の保存運動を展開していくが、開発主体や地元住民との調整の中で運動方針を転換せざるを得なくなっていく。やがて金井塚らは、現実的な打開策として地元自治体とのタイアップを模索し、文化財保護行政における市民による遺跡の保存という新たな方向性を見出していく。

こうした状況は、結果的に遺跡の現状保存が困難であったことを考えれば、遺跡の保護としては問題が残ったと言える。しかし、金井塚ら台地研究会メンバーを中心とする人々の活動は、開発事業に伴う記録保存のための発掘調査の下請けではなく、発掘調査という場を積極的に市民に開放し、「学習の場」としての性格を切り拓いた点に私たちは着目する必要がある。雉子山遺跡の発掘調査事例は、運動論として遺跡破壊に対する抵抗としてではなく、発掘調査に積極的に社会教育の場、市民の学びの場という性格を与えることで、消極的な記録保存のための発掘調査に転換を迫るものであった。

ところが、金井塚らの意欲的な試みは、その後の文化財保護行政の中に引き継がれることはなかった。金井塚自身がのちに嵐山町に新設された歴史資料館に勤務するようになり、七〇年代後半には守る会そのものが自然休会となった(18)。雉子山遺跡発掘調査報告書の巻末で、第二の市民参加の発掘調査を実施する計画を立てているが、その後に東松山市で市民参加型発掘調査は行なわれておらず、刊行された市史の中でも市民参加が取り上げられることはなかった。遺跡の保存運動から始まった市民の活動は、行政システムに吸収され、やがてその痕跡さえも消失していくことになる。

この背景には、運動論型の遺跡保存の終焉という側面だけでなく、埋蔵文化財行政が急増する開発事業への対応に特化した組織整備を進めたこと、埋蔵文化財行政における社会教育的性格が後景化していったことがある。もちろん、こうした事例は、東松山市だけに限定されるものではなく、一九七〇年代当時の埋蔵文化財行政に共通する状況を示している。

## 第6節　市民参加型発掘調査を問い直す必要性

戦後のアカデミックな考古学者や人類学者が、日本国内にフィールドを求める中で、アマチュア研究者の活躍の場は限定されてきた。そこでは、発掘調査された資料やそこから生み出される科学的〈知〉が、遺跡地の人々に還元されないという問題を孕んでいた。こうした発掘調査や考古学研究に対するアンチテーゼとしての側面を期待されたのが、月の輪古墳に代表される、研究者以外の人々が直接参加する発掘調査の形態だった。南堀遺跡の発掘調査に見られるように、自治体史編纂事業などの遺跡地の地元自治体と緩やかにつながりを持ったこうした発掘調査は、学校教育や社会教育としての意義を持っていた。

ところが、「民」による文化財保護の限界とそれに対する「官」による調査・保護の正当性が、法整備の中で前景化するにつれて、非研究者が参加する発掘調査が成立し難くなっていく。さらに、記録保存のための発掘調査に考古学研究者や地方自治体が追われる中で、ゆっくりと時間をかけて、学習や議論を重ねる発掘調査がこうした人々から嫌厭されたことも、市民参加型発掘調査が成立する余地を狭めていった。

アマチュアによる発掘調査が成立する余地が狭められていったとはいえ、それでも市民の参加によって社会教育的な意義を発掘調査に見出そうという試みは、継続されていた。その事例の一つが、雉子山遺跡の市民参加による発掘調査だった。アマチュア研究者による発掘調査や埋蔵文化財の保護活動は、地方自治体の文化財保護政策と結びつきながら、社会教育的意義を持っていた。

やがて、行政発掘件数の増大に合わせるようにして、こうした市民参加による発掘調査が成立し難くなっていった。しかし、一九九〇年代後半以降、バブル経済の崩壊と共に開発事業の件数が減少していったことから、それに伴う記録保存のための発掘調査もまた減少している。一九九六年には、工事の届出等の件数は二万九八一七件、工事に伴う発掘調査の件数は一万一七三八件に上ったが、この時期を境に減少傾向にある。二〇一二年には工事の届出等の件数が四万六七六九件、工事に伴う発掘調査の件数は七九四七件であり、現在は届出の件数は多くなっているが、実際に本調査に至る件数は比較的少ない。

このように開発事業に伴う記録保存のための発掘調査が減少する中で、改めて埋蔵文化財行政の在り方が問われつつある。行政運営全般における国民への説明責任が社会から問われるとともに、「官から民へ」といったスローガンに代表される、地方自治の主体の在り方が問われる中で、埋蔵文化財行政もまた地域社会との関わりが議論されるようになっている。

文化庁が「埋蔵文化財発掘調査体制等の整備充実に関する調査研究委員会」(以下、調査研究委員会と略す)を一九九四年に設置し、埋蔵文化財行政の将来的な方向性を議論してきているのは、こうした社会的な要請に対応したものである。調査研究委員会の報告書の中で注目したいのは、二〇〇七年刊行の『埋蔵文化財の保存と活用――地域づくり・ひとづくりをめざす埋蔵文化財行政――』である。埋蔵文化財が持つ「歴史的・文化的資産」、「地域及び教育的資産」としての意義が説かれ、特に社会科や歴史の学習に役立たせるなど、学校教育における埋蔵文化財発掘調査の成果の還元が中心的に提言されている。一方で、この報告書では、地域社会と埋蔵文化財行政の関係について、「地域住民・民間との連携」が示されている。しかし、あくまで主体は地方自治体であり、それを補完する立場で地域のボランティアやNPO法人等の活動を組み込むことが具体的な方策であるとして述べられているにとどまる。

その後、二〇一三年には教育委員会制度改革の流れの中で、文化庁文化審議会文化財分科会が『今後の文化財保護行政の在り方について』をまとめている。この報告では、教育委員会における文化財保護行政の位置づけを問い、「専門的・技術的判断の確保」、「政治的中立性、継続性・安定性の確保」、「開発行為との均衡」に加えて、「学校教育や社会教育との連携」が提言されている。この「学校教育や社会教育との連携」という項目では、教育基本法が示す方向性に則り、「伝統と文化についての理解を深め、後世に引き継いでいくこと」は、「我が国の未来の主権者たる子供たちの育成」にとって不可欠であり、それが文化財の保護が教育に果たす役割であると示している。この提言は、教育委員会制度の改革という入り口からスタートしているが、結果的に従来通りの教育行政としての文化財保護行政を示している点で、『埋蔵文化財の保存と活用――地域づくり・ひとづくりをめざす埋蔵文化財行政――』の提言から大きく逸脱するものではない。

しかし、こうした議論が、これまでの開発事業への対応中心の埋蔵文化財行政からの転換を促すものであることには変わりない。この状況の中で、市民参加型発掘調査に見られるような、市民が直接関与する埋蔵文化財行政の在り方が見直されている。それは、終戦直後のアカデミックな発掘調査が持つ政治性に対するアンチテーゼや一九六〇年代～一九七〇年代にかけての反開発主義的な文化財保護運動とは異なり、人々が自らの地域社会に目を向け、その新たな方向性を議論する契機として位置づけられている。

特に本研究が注目したいのは、研究者や行政職員と共に市民が作業を通じて、学びと研究の場を共有できる発掘調査の社会教育的機能であり、それが新たな地域文化を醸成するための手段となりうる可能性である。過去のアマチュア研究者や市民が直接参加した発掘調査が社会教育としての意義を期待されていたように、今後の発掘調査の在り方を議論する上で、こうした市民参加型発掘調査の系譜を改めて検証する必要がある。

これまでも埋蔵文化財行政と社会教育との関係については議論されてきた。しかし、こうした議論が重ねられてきたにもかかわらず、実際の埋蔵文化財行政の社会教育的な施策は実現し難かったのはなぜか。記録保存のための発掘調査に追われ、そこまで地方自治体の手が廻らなかったのも事実である。だが、それ以上に過去の事例が参加者や地域社会にとってどのような社会教育的意味を持っていたのかという点が詳細に分析されてこなかったことが、埋蔵文化財行政が地域社会との関係を希薄にしてきた要因となっていた。

それゆえに、こうした過去の市民参加による発掘調査を検証することは、今日の埋蔵文化財行政の在り方を問い直す上で重要な意味を持っている。そこで、研究者以外の人々が参加する発掘調査が、遺跡地の地域文化とどのような関係にあるのかを次章以降で検討することにしよう。

## 註

（1）坂野徹『帝国日本と人類学者：一八八四―一九五二年』勁草書房、二〇〇五年、四九九―五〇〇頁
（2）藤森栄一「日本考古学への断想」『中央公論』八四巻一一号（一九六九年一一月号）、二六四頁
（3）大貫静夫「原田淑人と東洋考古学」『精神のエクスペディシオン――学問の過去・現在・未来』東京大学、一九九七年
（4）宮本常一「調査地被害」『朝日講座　冒険と探検』七巻、朝日新聞社、一九七二年、二六四―二六五頁
（5）網野は、この地方文書の整理・返却を四〇年かけて実施し、結果的にそれは網野の日本中世史研究の礎となった。網野義彦『古文書返却の旅　戦後史学史の一齣』中央公論社、一九九九年
（6）宮本常一、前掲書（4）、二七八頁
（7）佐藤健二「調査のなかの権力を考える」『社会調査のリテラシー』新曜社、二〇一一年、二六〇―二六一頁
（8）小国喜弘「国民的歴史学運動における日本史像の再構築――岡山県・月の輪古墳発掘を手がかりに」首都大学東京都市教養学部人文・社会系『人文学報』三八号、二〇〇三年、一―三〇頁
（9）石部正志・今井堯・久保哲三・芝田文雄・甘粕健「〈座談会〉埋蔵文化財保存運動の現段階」歴史学研究会『歴史学研究』三六一号（一九七〇年六月号）、青木書店、三〇―四七頁
（10）相沢忠洋は、戦後教員が生徒を連れて「手当たりしだいに発掘」をし、「調査の目標も研究の主体性もまったくないままに、ただ遺跡の珍品あさりに狂奔」する人々がいたことを批判的に述べている。相沢忠洋『「岩宿」の発見　幻の旧石器を求めて』講談社、一九七三年、一六二頁
（11）斎藤忠ほか「埋蔵文化財をめぐる諸問題（座談会）」『日本文化財』一三号、一九五六年五月、二五頁
（12）斎藤忠ほか、同誌、二三頁。座談会で後藤守一は、登呂遺跡の発掘調査もまた、自然科学者と人文科学者、学生が同一の遺跡を対象に発掘調査に取り組むことができた一方で、学生による安易な発掘調査につながっていき、遺跡破壊の一因になっていたとする。
（13）斎藤忠ほか、前掲誌（註11）、二八頁
（14）同上
（15）文化財保存全国協議会編『文化遺産の危機と保存運動』青木書店、一九七一年
（16）もちろん発掘調査を実施できた遺跡は一部であり、調査を経ることなく、消失していった遺跡も少なくなかった。
（17）小峰啓太郎編『雉子山―市民参加の遺跡発掘調査報告書―』東松山市史編さん調査報告第八集、東松山市、一九七七年、七六頁
（18）東松山市『東松山市の歴史』下巻、一九八六年、六四六頁

# 第2章　野尻湖発掘前夜──戦後研究者集団の問題意識と地域社会

第1章で戦後の発掘調査史において確認したのは、様々な階層の人々が参加する発掘調査に、社会教育的意義が認められながら、埋蔵文化財行政制度が確立する中でその居場所を失っていった過程である。しかし、それは発掘調査の社会教育的意義の消失を意味してはいない。開発による遺跡の消失が顕著となる一九七〇年代においても、雉子山遺跡の発掘調査のように、市民の参加によって地域の歴史や文化を明らかにし、市民の手による文化財保護、市史編纂へとつなげようとする試みは少ないながらも存在してきた。今日の埋蔵文化財行政と市民社会の関係が問い直される中で、市民参加型発掘調査の系譜は改めて評価すべき時期に来ている。考古学や埋蔵文化財行政への問いかけは、本書における発掘調査の社会教育的意義の捉え返しを含むものである。

しかしながら、これらの問いかけは、個別の事例研究の段階にとどまりがちであり、地域社会と文化財保護行政の関係を問うような、より大きな問題につなげる研究は多くない。そこで、本研究では、市民参加型発掘調査が生まれた歴史的背景にまで立ち返って、成立要因を探ることから始めたい。

## 第1節　調査地の被害から〈知〉の共有化へ

月の輪古墳の発掘調査に代表されるように、研究者だけでなく年齢や学歴、専門性の異なる人々が、同一の発掘調査に参加する形態は、社会科教育や社会教育としての側面とともに、それまでの学術研究に対するアンチテーゼとしての意味があった。こうした問題は、考古学研究に限らず、例えば古生物学研究の領域でも存在した。その一つが、花泉遺跡の発掘調査である。

花泉遺跡は岩手県と宮城県の県境に位置する花泉町（現一関市）に所在し、一九五三年に初めて発掘調査が行なわれた。この契機となったのは、遺跡地の所有者が、自分の水田に水を汲むための井戸を設置しようと掘削したところ、動物の化石骨を発見したことにある。土地所有者は、この化石をそのまま厩舎の棚にしまっておいた。一九五三年に宮城県史編纂委員の司東真雄が、石塔婆の調査で花泉を訪れた際にこの獣骨化石の存在を知り、一部を東北大学へ送って鑑定を依頼した。その後、佐々木盛輔花泉公民館長が地元青年会の協力を得て調査に着手している。

次いで、三島学園講師の曽根広が調査を担当する予定であったが、一九五三年一二月に死去してしまう。そこで曽根のあとを受けて、彼の師である松本彦七郎が花泉遺跡の調査にあたった。一九五四年には地元青年会の協力により、松本は下顎骨や鹿角などを発掘している。その後も佐々木や国立科学博物館の尾崎博、直良信夫がこの遺跡の発掘調査を実施した。

一九五八年には一〇月一五日から二五日頃の期間に、「花泉新生代研究会」が地元中学生・高校生の協力を得て発掘調査を行なっている。さらには、同年一一月一日から一〇日まで、「関東ローム研究会」と「信州ローム研究会」の合同チーム（以下、ローム研究会と略す）が独自に発掘調査を実施している。これら二つの発掘調査組織のメンバーは、Figure6のような構成であった（Figure6）。翌一九五九年には花泉新生代研究会が発掘調査を実施し、象化石の一部を検出している。

一九五八年の花泉遺跡の発掘調査は、半月という短期間のうちに二つの団体によって別々に行なわれた。では、なぜ短期間のうちに、別々の発掘調査を行なう必要があったのか。その理由は、ローム研究会側の記録に残されている。「発掘に参加したKさん（小林国夫）」は、地元住民に対する報告幻燈会において、地元住民から「こんどの発掘隊は、

| ローム研究会 | 花泉新生代研究会 |
| --- | --- |
| 団長・鈴木誠、小林国夫、井尻正二、堀正一（群馬大）、鈴木敬治（福島大）、相沢忠洋、戸谷洋（都立大）、寿円晋吾（防衛大）、亀井節夫（信州大学）、郷原保真（資源研）、石原寿（法政高）、山形理、中川久夫（東北大）、国府谷盛明（東北大）、星野通平（東京水産大）、原田哲朗（京都大）、徳岡隆夫（京都大）、新堀友行（都立京橋化学工業高）、松山力（青森県立高）、大池昭二（青森県立高）、七崎修（青森県立高）、鈴木養身（東北大）、小川（竹内）貞子、森由希子（東京学芸大） | 代表・早坂一郎（島根大）、松本彦七郎、鹿間時夫（横浜国大）、直良信夫、三木茂（大阪市立大）、島倉巳三郎（奈良学芸大）、植田房雄（東洋大）、中野尊正（国土地理院）、渡部直径（東京大）、尾崎博、清水辰次郎、長谷川善和（横浜国大）、小林茂、顧問・矢部長克 |

Figure 6 花泉遺跡発掘参加者一覧 (1)

隊長さんからさきだってシャベルをにぎり発掘しているのには感心した」「まえの博物館の人たちとは、どうしていっしょにやらなかったのか」といった声を聞いた。そこで、次のような調査に至る経過を小林国夫が説明している。

私たちは、あらかじめ、博物館の調査隊にたいして、いっしょにやろうと申しこんだのだが、ことわられたのであった。わずかに、見学ならさせてやってもよい、という返事を得ただけである。しかし、見学だけでは、自分たちで掘ることや、私たちの意見をいうことさえもひかえなければならない。（中略）そのため、私たちはやむをえず別の発掘隊をつくって、発掘することになったのである。(2)

つまり、ローム研究会は花泉新生代研究会側に合同調査を申し入れたが、断られた。その結果、やむなく別々の調査組織がほぼ同時期に発掘調査を行なうことになったのである。地元住民との話し合いの中で、「この土地から発掘して出たものは、資料館をつくって、郷土教育の推進に役だてたいという強い希望がだされた。なぜなら、東京にもっていかれて、たとえきれいに並べ、飾られたとしても、私たちの土地の者は、自由にそれを見て学ぶことはできなくなる」との意見が出された。これを受けて小林は、以下のような結論に達する。

私たちは、博物館のように、なにごとも東京中心に考える、いわゆる中央集権的なやり方で、地方の文化・財産など、あらゆるものをかき集めてしまうことに強い批判をもっている。地方のものは地方において、土地の人たちに、なるべく多くの機会に、これを利用して学んでいけるようにしたいものだ、と考えている。さらにすすんで、それぞれの土地で自主的に科学運動が展開され、正しい郷土教育が推進されることが望ましい。(3)

小林の回想なので、地元住民が地元に資料館を建設し、郷土教育の推進を図ろうとどの程度発言したのかという点については、字義通り受け取ってしまうには問題がある。だが、花泉遺跡から出土した獣骨化石の第一発見者と研究者との間で、資料の取り扱いを巡って問題が発生し、いまだにこの資料は非公開となっている。このことからも、調査・研究の名の下に遺跡地から資料が収奪され、そこから形成される〈知〉もまた研究者と遺跡地の人々との間で共有されないという点で、小林の発言とさほど食い違ってはいない。

このことは宮本常一が「調査地被害」と呼んだものに近い。宮本によれば、調査という行為は、調査地に成果を還元することなく、「かえって中央の力を少しずつ強めていく作用」を持つ(4)。これに対して佐藤健二は、宮本の指摘を踏まえて、個別の被害の事実にとどまらず、「資料すなわちデータにもとづいて形成されうるであろう〈知〉の可能性を共有していないこと」に根本的な問題をはらんでいるとする。そして、この問題の解決策として「調査する」世界と「調査される」世界との間で「知の共有」や「奪還」が必要だと指摘している(5)。

佐藤の指摘に従えば、遺跡地の人々にとって、単に地元から資料が失われたという喪失感以上に、学術的な調査・研究を通じて生まれた〈知〉が、調査者(研究者)の独占物となり、調査・研究に遺跡地の人々が全く関わることのできない疎外感が問題となっている。九学会連合の調査後に資料返却の旅に出た網野善彦が、資料の所有者から研究成果として何が明らかになったのかを問われているように、「調査される」側の世界にとっても研究成果として立ち現われた〈知〉は共有したいものであった。

花泉遺跡の発掘調査に戻れば、小林が考えた〈知〉の共有方法は、資料館を置き、郷土教育を通じて行なうというものだった。郷土教育の中味まではここでは詳しく語られていない。しかし、重要なのは、遺跡地の人々が遺跡の情報から生み出された〈知〉を教育というフィルターを通して共有する必要性が、小林や遺跡地の人々の間で一定程度、共通の認識となっていたことである。

こうした遺跡地に保管・展示施設を設け、調査・分析の成果をそこで展示し、遺跡地の人々の研究や学習に役立てようとするローム研究会の人々の問題意識は、どのようにして生まれたのか。そして、それは花泉遺跡の発掘調査を経て、どのように野尻湖発掘へと引き継がれていったのか。まずは、花泉遺跡の発掘調査に関わった地学団体研究会のメンバーの足跡から追うことにしたい。

## 第2節　地質学研究者コミュニティの大衆観

日本では戦後に入ると、それまでのアカデミズムに対する問題意識を持った研究者が集まり、民主技術協会、新日本建築家集団、民主主義文化連盟といったグループを結成していった。この問題意識の背景には、例えばアカデミズムが「膨張政策」と歩調を合わせ、戦争に加担してきたことがあった。また、大学運営における講座制では教授の「絶対的権力」によって人事や予算、研究内容が決定されてきたこと、そして欧米で発展してきた理論を直接日本の事例に適用し、「記載分類的研究」の段階にとどまってきたこと、関連分野との「境界領域を開拓する努力」が欠如してきたことなどがあった(6)。こうした問題意識は、日本共産党の主張とも重なり合いながら、研究環境の改善や研究手法の転換、科学と社会の関係の問い直しといったテーマへと具現化していく。また、問題意識を生み出してきた時代背景に目を転じれば、戦時体制下への逆コースに対する危惧や一九四九年における新制国立大学発足に見られる大学教育改革が存在した。

以上のような社会背景の中で、一九四七年に東京大学、東京文理大学、科学博物館の地質学を専攻する研究者と学生、二〇人が集まり、地学団体研究会（以下、地団研と略す）の設立準備が計画された。会の設立趣旨に賛同した者を合わせて、科学博物館で開催された設立総会には、一三三名が会員となって地団研が発足している。設立総会では地団研の目的として次のことが掲げられた。

目的

一　学問の自由（研究の自由、批判の自由、平等な発言権）を確立する。
二　研究の再建と研究の急速な発展に努力する。
三　団体研究を実施する。
四　特殊問題の研究会、研究の批判会、討論会を開催する。
五　研究及び研究生活の相互扶助をおこなう。
六　正しい地学知識の普及に努力する。
七　科学者と技術者との連絡・協力を密にする。
八　友誼団体と協力する。
九　学会の民主化に努力する。
一〇　御用科学、学閥、官僚主義、分派行動、独裁を排撃する。

目的の中に登場する「団体研究」という言葉が、組織の名称にも使われているように、団体研究はこの研究会の特徴を示す研究手法である。団体研究が生まれたのは、古生物学者の井尻正二が、他の東京科学博物館職員と共に一九四一年から秩父盆地の大山系の共同調査を行なったことにあるとされる。この共同調査が基になって、井尻は団体研究法を提唱するようになる(7)。団体研究法の成立要件として、①研究に参加するすべての研究者が研究の意義や目的、研究の立場や条件を理解している、②研究の方法や大綱を統一する、③参加する研究者が必ず研究対象にそくして、観察しあい、考究しあい、討論しあう、④団体研究の途中で一人の研究者が発見した事実やテーマは、参加者全員で討議する、⑤団体研究のリーダーは、年齢や職階にかかわらず、ひとまずテーマの発想者がこれにあたる。研究の進展に合わせて適宜リーダーを選出していく、⑥研究者の経験や力量だけでなく、研究者の世界観(哲学や思想)と科学思想(理論や方法論)が一致していることが掲げられている(8)。

団体研究法の理念は、地団研の調査・研究方法であると同時に、運動体としての基本精神を体現していた。注目したいのは、地団研の当初の目的が、研究環境に対する問題を中心とし、研究者と研究者以外の人々との関係について織り込まれていないことである。「四〇歳以下の地学関係者で、前記の各項を承認し、かつ実行するものをもって会員とする」という会員規程に見られるように、同世代の共通した問題意識を持った研究者のための組織が地団研であった(9)。

では、この時期に四〇歳以下の地質学研究者が抱えてきた問題意識とは、具体的にどのようなものだったのだろうか。「団体研究法」を確立し、地団研の設立や運営の中心的役割を果した井尻正二について詳しく見ておくことにしたい。

井尻正二は、一九三三年に東京帝国大学に入学。当初動物学を志していたが、やがて地質学科に入り、古生物学を専攻する。大学院進学後、井尻はそれまで日本ではあまり行なわれてこなかった、哺乳類化石の歯の研究に取り組む。だが、この研究テーマを巡って、井尻は指導教員である小林貞一と対立し、一ヵ月余りで大学院を中退する。その後、鉱床学者の加藤武夫を介して、東京科学博物館(現 国立科学博物館)の嘱託となった。東京科学博物館に勤めながら、井尻は東京医科歯科大学解剖学教室で歯の研究を継続していった。

この頃をふり返って、井尻は「もし仕事をしなかったら、研究をやりとおさなかったら、私を大学にいられなくした人たちはなんというだろう、という「にくしみ」と、外国にない古生物学を日本でつくりあげたいという青年らしい野望だけが、私のあとおし」をしていたと記している。そして、「人にむかっては人間性をうんぬんし、そのくせ自分の保身術しか考えていない学者という名の商売人より、俗悪といわれ、無学とののしられる世間の人たちのほうが、ずっと信頼できるし、人間性がゆたかであること」を井尻は身をもって知ることになる(10)。

もちろん、ここで井尻が語っている「大学にいられなくした人たち」とは、小林貞一を含む東京帝国大学所属の教員である。実際に、地団研として地質学者の大塚弥之助を偲ぶ会を開催した際に、小林から「地団研が、こんな会を相談もせずに催すことを(ママ)実に不穏当である。他の教授に相談して許可を得る迄は、通知の発送をしてはならない」との〝妨害〟があったことを非難している(11)。また、小林の書いた『日本地方地質論』の総論において、「知識が狭く体験の少ない初心者は、史料学的な初歩段階で既に過ちをおかし、皮相な短見・僻見に陥り易い。これ即ち鋭い観察と深い思慮には、良識と体験が必要だからで、場を踏んだ地質学者は恰も名医のごとく、有効・適切な指導が可能である。未熟者のみの団体研究に労のみ多く能率の上がらない所以はそこにある」と団体研究を酷評されたことに対して、井尻は「著書の科学の方法の未熟さが自ら暴露されたというべき」との応酬をし、井尻と小林の個人的な対立を基軸として、地団研と旧来の地質学研究者の対立が顕わになっていく(12)。

以上のような戦中から終戦直後にかけての井尻の個人的な経験が、地団研設立当初の目的に影響を与えていたことは疑いない。しかし、もし井尻個人だけに限定された問題意識であれば、その後に地団研が多くの会員を擁し、現在まで組織が継続することはなかっただろう。地団研が成立しえたのは、井尻の問題意識に共感できた人々がいたからに他ならない。例えば、従来の大学における研究環境や研究手法のあり方、敗戦後の食糧にも事欠く状況に対する問題意識に共感できた人々が一定程度存在したからこそ、地団研という一つのコミュニティが形成されたのである。

鉱物学者の岩崎正夫は、戦中をふり返って、自身を含めたこの世代が、「この期間に傷ついた」と表現している。そして、岩崎は「フィールドに出ても米がない、汽車はヤミ屋で超満員、まともに給料を貰っている人間も食えないといった状態」にあって、「（戦中は）希望のない学生生活を送り、戦後は、自分の責任でもないのに、殆ど研究条件を奪はれてすごさねばならなかった」という同世代に共通した経験を経て、「戦争で焼けただれた日本の地質学のなかに、新しい緑の芽を吹き出して来たものが地団研」であったと回顧している(13)。

また、小島丈兒《じょうじ》は東京帝国大学理学部地質学科に在籍時、指導教員である坪井誠太郎に新たなテーマでの研究を申し出たところ、「君達の研究テーマを決めるのは、教授である私ですよ」と叱責される。小島はこの経験をふり返って、「教授のお許しがなければ研究のテーマも決められない。教授の言いなりにならなければ研究室を出ていかなければならない、といった情況を打破しようというのが、地団研の学会民主化運動」であると述べている(14)。

このように、井尻だけでなく、同世代に共通した経験から生み出された問題意識に対する一つの答えとして地団研の活動が成立している。それゆえに、四〇歳未満という地団研の規約は、会員間での問題意識の共有化が可能な範囲を示していた。同時に、左翼イデオロギーとは無関係な人々を含め、思想的背景が異なる人々をも地団研という研究者コミュニティに結集させるだけの説得力が存在したために、設立後も継続的に会員を獲得し、組織が拡大していく。ただし、繰り返すように、地団研の設立段階においては、「大衆」と彼らが呼んだ、研究者以外の人々と研究者や研究者コミュニティの関係が問われることは無かった。

問題意識を共有する同世代メンバーによって設立された地団研は、研究環境や研究手法に対する運動論的な解決を図る中で、同様に学会とともに運動体としての側面を持っていた民主主義科学者協会との合同問題が浮上することになる。民主主義科学者協会（以下、民科と略す）は、一九四六年一月一二日に設立された、マルクス主義自然科学者・社会科学者・人文学者の左派系団体である。民科への地団研加入についての議論は一九四九年三月の段階から散見されるが、実際にはそれ以前から、水面下での交渉が一部の地団研メンバーによって進められていたと推測される(15)。民科への加入目的は、「地団研だけでは日本の民主的な科学運動に限界がある」と一部の地団研メンバーが考えたことによるものであるが、実際には大部分の会員が「その頃の地団研の働き手には、民科にも入り、地団研ももりたてていこうとするようなリキのあるものはあまり居ず、ひたすらに地団研の建設に一生懸命」というような状態だった(16)。それゆえに、一九四九年に仙台で行なわれた地団研総会で、「突如として」、「地団研は発展的解消して民科の一部会にはいろう」という提案が会員に対してなされたため、一部には地団研を脱会するものがあらわれた(17)。こうした会の混乱を経ながら、民主主義科学者協会地学団体研究部会として再出発することとなった。

地団研の民科参入は、地団研にとって組織運営の後ろ盾を得ただけでなく、「大衆」に対する研究者の姿勢についての議論を加速させた。例えば、井尻正二の著書『古生物学論』は、地団研の活動方針となるものであったが、これに対して民科の哲学部会の甘粕（見田）石介《せきすけ》は、「全般的に、実践の独立性、主体（目的）性・大衆の実践の意義が表面に出ていないこと、内容上も形式上も、否定にたいして肯定の一面があまり省みられていないことを、私は感じ、それに不満を持ちます」として、「大衆の実践」に対する議論を地団研に投げかけている(18)。甘粕が批判したように、地団研創立当初には「大衆」の存在は意識されておらず、基本的には研究者コミュニティに属する人々にとっての、いわば内なる課題に取り組むことが中心だった。しかしその後、民科と行動を共にする中で地団研は、徐々に「大衆」を意識していく。

その中でも地団研の大衆観に影響を与えたのが、民科書記で、歴史学者の石母田正だった。例えば、第七回民科全国大会の総会スローガンに寄せた地団研会員の感想では、「私たちが心から学問を楽しんでやるためには、大衆に根をはった民族の独立と、その発展とをかちとるための地質学をやらねばならないということだけはやっとこの頃わかってきた」とある。その立役者として、石母田を挙げている。「私は民族というものをたゞ字面だけでなく血の通ったものとして理解する上に亦民族の独立こそ私たちにとって当面の最大問題であるということを理解する上に、大きなみちびきをいたゞいた」人物である石母田への謝意が述べられている(19)。

一方で石母田からも地団研に対して、「社会科学者から自然科学者に」と題する文書を送っている。そこでは、「私は民科でそのよろこびを人一倍味わうことができましたが、今までほとんど交渉のなかった多くの自然科学者、ことに地質学者と相知ったことはなにより幸福なことだったとおもいます」として、民科において異分野の研究領域にいる研究者間の交流が進んだことの意義を述べ、特にそれは井尻正二との個人的な交流の上に成り立っていたとしている(20)。その後も石母田は一九五三年の地団研総会で「歴史学の研究方法」と題した講演を行ない、一九五五年と一九五六年の地団研の理論学習会でも講師をつとめるなど、継続的に地団研と関わりを持ってきた(21)。この関わりの中で、地団研では歴史科学としての地質学という独自の理論を展開する。地団研がもつ地質学の独自姿勢の背景には、石母田との交流が一つの基礎となっている。

このようにして、石母田という歴史学者の大衆観や民族観が、地団研に影響を及ぼすこととなる。それが決定的になるのが、石母田が民科本部書記局として一九五五年の民科第一〇回大会で表明した、「国民のための科学運動」というスローガンである(22)。この背景には、石母田が民科の歴史部会という立場から「国民的歴史学運動」を主張してきた経緯がある。国民的歴史学運動とは、研究者が国民の文化運動に参加し、国民的課題を学問として追求し、「歴史学そのものを鍛えてゆこう」としたものであった(23)。

こうした石母田を中心とする民科が掲げた「国民的歴史学運動」や「国民のための科学運動」といったスローガンは、研究者以外の人々の間に入って調査・研究を行なう「実践」へと重点を移していくことになる。一九五〇年代前半、直接行動による「革命」を目指していた日本共産党は、山村工作隊として農山村に青年党員を送りこもうとしていた。農山村の人々に対する「啓蒙」は、大学教員や大学生といった都市部の知識人によって重要課題として捉えられていた。このため、都市部の知識人にとって、学術目的のフィールドワークを農山村において実施することは、現地の人々を「啓蒙」する意味合いを持っていた(24)。

例えば、加藤文三を中心とする東京都立大学研究会のメンバーは農村部へ入り、明治期以降の村の生活の変遷をえがいた『石間をわるしぶき』(一九五二)を刊行している。この『石間をわるしぶき』は、農村部で学んだ内容を大学に持ち帰るのではなく、村人から学んだことを通して、新しい歴史学を作りあげ、村人に還元しようとしたもので、国民的歴史学運動の理想型とみなされた(25)。

しかし、その一方で「農民と一しょに考えるというのではなく、ぼくたちの成果はこうだとおしつけている」といった感想を報告綴で述べた参加学生があったように、こうした国民的歴史学運動そのものが観念的な大衆像のもとに行なわれ、結果的に調査地の人々への成果の強要につながっていた(26)。それゆえに、「国民のための科学というスローガンの下で、大衆の中に入っていった人々が、手きびしい壁にぶつかって退去を余儀なくされた時、アカデミーの人やその他の人々から、これまで運動に従っていた人は、批判されるということを通りこして、非難されて」しまうといった事態が生まれた(27)。

地団研の井尻正二は、この事態を「農村調査や工場調査さえやれば、それで「国民的科学」なのだ、今までの研究室における勉強は無意味だ、といった、極端にはしった科学運動の型もあらわれて、農村調査につっこみすぎた学生の人が学校の勉強におくれ、学友から浮きあがってしまう、といった、笑うに笑われない問題もおこってきた」と批判し、闇雲な「実践」偏重が研究活動の軽視へとつながる問題点を指摘した(28)。

問題は、井尻の指摘した「実践」偏重と研究活動の軽視にとどまらない。調査成果の社会への還元という調査者の善意が、結果的に調査地の迷惑を引き起こしていることに注意を払う必要がある。同様の問題は、市民参加による発掘調査の嚆矢とされ、国民的歴史学運動の枠組みの中で積極的に評価された月の輪古墳の発掘調査でも起きていた。

それまでの学術研究を取り巻く環境に対するアンチテーゼとしての新たなフィールドワークの方向性は、別の次元の問題を抱え込むことになる。しかし、それを私たちは未発達な調査・研究環境がもたらした結果として見做すことはできない。なぜなら、今日の文化財保護行政が市民参加と称して企画するイベントの多くは、行政が得た結論を市民に押し付けていることが少なくないからである。成人に対する普及・啓蒙活動としての社会教育の一環として位置づけられてきた文化財保護行政の問題は、一九五〇年代当時の若手研究者が取り組んできた課題と大きく隔たるものではない。そこで、彼らがこの問題とどのように対峙し、解決策を模索してきたのかを紐解くことは、今日の文化財保護行政が抱える課題解決にとっても有効なはずである。

## 第3節　地団研における地域社会と研究者の関わり方の実践

地団研が民科の傘下に編入されたことで、四〇歳未満という同世代が共通して抱えてきた問題意識に沿った地団研の方針に、研究者以外の人々と研究者との関わり方の変革が盛り込まれた。地団研の方向性がこのように変化した背景には、中心メンバーの意識の変化と実際のフィールドワークでの経験があった。

井尻正二は自身の博物館勤務の経験を通じて、次のような思考の変化を語っている。「アカデミーに反抗しながらも、やはり同類のアカデミー信奉者であった私も、博物館で、しらずしらずのうちに、一般の市民に接し、いわゆる大衆に学ぶこと、大衆にはどのように説明したらよいか、などという勘どころを身につけることができて、今日、大へんよいことをしたと思っている」と述懐しているように、博物館という場において、井尻は研究者と「大衆」との関わりの意味について意識するようになる(29)。

こうした博物館勤務の経験から「大衆に学ぶ」という発想が導き出されたという井尻の説明は、それが発表された時期が重要である。この随想が発表された一九五四年という年は、民科への地団研加入によって、研究者と「大衆」との関係が地団研の中で問い直されていた時期と重なる。井尻の博物館勤務の経験が、民科の大衆論との整合性を持って語られた可能性がある。地団研設立当初に意識されていなかった、「大衆に学ぶ」という発想は、過去の経験談との整合性を保ちながら、地団研の運動方針の中心に徐々に組み込まれていく。

この地団研の新たな運動方針は、実際の研究活動と結びついた「実践」によってさらに加速する。その一つが、歌代勤を中心とする地団研高田支部の活動である。この発端は歌代が一九五〇年に新潟第二師範学校（その後、新潟大学高田分校）に赴任したことにある。歌代は、古生物学と第四紀地質学を専門とし、生痕の研究をライフワークとして取り組む一方で、「日本の海岸平野の形成過程に関する総合研究」や「野尻湖周辺の人類遺跡ならびに自然環境に関する総合研究」の代表者をつとめるなど、野尻湖発掘における市民の関わり方について影響を持ってきた人物である。歌代は、東京文理大学を卒業後、郷里の新潟で教鞭をとるようになると、県内の小中学校の教員や子供たちと南葉山や平丸へ出かけて、巡検や地学教育を実践した(30)。

上越市に位置する南葉山の研究は、「南葉山のあたまはどうして、たいらなのだろうか」「そうして、妙高山や火打山はとんがっているのだろうか」「南葉山と妙高山や火打山とのちがいはどうしてだろうか」といった子供たちの疑問からはじまった。「一回で三〇〇人にもたっする子供や先生がた」が参加して行なわれたこの研究では、「沢にはいり、石をたたいて」調査を行なった。結論としては、「南葉山の山頂のたいらなのは、背斜構造の頂部にそうとすること」が明らかになった。

この経験は、参加した小中学校教員に次のステップを意識させた。子供の学習レベル向上だけでなく、教員自ら山を歩き、地質図の作成を行なうといったものであった。その契機となったのは、これまで火山と考えられてきた火打山は、はたして火山なのかという問題設定にあった。結果的には、南葉山と同様に、黒色泥岩の地層が褶曲の影響を受けてつくられた山であるとの結論に達した。研究対象を南葉山から火打山へと展開する中で、やがて地質学だけでなく、生物や化学までを含めた、学際的な研究へと傾倒していった。

次の段階として、黒姫山の東麓にある福来口鍾乳洞の形成過程の解明における研究は、理科教員の総合的な研究として位置づけられた。この研究では、理科教員だけでは郷土史の全体像を再構築することができないことが明らかとなり、社会科の教員まで含めた研究活動に取り組むことになった。高田平野を対象とした総合調査は、地質・地形・土壌・生物・化学・考古学の五つの班に分かれて実施された。高田平野の段丘が調査される過程で、段丘によって土器や石器の分布が異なることが明らかになるなど、自然史研究と人類史研究とを組み合わせた研究が試みられた。

この地団研高田支部の実践経験は、大学教員から小中高教員、そして教え子である児童・生徒までを取り込んでいく、「普及」のモデルを生み出した。もう一つ特筆すべきなのは、特定のディシプリンの中で調査・研究が行なわれていた状況から、分野横断的な総合調査・研究が実際に行なわれたことにある。ここに参加者の階層分化だけでなく、多分野の研究者が共同して調査・研究を行なおうとする、学際性を指向していった源泉があった。

また、この高田平野を対象とする研究は、地質学雑誌に論文「新潟県高田平野の沖積層について」として成果の一部が掲載された。著者として歌代のほか、六名が名を連ねている(31)。このうちの一人は学生時代から歌代にさそわれて南葉山での化石採集に参加して以来、高校教員となったのちも高田平野グループの一員として研究活動を行なってきた(32)。こうした高田平野をフィールドとする研究グループは、地理的に近接する野尻湖での発掘へも自然と参加していく。先述の論文執筆者のうち一名を除き、野尻湖発掘への参加が確認される。また、第一次野尻湖発掘(一九六二)では、高田平野グループのメンバーとして六名が参加しており、実践的な活動の蓄積が野尻湖発掘へとつながっていった道程を確認することができる(33)。それは後述するように、野尻湖発掘の性格を決定づけていく。加えて、南葉山の研究に端を発した研究活動は、小中高の教員の活動だけでなく、高校のクラブ活動という形態でも野尻湖発掘へとつながっていった(34)。

ところで、この時期に地団研において実践活動のモデルとして登場するもう一つの出来事がある。それは、長野県佐久郡の八ヶ岳東麓における鉱毒調査である。「国民的科学の創造と実践の観点」から実施されたこの調査の発端は、火薬メーカーによる硫黄採掘計画に、一九五三年五月から千曲川沿いの一六町村の住民が反対運動を展開したことにある。住民の反対は、硫黄鉱毒による千曲川汚染と佐久鯉の養殖に打撃を与えるとの理由だった。この段階においてすでに長野県は、地質研究者との合同調査を実施していた。しかし、「八ヶ岳硫床鉱床は昇華鉱床で、水が酸性になるのは、どこかに硫黄鉄があるためだろう」、「わずか五点の水(土地の人の話では、馬にまたがって、一日歩いただけで採水はしなかったということです)のPHを、ガラス電極で測っただけで、ガラス電極ヨウモンだ」といった報告書の内容に住民が不信感を抱き、「学者は会社に買収されている」との認識を持つにいたった。

この問題に地団研がどのような経緯で関わるようになったのかは不明であるが、八ヶ岳山麓での地質学的調査を地団研として実施していたことから千曲川流域の住民と直接関わるようになったと推測される。会社対地元住民という対立構造が明確になる中で、地団研は地元住民から発せられた「われわれは自分たちに都合のよいように報告書を書いてくれとはいわない。科学的にみて、正しくさえあれば、それで役に立つのだ」といった言葉を受けとめ、「私たちは、こんどの調査を通じて、科学を守り育てるのは、資本家か、農民か、この目ではっきり見ることができました。さらに、学者が買収されているならば、自分たちで自分たちの科学をつくろうとする、たくましい意欲にうたれました」と科学の担い手にまで議論を進めていく。さらに、地元青年から「学者、世間の動きに無関心であってよいのか、こんどの鉱毒問題などについても、学問のあり方について、もっと考えてほしい」との投げかけから、地団研は「私たちは、自分たちの科学のあり方についてしんけんに考えないと、働く者たちから相手にされない、死んだ学問の中を、さまよい歩くことになるのではないかと、考えました。全生活を土地にかけた農民の中にも「科学」の素材がある、私たちが教えられるものがあると考えます」としている(35)。

もちろん「資本家か、農民か」というような記述は、マルクス主義的な表現形式に則っており、民科内に共通した思想的な素地をここに読みとることができる。しかし、ここで注意すべきは、地元住民の要望を地質学研究者としての専門的見地からくみ取って、課題解決に協力したという現象面に対する、地団研独自の思想の表れについてである。一つには、研究者の振舞いとして、自身の研究に注力するだけでなく、その成果と社会との関係について、常に考えるべきだとする点を自らに課したことである。もう一つは、研究者以外の人々の位置づけについてである。研究者が捉えているほど地元住民は、無知な存在などではなく、「学問・科学について、するどい批判」を持ち、「自分たちで自分たちの科学をつくろうとする」人々である。これが八ヶ岳鉱毒問題を通じて形成された地団研における「大衆像」となっていく。思想上の「大衆像」と、地質調査に協力した実際の地元住民の姿が結びつくことで、研究者が「大衆」

に寄り添う科学運動というスローガンもまた実効性のあるものとして、地団研内外に説得力を持つようになる。

ちなみに、この八ヶ岳公害問題に関わった地団研メンバーとは具体的に誰だったのか。それは、当時資源科学研究所に勤務(その後信州大学)していた郷原保真《やすま》である。郷原は地団研創設当時のメンバーであり、野尻湖発掘にも立ち上げ段階から関わってきた人物である。後述するように、郷原は「科学運動としての大衆発掘」と題した論考を残すなど、フィールドワークを通じた研究活動の主体に「大衆」を積極的に位置づけてきた(36)。野尻湖発掘が一九七〇年代を中心に野尻湖「大衆」発掘と表現されてきた背景には、郷原の影響があったと筆者は考えている。この野尻湖発掘につながる大衆観は、少なくとも郷原という人物によって、八ヶ岳鉱毒問題のような実践経験を通じて生みだされた思想が基礎となっている。

八ヶ岳公害問題は、地元側と会社側が対立する中で、次の段階として県知事名で土地調査委員会に提訴された。三年にわたって、地質、採鉱、化学、農学、土木、水産といった分野から改めて調査が重ねられ、一九五六年一月に土地調整委員会の裁定が下り、ほぼ地元住民の要求が受け入れられた。専門とする地質学的な調査の枠組みを越え、法的な段階へと移っていくこの間に、地団研は民科内の他の部会に応援を求めた。ところが、「残念におもうのは、民科の法律その他の分野によびかけたにもかかわらず、まったく協力が得られなかった」とするように、実際に現実的に直面している課題に取り組もうとすると、民科の中でも部会ごとに認識に対する温度差があることに地団研は直面する(37)。こうして実践を通じて形成された地団研の「大衆観」と民科が提示した「大衆観」との間には、徐々に溝が生まれていく。

## 第4節　大衆観のズレと地団研の民科脱退

民科への参入を契機として、「大衆に学ぶ」という発想が組み込まれていった地団研は、高田平野での研究活動や八ヶ岳鉱毒問題への取り組みの中で、「大衆」観をどのように変化させていったのだろうか。一九七七年時点での地団研と民科をめぐる地団研メンバーの回想を見ておくことにしたい。

地団研と民科の関係を題材に、座談会形式で行なわれた議論において、地質学者で東京教育大学の大森昌衛は、石母田との交流を肯定的に評価する一方で、「率直にいってあの頃から、人文、社会科学者についていけない、またわれわれ自然科学の条件とか、現実の研究の姿勢とかを理解してもらえないという感じがありました」と述べ、地団研が退会者を生み出すような痛みを伴いながら合併した民科との関係にひずみが存在していたことを吐露している(38)。

他方で、井尻正二が「最初は研究者が結集しましたが、運動をやっているうちに、全国民の中に運動を進めていきたいという気持ちになりますし、実際そういう方針だったのです」と述べるように、地団研内部では、創立当初には研究者コミュニティ内部に限定されてきた議論が、民科合併を通じて次第に、研究者コミュニティと社会との関係へと展開していった。しかし、実際の活動に取り組むと、現実は異なっていた。

ところが実際にやってみると、まず研究者から学生層、それから教員層、やがて教員層を媒介として農民というふうに拡がっていきました。いきなり労働者とか農民にというのは、効果がないわけではないが根が浅く単発になってしまいます。教員層は農村に入っているのだから、教員層を組織するという方針がでてきました。(39)

この井尻の発言に続けて、大森は以下のように述べている。

いまの問題が出たときに、われわれは図式でいうと、研究者を真中においてその外に学生をおき、同心円的にわれわれの大衆路線を書いて、だんだん輪が拡がっていくという形でやったわけです。(40)

ところが、民科の中では、こうした発言が「それは大衆路線の段階的な発展だ、段階論は間違いだという批判」を受ける。このように非研究者の参加によるフィールドワークの実践や地域課題を住民と共に解決するという地団研の経験は、民科内で批判を受けつつも、一九五五年の地団研総会で「僻地方針」という独自のスローガンを掲げる要因となった。この方針は、直接的には民科による「国民のための科学運動」を受けたものである。だが、そもそも「国民のための科学運動」自体、内容が具体的でなく、どの学問分野にも共通する方針として掲げられたため、実効性が疑問視されていた。このため、地団研が独自に「国民のための科学運動」をアレンジし、換骨奪胎させて生みだされたのが「僻地方針」であった。そして、この「僻地方針」は、地団研の多様な階層による調査・研究活動を裏付ける指針として、その後も受け継がれていくこととなる。

ただし、発掘調査という場だけは、井尻は肯定的に評価していた。例えばそれは、一九五三年の岡山県における月の輪古墳の発掘調査である。月の輪古墳の発掘調査は、直接民科が関与したフィールドワークではないものの、結果的には運動論的な枠組みの中で評価された。それは、これまでの学術調査・研究に対するアンチテーゼとしての側面と同時に、「大衆」と研究者の共同調査・研究という形式が実現したという評価であった。

井尻のこうした評価もまた、他のマルクス系知識人の評価と同様のものだった。「村民の主体的参加にゆだねられた」月の輪古墳の発掘について、井尻は自然科学と歴史学の研究方法の共通点について触れている。井尻によれば、自然科学研究は「実習」とよばれる実践的な行動が研究の第一歩であり、同様に歴史学においてもこうしたフィールドワークが必要であるとする。そして、「歴史家が大衆とよぶ人たち――月の輪古墳の発掘をいっしょにやってくれたような人たち――」もまたこうした実演を求めているのであって、月の輪古墳の発掘をこれに応えた理想型とした。その上で、自然科学研究においても「国民のための科学」を科学の「普及活動」として位置づけた。実際に「僻地教育」というスローガンをもとに「農村や地方に住みついた先生を中心にした教員層に、漸進的に科学運動を進めてきている」として、自然科学分野における実践的な取りくみを通した、「大衆」への働きかけを強調している(41)。

発掘調査は、作業的な部分を含むために、比較的誰もが参加しやすく、大衆的な科学を具現化させるには最適であった。そして、発掘調査を用いるという点で考古学は地質学と共通性を持っていたために、月の輪古墳の発掘調査は、井尻正二をはじめとして地団研の中で比較的肯定的に捉えられた。

しかしながら、民科や地団研において、発掘調査という場における研究者以外の人々の参加という新しい可能性が模索される一方で、民科と地団研の方針のズレは次第に明確になっていく。そのため、一九五六年から民科からの脱退が地団研内部で議論されるようになる。その直接的な理由の一つは、民科が会費の大量滞納により財政的な行き詰まりに陥っていたことがあった。もう一つの理由は、民科が日本共産党による政治的な介入を受け、統一的な組織運営にかげりが見えてきたことにある。民科の大会においても「自然科学者は軍需工場で飛べない飛行機を作る研究だけしていればいい」、「山村の中核自衛隊の活動こそ国民的科学だ」[42]といった演説が行なわれる中で、「とてもついてゆけない」という声が地団研の中から漏れ始める。それでもなお、地団研では「じぶんたちの経験を通じて、大会や幹事会でこのことを説き、また地団研から出た幹事たちは、機関誌の編輯や事務局のたてなおし、書記局の運営などの実務面で、民科の改造につとめてきた」が、一向に改善する気配はなかった。

結果的には、一九五七年の第一一回地団研大会で、地団研は正式に民科から脱退することが決議された。大量の会員を失いながらも民科に参入した地団研であったが、それ以後は独自の道を歩むことになる。当初、方針の中に「大衆との結びつき」を組み込んでいなかった地団研が、各地のフィールドワークを通じて、「同心円的」な「大衆路線」を取り込んでいったことは、民科の影響のあらわれであった。しかし、地団研独自の「大衆」と研究者とのむすびつきが構築される中で、民科との方針の違いが明確になっていく。こうした状況から、地団研が民科から脱退するのは、必然的な流れであった。

一方の民科については、地団研の脱退後、一九六〇年代前後から一部の支部、部会を残して組織全体の活動は消滅している。では、民科の活動が衰退していった要因はどのようなものだったのか。

藤田省三は久野収、鶴見俊輔との鼎談の中で、一九五一年の「国民的科学」というスローガンが打ち出された時期に、「民科は科学者の団体であることをやめて、もっぱら政治運動の団体」になったと指摘している。そして政治運動の団体へと民科の性格が変化する中で、民科は科学の担い手を科学者個人から国民に移していった。藤田によれば、この科学の担い手を国民としたことで、学問の仕方や思想の訓練の仕方が「共同主義」になっていったのだという。つづけて藤田が、民科における実践について「どんなに革命的なプログラムを実践運動の場に持っていっても、民科のように落ち着くところは結局日本的な共同主義になってくると思う」と述べるように、強力なリーダーのもとに科学を進めていくのではなく、平等の立場にある人々が共同主義的に研究活動を定型化された方法で行なうことが民科の組織的特徴だった(43)。月の輪古墳の発掘や地団研の活動が、こうした民科の組織方針を補強する一方で、実際にそこに関わる人々の志向が異なっているにも関わらず、それを一括りにまとめようとする、観念的な共同主義が人々に飽きられるという結果をもたらすこととなった。

しかしながら、こうした共同主義的な組織が本質的に抱える課題は、民科に限定されるものではない。地団研の団体研究法もまた、組織のリーダーの重要性を主張しながらも、平等な立場の人々による共同主義を内包していた。そのために、民科脱退後の地団研もまた、「大衆」と研究者の関係について議論が及び、実際のフィールドワークと統一的な理念とのはざまで揺れ動くことになる。それは具体的には、地団研の運営方針上の独自性が強調された「僻地方針」に象徴されるものであった。

## 第5節　理想と実践のひずみ

これまで見てきたように、地団研創設当初には研究者と研究者以外の人々との関係は、地団研が取り組むべき中心課題ではなかった。むしろ、四〇歳代以下という同世代に共通した問題意識に基づく運動体としての性格が前面に押

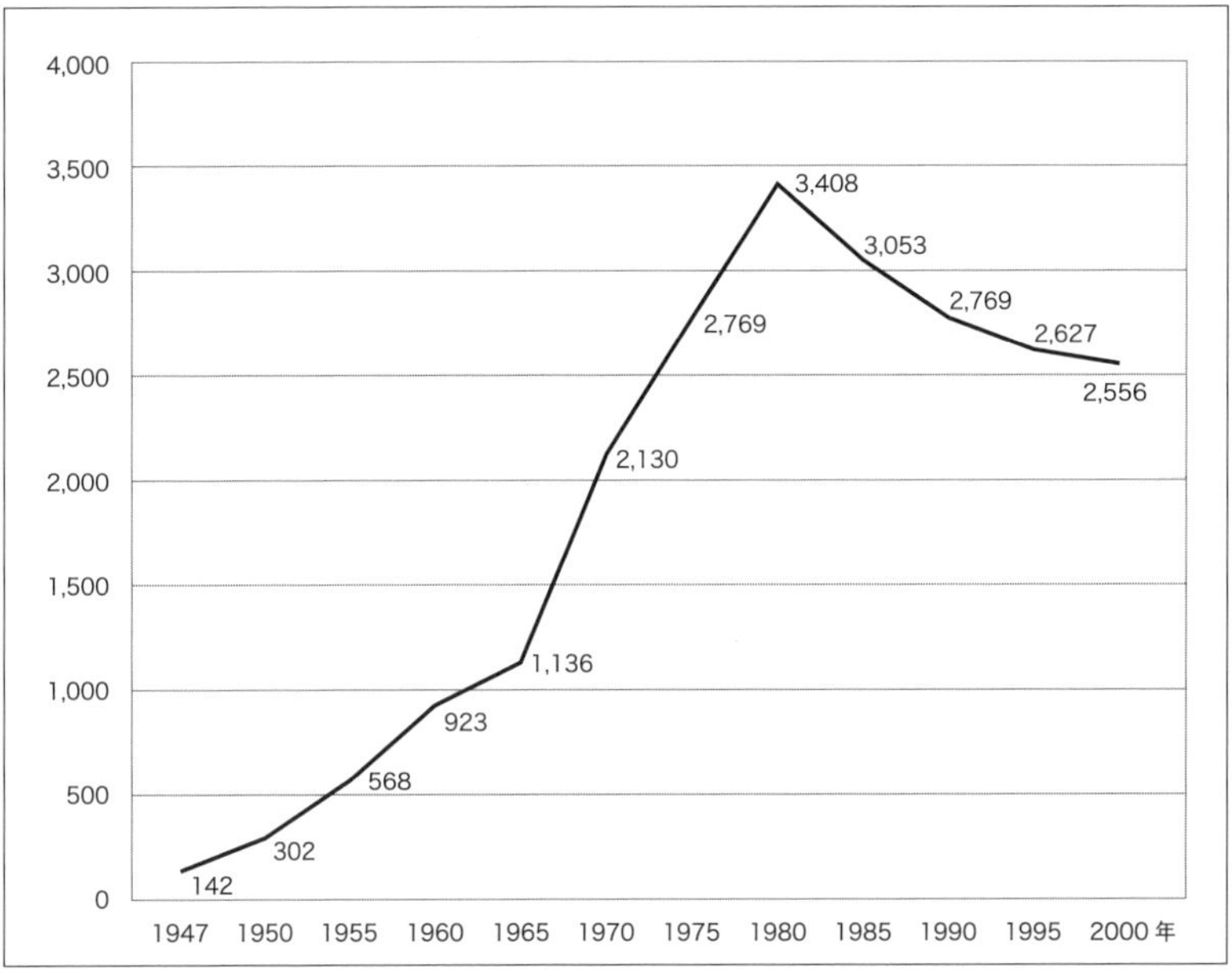


Figure 7　地団研会員数の推移（人）(44)

し出されていたのが、初期の地団研であった。民科との合同によって、次第に研究者コミュニティの外部に目を向けるようになった地団研では、高田平野の研究や八ヶ岳鉱毒問題といった「実践」を通じて、研究者と研究者以外の人々との間に横たわる課題解決へと中心的な方針を転換していく。それを象徴する言葉が、「僻地方針」であった。

「僻地方針」が誕生し、地団研の中心的な方針として浸透した背景には、全体の会員数の増大とともに、地団研が「僻地」と称した地方の大学への会員の赴任があった(Figure7)。泊次郎が指摘しているように、戦後の学制改革の中で、地方大学に地質学科が開設されたことが、地団研会員の地方への拡散を促した(45)。そこで最も重要な役割を果したのが、東京教育大学であった。東京教育大学には、創設メンバーである大森昌衛や牛来《ごらい》正夫、藤田至則が教員として在籍しており、一九七八年に閉学するまでの間、東京における地団研の拠点となっていた(46)。すでに述べたように、地団研高田支部を発足させ、「僻地」における共同研究体制を確立していった歌代が東京教育大学出身であったことは、まさに東京教育大学から地方大学への地団研会員の広がりと僻地方針の創出が連動していたことを示している。

また、大森昌衛を中心とする「教育大化石研ゼミ」からは、後藤仁敏、堀田進ら、数多くの卒業生が地団研メンバーとして各地の大学等へと赴任していった。つまり、大学のゼミナールという研究共同体を核として、地方の国立大学や高校へと地団研会員の地質学研究者が輩出されることで、地団研の活動が各地の「僻地」にまで広がっていく。したがって、僻地方針の「僻地」における主要な担い手は、地団研創設メンバーの井尻や牛来、大森ではなく、「僻地」に赴任した東京教育大学出身者を中心とする世代なのである。

野尻湖発掘との関係において興味深いのは、こうした人々の赴任先が理学部という地質学研究の場だけでなく、教育学部の理科教育教員の養成課程という点である。地団研のメンバーが、初等・中等教育教員にまで拡大する契機となっていくとともに、実物教育という観点から、彼ら（彼女ら）の教え子である児童・生徒が教員と共にフィールドワークへ参加するようになっていく。このことは、後述するように、長野県における戦前からのフィールドワークの系譜とも密接につながることで、野尻湖発掘の実現へと結実している。

そして、もう一つの特徴は、野尻湖のある長野県と県境を接する新潟県、群馬県に所在する地方大学に地団研会員が赴任したことである。フィールドワークを調査方法に取り入れている学問領域の場合、研究者は対象地域と密接な関係が必要となる。研究対象が地方にあるならば、必然的にその赴任先は特定の地域に絞られる。新潟大学や信州大学に地団研メンバーが赴任したのは、地方大学における地質学科の開設とともに、研究対象地が新潟県や長野県に存在したことに理由があった。地質学的・考古学的に豊富な資料を産出する野尻湖で、こうした地団研メンバーが発掘調査を実施するのには、必然的な流れがあった。

以上のような地団研会員数の増大と地方への拡散という背景を踏まえて、地団研が掲げた「僻地方針」をめぐってどのような議論が展開されていったのか。地団研が民科を脱退する直前にまで時間をさかのぼって検証することにしたい。

地団研内部における民科脱退についての議論の中で、興味深いのは、新規の地団研会員から寄せられた批判である。地団研入会二年目の小鷹滋郎は、「民科を脱退すべきではない」とする文章の中で、そもそもの問題は地団研内部にあるとする。例えば、小鷹は地団研が民科に対する見解を表明するにあたって、次のように述べて、地団研会員の結束が表面的なものにすぎないと批判する。

中央の方は毎日非常な努力をされているのは良く分かりますが、各支部の方は入会しているに過ぎず、委員の方の努力も各支部と緊密に結ばれておらぬ為に少数の意見となり真の地団研の意見とはなっていないように思われます。ここにボス化が起こるのです。(47)

ここで表現されているのは、〈中央と地方〉、〈ベテランと若手〉という二項対立である。地団研に学生や地方の小中高の教員が加入する中で、この二項対立は明確化し、地団研に統一的な方針の見直しが求められるようになっていく。それは地団研の特徴であった四〇歳以下という会員の年令制限の規定にも及んでいる。

小鷹は、「地団研を若返らせる方法として四〇歳のわくを設けると云われているようですが年令を規定した学会が何処にあるでしょうか?そのような規約を設ければ決して発展しませんし、民衆にも受け入れられぬ事は明瞭」として正面から地団研の運営に対して批判している。同様に四〇歳規定という地団研独自の規定は、他の地団研メンバーからも疑問の声が寄せられるようになる。地団研京都支部からは、この「四〇歳の問題」が提起された背景として、「今後一〇年間を目標とした地団研の若がえりと、もう一つは昨年の研究費配分委員会に表われた旧会員のボス化の二つが考えられる」として、やはり地団研会員の中での階層分化が浮き彫りになったことが指摘されている(47)。

このような新たな地団研メンバーの批判に対して、地団研の事務局側ではどのような反応を示したのか。例えば、地団研一〇周年総会の反省とした記事の中で、地団研庶務係の名で次のように述べている。

今までは、あるていど劃一的なやりかたで活動してきたが、これからは、それぞれのもちあじ（個性）を最大限に生かし、それぞれのたちば、条件に応じた活動方針をだす必要がある。すなわち、各支部の実情に応じた方針、専門別・階層（研究者、学生、教師、一般市民の各階層）別に、それぞれ創造・普及活動の方針をだして活動していくことが必要になってきた。(49)

この問題の解決策として、「たちばや条件のちがった人たちが、おたがいに、自分たちだけは特殊だと思いこみやすい視野のせまさについて、つねに反省しながら、あいてのたちばを理解しあうことがたいせつ」とする。そして、「〝本部中心〟から〝支部中心〟」というスローガンによって、支部活動の重点化を提示する。この支部とは、地団研会員が赴任した地方としての「僻地」であり、したがって「〝へき地教育〟の方針や、〝科学を国民のものにするという自覚〟」が地団研会員に共有される必要があると説く。

ここで述べられている「〝へき地教育〟の方針」は、「ずいぶん誤解を生み、〝ぜんぶがへき地へいくことだ〟とうけとられている」といった問題を抱えているが、「科学運動の発展の方向、目標をしめすもの」、「おたがいの批判、反省のよりどころとなるもの」であるとする。そして、「〝へき地教育〟の方針」の具体例として、次のような問題提起を行なっている。

文献を読む機会にめぐまれている研究者は、自分の研究のかたわら、速報に文献を紹介すれば、へき地にいて文献を読めない人たちの助けにもなる。また、創造活動の質を向上させて法則・理論をうちだせば、教育・普及をする人たちは、それをつかって活動することができる。これが〝へき地教育〟方針ではないだろうか。

同様の指摘として、地団研高田支部からは、「僻地教育の問題について、僻地へ行くこと自体をあまりヒソウに考えないようにしなければならないのではなかろうか。僻地へ行く人を過大に評価するのはまちがっている」との見解が示されている(50)。

つまりここでは、小鷹が指摘した「中央の方」にとっての「へき地」は、文献紹介のような間接的な関わりを持つ場であって、必ずしも入りこんで直接調査・研究活動をする場ではなかった。そして、「中央の方」がたとえ「へき地」に向かったとしても、「へき地」の側から見ればそこでの調査・研究を過大に評価すべきものではなかった。こうした声が、「僻地方針」のモデルケースとされた地団研高田支部や小鷹のような新たな地団研メンバーから出されていることが重要である。過度に抽象化された多様な人々の学術調査・研究への参加モデルの称揚ではなく、地に足の着いた、現場での問題意識から「僻地方針」に対する提起が生まれ、それが地団研の運営方針全体にも影響を及ぼすこととなる。

一九五六年八月三一日の地団研全国運営委員会の席上でも、「僻地方針」をめぐる同様の議論が展開された。「〝へき地〟方針というのが重点的におし出されているので、大学にいる研究者はおいてけぼりをくった感じになる。〝へき地方針〟と一しょに〝研究者むけの方針〟を明確にうちだす必要がある」との職業研究者である会員の発言に対して、地方支部からは「〝へき地〟ということばを聞くのが残念だ。〝へき地〟という特別の地域があるのではなく、たちばのちがう者どうしが、どうやって助け合っていくかということが大切」だと指摘している(51)。

この討論の結果、「僻地方針」の共有化の障害となったのは「おたがいの条件、たちばの〝ちがい〟が余りにも大きくとりあげ」られたことにあるが、その間の溝を埋めるためには、中央の研究者は、単に「地方で先生たちと普及活動のような団研」によって知識を広めるだけでなく、「自分たちの創造活動の質を一段と高め、一般的な法則性をさぐりだすところまでもっていかなければ」ならないとした。つまり、地方において独り立ちした研究者の育成の必要性がこの討論の中で浮き彫りになっていく。そもそも中央の研究者が、従来取り組んできた「東京から（来て）年に一ヶ月そこそこの調査」を行なったところで、地方を拠点として「郷土の地質」に本格的に取り組む研究者と同じ成果を上げることは難しい。だからこそ、中央の研究者と地方の人々が共同的な調査・研究を重ねる中で、地方研究者を輩出することが、中央の研究者の役割であり、結果的にそれが地域研究の水準の向上に寄与するとした。そして、まずは具体的なプランとして、「地方地誌のへんさん」を地方主導で実施できる体制作りが、この委員会で決定された(52)。この運営委員会の報文は、次のような文章でしめられている。

われわれはフィールド調査の際に、多かれ少なかれ地方の一般の人たちと接触する、そのときの態度をこの〝へき地〟方針にそって反省してみてもよいのではないか。さらにその地方の地質は、土地の人々にとっては郷土の歴史の一コマであり、大学の研究者にとっては日本の歴史の一コマである。この観点の中に、大学の研究者がしなければならない〝へき地〟方針にそった創造・普及活動の内容がふくまれていないだろうか。(53)

そもそも「僻地」という言葉を用いて方針を打ち立てた側にとってみれば、「僻地」以外に拠点を持っており、「僻地」とはあくまで研究対象の一つに過ぎない。しかし、反対にその「僻地」に拠点を置き、教育や研究に携わる者にとってみれば、「僻地」は特別な場所ではなく、日常空間の一部である。そして、この「僻地」とされた地域の人々が地団研の中心的存在となっていくことで、「地方地誌のへんさん」のようなフィールドの状況に根差した具体的な活動が広がりを見せていく。

例えば、一九九〇年代の埼玉県小川町史編纂事業において、町史編さん室と地団研、町民の三者でフィールドワークを行ない、『小川町の自然　地質編』をまとめていることは、地域単位での調査・研究活動が地団研の活動の中心であることを示している(54)。こうした特定地域での調査・研究活動が、参加者の学びを同時に成り立たせていく。

このような地団研の方向性が転換した背景には、地団研メンバーの属性の変化があった(Figure8)。設立当初の地団研では、四〇歳以下の職業研究者や大学院生などがメンバーの中心であり、必然的に彼らの研究環境の改善や研究領域の新た

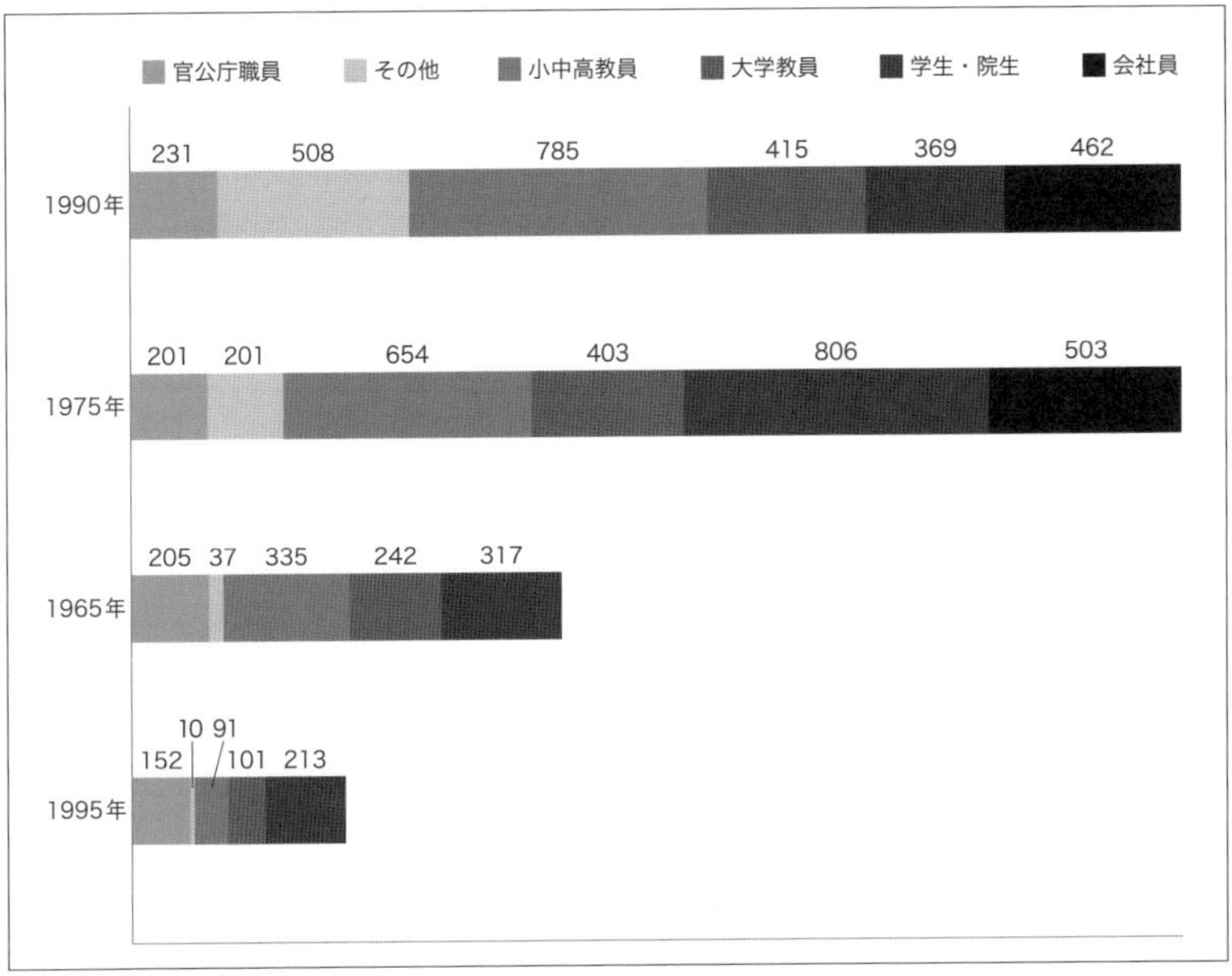


Figure 8　地団研メンバーの構成比の変遷（人）[55]

な開拓が、運動方針の要であった。しかし、メンバーが増えたことと、地方へとメンバーが拡散したことに加え、メンバーの属性が初等・中等教育関係者へシフトしたことで、調査・研究はより特定の地域に限定され、そこに暮らす人々を取り込んだ活動が中心となっていく。地団研の各支部がそれぞれの地域で立ち上げた団体研究の広がりもまた、職業的研究者に限定されない多様な属性を持った地団研メンバーによる調査・研究の展開を物語っている（Figure9-1・Figure9-2・Figure10）[56]。団体研究もまたそれぞれの地域ごとに構成メンバーの属性が異なっていたり、運営スタイルも各々で違っていたりする。連綿と一つの「僻地方針」に沿った活動を地団研が各地で展開したのではなく、それぞれの地域ごとの実情に合わせた調査・研究を実践していった。そして、メンバーの主体がより初等・中等教育教員となっていくことで、フィールドワークが教育・学習的な性格をより帯びていく。それは決して学校教育の延長線上ではなく、自らが地域に目を向け、結論を導き出し、新たな

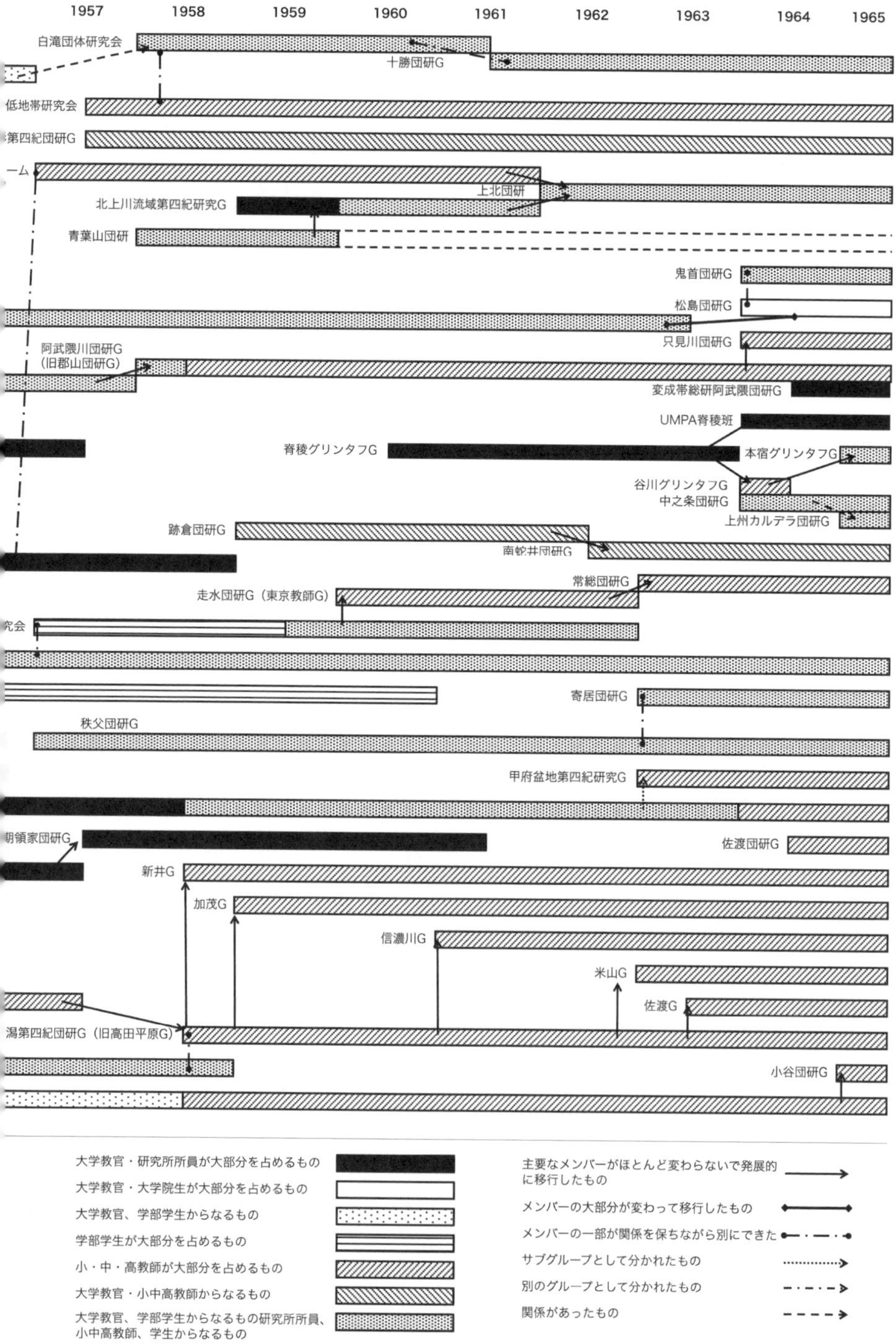

1957
1958
1959
1960
1961
1962
1963
1964
1965
白滝団体研究会
十勝団研G
低地帯研究会
第四紀団研G
ーム
上北団研
北上川流域第四紀研究G
青葉山団研
鬼首団研G
松島団研G
只見川団研G
阿武隈川団研G
(旧郡山団研G)
変成帯総研阿武隈団研G
UMPA脊稜班
脊稜グリンタフG
本宿グリンタフG
谷川グリンタフG
中之条団研G
上州カルデラ団研G
跡倉団研G
南蛇井団研G
常総団研G
走水団研G(東京教師G)
究会
寄居団研G
秩父団研G
甲府盆地第四紀研究G
領家団研G
佐渡団研G
新井G
加茂G
信濃川G
米山G
佐渡G
潟第四紀団研G(旧高田平原G)
小谷団研G
大学教官・研究所所員が大部分を占めるもの
大学教官・大学院生が大部分を占めるもの
大学教官、学部学生からなるもの
学部学生が大部分を占めるもの
小・中・高教師が大部分を占めるもの
大学教官・小中高教師からなるもの
大学教官、学部学生からなるもの研究所所員、
小中高教師、学生からなるもの
主要なメンバーがほとんど変わらないで発展的
に移行したもの
メンバーの大部分が変わって移行したもの
メンバーの一部が関係を保ちながら別にできた
サブグループとして分かれたもの
別のグループとして分かれたもの
関係があったもの

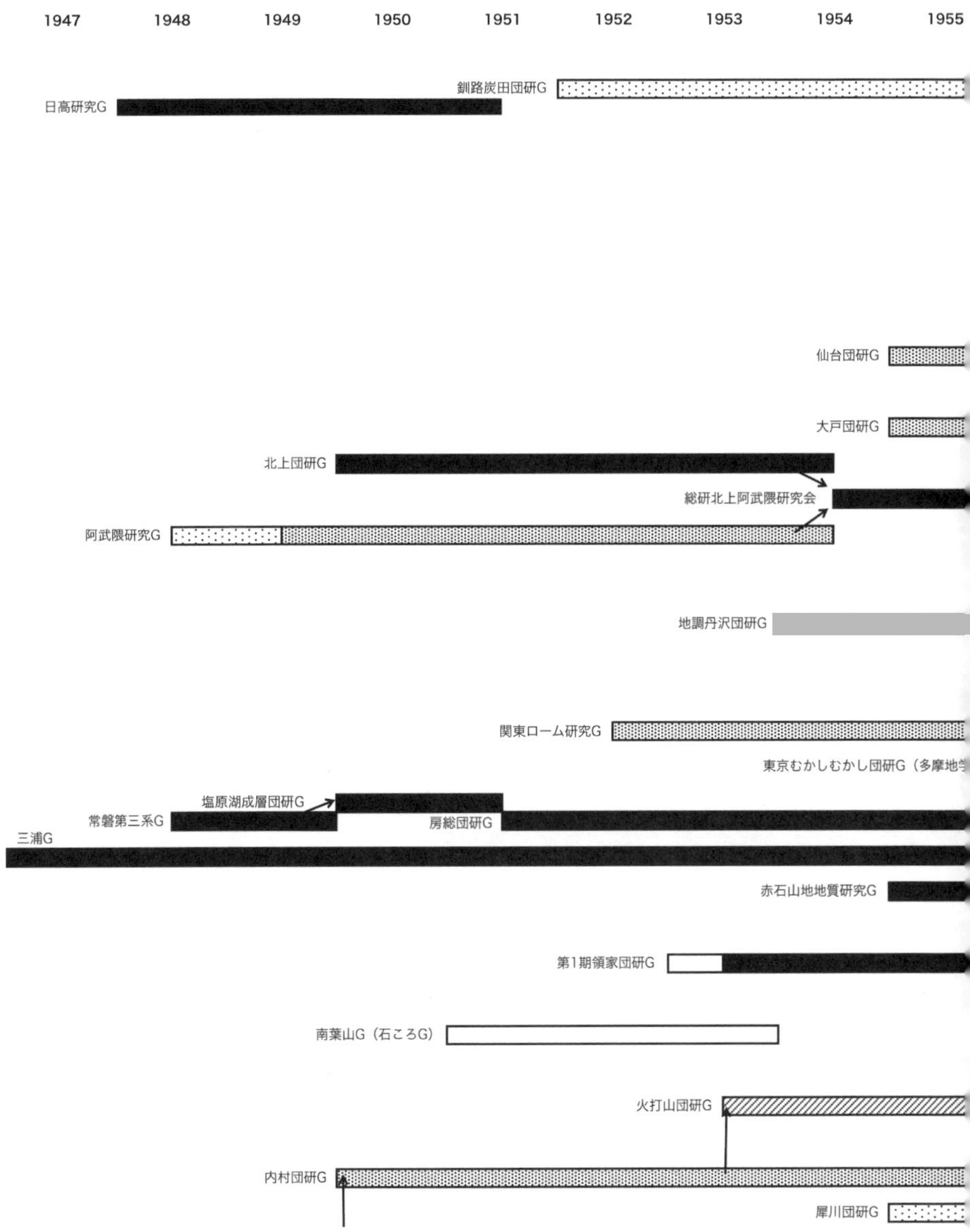


Figure 9-1　地団研メンバーによる調査・研究の展開 [57]

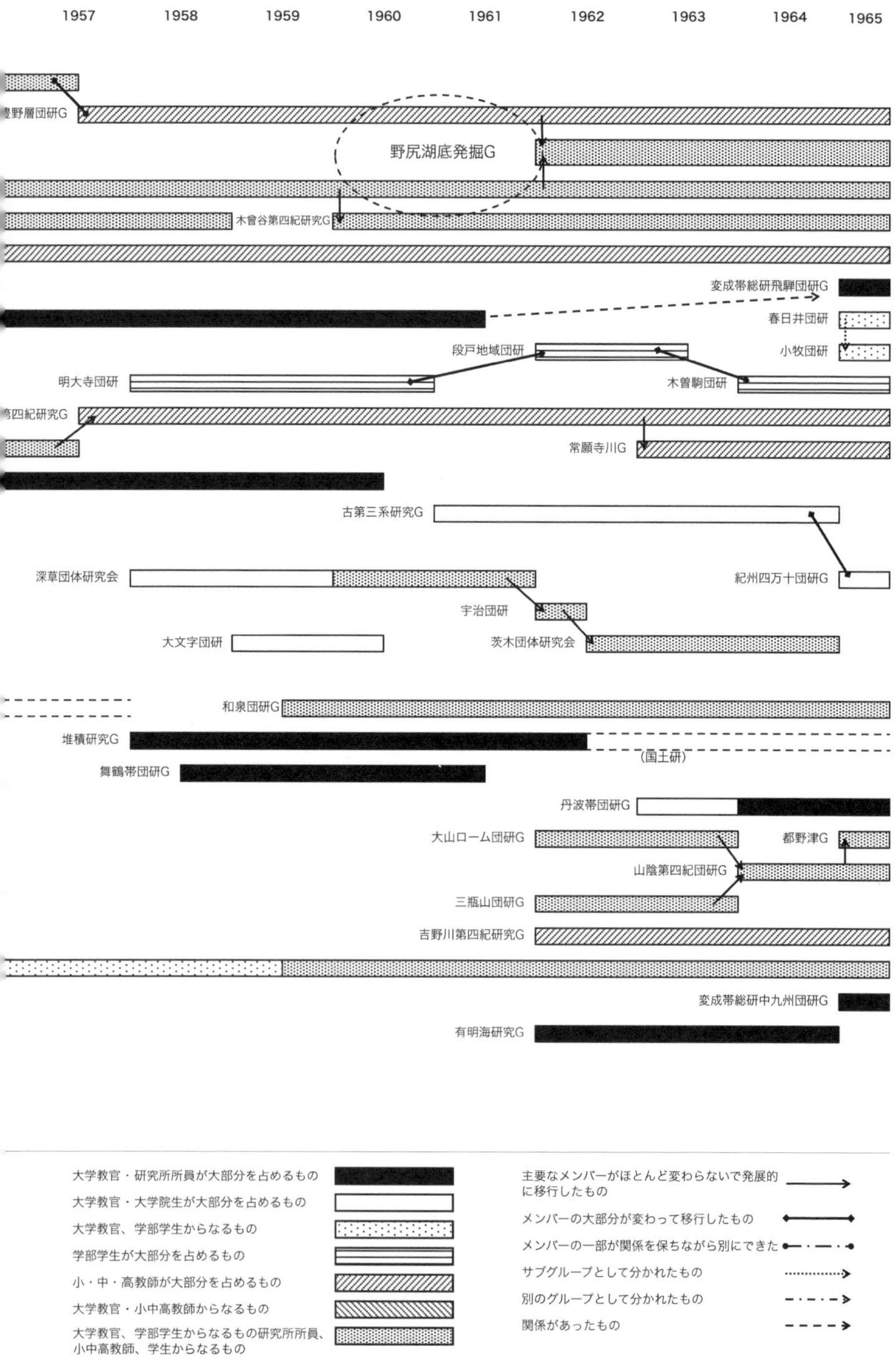
1957
1958
1959
1960
1961
1962
1963
1964
1965
野層団研G
野尻湖底発掘G
木曽谷第四紀研究G
変成帯総研飛騨団研G
春日井団研
小牧団研
段戸地域団研
明大寺団研
木曽駒団研
四紀研究G
常願寺川G
古第三系研究G
深草団体研究会
紀州四万十団研G
宇治団研
大文字団研
茨木団体研究会
和泉団研G
堆積研究G
(国土研)
舞鶴帯団研G
丹波帯団研G
大山ローム団研G
都野津G
山陰第四紀団研G
三瓶山団研G
吉野川第四紀研究G
変成帯総研中九州団研G
有明海研究G
大学教官・研究所所員が大部分を占めるもの
大学教官・大学院生が大部分を占めるもの
大学教官、学部学生からなるもの
学部学生が大部分を占めるもの
小・中・高教師が大部分を占めるもの
大学教官・小中高教師からなるもの
大学教官、学部学生からなるもの研究所所員、小中高教師、学生からなるもの
主要なメンバーがほとんど変わらないで発展的に移行したもの
メンバーの大部分が変わって移行したもの
メンバーの一部が関係を保ちながら別にできた
サブグループとして分かれたもの
別のグループとして分かれたもの
関係があったもの

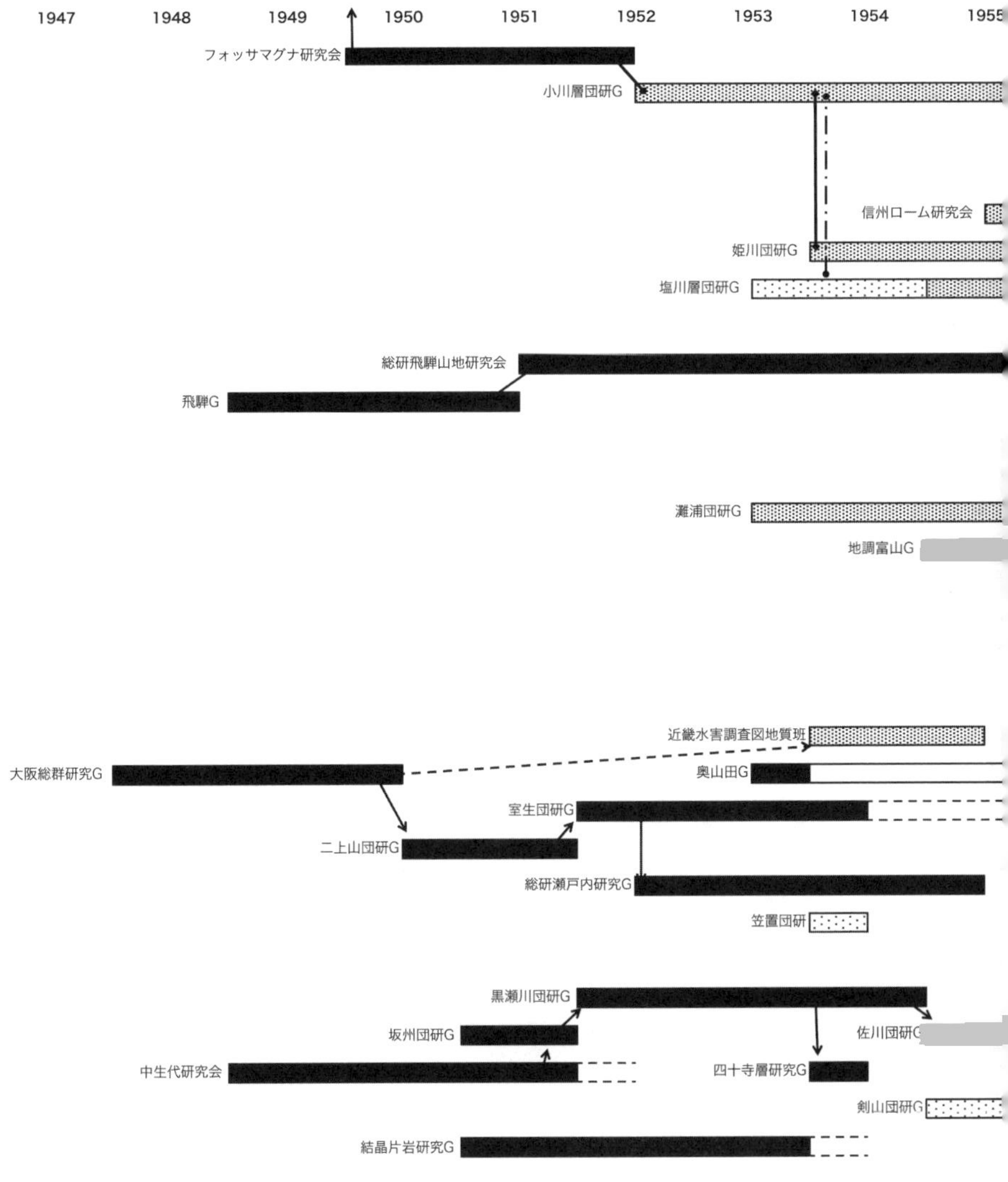


Figure 9-2　地団研メンバーによる調査・研究の展開

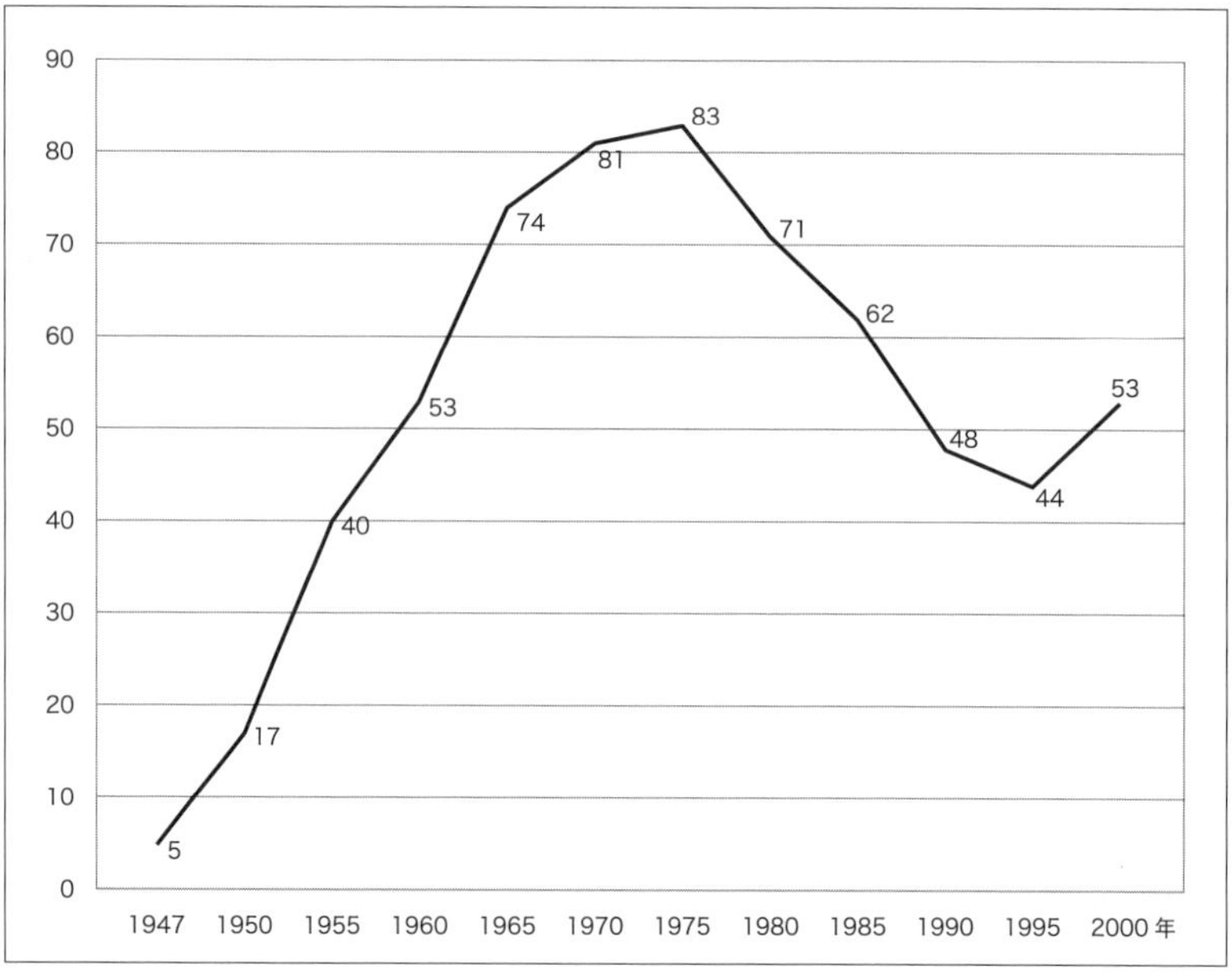


Figure 10　団体研究数の推移[58]

地域社会像を模索する活動であった。

　こうして地団研メンバーの内部における活動方針を巡る議論は、それぞれの地域における調査・研究活動が実を結びつつある中で、一定の終息を見ることになる。地団研創設当初から一九六〇年代までの動向を複数の地団研メンバーがまとめた『科学運動』の編集後記には、ある個人の見解として次の文章が掲載されている。

> 　それは、〝僻地方針〟を実践して、労働者・農民とのむすびつきを実現しようと個人的に努力してきた経験はあるが、今日にいたっても地団研という組織としては、その面ではほとんど成功しなかった、ということである。国民とていけいしようとする努力は、皆無だったわけではないが、けっきょく、私たちは、労働者・農民層の周辺をウロツキまわっていたにすぎなかった。

　三位一体の方針を発展させ、最後の目標を到達するには、どうしたらよいか。私たちは、真剣かつ謙虚に考えてみなければならない。おそらくこの理想は、地団研の若手会員の手によってたっせられることになるだろう。(59)

この述懐のように、民科の中にあって独自性が際立っていた「僻地方針」は、結果的に民科脱退後における地団研の統一的な活動指針にはなり得ていなかった。しかし、運動方針の具現化が必ずしも成功してはいなかったとはいえ、年齢層や職業、専門性の上で幅広い人々の参加を得てフィールドワークを実践し、地団研という組織が今日に至るまで継続してきている。その要因は、地団研が運動体としての性格だけにこだわるのではなく、多くの人々を巻き込むことのできる教育・学習システムが備わっていたことにある。やがて、実物教育と結びついた地団研のフィールドワークの形式は、野尻湖発掘の基礎を作り上げていく。

## 第6節　地団研外部からみた僻地方針

研究者コミュニティである地団研が、その外側に位置する「大衆」との関係を構築しようとした「僻地方針」は、地団研を外側から観察する人々にとっても地団研論を展開する上でのキーワードとなっている。そこで、この「僻地方針」を中心に、地団研創設二〇周年記念として地団研がまとめた『科学運動』の三つの書評を検証することにしたい。

一つ目の書評は、中央公論社出版雑誌『自然』の一九六六年七月号「BOOK・STAND」に匿名で掲載されたものである。書評の内容が「誹謗中傷に近い」ものとして、地団研が弁護士を立てて、出版元に抗議している。著者は後に明らかになっているように、地質学者の都城秋穂である(60)。都城は井尻正二ら数名と共に、地団研の創設に関わったメンバーの一人であった。その後、「井尻氏とはとても調和することができない」として、地団研を脱会している(61)。この都城が、「僻地方針」に関連して、次のように書評を残している。

本書の書き方自体に、土俗的ロマンティシズムとでもいうべき地団研色がはっきり出ている。それはそれでよいのだが、しかしそのために、地団研の標榜する運動にとっても基本的重要性をもっと思われる問題のほとんどが、本書から欠落してしまった。（中略）小・中・高校の先生たちへの普及活動は立派な成果だが、それと世をおおう受験教育態勢との衝突はないのか（成果が報告されているのは僻地ばかりで都会地がない）、などの根本的に重要なはずの問題が全然言及されていない。(62)

これに対して地団研は、「この書評は、悪意と偏見に満ちたものであって、催告人団体の名誉を著しく毀損」するものとして非難している。

二つ目の書評として取り上げるのは、科学史家の中山茂によるものである。

まず、「国民のための科学」から「僻地方針」を打ち出した地団研の、その指導層から「近代化」が唱えられているのが違和感を起こさせる。意見の統一の上に編集されたものではないが、一読した後、僻地の教師と指導層の間にかなりの感覚のずれを認めざるをえない。

この分裂は地団研の持つ通常の学会としての機能と運動体としての機能という二重性に根ざしている。この二重性を包括し地学という地域科学の性格もあって、全国の小中学校の教師・学生層の草の根地学者を組織し、団体研究をするという点に地団研の特徴も存在意義もあったのであるが、ハンマー・クリノメーターと人海戦術という古風な方法では限界に来ていることを、指導者たちは意識している。そこで新しい研究器具や技術を導入して近代化をはかろうとする。一方、地団研を心のよすがとして地方のみみっちい悪条件下で苦難する良心的な教師層はこれについて行けず、その僻地精神はとかくひがみ根性となり、研究方法の近代化への離陸の足をひっぱることになりそうである。また指導者が先に進みすぎると、組織から浮き上がって、下からの活力の補給を失い、通常の学会と

同じようになってしまう。(63)

『科学運動』が地団研の自画像となっているがゆえに、都城と中山の書評は、書評の枠を飛び越えて、地団研論になっているところが、結果的に地団研という組織の特異性を物語っている。その特異性を中山は、運動体としての側面と学会としての側面の「二重性」に求めている。確かに、「僻地方針」という運動方針に基づいて、初等・中等教育教員を会員に取り込み、組織の拡大を図ってきた運動体と学会の両側面が、地団研という組織に有効に働いたというのは一定の説得力を持つ。

さらに中山は、「一つの方法を唱え、それに賛同する集団も、二十年も仲間意識で固まっていると、とかく閉鎖的」になり、組織の固定化を招くとする(64)。この地団研に対する中山の見方は、同時期に発表された井尻正二論にも表れていた。中山によれば、井尻正二のカリスマ性によって地団研という組織が成り立っているものの、井尻を頂点とする組織も新陳代謝をしなければ、組織の永続性は保たれないとする(65)。

しかし、地団研は一九八〇年頃をピークに会員数を減少させてきているが、組織としては今日まで継続している。「世をおおう受験教育態勢との衝突」(都城)のような学校教育の変化に伴う課題や「ハンマー・クリノメーターと人海戦術」が「近代化」にそぐわない(中山)といった現実、さらには「僻地の教師と指導層の間にかなりの感覚のずれ」(中山)があるにもかかわらず、地団研が今日まで新たな会員を獲得し、組織を維持してきた要因はどこにあるのか。かつて地団研の創設メンバーであった都城でさえ、「根本的に重要なはずの問題が全然言及されていない」というように、外部から地団研を観察しても組織の継続要因はわかりづらい。

同じく『科学運動』の書評を残した高橋金三郎もまた、都城と中山の書評を「どちらも書評というよりは、あまり好意的ではない地団研批判」とした上で、会員間の対立の克服に対する努力を認めつつ、それでもやはり、二〇年間にわたって地団研が活動を継続できた理由については、「地団研会員以外にはよくのみこめない部分が沢山あるのも事実」

と指摘している。確かに高橋の指摘するように、『科学運動』には、「「適切に処置された」とか「民主的運営への努力もまた必要」だけ書かれてあっても何の役にも立たない」(66)といった具体性の欠如が認められ、例えば集団的なフィールドワークが多くの人々の参加を可能にした具体的な要因を地団研メンバー以外がくみ取ることは困難である。

前節で確認したように、地団研は、大学の研究室を起点とした地団研会員数の拡大と地方への拡散、そして会員の中心が初等・中等教育の教員となることで、特定の地域を対象とした集団的な調査・研究体であり、学びの場としての性格が前景化していった。それゆえに、研究者以外の人々に職業的研究者が寄り添うという「僻地方針」の内容自体が、地団研の実態と乖離していった。これまで見てきた三者の書評は、運動体と学会という二面性の観点から地団研論を展開しようとするがゆえに、かえってこの時期の初等・中等教育教員を中心とするフィールドワークの社会的役割が見えづらくなり、それに基づく地団研像にもまた偏りがあった。

そして、地団研の実像が必ずしも見えていないという点では、地団研メンバーにとっても同様であった。地団研のメンバーの一人が、「けっきょく、私たちは、労働者・農民層の周辺をウロツキまわっていたにすぎなかった」というように、運動論的な視座は、地団研の活動を促進する一つの要因になり得てはいても、それが職業的研究者以外の人々の支持を集めた決定的な要因ではない。例えば、後述するように、野尻湖発掘参加者の多くが、地団研の運動方針への共感を参加の動機としていたのではなく、直接自らの手で資料を掘り出し、そこから〈知〉を形成するプロセスに関わりを持つことのできる、楽しさに参加動機がある。おそらくそれは、地団研が各地で展開してきた、団体研究についても同様であろう。このように野尻湖発掘成立に大きな役割を果した地団研は、決してその運動体としての側面が、多くの人々をフィールドワークに誘い、組織拡大の要因となったのではなく、むしろまったく別の次元の要因が働いていた。では、実際の発掘調査というフィールドワークの場面で、地団研が掲げた「僻地方針」はどのように適用され、それは遺跡地の地域社会にどの様な意味をもたらしたのか。冒頭で紹介した、花泉遺跡の発掘調査事例に戻って検証することにしたい。

## 第7節 「僻地方針」という思想はどのように発掘調査に適用されたのか

花泉遺跡の発掘調査において、小林国夫らローム研究会のメンバーは、遺跡地に資料館を置き、ここを拠点として、発掘調査の成果を地域社会に還元しようと試みてきた。郷土教育という言葉に見られるような教育的効果を、発掘調査から展示施設設置の流れの中に求めていた。ローム研究会には、井尻正二ら地団研のメンバーが含まれていることからもわかるように、花泉遺跡の発掘調査は、地団研の「僻地方針」との整合性が図られていた。

例えば、花泉遺跡の発掘調査直前の段階で残された小林の文章に、花泉遺跡発掘調査と「僻地方針」との関わりを認めることができる。

> ところで、これまで関東ローム・信州ローム研究会では、その研究遂行のなかで、つねに地元の人たちとのつよい結びつきによって研究と普及とを計ってきた。われわれは、こんどの花泉発掘に際してもみんなの手で発掘研究を進めて、成果をまとめて発表する。発掘した化石は、地元に保存し、郷土の文化財として、意義のあるように保護するというたてまえで発掘をおこなうものである。
>
> われわれが無意味な競り合いや、標本獲得のために、この発掘を意図するものではないこと、それは、われわれがのこしてきたささやかな過去の足跡をみていただければ自明のことといってよいであろう。(67)

小林のいう、「つねに地元の人たちとのつよい結びつき」が、「国民のための科学」あるいは「僻地方針」に沿ったものであることは明らかである。「大衆」に寄り添い、発掘調査で得られた成果を遺跡地に還元しようとする姿勢は、これまでの学術発掘・研究体制への批判でもあった。

同様の表現は、一九六六年出版の『科学運動』の一節にも認められる。

地団研が、全国各地で第四紀の団研をはじめたころから、大衆とともに発掘作業をすることができたのは、〝国民のための科学〟運動の路線にそった〝僻地方針〟の実績があったからにほかならず、また、発掘作業を通して、三位一体の科学運動の基礎づくり（条件づくり）がおこなわれてきたのである。

もちろん、発掘には人手がいるので、多くの人夫をつかうということは、ふつうの発掘にはつきものであるが、地団研の集団的発掘方式とは縁もゆかりもないことである。まして、発掘したものや、地元で発見した研究試料（化石や土器・石器など）を、強奪にひとしい態度で研究室にはこんでくるというやり方は、地元に博物館をつくって保存する方向へ運動するといった、国民・郷土とむすびつく運動の一環としておこなわれるわれわれの発掘と対照的であり、地団研が断固として排除していくやり方である。(68)

『科学運動』が出版された一九六六年の段階では、後に詳しく述べる花泉遺跡や男女倉遺跡の発掘調査がすでに行なわれ、これに続く第四次野尻湖発掘（一九六五）が終了し、長期の休止期間に入った直後にあたる。研究者が「大衆とともに発掘作業」するという発掘調査の形式が、「〝国民のための科学〟運動の路線にそった〝僻地方針〟」に基づくものであるという言説は、花泉遺跡発掘調査から野尻湖発掘までの一連の流れを意識している。先述した小林国夫の花泉遺跡発掘調査前の段階での発言もまた、こうした「僻地方針」の発掘調査という場面への適用を念頭に置いたものだった。しかし、小林が語っている内容と『科学運動』の内容とは、わずかに違いが存在する。それは、前者が「大衆」に「普及」することを念頭に置いていたのに対して、後者は「ともに」発掘作業を行なうことを意識していたことにある。つまり、発掘調査の成果を遺跡地に還元する方法の点で両者は異なっていた。こうした違いを意識しつつ、花泉遺跡の発掘調査事例を「僻地方針」の発掘調査への適用という観点から分析してみたい。

花泉遺跡の発掘調査は一九五八年に二つの異なる組織により行なわれたことはすでに述べたが、このうち花泉新生代研究会は、近代における日本の古生物学界の縮図ともいえるメンバー構成だった。メンバーの中心は、顧問の矢部長克（一八七八―一九六九）である。矢部は欧州において生物学進化論を学んだ後、一九一一年の東北帝国大学理科大学の開講とともに地質学教室初代教授に就任し、この研究会メンバーを育成してきた人物でもある(69)。早坂一郎（一八九一―一九七七）は、東北大学理科大学地質学教室の第一期生で古生物学を専攻している。その後、台北帝国大学の理学部地質学教室の創設（一九二八）とともに赴任し、台湾の古生物学研究に貢献している。松本彦七郎（一八八七―一九七五）は、東京帝国大学理科大学動物学科を卒業したのち、一九一四年に東北帝国大学講師、一九二二年に同教授となったが、一九三五年に東北大学を追われている。哺乳類化石の研究のほか、層序に基づく発掘調査法を考古学に導入している。鹿間時夫（一九一二―一九七八）は、東北大学地質学教室に在籍し、ニホンムカシジカやクズウアナクマなどの哺乳類化石の研究を行なった。

このように花泉新生代研究会は、矢部長克を中心とした、東北帝国大学（東北大学）出身者による師弟関係で結ばれた職業的研究者によるコミュニティであった。また、生年が一八〇〇年代後半から一九〇〇年代前半であり、比較的年齢が高く、戦前・戦中から研究活動を継続してきた世代が中心となっている。

一方、ローム研究会（関東ローム研究会・信州ローム研究会）のメンバーのうち、代表的な人物を取り上げると、鈴木誠（一九一四―一九七三）は、一九四〇年に京城帝国大学医学部を卒業し、終戦後の一九五一年に信州大学医学部第二解剖学教室教授に就任している人類学者である(70)。長野県男女倉遺跡での旧石器発掘調査のほか、第一次（一九六二）から第四次（一九六五）までの野尻湖発掘に団長として参加している。信州ローム研究会のメンバーでもある鈴木が、これらの発掘調査に関わるようになったのは、井尻正二との関係にある。鈴木と井尻は、一九四三年のニューギニア調査がきっかけとなって、終戦後に共に発掘調査を行なうようになっている(71)。小林国夫（一九一八―一九七九）は、一九四三年に東京帝国大学を卒業後、母校である旧制松本高校に赴任する。その後信州大学の発足と同時に、地質学教室で学生の指導にあたった。関東ローム研究会のメンバーでもあった小林は、関東ロームの研究成果をもとに木曽谷や伊那谷・松本盆地などの信州ローム研究に取り組んだ(72)。相沢忠洋（一九二六―一九八九）は、行商をしながら一九四九年に岩宿遺跡で旧石器を発見し、日本における旧石器時代の存在を証明した人物である。戸谷洋（一九二三—二〇〇二）は、自然地理学を専門とする。寿円晋吾（一九二三—二〇一二）は、多摩丘陵や武蔵野台地に関する地形学研究を専門とする。原田哲朗は第七代地団研会長、徳岡隆夫（一九三七—）は、第九代地団研会長をつとめている。なお、徳岡は、花泉遺跡発掘には京都大学在学中に参加している(73)。

関東ローム研究会のメンバーは、小林のほか、「關東ロームの團體研究」の共著者である石原寿、井尻正二（一九一三—一九九九）、郷原保真（一九二三—一九八二）、寿円晋吾、戸谷洋が該当する(74)。また、このうち、小林・井尻・亀井・郷原・星野・原田・徳岡・新堀は、地団研会員である。

ローム研究会のメンバーの特徴は、生年が一九一〇年代〜二〇年代に集中しており、花泉新生代研究会と比較すると若い世代が中心である点にある。また、大学に所属する研究者だけでなく、在野研究者や高校教員、学生といった比較的多様なメンバーで構成されているのも特徴的である。東北大学関係者を中心に、さまざまな大学の出身者がこの調査に関わっている。

なお、この花泉遺跡発掘参加者のうち、鈴木誠（第一〜四次）、井尻正二（第一〜九次）、郷原保真（第四〜八次）、他六名が第一二次発掘までの間にそれぞれ野尻湖発掘に参加している。このように人的な連続性からも、花泉遺跡の発掘調査は、野尻湖発掘の前史に位置づけることができる。

以上をまとめると、花泉遺跡の発掘調査は、戦前・戦中から職業的研究者として活躍してきたメンバーで構成される花泉新生代研究会と、戦後を中心として研究活動に取り組んできたメンバーで構成されるローム研究会との対比的関係を背景に行なわれた。また、研究手法については、それまでの地質学や古生物学といったディシプリンごとの個人研究に対して、第四紀研究とこれに関連した学問領域との共同研究という対照的な関係を浮き彫りにしていた。さらに、発掘調査の主体をアカデミック・コミュニティにおいていた花泉新生代研究会に対して、ローム研究会は、アカデミック・コミュニティだけでなく、在野研究者や高校教員といった多様な主体による調査をめざした。

したがって、地団研メンバーを中心とするローム研究会の視点から、この二つの調査組織の在り方を捉えるならば、両者の間に存在した世代差は、会員資格に四〇歳制限を設けた地団研規約に沿うものだった。また、「御用科学、学閥、官僚主義、分派行動、独裁を排撃」を目指すとした、アカデミズムにおける研究環境の改善や「学問の自由」を確立を試みる地団研の方針は、花泉新生代研究会のような従来型のアカデミズムに対抗しようとするローム研究会の姿に重なる。そして、遺跡地の「大衆」に発掘調査の成果を還元しようとする思想もまた、従来の調査者と遺跡地の人々の関係を問い直すものであった。

ローム研究会では、二つの調査組織の対照性に地団研の思想を沿わせただけでなく、実際の発掘調査における新たな試みを行なっている。その一つが、学際的な調査スタイルの確立である。ローム研究会のメンバーには、関東ローム層などの第四紀を対象とする研究者のほか、形質人類学や旧石器考古学を専門とする研究者が参加し、学際的な共同調査の形態をとった。「考古学者は従来の文化遺跡の発掘の経験から、もっと能率的に掘ることを主張する」というように、地質学者は、水成岩の性質から、水成岩の発掘も竹べらでやることを主張する。専門分野が異なる研究者の共同発掘調査が、互いの学問領域の考え方の違いを浮き彫りにし、議論の手がかりをメンバーが得ていることがわかる(75)。

また、調査方法にも工夫が見られた。ローム研究会では、発掘作業の分担が調査者と調査協力者のような階層化が起きてしまうことを意識して、自ら〝掘る〟ことを選択している。

「先生方や学生さんたちに穴が掘れやしないから現地の人夫に掘らせなさい」というのが現地の人のいつわらざる予想だったようだ。実際に田んぼの中に深さ五メートルほどの穴を掘るのだから、水は出るし大変なものだ。しかし地団研の掘った穴は実にリッパに掘られていた。「おどろいたものだ。おかげでおれ達の仕事がなかった」と最後に人夫の人達がいっていた。(76)

このようにローム研究会では、発掘作業の方法を変えることで、調査・研究活動を前にした平等性を強調した。そして、「〝人夫掘りと団研掘り〟」という表現に象徴されるように、花泉新生代研究会のようなそれまでの発掘調査の在り方を批判する意図がここに込められていた。

学問領域を横断する研究スタイルの確立や調査作業面での工夫は、発掘調査成果の遺跡地への還元の工夫にもつながっていた。ローム研究会による遺跡地への調査成果の還元は、遺跡地の人々を対象にした幻燈会として実現した。幻燈会は「第一回は、二〇名ばかりの子供だった幻燈会も最後には四〇人あまりの老若男女」が参加するような状況であった(77)。この幻燈会を通じてローム研究会のメンバーと遺跡地の人々の間で交流が生まれた。この過程で出てきたのが、遺跡地に保管・展示施設を設置し、「郷土教育」を推進しようとする発想だった。

つまり、遺跡地に「郷土教育」の拠点としての保管・展示施設を設置しようとする試みは、ローム研究会や遺跡地の人々の問題意識であると同時に、「僻地方針」という運動論的な枠組みの中に位置していた。「大衆」に研究者が寄り添いながら、アカデミックな〈知〉を「大衆」や地域社会に還元することは、運動の結果として実現すべき姿だった。

## 第8節　戦後研究者の問題意識は具現化されたのか

ローム研究会による発掘調査が、それまでのアカデミックな発掘調査に対するアンチテーゼであったとはいえ、学術調査・研究の成果を研究者コミュニティ外部に広がる社会全体で共有しようとする試みは、埋蔵文化財行政の社会教育的可能性を考える上で、少なくとも本研究の問題意識において示唆に富む。実際の埋蔵文化財行政においても、調査に関わった自治体職員やその成果に関心を寄せる研究者の間で〈知〉が共有されるのみで、その外側に広がる遺跡地の地域社会との関わりが希薄である場面が少なくない。その意味で、今日の埋蔵文化財行政は、従来型のアカデミックな調査・研究の在り方と共通した状況にある。

こうした状況に対して、ローム研究会による花泉遺跡の発掘調査は、遺跡地の人々と直接〈知〉を共有し、将来的には博物館や資料館建設の実現を目指すものだった。博物館ありきで、それを地域社会との関係の中で改めて問い直すのではなく、地域社会から生み出された〈知〉の創出のプロセスや還元や共有の在り方の議論から始めて、その結果としての博物館建設であったことは、ハコモノづくりより人づくりを優先させた思想の結果である。そしてこのコンセプトは、その後に野尻湖発掘を経て建設される、野尻湖博物館建設へと引き継がれていく。

しかしながら、花泉遺跡の発掘調査におけるローム研究会の挑戦は、遺跡地の人々の能動的な学びという形態を実現するまでに至ってはいない。幻燈会で遺跡地の人々に調査成果の報告を行なったり、議論を重ねたりはしているが、それはあくまで調査者が創出した〈知〉を遺跡地の人々に教示するに過ぎなかった。それは、専門家が市民を「オシエソダテル」ような旧来型の社会教育像とも重なる。ただし、発展段階ゆえの問題点を抱えていたとはいえ、遺跡地の人々と調査者が〈知〉を共有しようとする花泉遺跡でのローム研究会の試みは、発掘調査がもたらす人々の学びと〈知〉の形成へとつながる一つのプロセスとして、位置づけることができる。

このことは、後述するように、花泉遺跡の発掘調査の延長線上に位置する野尻湖発掘でより具体化することになる。四回の野尻湖発掘が実施されたのちに出版された『科学運動』の一節として、「大衆」と「ともに」発掘作業を行なうことが、「僻地方針」の具現化の一つとして掲載されている。書籍が刊行された時期の野尻湖発掘はすでに、「大衆」に調査成果を「普及」するという段階から、研究者と非研究者による調査段階へと移行していった。この発掘調査方式が、やがて誰もがそこでの学びや調査・研究に自由意思で関わりを持つことができるという今日の野尻湖発掘へとつながっていく。

では、地団研ないしはローム研究会の「僻地方針」という運動論の具現化への志向と遺跡地住民の問題意識が、こうした発掘調査に社会教育的機能を付与していったのか。次章では、職業的研究者の問題意識という観点から離れ、アマチュア研究者をはじめとする、非職業的研究者や市民の手によるローカルな調査・研究史に焦点を当てて、検証することにしたい。

## 註

（1）日下和寿「花泉遺跡発掘調査史」『岩手県立博物館研究報告』第二五号、二〇〇八年、二九―四〇頁
（2）地学団体研究会・小林英夫『科学運動』築地書店、一九六六年、二四三頁
（3）同上
（4）宮本常一「調査地被害」『朝日講座　冒険と探検』七巻、朝日新聞社、一九七二年、二七八頁
（5）佐藤健二「調査のなかの権力を考える」『社会調査のリテラシー』新曜社、二〇一一年、二六〇―二六一頁
（6）地学団体研究会・小林英夫、前掲書（2）、二頁
（7）大森昌衛「新・地団研物語（その一）――地団研の設立に参加した私の思想遍歴」『そくほう』五三〇号（一九九九年一月号）、五頁
（8）地学団体研究会・小林英夫、前掲書（2）、四六頁
（9）四〇才定年制の発案は、井尻正二の地質学会青年部における発言に端を発している。地学団体研究会『そくほう』四九二号（一九九五年七月号）、七頁
（10）井尻正二「研究テーマはどのようにしてえらぶか―私は、どうして歯の化石をえらんだか―」地学団体研究会『地球科學』一七号、一九五四年、八頁
（11）地学団体研究会『そくほう』号外、一九五〇年一〇月二五日、一頁
（12）小林貞一『日本地方地質誌九　総論：日本の起源と佐川輪廻』朝倉書店、一九五一年、三〇四頁。地学団体研究会『そくほう』二九号、一九五一年一一月一〇日、三頁
（13）地学団体研究会『そくほう』七四号（一九五六年四・五月号）、七頁
（14）小島丈兒「新地団研物語（その三）――研究の自由を求めて」『そくほう』五三二号（一九九九年三月号）、二頁
（15）地学団体研究会東京支部『地団研東京支部速報』一九四九年三月一五日
（16）関陽太郎「民科合併について思い出すこと」地学団体研究会『そくほう』一〇〇号（一九五八年一二月号）、八頁
（17）八木健三「仙台での地団研総会の思い出」地学団体研究会『そくほう』一〇〇号（一九五八年一二月号）、八頁
（18）井尻正二『古生物学論』平凡社全書、一九四九年。甘粕石介「井尻正二著『古生物学論』の批判」『地球科學』第一三号、一九四九年、二三―二五頁。甘粕（見田）石介は、井尻とその後も親しい関係にあったことから、野尻湖発掘にも参加している。
（19）地学団体研究会「総会スローガンに寄せて」地学団体研究会『そくほう』三四号（一九五二年六月号）、五頁
（20）石母田正「社会科学者から自然科学者に」地学団体研究会『そくほう』三五号（一九五二年七・八月合併号）、一頁

(21) 井尻正二・牛来正夫・大森昌衛「石母田正氏の御逝去を悼む」『そくほう』三八九号（一九八六年三月号）、一四頁
(22) 国民的科学運動のスローガンが掲げられた背景には、石母田の提言に同じく民科書記局員だった井尻正二が共鳴したことがある。柘植秀臣『民科と私　戦後一科学者の歩み』勁草書房、一九八〇年、二〇二頁
(23) 梅田欽治「「国民的歴史学」運動の遺産――一九五〇年代の「『歴史評論』の歴史」歴史科学協議会編『歴史評論』通号一五〇号（一九六三年二月号）、校倉書房、一〇六―一二二頁
(24) 一九五三年からの岩波書店「村の図書室」シリーズもまた、農村啓蒙を目指したものだった。町村敬志『開発主義の構造と心性――戦後日本がダムでみた夢と現実』御茶の水書房、二〇一一年、一八〇頁
(25) 小国喜弘「国民的歴史学運動における「国民」化の位相――加藤文三「石間をわるしぶき」を手がかりとして」首都大学東京都市教養学部人文・社会系『人文学報』三七号、二〇〇二年、四七―七二頁
(26) 同上
(27) 藤間生大「戦後科学史運動の見方――久野収・鶴見俊輔・藤田省三「戦後日本の思想」の見解について」『歴史評論』一〇八号（一九五九年八月号）、五四―六三頁
(28) 井尻正二『井尻正二選集第三巻　科学運動Ｉ　三五年のあゆみ』大月書店、一九八一年、一〇七頁
(29) 井尻正二、同書、八頁
(30) 地学団体研究会『地球のなぞを追って――私たちの科学運動』大月書店、二〇〇六年、九一頁
(31) 小林忠夫・藤岡知宏・藤田剛・長谷川正・長谷川康雄・高野武男・歌代勤「新潟県高田平野の冲積層について」『地質學雜誌』七四巻二号、一九六八年、一二四頁
(32) 長谷川正「地団研に入会してよかったこと」『そくほう』五〇〇号（一九九六年四月号）、一三頁
(33) 第一次発掘の参加者名簿には、参加者の氏名と合わせて、当時の所属団体が明記されている。野尻湖発掘調査団『野尻湖発掘一九六二―一九六三』、一九七五年、二七二―二七八頁
(34) 新潟県立新井高等学校『野尻湖の自然と環境：クラブ活動のすすめ方とまとめ方』築地書館、一九六〇年
(35) 地団研調査団「八ヶ岳公害問題」『そくほう』五〇号（一九五三年一一月号）、九頁
(36) 郷原保真「科学運動としての大衆発掘」『日本の科学者』一四巻一〇号、一九七九年、一一―一八頁
(37) 資源研班「八ヶ岳採掘反対に裁定下る！」『そくほう』七二号（一九五六年二月号）、八頁
(38) 井尻正二・大森昌衛「戦後の科学技術者運動-九-地学団体研究会と民科-上-」『技術と人間』六―二、一九七七年、一三五―一四七頁

(39)井尻正二・大森昌衛「戦後の科学技術者運動-一〇-地学団体研究会と民科-下-」『技術と人間』六―三、一九七七年、一五二―一五九頁
(40)同上
(41)井尻正二、前掲書(28)、一五九頁
(42)速報係「地団研と民科との結びつきについて」『そくほう』七三号(一九五六年三月号)、一頁
(43)久野収・鶴見俊輔・藤田省三『戦後日本の思想』中央公論社、一九五九年
(44)足立久男・金井克明・斉藤尚人・佐瀬和義「井尻正二会員との勉強会で学んだこと　その二:地団研の現状分析」『地学教育と科学運動』三七号、二〇〇一年、一二頁より作成
(45)泊次郎『プレートテクトニクスの拒絶と受容――戦後日本の地球科学史』東京大学出版会、二〇〇八年、一〇九―一一〇頁。泊は、一九四九年に新制大学が発足し、新潟大学、金沢大学、熊本大学、鹿児島大学の理学部に地質鉱物学科や地学科が設置されたこと、教員養成学部にも地学専攻の教室が設けられたこと、全国の国公私立大学の教養部で地学が教えられるようになったことが、一九五〇年代の地団研会員の増加の背景だとしている。
(46)下野敏弘「新しい事務局の発足と「書記」の設置」『そくほう』四〇七号(一九八七年一一月号)、一頁。東京教育大学廃校前には、地団研本部事務局が置かれ、東京教育大学の院生やOBを中心に運営されていた。ここで、地団研の後継者が生まれていった。
(47)小鷹滋郎「民科を脱退すべきではない」『そくほう』七三号(一九五六年三月号)、七頁
(48)小鷹滋郎、同誌。O生「四〇歳についての疑問―京都から―」『そくほう』七四号(一九五六年四・五月号)、四頁
(49)庶務係「組織を利用し、強めよ―地団研一〇週年(原文ママ)総会の反省―」『そくほう』七四号(一九五六年四・五月号)、一頁
(50)高田支部『石のあゆみ』九号、一九五六年
(51)運営委員会「全国運営委員会開かる」『そくほう』七七号(一九五六年九月号)、四頁
(52)同上
(53)同上
(54)地学団体研究会、前掲書(30)、一四〇頁
(55)前掲(44)と同じ
(56)大学教員中心の団体研究は、各地の団体研究の新たな成立や統廃合を経つつ、次第に学生や初等・中等教育教員中心の団体研究へと移行していった。野尻湖発掘は、こうした団体研究史上における団体研究の一つに位置付けられる。

(57)地学団体研究会・小林英夫、前掲書(2)を加筆・修正
(58)前掲(44)と同じ
(59)地学団体研究会・小林英夫「編集後記」、前掲書(2)、三三四頁
(60)地学団体研究会「「科学運動」書評問題その後―対「自然」闘争の経過―」『そくほう』一九一号(一九六七年一〇月号)、七頁
(61)後藤仁敏「都城秋穂元会員を偲んで」『そくほう』六三九号(二〇〇八年一二月号)、五頁
(62)都城秋穂「地学団体研究会著 科学運動」『自然』一九六六年七月号、中央公論社。なお、地団研ではこの都城論文の内容が、地団研を不当に評価したものとして、『自然』編集部に抗議している。地学団体研究会、前掲誌(56)
(63)中山茂「国民のための科学と僻地方針 民科への反省と評価」『日本読書新聞』一九六六年六月一三日号
(64)同上
(65)中山茂「井尻正二論」『思想の科学』五〇号、一九六六年、一〇〇―一〇六頁
(66)高橋金三郎「民間教育団体と同じ悩み」教育科学研究会編『教育』一六巻一一号、一九六六年
(67)小林国夫「花泉化石層発掘の目的」関東ローム研究会・信州ローム研究会編『岩手県花泉金森の氷河期化石層―その発掘について―』、一九五八年
(68)地学団体研究会・小林英夫、前掲書(2)、二四二頁
(69)大森昌衛「古生物学における学閥と研究の自由」『季刊科学と思想』一五号、一九七五年、五五六頁
(70)香原志勢「鈴木誠先生(一九一四~一九七三)を偲んで」『人類学雑誌』八一巻二号(一九七三年六月号)、八四―八六頁
(71)井尻正二「鈴木誠氏(信州大学医学部第二解剖学教授)のご逝去を悼む」『そくほう』二五〇号(一九七三年五月号)、六頁
(72)倉林三郎「追悼 小林国夫会員の逝去を悼む」『そくほう』三一七号(一九七九年七・八月号)、六頁
(73)石賀裕明ほか「これからの地団研がめざすもの(座談会)」『みんなで科学を――地団研三〇年のあゆみ』大月書店、一八七頁
(74)石原壽・井尻正二・貝塚爽平・加藤定男・郷原保眞・鈴木康司・壽圓晋吾・冨田晋高・戸谷洋・十屋龍雄・羽鳥謙三・成瀬洋「關東ロームの團體研究」『地質學雜誌』六〇巻七〇六号、一九五四年、三〇八頁
(75)信州支部 酒井・内田・小林、京都支部 原田・徳岡、鹿児島支部 佐藤「花泉発掘記(その二)」『そくほう』一〇一号(一九五九年一月号)、六頁
(76)同上
(77)同上

# 第3章　地域研究史における野尻湖発掘の位置

今日の野尻湖発掘に至る系譜の一つは、終戦直後の若手職業的研究者の問題意識を具現化させようとする運動である。そして、もう一つは、アマチュア研究者による研究活動である。後者の系譜は、本業に従事するかたわらで、個人や地域団体が実践する調査・研究活動である。この調査・研究活動は、個人的あるいは特定の団体の利益に供するものではなく、調査によって生み出した〈知〉の共有を通じて、諸個人の学びの場にもなり得ていた。野尻湖発掘において、参加者の学びと〈知〉の創出が連動していることの一端は、こうしたアマチュア研究者による調査・研究活動の蓄積にある。

これまでアマチュア研究者の活動は、地質学史や考古学史においては、参照枠としてのみ言及されてきた。彼らは、学術研究そのものへの貢献者というよりは、その学術研究のもとになった資料提供者として位置づけられる傾向が強い。アマチュア研究者の研究・教育活動が地域社会の中で受容され、結果的にそれが地域の埋蔵文化財政策にも影響を与えたとする論考は、須田英一をはじめとして二〇一〇年代に入ってから散見され、研究がようやく本格化している(1)。

第一章の発掘調査史で確認してきたように、今日の埋蔵文化財行政や遺跡の保護活動は、必ずしも「官」主導だけでなく、アマチュア研究者をはじめとする「民」の活動によっても支えられてきた。「民」の活動は、独自の研究の蓄積と地域の文化財保護という面だけでなく、調査・研究活動によって獲得された研究資源を地域社会の中で活かす取り組みであったこともまた特徴的である。こうしたアマチュア研究者の調査・研究活動は、アカデミックな調査・研究活動に対する批判姿勢を取り込みつつ、児童・生徒・学生を中心とした非研究者の人々をフィールドワークへと誘っていった。ここでは、そのうち野尻湖発掘へとつながっていく「民」の活動の系譜に焦点を当てて論じる。

一九六二年の第一次野尻湖発掘は、野尻湖周辺の第四紀層である豊野層を研究対象とし、地元教員で構成された「豊野層団体研究グループ」、信州大学所属の教員や初等・中等教育教員で構成された「信州ローム研究会」、クラブ活動として野尻湖の総合研究を行なってきた「新井高校の教員と生徒」、歌代勤の地団研高田支部創設を端緒として成立した「高田平野グループ」が主な参加者であった。本章では、このうち「信州ローム研究会」と「新井高校の教員と生徒」に至るローカルなフィールドワーク史を分析し、それがどのように野尻湖発掘へとつながっていったのかを確認しておく。このことを通じて、多面的系譜の上に成り立っている野尻湖発掘の全体像をつかむことにしたい。

## 第1節　信濃博物学会と戦後地域研究

野尻湖発掘に至るまでの考古学・地質学研究における直接的な系譜は、少なくとも明治期にまでさかのぼることができる。田中阿歌麿の湖沼研究はその代表的なものである。田中による野尻湖を対象とした湖沼研究は、一九〇七年八月に開始され、一九二六年に『野尻湖の研究』としてまとめられた。その内容は、湖盆の形態や水生生物、湖周辺で行なわれる生業といった、多岐にわたる研究だった。この研究は、田中が「数十回毎回数日若くは数十日間」という頻度で現地調査を行ない、これに地元の信濃教育会上水内部会が協力するかたちですすめられた(2)。中央の研究者と長野県内の初等・中等教育教員で構成される信濃教育会という組み合わせによるフィールドワークの形式は、これ以後も継続され、研究活動と同時に教育活動が並立することになっていく。

ところで、信濃教育会とはどのような組織なのか。ここで教育会全体の概略を確認した上で、その中での信濃教育会の位置づけを見ておく。教育会は、教員の職能団体として一八七六年一〇月頃から府県単位で設置され、一八八〇年頃からは有志を中心に私立教育会や郡単位の教育会が設立されるようになる。その後、私立教育会や郡単位の教育会は次第に府県単位の教育会に吸収され、教育会の一部会として組み込まれることになる。

長野県の場合、一八八四年に長野教育談話会が結成され、この組織を母体として一八八六年に信濃教育会が結成される。信濃教育会の支部教育部会としての郡市教育部会には、南佐久・北佐久・小県上田・諏訪・上伊那・下伊那・西筑摩（木曽）・東筑摩・南安曇・北安曇・更級・埴科・上高井・下高井・上水内・下水内・長野・松本の一八部会が存在している(3)。主な活動は討論や演説・研究・講習といった、会員相互の研鑽をはかることにあった。一方で、一九〇七年に長野県立図書館の前身である信濃図書館を開設し、戦後に入ると、信濃教育会館内に信濃教育博物館を開館させる（一九八四）など、学校教育だけでなく、図書館や博物館といった社会教育施設の整備にも力を入れてきた。このため、近代における博物学研究のような、実物研究・教育の場としても教育会が機能してきた。

この実物研究・教育活動を実践してきたのは、信濃教育会所属の教員によって結成された自然科学を中心とする研究団体であった。小県《ちいさがた》郡丸子尋常高等小学校長であった柴田虎悟郎による小県昆虫研究所が主体となって、一九〇〇年に結成された北安曇郡昆虫研究会は、昆虫に関する講習・談話会・幻燈会を開催し、昆虫の採集、標本の製作を行なった。ほかにも、信濃数物化学会、小県博物研究会、南信博物研究会などの研究組織が同時期に結成されたが、特筆すべきは、一九〇二年六月に立ち上げられた信濃博物学会である(4)。

信濃博物学会は、松本女子師範学校校長の矢澤米三郎を会長として、「博物学ニ関スル事項ヲ講究シ斯学ノ普及発達ヲ図ルヲ目的」とし、具体的な活動として「実物標本器械及図書等ノ展覧説明及批評」、「演説、購読、談話討議及ヒ質疑」、「研究旅行」、「雑誌図書等ノ編纂及出版」を行なった(5)。さらにその後、会の性格を「単に専門的の研究を事とするものにあらず」として、「本号よりは、更に、教授資料の欄」を設けて、「斯学教授上、疑問の点等あらば、単に専門的の質疑に止らず、続々提出せられよ、喜んで之に応ぜん」とした。例えば、『博物学雑誌』第四号には、教授資料として、千古高士「独逸に於ける理科教授細目（其二）」、田中貢一「博物教授の教育的価値」、春原平八郎「植物の生態（其二）」、梨本及長坂「家庭の理科」が研究論文とは別に掲載され、理科教育の現場に即した問題を会員がそれぞれ論じている。このように、高度な専門性を持った研究領域の開拓だけでなく、理科教育に関連する知識や技術を会員間で共有しあうという環境が、信濃博物学会の中で形成されていった(6)。

一方で、信濃博物学会は、会員である教員の研究活動に学生を同行させることで、実物教育の場ともなっていた。活動内容に「研究旅行」を掲げているのは、こうした研究と教育の両立という意図が含まれている。例えば、一九〇二年（明治三五）一〇月に矢澤米三郎、河西璞兩は、師範学校生徒八〇名余りを引率して、長野から妙義、下仁田、岩村田に至る採鉱旅行を八日間かけて行なっている(7)。現在であれば、大学の研究室によるフィールドワークに相当する内容であるが、教育システムの中に組み込まれる以前の段階から、集団的な実地調査による教育が信濃博物学会という、自主的な活動の中で行なわれていた点が興味深い。

信濃博物学会の会員は、長野県内の小学校教員や長野県師範学校の学生を主体としていたが、長野県農事試験場に勤務する者や野戦砲兵第六連隊第二中隊に所属する者が名を連ね、かならずしも教育関係者のみで構成された組織ではなかった。また、長野県在住の学校教員が中心となっているという偏りは存在するものの、会員の居住地についても長野県だけでなく、青森県や秋田県、千葉県にまで広がっている。つまり、職種や居住地など、単純に特定の属性で結びついたコミュニティではなかった。

このように幅広い会員を集めた信濃博物学会は、研究と学びの場を両立させた団体として特筆されるものの、その活動は一九一三年に閉じている。しかし、その系譜は断絶することなく、様々な活動へと分化していった。直接的には、信濃博物学会は信濃山岳研究会へと引き継がれる。一九一一年に発足した信濃山岳研究会は、信濃博物学会会員であった矢澤米三郎、河野齢蔵《れいぞう》、小田四十一、田中貢一を含め、一〇〇人余りの長野県在住者で結成された。信濃博物学会が活動を終了したのちも、信濃山岳研究会については活動を継続させ、一九一九年には、信濃山岳会へと改称し、昭和初期には上高地を中心とする北アルプス一帯の国立公園指定に大きな役割を果した。戦後に入ると、一九四七年結成の日本山岳会信濃支部へとその活動は引き継がれた(8)。フィールドワークとしての山歩きは、登山のためのコミュニティへと姿を変えながら、現在まで継続されている。

また、間接的には、信濃博物学会の活動は、特に信濃教育会傘下の郡市教育会の活動へと引き継がれている。それぞれの教育会で主に教科ごとの部会や同好会が設置され、参加する教員の調査・研究活動を支える組織となっている。さらに、児童や生徒をフィールドワークに伴うことで、教育的役割を担っている点に特徴がある。こうした活動は、直接的に信濃博物学会の系譜を引き継ぐものではないが、信濃教育会が連綿と受け継いできたフィールドワークの基本的な在り方としては、継続性を認めることができる。そして、多様な属性を持つ人々が組織を形成し、主体的・能動的な調査・研究活動を行なうという長野県の特異性は、後述するように、野尻湖発掘を成立・継続させる社会環境の基礎ともなっている。

ここで、信濃博物学会の母体となっている信濃教育会のその後について言及しておきたい。信濃教育会の特徴は、その後の長野県における研究活動と結びついた教育環境の特異性とも関連していた。かつては教育県と呼ばれたと未だに語られるが、その背景には、信濃博物学会の母体である信濃教育会が、長野県の教育イメージを形成してきたことが挙げられる。

一般社団法人長野県世論調査協会が一九九九年に公表した調査結果によると、長野県が教育県だと「思う」長野県民は七%、反対に「思わない」と答えた長野県民は六六%に上る。このうち、「思わない」と回答した県民の中には、信濃教育会の学校教育に対する関与が長野県＝教育県としてのイメージを妨げているとしている(9)。現在、否定的に受けとめられる〝教育県としての長野県像〟には、信濃教育会の影響力が大きいと捉えている長野県民が少なくない。もちろん、その背景には様々な要因が関連していると推測されるが、その一つとして、受験制度への適合など、信濃教育会単体の問題だけでなく、教育に求める長野県民の思考が変化したとも言える。

長野県＝教育県のイメージ形成に、信濃教育会の影響力があるとすれば、その一つに信濃博物学会の系譜に見られるような、集団的な研究活動を通じた実物教育が、教育の熱心さというイメージに結びついた可能性がある。こうした活動は、中学・高校のクラブ活動として引き継がれるが、一九七〇年代以降の進学志向の上昇と受験体制の整備によるクラブ活動の衰退という全国的な傾向と相まって、徐々に学校教育の場から減少していった。それに伴って、かつて好意的に見られていた集団的調査・研究活動が、反対に教育＝受験を阻むものとして見なされていく。これが、信濃教育会による長野県＝教育県イメージ低下の背景ではないかと筆者は考えている。

このように学校教育の場から実物教育の系譜が切り離されるが、では実物教育における集団的な〈知〉の形成と学びの場はどこへ行ったのか。一つには、すでに述べたように、長野県内の各教育会での活動である。もう一つは、公民館活動である。二〇一一年の社会教育調査によると、長野県の公民館の本館数は二八四施設で、最も多い埼玉県の四五九施設には及ばない。しかし、分館の数は、二位の三四六施設を持つ山形県を抜いて、九五二施設を有し、全国で最も多い(10)。自治体主導による設置の性格が強い本館に対して、分館は地域の寄り合い所的な性格が強く、地域コミュニティの活動と緊密な関係のもとで設置・運営されている。分館数の多さは、長野県の草の根型地域コミュニティ活動の活発さを物語っている。

際立った長野県内の公民館分館の活動は、調査・研究活動においても顕著である(11)。身のまわりの生活環境に対する疑問や関心をもとに、実際に市民が自らの手で調査し、そこから独自の結論を導き出そうとする姿勢は、市民的な〈知〉を形成し、参加者の主体的な学びを可能にしている。長野県の公民館活動は、直接的に信濃教育会や信濃博物学会の活動の系譜に連なるものではないが、地域の人々の探究心や知識欲を掘り起し、地域活動へと展開していくという点では、近代以降の非職業的研究者による学びと調査・研究活動の大きな流れの中に位置している。

そして三つめの受け皿として存在するのが、野尻湖発掘のような独自の市民参加型フィールドワークである。そこでは、信濃博物学会の活動に関わってきた人々が、在野研究者としての地位を確立していく中で、学びと調査・研究が並立するフィールドワークの実現に寄与することになる。教育会や公民館ではない地域研究あるいは地域学習の場は、アカデミズムに対する批判だけでなく、ローカルなフィールドワークの延長線上に位置していた。

## 第2節　信濃博物学会と野尻湖発掘

信濃博物学会の中心的人物に、長野尋常小学校の八木貞助が含まれていた。地質学や植物学を専門とし、『信濃鉱物誌』（一九二三）(12)や『淺間火山』（一九三六）(13)を著した八木は、一九四九年に上水内教育会より『上水内郡地質誌』の編纂を委嘱された。野尻湖周辺を含む上水内郡の地質調査は、八木の出身地であったがために深い思い入れを持って調査が行なわれたが、本書の完成直前に死去してしまう。この遺稿の完成を上水内教育会から委嘱されたのが、息子で岩石学者の八木健三だった。健三は一九五二年から一九五六年の間に、改めて郡内における詳細な地質調査を行なって、その成果を盛り込み『上水内郡地質誌』を完成させている(14)。

八木健三は、地団研設立段階の中心的人物である。東北大学理学部教授であった健三は、地団研仙台支部の立ち上げを行ない、一九四九年の仙台における地団研総会で民科との合同が決議された際にも会員間の調整を図るなど、地団研と深い関係にあった。それゆえに、『上水内郡地質誌』の編纂にあたっても、地団研や信州ローム研究会を通じてつながりを持った人物が健三に協力している。

例えば『上水内郡地質誌』の謝辞には協力者として、「永野西高等学校竹下寿・長野高等学校富沢恒雄・信州大学斎藤豊・百瀬寛一・飯島南海夫・小林国夫・裾花小学校竹内順治・京都大学森下晶・千地万造」(15)といった人物の名が記されている。このうち竹下・富沢・斎藤・飯島・小林・竹内は、信州ローム研究会のメンバーである。八木自身はこの研究会のメンバーではないが、こうした長野県内における地質学研究者が八木の調査活動に貢献していた。なお、ここで名前があげられている人物の一部は、その後の野尻湖発掘にも参加している。富沢は第一・二・五・六次、斎藤は第一〜六次、百瀬は第六次、小林は第二〜四次、竹内は第六次に参加しており、八木父子を中心とする『上水内郡地質誌』の編纂は、野尻湖発掘に至る道筋の一つになっている。一方、森下は、地団研会員で、八木と同様仙台での地団研総会を経験した人物である(16)。また、千地は大阪市立自然史博物館、京都橘女子大学教授を歴任し、一九六六年には地団研第四代会長を務めており、彼らもまた地団研を介して健三とつながりを持っていた。

このように、信濃博物学会のような、信濃教育会を母体とする研究団体は、長野県における教員を中心とした自主研究の場として、参加者の資質向上を目指していただけでなく、それが地誌編纂のような研究資源を蓄積する機能を持っていた。こうした研究団体の活動は、戦後の長野県内における地域研究へと引き継がれていく。具体的には、父の八木貞助から子の八木健三へという直接的な研究活動の継承だけでなく、信濃博物学会から信州ローム研究会、さらには地団研といった、戦後新たに組織された研究者コミュニティの活動へと引き継がれていく。そして、地元研究者を中心とする研究活動の蓄積は、野尻湖発掘にもつながっていく。

## 第3節　信濃教育会による研究者招聘の意味

ここで、田中阿歌麿の湖沼研究に立ち戻って、考古学研究の側面から検証しておきたい。信濃博物学会は学会誌『信濃博物学雑誌』を刊行しており、一九〇七年の同誌には田中と平沢（のちに橋本に改姓）福松の共著で「野尻湖に就いて」が発表されている(17)。小学校の代用教員であった平沢（橋本）は、野尻湖研究の前には一九〇六年から諏訪湖の研究にも取り組んでいた。一九一八年には田中により『湖沼学上より見たる諏訪湖の研究』(18)が刊行されるが、ここで使用されたデータの多くは平沢（橋本）の手による(19)。このように中央の研究者による調査・研究活動には、教育会という組織による支援を背景として、これに所属する地元研究者の研究実績が基礎データとして用いられている。

やがて、平沢（橋本）の湖沼研究は、湖沼における考古学的研究の端緒の一つとなる。平沢（橋本）は、諏訪湖調査中の一九〇八年に湖底から石鏃を採集し、曽根遺跡を発見している。曽根遺跡は坪井正五郎の杭上住居説を生み出したが、これに対し地質学的見地に基づいた保科五無斉による反論が出された。また神保小虎・田中阿歌麿も調査に基づいて坪井説に反論を展開したため、曽根論争が勃発する。このような相次ぐ調査には、坪井の弟子である人類学者の鳥居龍蔵も訪れている。

鳥居龍蔵は、一九二〇年に諏訪史編纂のために再び曽根遺跡の調査を実施している。鳥居が訪れているのは、坪井との師弟関係からだけでなく、諏訪郡・下伊那郡・上伊那郡の各郡教育会の求めに応じて、研究調査とその成果の刊行を担っていたからである。ここでの調査成果は一九二四年に、『諏訪史第一巻』(20)・『下伊那の原史及先史時代』(21)・『先史及原史時代の上伊那』(22)として各郡教育会により刊行されている。なお、『先史及原史時代の上伊那』の調査協力者として、平沢(橋本)のほか、八木貞助の名が記されていることは、長野県内における鳥居の調査・研究が、こうしたローカルな研究者との協力関係の上で成り立っていたことを端的に示している(23)。

鳥居の調査方法の特徴は、数日間にわたって実地調査を行ない、地域の概況を把握したのちに教育会所属の教員たちに講演を行なうというスタイルにある。鳥居は教員たちに、調査の基礎となる予備知識を教え、資料採集の方法や記録の仕方について講習を行ない、実際に各小学校の調査係の指導にあたる委員と共に遺跡踏査を実施している。実地調査に教員を同行させることで、調査・研究のためのノウハウを実際に彼らに習得させるのが鳥居の狙いだった。これらの調査が鳥居の自説である「固有日本人説」や「山岳式考古学」を証明することを目的としていた一方で、地元教育会との共同調査を通じて、最終的には教育会所属の教員自身の手で郷土研究を展開させようとしていた(24)。

実際に教育会所属教員を中心に、一九三一年には上伊那史談会が結成され、史跡の実地調査や『伊那史壇』を発行した。一九五五年には、教員を中心とした伊那考古学研究会が発足し、宮田村中越遺跡、南箕輪村神子柴遺跡の発掘調査を行なっている。宮田村中越遺跡は一九五六年に藤沢宗平らによって発掘調査が行なわれ、縄文時代前期の集落跡が確認された。また、南箕輪村神子柴遺跡は、一九五八年に上伊那教育会のメンバーであった林茂樹らが発掘調査を行なっており、出土した石器は「神子柴型石器」と呼ばれ、本遺跡が標識遺跡となっている。宮脇正実が指摘するように、これらの遺跡は、鳥居によって『先史及原史時代の上伊那』の中でその存在が指摘されているものである。鳥居の調査活動は、その後の地域研究に影響を与えた。そして、それは信州ローム研究会の活動にも引き継がれ、調査成果や調査に関わった人物の一部は、野尻湖発掘の成立に深く関係することになる。

学問が未分化だった明治・大正期においては、湖沼学研究が結果的に考古学的遺跡の発見へと結びついた。すでに見てきたように、平沢（橋本）の研究は、やがて坪井や鳥居といった中央の研究者を長野へ呼び寄せる契機となっていく。この過程で重要な役割を果したのが信濃教育会であった。信濃教育会の要請を受けて実施された、鳥居による諏訪郡や上伊那郡、下伊那郡での調査活動は、単に鳥居の研究活動を支えただけでなく、長野県内における教員を中心とした地域研究の水準の向上に貢献した。

このような鳥居の活動は、鳥居自身の地域研究に対する考え方に負うところが大きい反面、こうした中央の研究者を招請して、地域研究の質的な深化をめざす、信濃教育会の意図が同時に含まれていた。例えば、柳田國男は、一九一六年に諏訪教育会において講演を行なったのを皮切りに、信濃教育会との関係を深めていく。一九二八年には柳田の指導を受けながら、信濃教育会に所属する各教育部会を主体として、多くの教員が参加し、「郷土史・考古学・郷土地理・民俗学・地質学・動植物学を中心」とする郷土研究が行なわれた。一方、伊藤純郎によれば、一九一七年から編纂事業が進められてきた『東筑摩郡誌別篇編纂私誌』からは、柳田の指示による教員に加え、「村内の事情に詳しい中年以上の有力者、それに将来性ある青年たち」が調査員として関与していたことが指摘できるという。そして、柳田は教育会との関係の中で進めてきた郷土研究を通じて、「一国民俗学の完成にはまず郷土研究が、郷土人の手で精密になされねばならぬ」という結論に達する(25)。

ここでも鳥居と同様、柳田自身の郷土研究が「郷土人の手」で行なわれるべきとする考え方が反映されている一方で、中央の研究者を指導者として、長野県内で研究者を育成しようとする信濃教育会の意図が組み込まれている。つまり、戦前・戦中における長野県内での地域研究の系譜の一つは、田中や鳥居、柳田といった中央の研究者が活躍するとともに、初等・中等教育の教員のような、非職業的な地域研究者で構成する教育会が、中央の研究者の研究スタイルを吸収しつつ、地域史（誌）の編纂活動に大きな役割を果たしてきたということである。それは、非職業的研究者のフィールドワークにおける主体化を意味していた。それとともに、教職にある人々が地域研究に携わることで、その教え子である児童・生徒に対する実物資料に基づく学習活動の基礎ともなっていく。

では、長野県内における、非職業的研究者がフィールドワーカーとして独り立ちしていく過程は、戦後のフィールドワーク史の中でどのように位置づけられるのか。ここで注目したいのは、藤沢と林が信州ローム研究会のメンバーであったという点である。信州ローム研究会の設立段階では、藤沢は深志高校、林は上諏訪小学校の教諭となっており、二人は教職にありつつ、信濃教育会との関わりを持ちながら、信州ローム研究会のメンバーとしても考古学研究に携わっていた。つまり、鳥居が実地調査の中でフィールドワークの手法を伝えたことは、結果的に非職業的研究者の育成を促し、戦後のローカルな研究者コミュニティの形成にも深く影響していた。

このような流れは、実は大正期に鳥居がすでに予測していたものだった。『先史及原史時代の上伊那』の中で鳥居は、この成果は「一地方の一小教育会の出版に属する」ものであるが、それは『諏訪史』や『下伊那郡の先史及原史時代』と同様に、「『府史』・『縣史』以上で実に『大学紀要』・『大学報告書』と匹敵」するものだとした。その上でこうした一地方で学術論文が生まれる状況は鳥居に「我が国の学術が今や官学たる大学の手のみならず、これが離れて民間にも移って行く過渡期である気がする」とまで言わせた。それは、大正期にあっても、地方の遺跡地に住む人々が、中央の研究者による調査に協力するだけの存在ではなく、調査・研究の主体へと転換しつつあることを鳥居が肌で感じていたことを示していた(26)。つまり、決して、戦後になってから非職業的研究者がフィールドワークの主体になり得る環境が生まれたのではなく、戦前・戦中におけるローカルな研究史の中ですでに登場していたのである。

ここで明らかになったのは、信濃教育会と信州ローム研究会や地団研、中央の職業的研究者と地方の非職業的研究者という二者の関係は対立あるいは断絶した関係には無かったということである。むしろ、両者の間はその間を橋渡しする人々を介して、緊密な関係にあった。そして、それはフィールドワーク史における戦前・戦中と戦後という二つの時代の連続性を示すとともに、アカデミズムに片寄らない、地方の人々が主体となった調査・研究活動の系譜が、近代以降受け継がれてきたことを物語っている。そして何よりも、フィールドワーカーの中に教育関係者が多いことは、フィールドワークという場を共有することで生まれる教育的意義もまた戦前・戦中から戦後へと受け継がれていくことになる。では、こうした地域研究の系譜は、どのように野尻湖発掘へとつながっていったのか。この疑問を解くために、次に信州ローム研究会の活動を取り上げる。

## 第４節　戦後地域研究の特徴

信州ローム研究会は、長野県における第四紀研究の団体として、一九五六年に発足した。長野県内の研究者が県内の第四紀に関心を高めていったことが、研究会発足の背景の一つとなっているが、同時に長野県内にとどまらず、戦後日本における第四紀研究の全国的な潮流とも密接に関連していた。例えば、一九五三年に関東ローム研究会が地団研会員を中心に設立されたことを契機として、各地に第四紀研究をテーマとする団体研究が発足している。そのうちの一つが信州ローム研究会だった。また、これらの団体研究のリーダーのほとんどが、関東ローム研究会に参加した大学教員や高校教員であった(27)。

設立段階の記録によると、信州ロームは、「地質、地形、人文地理、人類、考古、生物の各学術的研究の対象として重要であるのみならず、農業、土木などの応用的分野」にまで及ぶ問題をはらみ、「私共は信州在住のものとして、信州ロームを中心として、人類遺跡との関係、気候論、火山との関係、ロームの土壌学的研究、地下水との関係などの問題において、綜合研究の要を切実に感じて」いるとある(28)。つまり、第四紀研究を巡る学際的研究の必要性からこの組織は結成された。

このことを裏付ける資料として、次の資料をあげておく。鈴木誠は『信州ローム』誌上に「古屋敷遺跡発掘によせて」と題した報文の中で、信州ローム研究会がこの遺跡の調査に至った背景について次のように記している。


関東地方に於いては、所謂関東ロームが甚だ広範囲に堆積されていて、最近関東ローム研究会の人々の積極的な調査研究が行われている。近時、無土器文化遺跡が所々に発見されるにともなって、ローム層の研究を必要とし、日本に於ける旧石器時代の問題を追及するためには綜合的知識が要求されるのである。

長野県に於いても既に八ヶ岳山麓や諏訪で数ヶ処の遺跡が知られており、多数の石器が出土している。今回は御岳山麓に一つの遺跡を発見し、考古学関係者は勿論特に地質学者の参加を得て、石器、剥片の出土状態と共に、ローム層に関して詳細な調査が行われたことは甚だ幸せであった(29)

このように、関東ローム研究会にみられるような、戦後の第四紀研究の進展は、結果的に地質学と考古学による学際的な調査・研究の必要性を生み出した。それゆえに、長野県内における第四紀研究においても、第四紀層に関わる諸分野の研究者との共同関係の構築が必要となっていた。では、実際のメンバーの専門分野はどのようなものだったのか。そこで、信州ローム研究会に所属した人々の専門分野について、分析を試みたのがFigure11である(Figure11)。このグラフは、信州ローム研究会発足当時の会員名簿(総数五七名)から筆者が作成した。これによると、最も多いのは二二人で全体の三九%を占める、考古学を専攻する会員である。次に多いのは地質学を専門とする人々(三〇%・一七人)である。その他、地理学(一〇%・六人)、人類学(七%・四人)が続く。「綜合研究の要」がメンバーの共有した問題意識ではあったが、実際には、研究領域として考古学と地質学がこの研究会の主流をなしていたことが、この資料からうかがい知ることができる。

次に、メンバーの所属について見てみよう(Figure12)。最も人数の多いのが大学に所属する研究者(三三%・一九人)

で、次いで高校教員（一九%・一一人）、小学校教員（一八%・一〇人）、中学校教員（一一%・六人）と続いている。初等・中等教育に関わる教員が会員の半数以上を占める。宮田村中越遺跡を調査した藤沢宗平や南箕輪村神子柴遺跡を調査した林茂樹が、信州ローム研究会に所属する一方、郡教育会との深い関わりを持ってきたことからも明らかなように、この研究会のメンバー構成の特徴は、初等・中等教育教員を主体とする教育会の組織的特徴と共通している。

また、不明・その他（一六%・九人）については、所属が明記されていない者が多いが、小松虔や由井茂也、藤森栄一といった長野県内をフィールドとした、在野の考古学研究者が含まれている。特に考古学の分野においては、彼らのように、個人単位で遺物の蒐集や遺跡の踏査を行なってきた者が、大学に所属する研究者によってその業績が評価

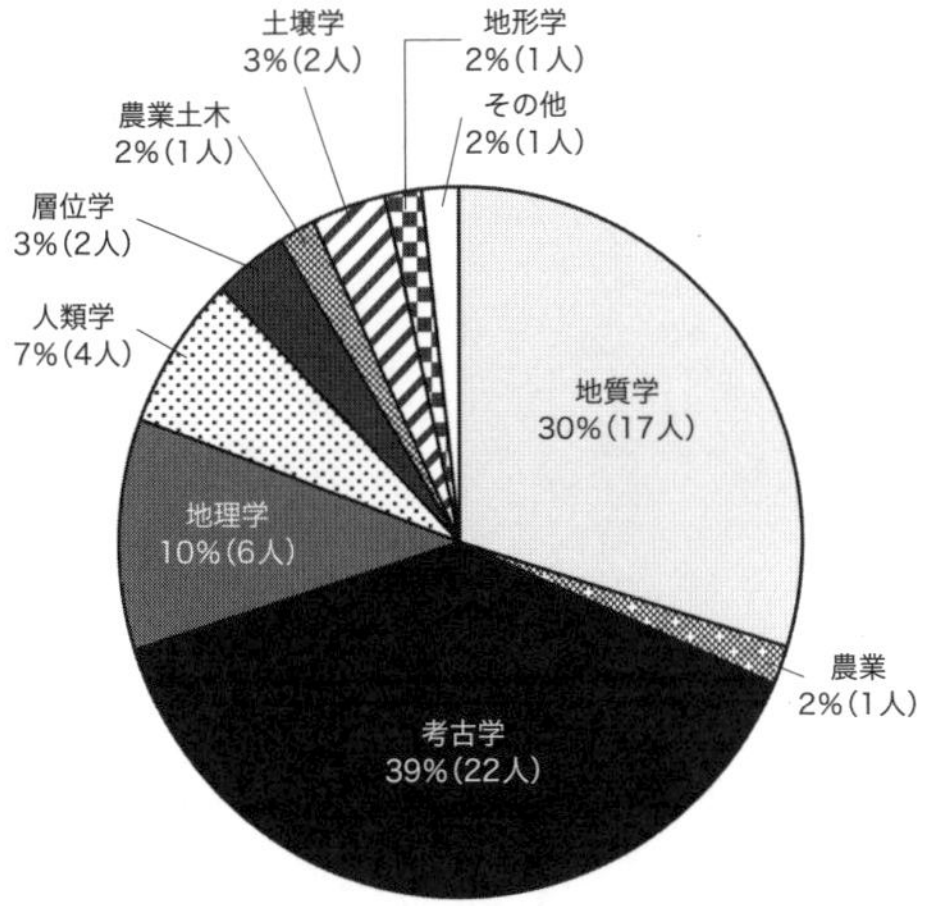

信州ローム研究会（1956）より作成

Figure 11　信州ローム研究会メンバーの専門別内訳

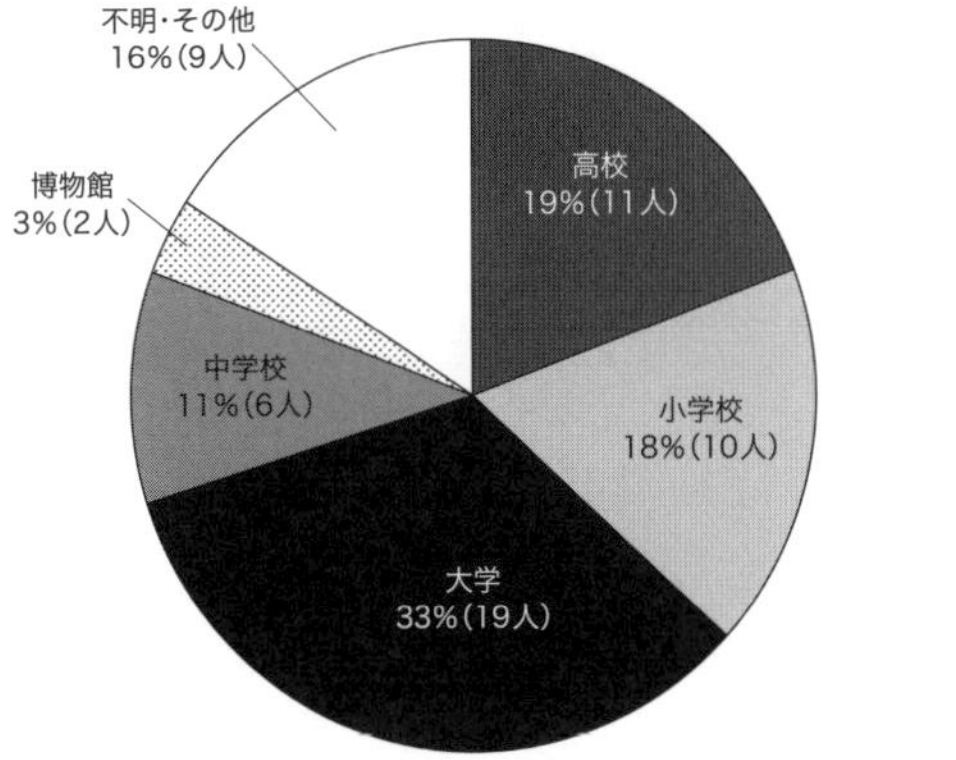

信州ローム研究会（1956）より作成

Figure 12　信州ローム研究会メンバーの所属別内訳

され、学界で認知されることが少なくない。その意味で、個人単位や個人的なつながりの中での研究が中心であったことを考えると、異分野の研究者と在野考古学研究者である彼らが、信州ローム研究会として同じグループを形成したことは、画期的な出来事であった。

以上のように、専門分野や階層において多様性を持っていた信州ローム研究会は、学際的な調査・研究の試みであり、かつ、非職業的研究者にとっての数少ない研究の場であった。では、信州ローム研究会は、具体的にどのような活動を行なっていたのか。研究会設立後の活動を調査遺跡ごとに詳しく見ていく。

## 第5節　信州ローム研究会の活動

**【古屋敷遺跡】**

一九五六年に設立された信州ローム研究会は、会員である藤沢宗平を中心に開田村の古屋敷遺跡の調査を実施した。この調査は開田高原における考古学研究の端緒となった。調査の契機は、藤沢が一九四七年に開田村を訪れた際に、小学校に保管されていた縄文土器片を見たことにある。その後、一九四九年から三年にわたって独自に調査を行ない、信州ローム研究会が発足したのを機に本格的な調査に乗り出した。

古屋敷遺跡の発掘調査では旧石器及び縄文時代草創期の資料を得ることができ、この後に続く柳又遺跡や小馬背遺跡、西又遺跡などの調査へとつながっていき、その成果は、考古学史上重要な位置を占めることになる。古屋敷遺跡の発掘調査には、藤沢のほか、地質学から小林国夫や郷原保真、人類学から鈴木誠、西沢寿晃が参加している。また、戸沢充則、小松虔ら考古学関係者が名を連ねていた(30)。参加メンバーの構成からも、研究会発足時に多分野の研究者による共同的調査・研究が試みられていたことがわかる。

【男女倉遺跡】

翌一九五七年に信州ローム研究会は、長野県長和町の男女倉遺跡の調査に着手する。黒曜石の産地としてすでに周知されていたこの地域で遺跡を発見したのは、児玉司農武だった。児玉は農業に従事するかたわらで、一九五〇年に小県郡誌編集委員会の地方委員の委嘱を受け、郡誌編纂のための考古資料を収集していた。一九四九年の群馬県岩宿遺跡や一九五二年の長野県茶臼山遺跡での旧石器時代遺跡の発見をふまえ、黒曜石の旧石器に強い関心を持っていた児玉は、黒曜石原産地である和田峠、大門峠、星糞峠に近接する長和町大門地区に旧石器時代の遺跡が存在すると考えていた。

一九五五年六月、永峯光一・樋口昇一が資料調査に訪れた際に、児玉所有の石器を旧石器だと判断した。同年八月に信濃史料刊行会を通じて麻生優と樋口が調査に訪れた際には、児玉が案内役を務めた。このときに男女倉見付においてポイント（石槍）を産出する遺跡の存在を確認している。このようにして児玉によって発見された男女倉遺跡は、信州ローム研究会による本格的な調査が実施されるに及ぶ。その主な目的は、旧石器時代の遺跡がローム層中のどの位置に存在するのかを確認することにあった。そして、背景には「地元の児玉司農武氏の多くの御苦労があることを銘記しなければならないが、この種の仕事は、地元信州在住の方は申すにおよばず、広く日本の学究に参加を懇請し、とくに地質学者と考古学者との学究的な協力を必要とする」として、学際的な調査・研究という方法論的な問題が横たわっていた。さらに遺跡調査後のことが重要であった。

いうまでもなく資料は唯一のものであるから出土状態は多くの専門家の目をとおす必要があるし、また資料の保管が一部のものに限られて、多くの人の研究に支障をきたすことはのぞましくないのでその点もできるだけ自由な研究が許されるところにおくようにしたい(31)

このように、調査の成果を一部の研究者コミュニティだけに還元するのではなく、研究資源として広く人々に活用されるための環境づくりを信州ローム研究会は目指していた。そして、この発想が、その後の花泉遺跡における遺跡地への調査・研究成果の還元へと転化していく。

同時に男女倉遺跡の調査は、「僻地方針」を補強する一つの事例として地団研によって取り込まれていく。地団研は『そくほう』に掲載した男女倉遺跡調査に関する記事の中で、「発掘隊は、標本のかっぱらいをしないどころか、幻燈会や、現地の人々とひざをまじえて話しこみ、部落の生産をさかんにするため「サル智エ」を提供」(32)したことを報告している。当時この地域は、主要産業であった国有林の払い下げによる炭焼きが衰退化し、住民の中には水稲耕作を望む者が少なくなかった。しかし、住民が試験的に稲作を試みたものの、日照時間の短さや水温の低さから、失敗に終わっていた。そこで、調査のために来訪した信州ローム研究会のメンバーが、高冷地における水稲耕作への手がかりを住民に提案したのが、「サル智エ」だった。

先述した古屋敷遺跡が所在する開田村では、海抜一二〇〇メートルに位置しながら水稲耕作に成功していることから、「一九五七年八月二二日、村人三〇名は貸切りバスで、番所の高冷稲作の見学」をし、その後井尻正二を介して、北海道から取り寄せた種子を用いて一九五八年から水稲耕作がこの地域で開始された。

調査を契機とした、信州ローム研究会の遺跡地における米作りへの協力の経験は、「私たちの多年にわたるフィールドの体験や、組織のなかでつちかわれた実践力、そういうものが、男女倉の米づくりをもたらしたのだ（中略）〝国民とのむすびつき〟というスローガン以上に、われわれは、日常の一貫した態度とそのつみ重ねの必要性を、これらの経験は教えてくれている」ものとして、「国民のための科学運動」や「僻地方針」の論拠の一つになっていくのである(33)。

つまり、遺跡の発掘調査を契機として、遺跡地の人々に寄り添う方法は、発掘調査の成果を遺跡地に還元することだけでなく、現在の遺跡地の人々が抱える問題解決に協力することもまた「僻地方針」という運動論に回収されていく。

言い換えれば、「僻地方針」の抽象度の高さゆえに、この方針を補強する材料となり得るものは、すべて「僻地方針」の一部となっている。しかし一方で、運動論的な枠組みとはやや距離を保ちながら信州ローム研究会の活動に関わる人々が存在していたことは、こうした発掘調査の運動論的性格は、一つの側面にすぎないことを示している。なお男女倉遺跡調査の同年、信州ローム研究会は、長野県明科町吐中において、オオツノシカや植物の化石を発見している(34)。

【神子柴遺跡】

続く一九五八年には、林茂樹を中心としたメンバーが、上伊那郡南箕輪村の神子柴遺跡の最初の調査に着手する。この調査の内容は雑誌『古代学』に藤沢宗平と林の連名で報告された(35)。その後、神子柴遺跡の調査は一九五九年、六八年に行なわれた。

神子柴遺跡の調査を主導した林茂樹は、一九二四年に上伊那郡中沢村で生まれ、長野県師範学校を卒業後、海軍横須賀砲術学校をへて、一九四四年にフィリピン沖海戦に海兵として参加している。復員後は長野県内の中学校で教員生活を送り、一九八一年に退職した。神子柴遺跡の第一次発掘後は、長野県の内地留学生に選ばれ、東京大学の山内清男や明治大学の杉原荘介のもとで考古学を学ぶ機会を得ている(36)。

中学校教員を本業とする林は、山内や杉原といった職業的研究者との交流を図ることで、アカデミズムとの関係を構築しながら、考古学研究を進めていった。そして同時に、「この発掘は、上伊那誌編纂会の手になるものであり、上伊那教育会、各高等学校、伊那中学校の生徒諸君らの協力によってなされたものである」(37)と述べるように、地元教育会や生徒の支援を受ける一方で、信州ローム研究会のメンバーからの協力を得ることで、調査・研究のための環境を構築していった。付け加えれば、神子柴遺跡の発掘調査が実現した要因は、林のような在野研究者個人の活動の範囲にとどまらず、信濃教育会の招聘を受けた鳥居龍蔵のフィールドワークの系譜を受け継いだものだった。

## 【花泉遺跡】

さらに、神子柴遺跡の発掘調査と同年に、信州ローム研究会は岩手県花泉遺跡の調査にも着手することになる。先に述べたように、この遺跡の調査には、「花泉新生代研究会」と「信州ローム研究会・関東ローム研究会」の二つの団体が関わっている。すでに思想史的な枠組みの中でこれらの調査が実施された背景を分析したので、ここでは、信州ローム研究会の視点から分析する。

花泉公民館長であった佐々木盛輔が曾根広を招聘して本遺跡の調査を行なったのが一九五三年一一月で、一九五四年には第二回目の発掘調査が松本彦七郎の手によって実施された。この一連の調査の情報は、当時一関高校の教諭だった、小野寺信吾によって一九五五年春に井尻正二に伝えられた(38)。小野寺と井尻の関係は、小野寺が一九四九年に、当時東京科学博物館に勤務していた井尻に骨についての相談をしたことから始まる。小野寺は教職の傍らで研究活動を行なう一方、勤務校で地学研究部を組織し、生徒と共に研究成果をまとめる活動を行なってきた。井尻との交流を機に、小野寺は地団研会員になっている(39)。地団研を通じた小野寺と井尻のつながりが、信州ローム研究会・関東ローム研究会の合同調査チームによる花泉遺跡調査の直接の契機となっている。

また、本遺跡を調査するにあたっての信州ローム研究会としての学術的な目的は、一九五七年の明科町吐中における調査で得た動植物化石と縄文時代早期の遺跡との関係が明らかとなったことをふまえ、さらに花泉遺跡出土化石をこれらと比較検討することにあった。そして、これらの化石が洪積層のどの時期にあたるのかを解明することは、当時の第四紀研究にとって重要な意味を持っていた。なお、花泉遺跡の調査で検出された木片は、地団研会員で地質学者の湊正雄を介し、スウェーデン地質調査所放射性年代測定研究所での放射性炭素による年代測定が実施された。その結果、信州ローム研究会・関東ローム研究会は、花泉層の年代は洪積世後期ウルム氷期であるとした。この年代観は鮮新世とした松本のものとは異なっていた(40)。

## 【野尻湖発掘（杉久保遺跡）】

長野県内を中心に発掘調査を積み重ねてきた信州ローム研究会は、一九六二年に野尻湖底の発掘調査に着手した。野尻湖底の遺跡は、ナウマンゾウ臼歯化石を産出した「立が鼻遺跡」と旧石器が確認されている「杉久保遺跡」に大別される。杉久保遺跡の存在が明らかになったのは、一九三一年に遺跡周辺で遺物採集を行なってきた池田寅之助の手による。池田の採集遺物は芹沢長介と麻生優によって確認され、『考古学雑誌』に発表されるとともに、芹沢によって試掘調査が実施された(41)。

野尻湖発掘は、豊野層団体研究グループと信州ローム研究会、高田平野グループといった、旧石器考古学や第四紀地質学に関わる複数の団体による合同調査として開始された。このため信州ローム研究会は、予備調査の上で、旧石器時代遺跡の考古学的調査を目的として参加していた。信州ローム研究会が発行していた『信州ローム』における杉久保遺跡調査の報文では、第一次調査メンバーは、鈴木誠以下、一二名の実名および「信大学生二名、新大学生二名、新井高校生三名」と記されている。また第二次調査メンバーには、一五名の実名および「松本県ヶ丘高校生二名、上水内北部高校生数名、城北中学校生徒数名」が記されている。

このうち信州ローム研究会のメンバーは、団長の鈴木の他、樋口昇一、森嶋稔、笹沢浩、児玉司農武であった。他にも同研究会のメンバーでは藤田敬や亀井節夫、小林国夫、西沢寿晃が参加しているが、ここには記載されていない(Figure13)。その理由は、これらの参加者が、地質学的・古生物学的な視

|  |
|---|
| 〈第一次調査〉<br>鈴木誠、樋口昇一、森島稔、小林達雄、笹沢浩、横田義章、小島俊章、藤岡一雄、川崎義雄、塩野博、末岡熙章、庄野靖嘉、富樫泰時、信大学生２名、新大学生２名、新井高校生３名 |
| 〈第二次調査〉<br>鈴木誠、芹沢長介、樋口昇一、森島稔、小林達雄、横田義章、塩野博、末岡熙章、庄野靖嘉、丸山勝男、安孫子昭二、吉村こずえ、児玉司農武、師田、谷本、稲岡嘉彰、松本県ヶ丘高校生二名、上水内北部高校生数名、城北中学校生徒数名 (42) |

Figure 13　野尻湖発掘（杉久保遺跡）調査メンバー

点に基づいて、立が鼻遺跡の調査を行なったことにある。また、実名で記載されている者のうち小林達雄以下六名は当時國學院大學で考古学を専攻する学生だった。そのほか二名は明治大学の考古学専攻生、一名は南山大学の考古学専攻生だった。

以上のことから、第一・二次野尻湖発掘に信州ローム研究会として発掘調査に参加したメンバーは、考古学的な視点を持つ者と地質学的な視点を持つ者とに分かれて調査にあたっていたこと、また同研究会のメンバーと共に同じ大学で考古学を専攻する学生がこの調査に加わっていたことを指摘できる。例えば、「もともと、この発掘は、考古学・地質学・地形学・古生物学・人類学の諸分野の総合のうえにすすめることを目標としていた。しかし、現実には、第一次から第五次までをとおして、杉久保での発掘では考古学の面に重点がおかれ、立が鼻での発掘は地質学・古生物学の面に重点がおかれ、両者の発掘が並行的にすすめられてきた観がある」と井尻が述べているように、様々な分野の研究者が同じ遺跡を調査することにこの組織の存在意義があったのだが、実質的には学問分野別に分かれて、個別に調査を行なっているにすぎなかった。このことは、野尻湖発掘において、初期の段階から参加者の多様化や出身大学の枠を越えての共同調査が実現されていなかったことを示している。

初期段階における野尻湖発掘が学際性や参加者の多様性といった点で同時期の他の考古学的あるいは地質学的発掘調査と比して、際立った特異性を内包していたわけではなかった(43)。なお、信州ローム研究会としての野尻湖発掘への参加は、一九六四年の第三次発掘までで途絶えている。

**【栃原遺跡】**

栃原遺跡は長野県南佐久郡北相木村に所在する、縄文時代草創期末から早期にかけての岩陰遺跡である。一九六五年の第一回目の調査から一九七八年までの一四年間に一五回にわたって発掘調査が行なわれている(44)。発端は一九六五年一一月に、南佐久郡北相木村の相木川沿岸の岩陰で、押型文土器が出土する地層の下部から人骨が検出されたとの報告を輿水利雄、新井薫から信州ローム研究会が受けたことに始まる。この一報を受けて事前の遺物実見を小松虔、西沢寿晃ら五人で行ない、遺物実見の報告をもとに信州大学医学部と同大地学教室のメンバーによる合同調査の形態をとって本格的な発掘調査に着手することになった。調査の結果、同年一二月一〇日には、人骨一体を確認し、同月一五日には縄文時代前期の土器片を確認した。同月一八日に信州大学地学教室では、遺跡周辺の地質調査を行なっている。

この時点での調査の参加者は、在野系の考古学者として由井茂也、小松虔、他四名、信州大学地学教室のメンバーから小林国夫、郷原保真、藤田敬、他七名、信州大学医学部のメンバーから鈴木誠、香原志勢、他五名が加わっている。この時は日程の都合から一旦調査を終了し、後日再調査することとなった。その後、信州ローム研究会として一九六七年に実施した発掘調査では、初回のメンバーに加えて、井尻正二、新井房夫、星野通平、そして信州大学学生および井尻の指導学生だった東京経済大学地学ゼミナールの学生が参加した。この調査では、七メートル以上の厚さで堆積していた灰白層の中に縄文早期の人骨一一体（新生児一体、幼児一体含む）が発見された。灰層中に存在したため人骨の保存状態は良好であった(45)。

この栃原遺跡の発掘調査に関わったのはどのような人々だったのだろうか。調査参加者から読み取ることのできる特徴は、以下の三者に大別されることにある。

第一に、戦争を経験し、戦後在野の考古学研究者として活躍してきた人々である。例えば、参加者の一人である由井茂也は、一九〇五年に長野県佐久郡川上村に生まれ、林業や農業に従事していたが、一九二六年の新潟県木崎村における木崎争議の際につくられた無産農民学校に参加する。その後帰郷した由井は、農民自治会佐久連合会を発足させ、農民自治運動に専念していった。一九三〇年五月には第二五回海軍記念日大運動会において反戦ビラをまいた事件を主導した。一九三八年から一九六二年まで運送会社に勤務したが、その間に川上村村議会議員をつとめた。一方で、所有する畑が馬場平遺跡の中にあったことから、昭和期初頭から石器の採集を続けてきた。岩宿遺跡の発見に始まる戦後旧石器研究の流れとも重なって、由井の採集した遺物は、芹沢長介の目にとまり、以後在野の考古学研究者としての立場を確立していく。由井は芹沢、岡本勇と共に、一九五三年一一月に馬場平遺跡での発掘調査による尖頭器の発見、同年一二月の南牧村矢出川遺跡の発掘調査における細石器の発見などに携わった(46)。

このように終戦直後から、大学に所属する職業的研究者からの研究活動の支援を受けて、本業の傍らで在野の考古学研究者となった人物が栃原遺跡の調査に関わっている。教職を本業とする在野系研究者と農業等に従事してきた由井との違いは、教育会とのつながりに端的に表れているものの、基本的には個々人が独立した研究活動を行なってきたという点で共通していた。

第二に、大学に所属する研究者と学生である。小林国夫、郷原保真、鈴木誠、井尻正二がこれにあたる。信州大学や東京経済大学の教員とその教え子である学生という関係のセットは、ゼミや研究室といったアカデミック・コミュニティの単位としてこの遺跡の調査に取り組む人々の存在を裏付けている。

第三に、高校教員と生徒である。信州ローム研究会の資料では明記されていないが、参加者の一人として、地団研会員で、長野県内の高校教諭をつとめた男性がいた。この男性は、地団研創設期に深くかかわってきた牛来正夫を指導教員として、東京教育大学大学院で学び、北部フォッサマグナに貫入する石英閃緑岩を研究テーマにしていた。これは、上田市北方の菅平地域と南方の美ヶ原地域に分布していたため、教職と研究活動を両立させるために上田市内の高校への赴任を希望し、それが叶って同校の地学教員となった。この高校で男性は地学班を立ち上げ、浅間山登山などを企画する中で、栃原遺跡の発掘調査にも参加するようになっていった(47)。

すでに述べたように、東京教育大学出身者の地方への就職は、同時に地団研会員が各地へ活動範囲を拡大する原動力となった。高校教員として、クラブ活動を立ち上げ、教え子である生徒を誘うという、栃原遺跡発掘調査に見られる高校のクラブ活動を媒介としたフィールドワークによる研究と教育の両立は、歌代勤を中心とした高田平野研究の経緯との共通性から「僻地方針」の一つとして組み入れられていく。このことはまた、後述する野尻湖発掘における初等・

中等教育の教員と児童・生徒というセットによる調査参加とも関連するものだった。

栃原遺跡の発掘調査に参加した三種類のメンバーの違いは、世代の違いとも関連していた。一九〇五年生まれの由井をはじめとする在野研究者と一九一三年生まれの井尻、一九一四年生まれの鈴木といった大学に所属する研究者、そして一九一六年生まれの牛来の教え子である高校教員の男性という世代の違いは、同時に発掘調査に関わる時期や時代的な背景を異にしていた。

戦前・戦中から調査・研究活動を行なってきた非職業的研究者の中には、信濃教育会によるバックアップを受けていた人々が存在してきた一方で、こうした教育会との深いつながりを持たないまま、独自の調査・研究活動を積み重ねてきた在野系の研究者もまた存在した。彼らの主な調査方法は、野山を歩き、石器や土器を独自に収集するというものだった。中央の研究者との学術的な交流はあったとしてもそれは限定的であり、個人的な研究活動が中心であった。その調査・研究スタイルゆえに、共同的・集団的な調査・研究方法と必ずしも相容れない部分があり、次第に彼らは市民参加型の発掘調査からは距離を置いていった。その時期は、一九六五年前後である。この時期は野尻湖発掘では第四次発掘にあたり、野尻湖発掘からも以後、在野系の研究者が姿を消していく。

大学の研究室を基礎とする地団研の「団体研究」という形式は、集団的な調査方法であるが為に、多くの人手を要する発掘調査に適していた。「団体研究」による発掘調査は大学教育の一環としての性格を持ちつつ、同時に大学間の垣根を越えた共同的な調査・研究・教育が実現したところに特徴があった。このような特徴ゆえに、在野系の研究者たちとは、調査・研究スタイルの面で対照的であった。

高校のクラブ活動単位での発掘調査もまた、大学の研究室を基礎とする参加形態と同様であった。中等教育における地学教育としての側面を持ちながら、それが科学的な〈知〉の形成にも寄与していた。

以上のように、信濃教育会のフィールドワークの系譜と地団研の系譜を合わせ持つ信州ローム研究会は、教育関係者による調査・研究活動と児童・生徒への教育活動が両立する場であるとともに、それ自体が調査・研究の成果を地域社会へと還元しようとする運動論的な側面を合わせ持っていた。だからこそ、長野県という場で、「官」主導の文化財保護政策や従来のアカデミズムとは一定程度の距離を保ちながら、比較的自由な雰囲気の中で調査や研究が展開されてきた。信州ローム研究会は、一九五〇年代までは主に非アカデミックな研究者の学際的な集まりであったたが、一九六〇年代に入ると教員が学生や生徒を引き連れて参加する教育的要素が濃厚になっていく(48)。この教育的な性格が発掘調査という場において前面に押し出されることで、同時期の野尻湖発掘の在り方も変えていった。言い換えれば、野尻湖発掘が持つ教育的意義は、ローカルな調査・研究史の上で育まれてきたのである。そこで次節では、特徴的な事例である新潟県新井高校のクラブ活動による野尻湖の研究について分析していく。

## 第6節　新潟県新井高校による野尻湖総合研究

新潟大学高田分校への歌代勤の赴任を契機に発足した地団研高田支部は、南葉山の研究をはじめとする高田平野をフィールドとした地質学的研究を継続していった。それは、地団研メンバーの地方拡散の結果として生まれた活動であると同時に、ローカルな研究活動の拠点が創られたことを意味していた。地団研高田支部の活動は、初等・中等教育に携わる教員を中心としたメンバーが担っており、高田市（現上越市）に隣接する新井市（現妙高市）にもメンバーの一部の勤務校があった。このうち二名は、一九五〇年代後半から六〇年代にかけて新潟県立新井高校の教員であった。この二人は、地質学会大会における講演「高田平原の第四紀層について」における共同発表者として、歌代ら、やがて野尻湖発掘に一緒に参加するようになるメンバーと共に名を連ねている(49)。そして、こうした高田平野の地質学研究ネットワークは、勤務校の地学クラブの活動に対する支援とも関連するようになっていく。

この二人が勤務していた新井高校は、当時、普通、農業、工業化学、商業、家庭の五つの課程をもつ総合高校で、一九五〇年代に新制高校として発足している。地学クラブの顧問であった二人が、新井市に隣接する長野県信濃町の野尻湖を生徒と共に訪れた際に、生徒から「野尻湖はどうしてあんな高いところにあるのだろうか」との疑問をなげかけられ、これを契機として一九五七年四月からクラブ活動としての野尻湖の研究が立ち上げられた。

五月中旬には「野尻湖の一生」という研究テーマが決定され、地学クラブは野尻湖の成因・湖底の形態・堆積物・水温・透明度の変化・湖流などを、化学クラブは湖水の化学的性質・湖の生産力を、生物クラブは湖水のプランクトン・湖岸の植物を、社会科クラブは湖の利用（発電・灌漑・漁業）を中心に調査を実施した。南葉山の研究がそうであったように、こうした生徒の疑問を起点として、分野別の総合的な調査体制を形成する手法は、高田支部における研究手法が基礎となっている。

手探り状態の一年目の調査の反省を踏まえ、二年目には「湖水のほんとうの性質を知るためには、最低年変化を調査しなくては意味がないこと」(50)をクラブのメンバーで確認し、継続的な調査を実施することになった。日曜日や夏休みを利用した調査活動は、生徒の成長と共に効率的に進行していった。

三年目にはそれまでの研究成果から問題点が明確化し、研究の継続化と探究に重点が置かれるようになった。この頃になると、生徒は調査方法に慣れ、発動機船の運転まで可能になっている。そしてこうしたクラブ活動の成果は「教育活動の面で最大の収穫」(51)となった。

各クラブの研究内容を列記すると、地磁気研究を担当した地学クラブは、火成岩やローム層などの自然残留磁気の測定を行ない、黄柏《おうばく》からつくられる胃腸薬の百草円生産と婦人の生活をテーマとした社会科クラブは、百草円生産の歴史や販路の解明とそこから見えてきた山村の農業経済、さらにはそこに関わる女性の意識との関係を明らかにしている。また、農業課程のクラス全体の研究として、実施された頸南地方における葉タバコ生産の研究は、社会科学的な側面だけでなく、農業課程として土壌までを対象とした自然科学的な視点から行なわれた。

このうち社会科クラブの山村調査に関わった当時高校三年生の女子は、次のように感想を述べている。

製薬というと、わたしたちはすぐ近代的な施設をもつ大企業を考えるが、ここでは手工業的に細ぼそといとなまれている。そのため大企業におされがちであるが、小規模ながら人びとはその製法に工夫をこらしている。このささやかな努力もいつかはおきざりになるのではないか。いまやっているいろいろの副業による収入がなくなったとき、この村の経済生活はどのように変わっていくのであろうか(52)

新井高校による野尻湖研究は、野尻湖を中心にその周辺地域を対象とした、社会科学的・自然科学的研究であったことがわかる。それは調査・研究に参加する生徒にとって、単に科学リテラシーを身につける機会だけでなく、自らの生活圏である地域社会と向き合う契機ともなっていた。

こうした複数のクラブによる野尻湖発掘の調査・研究体制のメリットとしては、生徒にとって個人や単一の組織では成し得ない、調査・研究のために必要な専門的知識や技術を習得することが可能となること、また、専門的知見に立った意見を他のクラブの成果と照合し、議論することで、より研究を深化させることが可能となるといったことがある。後者については、顧問の教員や各クラブ長を中心とする連絡会議を開催し、研究成果を共有することで、次の段階の調査・研究計画を作成していった。さらに新井高校が複数の課程を持っていたことも野尻湖研究に際して有効に働いた。例えば、「珠算に堪能なクラブ員が計算を、スケッチの得意なクラブ員が微生物の記録を」担当し、生徒の得意分野を積極的に調査に適用することで、調査の正確性や効率性を高めていくことができた。

この野尻湖研究は、生徒だけでなく顧問である二人の教員にとっても調査・研究のノウハウを磨く上で意味を持っていた。例えば、湖底の堆積物や湖水の科学的性質、湖水中のプランクトンなどの研究は、生徒ばかりか顧問の教員にとっても専門外であるために、研究に対する外部のアドバイザーを必要とした。当時、歌代勤のほか、古地磁気研究で百瀬寛一や小林国夫(信州大学)、湖水研究で星野通平(海上保安庁水路部)、郷原保真(資源科学研究所)といった地団研会員である研究者の協力を仰ぐことで、研究に必要な専門性を担保することが可能となった。具体的には、以上の研究者が直接合宿に参加し、実地調査の中で、調査器具の扱い方を顧問の教員と、参加した生徒に教授していった。また、大学の研究者らは、合宿の夜は調査資料の整理の合間を利用して、学界の現状の解説や最新の研究の紹介を行なうなど、この野尻湖研究がアカデミックな研究へとつながる可能性を持っていることを新井高校のクラブ員に示した。

このクラブ活動の一環として行なわれた研究は、新井高校全体の約一割を占める、六五～九〇人の生徒が毎年参加しており、比較的大規模なクラブ活動であったことがうかがえる。結果的には、「野尻湖の綜合研究」（野尻湖研究グループ）、「第三紀、第四紀の古地磁気学的研究」（地学グループ）が日本学生科学賞を受賞している。

この受賞に当たって、クラブの顧問である教員の一人は次のようにインタビューに答えている。

――クラブ活動と教育といった点はどうですか――

身近な自然を教材に使っていく、即ち、地域性を生かした理科教育をやっていくよう努力しています。身近な問題は、生徒にアッピールしますからね、からだで感じとれるわけです。クラブ活動も同じで、生徒の疑問が基礎となっていて、みんなの疑問として問題をすすめていくわけです。(53)

先述の山村調査に加わった女子生徒の発言のように、生徒にとっての生活圏である地域社会を研究対象とした点に、生徒が主体的に研究活動に参画する動機を見い出した要因を指摘している。それは結果として、学習活動と結びつくことで、学校教育としての整合性が担保されている。

さらに重要なのは、この教員の次の発言である。

――現場に赴任してから、どんな方針でやってきたのですか。――

そうですね、方針といえば、地団研のへき地方針でないですか。私としては、へき地方針を自分なりに努力した結果だと思っています。それから、問題は組織づくりですが、人間的なつながりが非常に大切ですね。また、成果を一年毎まとめていったのですが、ここでは一歩上の階段へ上がることになるし、はげみになりました。(54)

このように新井高校のクラブ活動による野尻湖研究もまた、地団研会員であるこの教員を通じて、「へき地方針」の一部として組み込まれている。もちろん、インタビュアーの質問の仕方として地団研本部を訪れたこの教員に「どんな方針」と投げかけている時点で、「へき地方針」言説を引き出そうという意図があったと推測される。だが、同時にこの教員自身もまたこの研究が地団研の思想を背景にしていたことを認識していた。実際に、分野別のクラブ活動が一つのフィールドを対象とし、分野横断的な議論の上で進めていく調査・研究の方式は、団体研究法に沿っていた。そして、職業的研究者ではない「大衆」の一部である、高校教員や高校生がこの調査・研究の主体となっていることは、「国民のための科学」や「僻地方針」の系譜上に位置づけやすかったのである。それゆえに、大森昌衛が「われわれは図式でいうと、研究者を真中においてその外に学生をおき、同心円的にわれわれの大衆路線を書いて、だんだん輪が拡がっていくという形」をとった、大衆を学術活動の主体に組み込む「僻地方針」具体化のためのプロセスともこのことは矛盾していない(55)。

しかしながら、中央の職業的研究者の支援や協力によって、調査・研究に必要な知識や技術を補い、地域の人々が主体的なフィールドワーカーとして成立していくプロセスは、これまで見てきたように、近代における一部のフィールドワークの作法とも共通する。鳥居龍蔵や柳田國男が長野県内の教育会の招請を受けて行なった実地調査を通じて、長野の人々の一部を非研究者から非職業的研究者へと転換する試みは、地団研という枠組みの中で大学の研究者の協力を得て、高校教員とその生徒がクラブ活動という場で調査の主体者となっていくプロセスと、結果的に見ればパラレルの関係にあったのである。

したがって、市民が調査の主体者となっていくことは、地団研の持つイデオロギーの中で回収すべき問題ではなく、むしろ近代以降のフィールドワーク史総体の中で位置づけられるべき問題である。その意味で重要なのは、ローカルな研究者の内実が、初等・中等教育に関係する教員だけでなく、高校生にまで拡大していったことである。信州ローム研究会の活動の中心は、農業や教育を本業としながらもセミプロ化した一部の研究者であったものの、必ずしも多様な階層が調査主体であるとは言えない状況にあった。一方で、花泉遺跡の調査等においては、地元の中高生が労働力として協力することはあっても、その主体者ではなかった。この一九五七年～一九五九年にわたる、新井高校による野尻湖研究は、ローカルなフィールドワーカーの主体となる範囲が拡大ないしは低年齢化していった兆候を示していた。それは、一九六二年から開始される野尻湖発掘に、新井高校をはじめとする長野・新潟両県の中高生が調査主体者として参加していく布石となるものであった。

## 第7節　フィールドワークの社会教育的側面の源泉

以上のような野尻湖発掘へとつながっていくフィールドワークの歴史は、地団研が掲げた「僻地方針」の具現化といった一面的な性質のものではなく、むしろ近代以降のフィールドワークにおける市民の位置に対する試行錯誤の過程でもあった。そこでは組織的あるいは研究資源的な連続性が存在していた。

例えば、地団研は一面的には、信濃教育会と対立的様相を呈してきた。一九七〇年には、大学紛争の流れの中で、信州大学教育学部では教育実習の期間の延長や必修科目の増加が一方的に行なわれ、それに対する抗議活動に地団研会員である信州大学の学生が取り組んだ。この問題の本質は、長野県における「政府の反動教育行政→県教委→信教→附属という反動路線」という図式が根底にあるとその学生は指摘している。特に大学の自治を脅かす存在として信濃教育会（信教）の影響力を批判した(56)。この批判を含めて、信濃教育会の大学自治や教育現場における実質的な人事権への影響力に対しては、少なからず批判が存在した。すでにふれたように、今日の長野県の教育環境を語る際に、信濃教育会の影響力を指摘する声があるが、このような傾向は少なくとも一九七〇年代にまでさかのぼることができる。

しかしその一方、地団研会員の中で、初等・中等教育における理科教育に関わる者の占める割合が増大することで、信濃教育会との関わりを持つ地団研会員も少なくなかった。長野県内では、実物教育やその研究に取り組む組織として、長野県地学会や労働組合教文会議とともに教育会が存在し、長野県内における地団研の活動内容やそこに関わる人物が重複していた(57)。

地団研会員を中心に構成された長野県地学教師グループは、一九八四年九月に発生した長野県西部地震の震動調査に関わった際に、「震源に近い中・南信地方では、郡市単位の教育会に設置されている地学関係の委員会の仕事として取組み、小中学校の校区単位で調査を行なって、大変密度高くデータを集める」ことに成功したと述べている(58)。個人レベルにおいても、例えば長野県内の小中学校教員で、地団研会員でもあった男性は、第一次野尻湖発掘から第一二次野尻湖発掘まで参加すると共に、実物による地学教育を行なってきた一方で、地元教育会における理科委員や臨時講習会の講師もつとめた(59)。このように、地団研と教育会が必ずしも対立的関係にあるのではなく、むしろ両者の活動に一定程度の交流が存在しているのである。したがって、すくなくとも長野県内では、草の根レベルでの地域研究ネットワークの一部として地団研や教育会などの組織が存在し、対立的な側面を持ちつつも、一方で相互に緩やかなつながりをもちながら補完的関係を保ってきた。

この補完的関係の源泉をたどるならば、例えば、信濃教育会の招請によって鳥居が実地調査を通じて、教育会所属の教員を一人前の研究者として育成し、さらにはその過程で新たな遺跡の存在を発見してきたことを挙げられる。このことが、結果的に教職につく在野系研究者を生み出し、旧石器考古学の進展に寄与した。やがてこの流れは信州ローム研究会という戦後の集団的・学際的研究組織へと引き継がれていく。そして、このローカルなフィールドワークの潮流は、大学におけるアカデミズムとの接点を持ちながら、また時としてアカデミズムと対立的な関係を取りながらも、独自の路線を開拓していく。一九六〇年代に入ると徐々に、在野系研究者はこうしたフィールドワークの場から姿を消し、これと入れ替わるかたちで、高校のクラブ活動のように、教え子を伴った初等・中等教育教員が中心的な役割を果すようになる。このことで、学校教育の枠組みに収まりきらない課外学習としての要素がフィールドワークに持ち込まれ、市民参加によるフィールドワークの年齢層の拡大の一因となっていく。その過程は、職業的研究者が調査を通じて生み出した〈知〉をいかに地域の人々と共有するかという問いが影をひそめ、〈知〉を生み出す手段としての調査方法を非職業的研究者、あるいは非研究者自身がいかに身に付け、独自の〈知〉を生み出していくのかという問いが前景化していく状況と軌を一にするものであった。

ただし、この段階では、発掘調査をはじめとするフィールドワークに直接的に関わりを持とうとする人々の間で繰り広げられた活動に過ぎない。その外側に位置する人々を含めた社会全体にまで、市民参加型フィールドワークが意味をもたらすまでには、野尻湖発掘を経験しなければならなかった。

一方で、こうした様々な主体が絡み合いつつ、反アカデミズムや課外活動の系譜を取り込みながら、参加者階層の多様性や複数の学問領域による学際性がフィールドワークの中で実現できたのは、長野県という地域の特異性によるものではないかとの疑問が残る。たしかに、長野県以外の地域の教育会が、終戦直後に教職員組合の設立とともに廃止されていく中で、長野県だけは教育会＝職能団体、教職員組合＝労働権・生活圏に関わる交渉団体という二本立てが可能であった。このために、単純に教育会が労働組合化せず、職能団体としての研究成果が教育現場に還元されてきた。また、小中高のクラブ活動が比較的盛んであるとともに、クラブ活動を指導する教員が在野系研究者として活発に活動してきたこと、圧倒的な分館数の多さに象徴されるように公民館活動が盛んであることは、直接的・間接的な違いはあっても、野尻湖発掘のような市民参加によるフィールドワークを育む環境であったことは間違いない(60)。

しかし、長野県の教育に対する特異性だけが、市民の〈知〉の形成と学びを促してきた要因と結論付けることもできない。例えば、埼玉県小川町の町史『小川町の自然　地質編』は、小川町史編さん室、地団研埼玉支部、小川町民の三者の協力によって刊行されている。地団研埼玉支部とのつながりは、一九九一年に町史編さん室が『地質編』刊行を計画する中で、地団研会員で地球科学研究センターの男性に主任調査員を依頼したことを契機として生まれた。町史編纂の事前調査に当たっては、埼玉県内の小中高校教員を中心とする埼玉支部会員が、町史編さん室と協議を重ねながら、独自の調査を実施し、その成果をもとに町民向けの自然観察会を行なっている。この自然観察会は、一九九四年一一月から二〇〇二年二月まで合計一一回開催され、のべ五四一人が参加している。また、調査時に新たに発見された、生痕化石や放散虫化石については、学会などでの発表前に自治体広報誌などで町民に情報を公開している。

刊行された『地質編』は三部構成で編まれている。従来の自治体史が採用するように、第二部が学術調査報告書、第三部が地質資料編となっているが、対照的に第一部は町民への調査成果の還元が意識され、極力専門用語を排し、中学生にも理解しやすい内容で執筆された。この背景には、『寄居町の自然　地学編』や『鶴ヶ島の地質』、『久喜市史自然編』など、これまで地団研埼玉支部の会員が自治体史編さん事業に関わってきた歴史がある(61)。これらの自治体史編さんにあたって、「市民への普及」という観点から、地域の人々の協力のもと、埼玉支部の会員が自らの足でデータを集め、誰もが「わかりやすい構成や表現」を目指して作成されている。

多くの自治体史の編纂事業は、地元の郷土史家や大学教員に執筆を依頼して行なわれる。このために、執筆者が自身の研究領域に固執しがちになったり、対象となる地域社会の全体像との関連性が希薄になったりしがちである。それゆえに、刊行された自治体史は、地域の人々にとって〝私たちの歴史や文化・自然〟として認識され難い。ここには、自治体史が、地方自治体の視点から描く歴史や文化・自然だという自治体側の捉え方が反映されている。

しかし、地方自治が決して自治体のみが担うものではなく、市民を含めた地域社会全体で支え合うものと捉えるならば、地域の歴史や文化・自然の描き手もまた市民一人一人である。埋蔵文化財の発掘調査報告書にも共通することであるが、地方自治体が関わるフィールドワークによって形成される〈知〉の多くは、自治体の〈知〉である。それは、自治体史編纂事業における〈知〉の形成過程とも似通っており、専門性という障壁の前に市民は直接的な関与が難しいのが自治体史編纂事業である。

小川町と地団研埼玉支部、小川町民による町史編纂事業は、広報誌や自然観察会を通じて、フィールドワークの過程で得られた知見を地域の中で共有化することが第一に優先されたという点で、多くの自治体史編纂事業との差異性を見い出すことができる。ここには、地域の歴史や文化・自然は、誰が調査して、どのように描くべきなのかという問いが含まれている。このことは、今日の埋蔵文化財行政と地域社会の関係を問い直す上で重要な示唆を与えている。

小川町の事例は、長野県のような特異な教育環境だけが、フィールドワークにおける人々の学びや新たな社会の構築を可能にするのではないことを物語っている。それは、非職業的研究者の活動が調査地の自治体編纂事業と単にタイアップを果したといった類のものではなく、フィールドワークで得られた成果をそこに直接関与しない人々を含めた、地域社会全体で共有しようと試みられた点が重要である。そして、フィールドワークにおける人々の学びや〈知〉の形成が、地域社会全体にインパクトを与えるという点では、野尻湖発掘にもまた共通している。

**註**

（1）須田英一『遺跡保護行政とその担い手』同成社、二〇一四年。須田は神奈川県の事例分析から、地方における文化財行政と遺跡保護の担い手について論じている。
（2）田中阿歌麿『野尻湖の研究』信濃教育会上水内部会、一九二六年
（3）伊藤純郎「終章　柳田国男と信州地方史」『柳田国男と信州地方史——「白足袋史学」と「わらじ史学」』刀水書房、二〇〇四年
（4）長野県教育史刊行会『長野県教育史』第四巻、教育課程編、一九七九年、八四三頁
（5）信濃博物学会「信濃博物学会規則」『信濃博物学会雑誌』第一号、一九〇二年八月一五日発行、信濃博物学会、五〇頁
（6）田中貢一「編集だより」『博物学雑誌』第三号、一九〇二年一二月一五日発行、信濃博物学会、四七頁。信濃博物学会「教授資料」『博物学雑誌』第四号、一九〇三年四月二五日、一頁
（7）信濃博物学会『博物学雑誌』第三号、一九〇二年一二月一五日発行、三九頁
（8）日本山岳会ＨＰ（http://jac.or.jp/post-48.html）二〇一五年二月一三日確認
（9）一般社団法人長野県世論調査協会『シリーズ われら信州人 第五回「教育編」』、一九九九年、八頁。なお、同様の調査を二〇一二

年にも同協会が実施している。その結果、長野県を教育県だと「思わない」が三五・四％、「思う」が二〇・七％と変化している。この変化にはサンプリングの方法などを詳細に検討する必要がある。しかし、そもそも長野県を教育県だと思うかという設問があること自体、調査者側に長野県の教育環境に対する特異性への意識が存在していることを示している。

(10) 平成二三年度社会教育調査。長野県の本館数は全国の都道府県の中で一三位に位置する。これに対して圧倒的な分館数の多さは、長野県における社会教育の特異性を物語っている。

(11) 佐藤一子は、自然環境に恵まれた長野県の場合、住民の環境に対する意識が高く、自然観察や郷土文化財探訪、ホタルや野鳥などを保護するフィールドワークに子供から高齢者までが参加する公民館活動が日常的に行なわれていることを取り上げている。その上で、様々なテーマに人々が取り組む中で、自発性を育む主体的な環境学習が試みられているとする。佐藤一子『生涯学習と社会参加　おとなが学ぶことの意味』東京大学出版会、一九九八年、一八二―一八五頁

(12) 八木貞助『信濃鉱物誌』古今書院、一九二三年

(13) 八木貞助『浅間火山』信濃教育会北佐久部会・信濃毎日新聞株式会社、一九三六年

(14) 八木貞助・八木健三『上水内郡地質誌』長野県上水内教育会、一九五八年

(15) 同上

(16) 森下晶「こんな男に誰がした」『そくほう』七四号（一九五六年四・五月号）、一九五六年、七頁

(17) 田中阿歌麿・平沢福松「野尻湖に就いて」『信濃博物学会雑誌』第二七号、信濃博物学会、一九〇七年一二月一五日

(18) 田中阿歌麿『湖沼学上より見たる諏訪湖の研究』上巻・下巻、岩波書店、宮坂日新堂、一九一八年

(19) 藤森栄一『信州教育の墓標』学生社、一九八〇年

(20) 鳥居龍蔵『諏訪史』第一巻、信濃教育会諏訪部会、一九二四年

(21) 鳥居龍蔵『下伊那の原史及先史時代』信濃教育会下伊那部会、一九二四年

(22) 鳥居龍蔵『先史及原史時代の上伊那』信濃教育会上伊那部会、一九二四年

(23) 鳥居龍蔵、同書、三頁

(24) 宮脇正実「鳥居龍蔵の長野県調査と郡教育会――『先史及び原始時代の上伊那』編纂と刊行」『長野県立歴史館研究紀要』九号、長野県立歴史館、二〇〇三年、九四―一〇五頁

(25) 伊藤純郎「第四章「採訪採集」―南安曇教育会郷土調査」『柳田国男と信州地方史――「白足袋史学」と「わらじ史学」』刀水書房、二〇〇四年

(26)鳥居龍蔵、前掲書(22)、四頁
(27)地学団体研究会・小林英夫『科学運動』築地書店、一九六六年、七〇頁。一九五〇年代の関東ローム研究会のメンバー構成については、「高校の教師(夜もあれば昼もある)が一〇人、研究所のようなところにつめているのが二人、文筆業と大学職員が一人ずつ、としは、二〇そこそこから、四〇すぎまで。これによってわかるように、ただいまの関東ローム研究会の構成メンバーのとくちょうは、高校教師が圧倒的に多いこと、ただ一人の例外をのぞけば、いずれも戦後派の研究者」であった。関東ローム研究グループ・一高校教官「泥にまみれて」『地学教育と科学運動』一七号、一九五四年、五四頁
(28)信州ローム研究会『信州ローム』一号、一九五六年、一頁
(29)信州ローム研究会、同誌、二頁
(30)信州ローム研究会、同誌、一二頁
(31)信州ローム研究会、『信州ローム』二号、一九五七年
(32)地学団体研究会『そくほう』九八号(一九五八年一〇月号)、八頁
(33)地学団体研究会・小林英夫『科学運動』、一九六六年、二四五頁
(34)小林国夫「長野県明科町吐中針葉樹層の一四C年代:日本の第四紀層の一四C年代 XXV」『地球科學』八一号、一九六五年、四四—四五頁
(35)藤沢宗平・林茂樹「神子柴遺跡——第一次発掘調査概報」『古代学』九巻三号(一九六一年三月)一四二—一五八頁
(36)堤隆『狩猟採集民のコスモロジー・神子柴遺跡』新泉社、二〇一三年、一〇頁
(37)林茂樹・藤沢宗平「神子柴遺跡について」『信州ローム』三号、一九五七年
(38)鈴木誠「岩手県花泉町金森の氷河期化石層の発掘」『信州ローム』五号、一九五九年
(39)小野寺信吾「私と地団研」『そくほう』四九六号(一九九五年一二月号)、四頁
(40)小林国夫『そくほう』一二三号(一九六〇年二月号)、一頁。日下和寿「花泉遺跡発掘調査史」『岩手県立博物館研究報告』第二五号、二〇〇八年、二九—四〇頁
(41)芹沢長介・麻生優「北信・野尻湖底発見の無土器文化」『考古学雑誌』三九巻二号、一九五三年、一〇二—一〇九頁
(42)信州ローム研究会『信州ローム』八号、一九六三年、一頁
(43)野尻湖発掘調査団・井尻正二「まとめ」『野尻湖の発掘』共立出版、一九七五年
(44)香原志勢・茂原信生・西沢寿晃・藤田敬・大谷江里・馬場悠男「栃原岩陰遺跡(長野県南佐久郡北相木村)出土の縄文時代早期人

骨―縄文時代早期人骨の再検討―」『人類學雜誌』一一九巻二号、日本人類学会、二〇一一年、九一頁

(45) 地学団体研究会「落盤事故死の子供遺体を発掘――信州・北相木栃原遺跡(縄文早期)発掘」『そくほう』一九一号(一九六七年一〇月号)、三頁

(46) 大串隆吉「新潟高等農民学校から青年団自主化運動へ：資料と解説」『教育科学研究』一〇号、一九九一年、一―一二頁。草原の狩人刊行会『草原の狩人―由井茂也日記抄―』ほおずき書籍、一九九三年、二九九・三一四頁

(47) 山岸猪久馬「新・地団研物語(その一二)金魚のウンコ」『そくほう』五四六号(二〇〇〇年一〇月号)、四頁

(48) ここでいう非アカデミックとは、大学等の研究機関における学問上の正統性をかならずしも内包するものではない。もちろん、だからといって社会にとって意味をなさない、あるいは説得力を持たないということではない。冒頭で示した「野生の」知識や知見とも関連するものである。ただし、過去の研究成果との違いを提示するという研究活動を伴うものである。したがって、非アカデミックな研究者とは、非研究者とイコールではない。

(49) 高野武男・林等・小林忠夫・長谷川正・渡辺勇・青山正久・久保野忠次・小島明男・歌代勤・五十嵐誠・中山克巳・稲葉明・三田村優・島田尚一郎「高田平原の第四紀層について」『地質學雜誌』六六巻七七八号、一九六〇年、四五八頁

(50) 新潟県立新井高等学校『野尻湖の自然と環境　クラブ活動のすすめ方とまとめ方』、一九六〇年、三〇頁

(51) 同上

(52) 新潟県立新井高等学校、前掲書(50)、三一一頁

(53) 地学団体研究会「新井高校が日本学生科学賞を受けた」『そくほう』一一〇号(一九五九年一一月号)、二頁

(54) 同上

(55) 井尻正二・大森昌衛「戦後の科学技術者運動―一〇―地学団体と民科　下」『技術と人間』六―三、一九七七年、一五二―一五九頁

(56) 長野支部・N生「全学の改革の方向に妨害する信濃教育会」『そくほう』二二〇号(一九七〇年七・八月合併号)、四頁

(57) 田中俊広「長野県教師グループ結成への歩み」『地学教育と科学運動』七号、地学団体研究会、一九七八年七月、二二〇頁

(58) 田中俊廣・長野県地学教師グループ「長野県地学教師グループの歩み」『地学教育と科学運動』一七号、地学団体研究会、一九八八年、二四頁

(59) 木船清「仁科良夫さんを偲ぶ」『そくほう』四七五号(一九九四年一月号)、五頁

(60) 森川輝紀「教育会と教員組合―教育ガバナンス論の観点から―」『埼玉大学紀要　教育学部』五七巻二号、二〇〇八年、六九頁。森川は、終戦直後、信濃教育会が教職員組合との二本立てが可能となった背景に、米軍政部の強権的な介入があったとしている。一方で、

信濃教育会存続の背景に、教育専門家による教育問題の調査・研究の伝統に即した戦後教育への取り組みがあったとする。なお、埼玉県においては、一九四七年の教育会の存廃を巡る投票により、圧倒的多数で解散した。

(61) 寄居町教育委員会町史編さん室『寄居町の自然　地学編』寄居町教育委員会、一九八三年。鶴ヶ島町史編さん室『鶴ヶ島の地質』鶴ヶ島町、一九九〇年。久喜市史編さん室『久喜市史』久喜市、一九九〇年

# 第Ⅱ部

## 発掘調査における市民参加の転換

# 第4章　野尻湖発掘における集団的学び、〈知〉の創出の萌芽

野尻湖発掘は、アカデミックな調査・研究に対する批判を目的とした運動論的な背景をもったフィールドワークの系譜と、戦前から引き継がれてきた地域限定の調査・研究活動の系譜の上に成り立っている。これらの系譜は、非職業的研究者の学術調査・研究の場であるとともに、遺跡地に調査・研究で得られた成果を共有しようとした点で共通していた。やがて中心的なメンバーが世代交代を経る中で、問題意識の矛先は、より特定地域に根ざした調査・研究、かつそれが教育的意義をもった活動へと変化を遂げる。その転換点に位置するのが、野尻湖発掘であった。本章では、野尻湖発掘が開始された一九六二年の第一次発掘から一九六五年の第四次発掘までを野尻湖発掘の初期として分析する。第四次発掘から一九七三年の第五次発掘の間には、八年間の長期休止期間があり、第四次発掘までと第五次発掘以降とでは、調査内容や参加者数、参加者の階層に大きな違いが生じている。そのため、一つの区切りとなる第四次発掘までをここでは扱う。

## 第1節　野尻湖発掘の成立

まずは、初期の野尻湖発掘の経過を資料発掘史として概観しておきたい。野尻湖周辺では、大正期から昭和初期にかけて度々化石が採集されていた。その中で野尻湖発掘の端緒となったのは、一九四八年に野尻湖畔の旅館の主人、

加藤松之助がナウマンゾウ臼歯化石を野尻湖畔で発見したことに始まる。当時長野高校教員で、信州ローム研究会のメンバーでもあった富沢恒雄は、この化石を京都大学の堀江正治を介して、同じく京都大学の古生物学者である槇山次郎に鑑定を依頼した(1)。その結果、化石はナウマンゾウ上顎の第三大臼歯であることが判明し、富沢により『地質学雑誌』上で公開され、野尻湖における大型哺乳類化石の存在が研究者の間に広く知れ渡ることになった(2)。

この化石の産出層を特定するための発掘調査を計画したのが、豊野層団体研究グループであった。一九五七年に発足した豊野層団体研究グループは、関東ローム研究会にはじまる第四紀層を研究対象として結成された団体研究グループのうちの一つで、同時期に結成された塩川層(長野支部)、姫川(松本)、犀川(松本)各団体研究グループと同様に、信州大学の学生によって立ち上げられ、これらの人々が初等・中等教育の教員となったのちも継続された。それゆえに、「豊野層団研の人人はみな長野の地元に生まれ育ったか、そこに勤務する教師・学生・研究者として、自分たちの地域をまず明らかにしたい、という意志で結びついた地学愛好者」であった(3)。実際に野尻湖発掘参加者名簿からメンバーを抽出すると、少なくとも野尻湖発掘参加時点では、豊野層団体研究グループは、信州大学教育学部教員の斎藤豊を中心とする研究室卒業生で構成されている(4)。

野尻湖底遺跡である立ヶ鼻遺跡産出のナウマンゾウ化石は、富沢や斎藤により豊野層上部から洗い出されたものとされていたが、豊野層団体研究グループ内ではその確証がないこと、また湖底の堆積物についての詳細が不明であることが議論の的となっていた。やがて、これらのメンバーの疑問を発掘調査によって解明しようという議論へと発展していく。

地団研会員であり、豊野層団体研究グループのメンバーでもあった、当時上水内郡三水第一中学校の教員によると、豊野層団体研究グループは一九五七年結成当初から井尻正二を招いて、ローム層調査の方法や第四紀研究の意義について教えを受けていたという。毎年夏に、メンバーは井尻の実地指導のもと、北信地域のローム層調査を行なった。その過程で野尻湖産のナウマンゾウ臼歯化石が話題に上り、井尻の提案で実際に発掘調査によってその産出層を確認

Figure 14　第一次発掘のようす
（野尻湖発掘調査団提供）

することになった（一九六一年八月）。加えて、杉久保遺跡の調査に関わった芹沢長介からも、旧石器時代遺跡とナウマンゾウ化石産出遺跡との関わりを解明することに湖底発掘の意義があるとの後押しを受けて、発掘調査が計画されたという(5)。

一九六一年一〇月に、斎藤豊・亀井節夫・松野真備の三人が現地調査と地元関係者との打ち合わせを行ない、同年一一月には発掘準備委員会が結成された。豊野層団体研究グループは、長野県内を中心とする第四紀地質学研究と旧石器考古学研究を行なってきた信州ローム研究会に、野尻湖底発掘調査への協力を依頼した。発掘準備委員会には、豊野層団体研究グループ（斎藤豊・松野真備）に加えて、信州ローム研究会（樋口昇一・森嶋稔・亀井節夫）のメンバーが参加した。さらに、クラブ活動により野尻湖の総合研究を行なってきた新井高校のクラブ顧問の教員や、上水内北部高校教員を加えて準備がすすめられた。一九六二年一月に開催された信州ローム研究会のシンポジウム席上で、野尻湖発掘の実施案が議論され、同時並行で地元自治体である信濃町関係者や観光協会への協力を依頼している。この年の二月には現地調査の内容と宿舎などが決定され、野尻湖における第一次発掘が開始された(6)(Figure14)。

一九六二年の第一次発掘は、加藤松之助が化石を発見した場所を中心に、一辺八メートルの区画（グリッド）を設定し、三月二六日午後から開始された。第一日目の発掘で、ナウマンゾウとオオツノシカの化石が出土している。第三日目には区画にとらわれず、化石が包含されている可能性の高い地点で自由に化石を探すことになった。その夕方には、参加した高田城北中学校の生徒が、ほぼ完全な状態のナウマンゾウの大腿骨を検出し、第一次調査を通じた検出総点数は約二〇点に及んだ。また、地質学的な成果としては、化石を産出した地層は八〇万年前から二〇〇万年前に堆積した豊野層ではなく、その上に新たに堆積した地層であることが判明した。この地層は、調査団によって「野尻湖層」と命名された。

地団研が毎月発行している『そくほう』では、「豊野層団研グループ・信州ローム研、高田支部の共同」調査として第一次野尻湖発掘が報告されている。その調査内容も「立ガ鼻地籍と杉久保地籍とに分かれ、発掘をおこなったが、前者からは、ナウマン象の歯、大腿骨、尺骨・肩甲骨、オオツノジカの頭骨の一部、歯などが続々と発掘され、後者からは、杉久保型ナイフ・ブレード、クレーパーなど一八〇点が発掘された」(7)とあるように、複数の研究組織がそれぞれで参加し、調査内容についても遺跡別に検討・発表された。この記事が『そくほう』誌上における野尻湖発掘に関する初出記事である。なお、『そくほう』を通じて、調査開始前の参加の呼びかけは行なわれていない。それぞれのグループの人間関係の中で、口コミ等で参加が呼びかけられたと推測される。

つづく一九六三年の第二次発掘では、『そくほう』誌上で地団研会員に対し、参加の募集が行なわれた(8)。発掘には一四五名が参加し、約四〇点の資料を得ている。第一次発掘の成果を踏まえて、この発掘では①発掘班はナウマンゾウ化石の発掘、②考古班は湖底及び周辺の旧石器時代の遺跡調査、③地質調査班は湖底の調査による野尻湖層の分布・堆積状況と野尻湖層と杉久保遺跡包含層の関係解明といったように、調査内容に応じた班が編成され、班ごとの調査目的が掲げられた(9)。ただし、この班編成は、参加した組織の単位であり、第一次発掘と同様に複数のグループが個別に調査するという傾向に変化は見られない。第二次発掘は第一次発掘の地点を拡大するかたちで実施され、二日目以降にナウマンゾウとオオツノシカの化石骨を検出している。また、第一次発掘の際に野尻湖層から採集した花粉化石の鑑定結果が報告された。これによると、ナウマンゾウの生息環境は、モミ・カラマツ・スギ・クルミ・ハンノキ・シラカバ・ブナといった亜寒帯から冷温帯に自生している植物の花粉が大部分を占めていることが明らかとなった。さらに、放射性炭素法による炭化木材の分析によると、化石が含まれる野尻湖層の年代は、一万六〇〇〇年前と二万一六〇〇年前であるとの結果が得られた。この理化学的な分析の結果から、ナウマンゾウやオオツノシカといった大型哺乳類が生息していたのはウルム氷期に当たることが明らかになった(10)。

一九六四年の第三次発掘では、一八三名が参加し、総計七七点の資料を得ている。この発掘調査では、ナウマンゾウなどの哺乳類化石に加えて、旧石器剥片二点が発見された。すでに信州ローム研究会の野尻湖発掘との関わりの中で述べたように、信州ローム研究会は、旧石器考古学研究に関わる研究者を主体としてこの調査に参加しており、地質学を専門とする人々とは同じフィールドにありながらも、個別的な調査方法をとっていた。一方で、この旧石器剥片の発見は、大型哺乳類化石と旧石器が伴って出土するという学術的な意義だけでなく、組織的改変への契機にもつながっていった。それは、個別団体の合同調査という形式から〝野尻湖発掘研究グループ〟として統一的な組織への移行であった。また、この組織全体の代表者として、信州大学医学部の人類学者鈴木誠が選ばれた(11)。

一九六五年の第四次発掘では、三八三名が参加し、三一五点の資料が発見され、中にはナウマンゾウ頭骨化石の一部や八・五メートルの材木化石が含まれていた。四〇〇人近い参加者がこの発掘に集まったために、宿泊場所を分散し、毎日の学習会も大人と、小学生から高校生までのグループの二部制で実施している。この第四次発掘の報告が『そくほう』誌上に掲載された時点では、「来年も野尻湖を掘ろう」と記されているように、調査団メンバーの中では、第四次発掘終了直後には第五次発掘を翌年に実施する予定であったことがわかる(12)。しかし、実際には一九六二年から一九六五年までの調査によって得られた膨大な資料の整理が追い付かず、第五次発掘として再開されるまで野尻湖発掘は八年間休止された。

以上が野尻湖発掘の立ち上げから一時的な休止期間に入るまでの経緯である。第一次発掘の立ち上げは、豊野層団体研究グループや信州ローム研究会のような、地元の教員を主体としたローカルな研究コミュニティが寄り集まって実現した。第四次発掘までは、組織別、専門別に参加している状況であり、一つの遺跡を調査しながら、組織間や専門領域間をつなぐ学際的な調査スタイルは確立されていなかった。また、後に用いられる、ラミナ（砂粒）毎に掘り下げていく「ラミナ掘り」のような湖底調査に適した手法も確立される以前の段階であった。

しかしながら、初等・中等教育教員のような非職業的研究者にとっての研究活動や学びの場であるとともに、彼ら（彼女ら）と共に野尻湖発掘に参加した生徒にとっても、身近な地域社会を科学的な目で捉え直す契機を与えたという点で、この時期の野尻湖発掘を評価することができる。第五次以降の野尻湖発掘と比較すれば、参加した人々には職業や年齢、専門性の点で偏りはあるにせよ、それまでの学術発掘・研究に対して、部分的ではあっても学びという側面を組み合わせたことは、挑戦的な試みであった。

例えば、当時上水内北部高校の三年生の男子は、クラブ活動で野尻湖の研究に携わった。野尻湖については、「その成因、利用、水源、その歴史について、小さいころから伝説として父母から聞いていたというものの、科学的な根拠のある話を聞いたのはこの研究に参加してからのこと」であったという(13)。こうした身近な自然環境を科学的な視点によって捉え直す契機が生まれたことこそ、フィールドワークにおける主体の多様化の意味があった。「中学生からはじまり高校生・大学生・教師・研究者といったいろいろな〝階層の人〟」が参加する野尻湖発掘は、このような「日頃の地道なクラブ活動・教育活動・研究活動」の延長線上に位置していた(14)。

では、初期の野尻湖発掘に参加した人々は具体的にどのような背景を持って、どう野尻湖発掘と向き合ったのか。次節では、参加した組織単位レベルで野尻湖発掘参加の状況を詳しく見ていく。

## 第2節　第一次発掘から第四次発掘参加者の実像

一九六二年の第一次発掘から二〇一二年の第一九次発掘までの野尻湖発掘に参加した人々の名簿は、すべて公開されている。その中でも、第一次発掘から第四次発掘までの参加者は、参加当時の所属まで公開され、参加単位や形態を詳しく知ることが可能である。ここでは、第一次発掘から第四次発掘までの参加者名簿とグループとして発表している論文の共著リストを用いて、野尻湖発掘初期の状況を復元していく。

ただし、研究者コミュニティ内外の状況を名簿だけを使って詳述することは難しい。一方で、これまでの地団研の出版物に記録されるような、野尻湖発掘参加者の経験談をまとめるだけでは、それが個人的な感想にとどまるものなのか、あるいは組織全体の傾向を特徴的に示すものなのかを第三者が判別することも難しい(15)。そこで、本研究では、名簿分析で得られた結果と個人の経験談とを相互補完的に組み合わせながら、野尻湖発掘の全体像をつかむように努めた。

以上の方法に基づいて、野尻湖発掘の端緒となった団体研究グループの動向を分析し、その次に団体研究の主要メンバーとなっている小・中・高の教員が引率した各校の生徒のクラブ活動、そして団体研究グループのメンバーを生み出してきた大学の研究室を取り上げる。加えて、考古学研究者のうち、在野系研究者と考古学専攻課程をもつ大学単位での参加者に注目する。

なお、共著論文を発表するという行為の背景には、メンバーによる調査・研究に係る一定の知識や技術の習得や目的の共有が存在する。この基本原則に立てば、論文の共著者は、調査作業の協力者や資料提供者に比べ、その時点での研究者コミュニティの中心的役割を担っている。ただし、学術共同体には必ず中心と周縁が存在し、それは常に変化している。そのことを念頭において本研究も議論を進めていく。

より具体的に述べると、学術論文の執筆者は単に作業部分を割り振られる者ではなく、学術研究コミュニティの一員として、調査・研究において中心的役割を果している人々である。一方、共著者とは別に、謝辞の中で協力者としてその名が団体研究グループによる論文の巻末に記載されている人々が存在するが、こうした人々は作業の補助者やアドバイザーではあっても、論文著者とは明確に区分される。論文の共著者であるならば、少なくともその研究活動の中心にいた人物となる。それゆえに、団体研究グループの一員でも、論文の著者の一人であるか、あるいは調査のための作業補助者であるかの違いは存在する。団体研究のような年齢や職業、専門性の幅広い人々が参加するフィールドワークが、「皆で発掘して皆で研究発表する」という前提に立っているとはいえ、参加者個人のその時点でのスキルや意識によって、調査・研究活動への関わり方は異なっている(16)。

本研究では、調査・研究の中心に位置するのか、周縁に位置するのかという問題と併せて、関わり方の多様さに注目したい。仮にある人物が調査や研究の中心に位置しなくとも、何らかのかたちで関与すること自体に教育的意義があるのであれば積極的に評価したい。そしてそのような研究コミュニティの形態が、野尻湖発掘という場の形成にいかに関係していったのかを紐解くことにしたい。

## 1　豊野層団体研究グループ

第一次発掘は、豊野層団体研究グループと信州ローム研究会の二団体が中心になって開始された。豊野層団体研究グループは、信州大学の斎藤豊を中心とする信州大学出身者の初等・中等教育教員のメンバーが主体となっている。斎藤豊は長野県内における地質学研究において、地団研メンバーである歌代勤や牛来正夫とのつながりを持ってきた(17)。また、富沢恒雄のような地団研メンバー以外のローカル研究者コミュニティとも関係を持っていた(18)。その斎藤が、やがて教え子である長野県内の小中高教員との集団的な調査・研究に取り組むようになるのが、一九五〇年代後半以降のことである。

豊野層団体研究グループの活動をこのコミュニティが発表した論文から復元してみたい。所属するメンバーは公表されていないため、すでに発表された論文の中で共著者が明記されたものをピックアップし、具体的に割り出した。

このように割り出したメンバーが野尻湖発掘に関わった期間を棒グラフ形式で図化した（Figure15）。論文の共著者は論文が発表された順に上から配置し、横棒が長いほど野尻湖発掘への参加期間が長い。反対に、横棒が全く記載されていない人物は、豊野層団体研究グループのメンバーとして活動はしていても、野尻湖発掘には全く参加していない人物である。なお、個人名での表記を避けるため、各メンバーは数字で表している。

研究論文「長野市北東部の新生代層」（一九六〇）は、豊野層団体研究グループが、「フォッサ・マグナ北部の新生代地史の研究」の一環として、豊野層丘陵における一九五六年以降の団体研究の蓄積を元にまとめたものである(19)。この論文の共著者は九名である。斎藤以外では、信州大学教育学部学生のほか、高校教員や小学校教委員で構成されている。現役学生主体というよりは、研究室卒業生を主体とする著者によって研究が発表されている。

本論文が発表された一九六〇年という時期は、野尻湖発掘が開始される前段階であり、野尻湖発掘以前の豊野層団体研究グループの活動を示す論文内容となっている。ここに記された豊野層団体研究グループのメンバーは野尻湖発掘開始後、主に第四次発掘まで継続的な参加をしているが、第四次発掘終了後の休止期間を境に野尻湖発掘から遠ざかってしまう者がいる。このことは、第四次発掘から第五次発掘の間で、メンバーの交代が進んだことを示している。

「長野県裾花川源流地域の地質」（一九六八）は、裾花川の源流域における第三系の研究を目的に、一九六七年夏に団体研究を行なった成果をまとめた論文で、その共著者は、斎藤豊を含め二二名である(20)。本論文発表時の肩書では、大学教員である斎藤のほか、高校教員が三名、小学校教員が三名、信州大学教育学部研究生が二名、信州大学教育学部学生が一三名となっている。大学生の占める割合が高いことがこの論文共著者の特徴である。

この論文が発表された年は、野尻湖発掘が長期の休止期間に入っている時期にあたる。この論文著者の多くが、一九六四年の第四次発掘から野尻湖発掘に参加しているが、これらの人物は豊野層団体研究グループのメンバーとして、野尻湖発掘休止時にも研究活動を継続していたことがわかる。野尻湖発掘が第五次発掘から再開できたのも、こうした継続的な地域研究のコミュニティが存続していたことが影響している。

これらのメンバーのうちの一人は、最初の野尻湖発掘の参加が第二次からとなっており、比較的早い段階から野尻湖発掘との関わりを持っている。一方で、この人物は、信州ローム研究会所属の林茂樹や樋口昇一といった、在野系の旧石器考古学研究者と共同調査・研究も行なっている。つまり、メンバー個々に着目するならば、豊野層団体研究グループは単に大学のゼミという枠組みだけでなく、大学入学以前からの研究活動の延長線上にあると共に、地質学研究だけでなく、考古学研究も含めた学術領域の活動までの広がりを持っていたと言える。また、この論文著者のうち、二名については長期間にわたって継続的な野尻湖発掘への参加をしているが、それ以外のメンバーは一九七五年の第六次発掘までで参加が途絶えている。

「長野県野尻湖周辺の火山灰層序」(一九七二)は、野尻湖周辺の火山灰層のうち古期火山灰がさらに二つの層医学的単位に区分される可能性が生じたため、一九七二年の夏に豊野層団体研究グループが野尻湖周辺の火山灰層序の再検討を行ないまとめた論文である(21)。共著者として氏名が記載されている者のうち斎藤以外の所属は、小学校教員が七名、高校教員が二名、地質コンサルタントが二名、信州大学繊維学部学生が一名、信州大学教育学部学生が一二名となっている。前述の論文と同様に、学生メンバーが多くなっている。

やはり野尻湖発掘の休止期間に発表時期が重なっているこの論文の共著者は、発掘調査が再開された第五次発掘から参加した者が多い。しかし、一名を除けば、この研究に関わった大部分の豊野層団体研究グループのメンバーは、第六次発掘で参加が途絶えている。

次に、「長野盆地西縁部の第四系:長野盆地の形成史に関する研究」(一九七七)では、信州大学教育学部教員の斎藤のほか、一五名が小学校・中学校・盲学校の教員であり、五名が信州大学学生、二名が地質調査コンサル、一名が信州大学志賀自然教育研究施設、一名が三重県員弁郡北勢町となっている。前述三つの論文と比較すると、この論文は初等・中等教育に携わるメンバーを中心に構成されている。言い換えれば、大学を卒業して、長野県内の小中学校に勤務するようになった人々が研究の主体となっている。

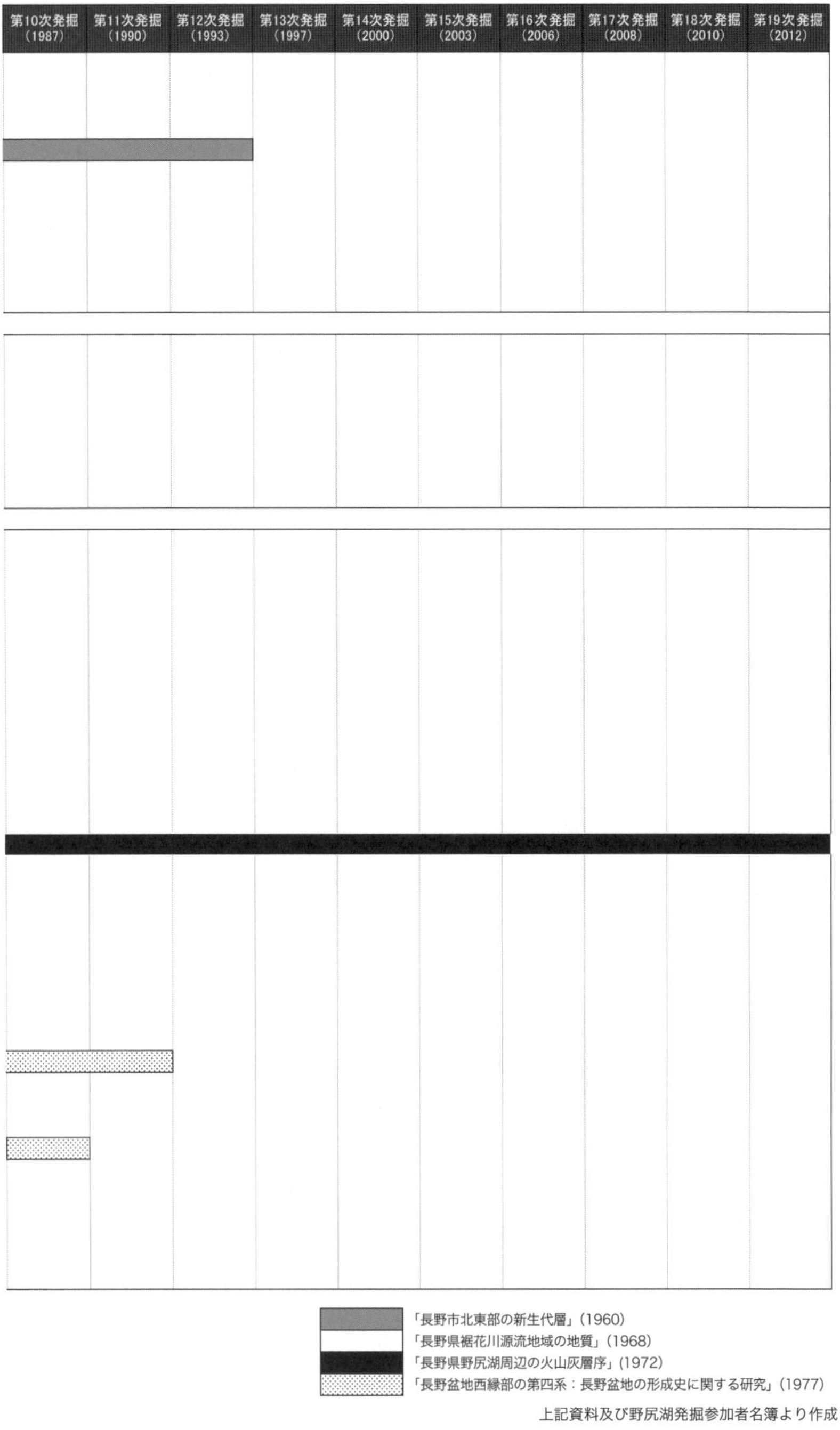


上記資料及び野尻湖発掘参加者名簿より作成

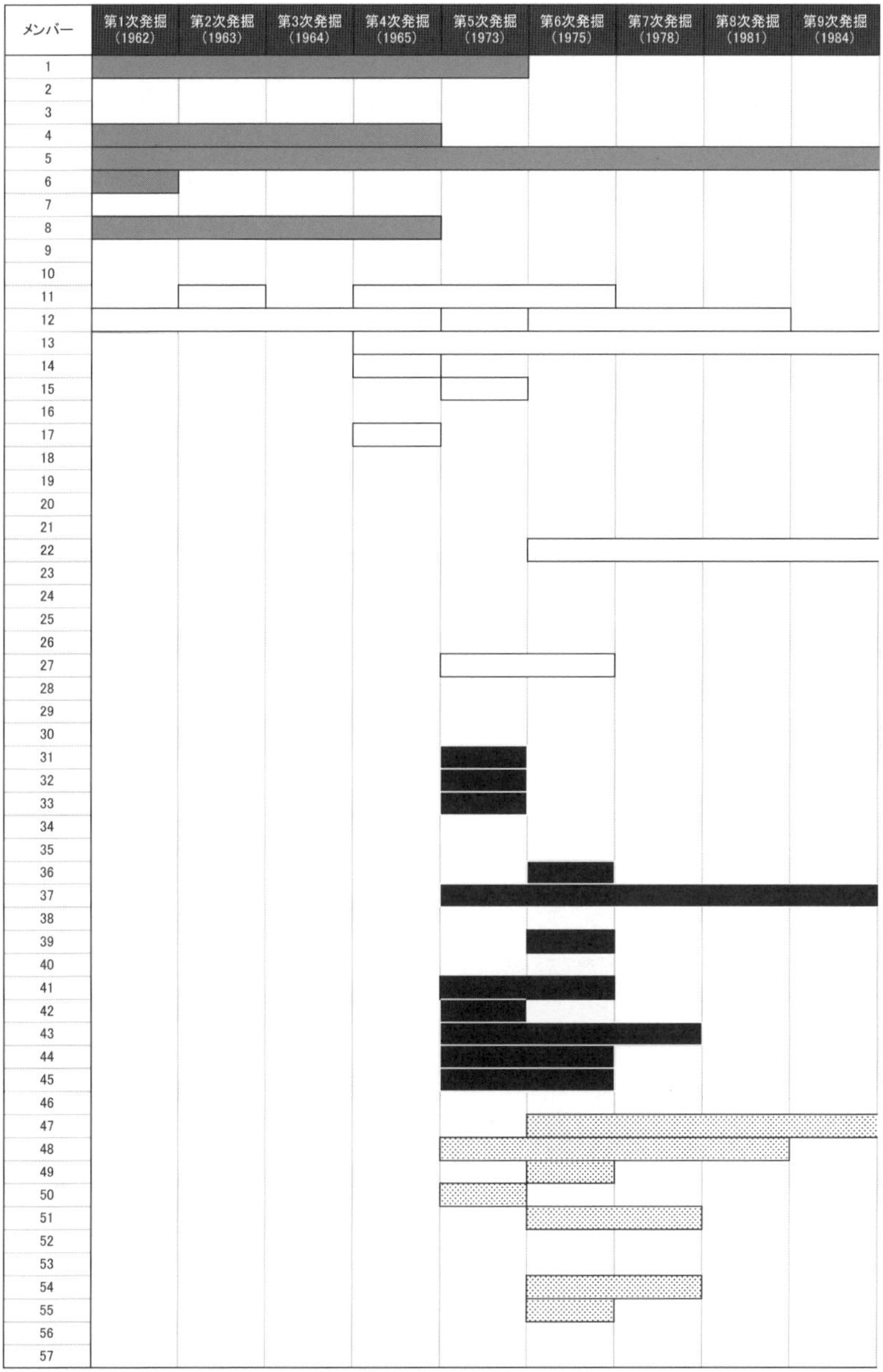


Figure 15　豊野層団体研究グループメンバーの野尻湖発掘への関わり

この論文が発表された一九七七年という時期は、第六次発掘と第七次発掘のはざまに位置し、野尻湖発掘再開後に発表されていることになる。そのため、この論文の著者で野尻湖発掘への参加経験を持つ人物は、第五次発掘ないし第六次発掘から参加している場合が多い。一名を除けば、大部分は一九八一年の第八次発掘までで継続的な参加は途絶えている。

ここで、これらの論文を比較してみたい。すでに述べたように、豊野層団体研究グループは、斎藤豊を中心とする信州大学の在学生と卒業生で構成されている。上記の論文が示す通り、メンバーは固定されておらず、研究論文ごとに参加者が大幅に入れ替わり、流動性の高い組織であることがわかる。斎藤など長期にわたる継続参加者を例外とすれば、参加者の多くは大学在学中に団体研究に関わり、卒業後の数年間はこの研究に継続的に関わる者がいるものの、論文が完成したことを目途にグループから離脱していく。それゆえに世代交代は、大学在学の四年間に卒業後の数年間を加えた時期を一つの区切りとして進行している。研究内容についても参加した学生の卒業論文の内容と関連しているものがあり、信州大学における研究・教育活動とこのグループの研究活動が密接な関係におかれていることがわかる。

一方で、各時期に継続的に野尻湖発掘に関わった中心的な人物が存在する。これらの人物は単著・共著の論文数が、他の豊野層団体研究グループのメンバーに比べると多い。論文の数がその人物の調査・研究に対する積極性と深く関わっているとするならば、日常的な研究活動に対する関わりが大きい人物ほど、野尻湖発掘への参加も長期間にわたると判断される。ただし、一五一本の論文を発表しながら野尻湖発掘への参加が確認できない事例や、反対に発表論文が一本のみでありながら、第六次発掘（一九七五）から第一〇次発掘（一九八四）まで断続的に参加している事例のように、研究の対象が野尻湖に関連しないために参加しない場合や、野尻湖発掘に関わりを持ちながら論文業績として残していない場合がある。特に後者の場合、野尻湖発掘という場が、調査から論文作成までの一連の研究活動のすべての関わりを参加者に強要するのではなく、複数の関わり方の選択肢が用意されていることと関連している。

このように野尻湖発掘成立の中心的役割を果たした豊野層団体研究グループのメンバー個々の動きを論文から復元すると、野尻湖発掘への関わり方は多様である。メンバーの一部が、野尻湖発掘から距離を置いていった理由を明らかにすることは難しいが、メンバーの多くが初等・中等教育の教員であることから、本業である教職が忙しくなる中で、研究活動が困難になっていった、あるいは研究そのものに対する意欲が減退していった可能性を想定できる。また、個人の研究は継続させていったものの、必ずしも野尻湖発掘への参加を必要としなかったことも要因の一つとして考えられる。

野尻湖発掘からフェードアウトしていったメンバーの一方で、初期段階から継続的に野尻湖発掘との関わりを持ち、その運営や研究を担ってきた人々が存在したことはすでに述べた。長野県出身の男性は大学で地質学を専攻した後、長野県内の小中学校で教鞭をとる一方で地団研に加入し、木曽谷における団体研究にも関わった。野尻湖近くの中学校への転任を契機に、豊野層団体研究グループのメンバーとして野尻湖研究にも関わりを持ち、第三次発掘に一八名、第四次発掘に一五名の自校生徒を引率している。その後も「大峰面の形成過程」（一九七二）、「松本盆地東方・田沢――大口沢の巨大礫の起源」（一九九一）など、研究活動を充実させると共に、教育会との関係において、臨時講習会の講師をつとめたように、地団研外部のローカルな研究コミュニティとも緩やかなつながりを持っていた(22)。自身が取り組む研究と本業としての教育の両立に積極的であったこの男性のような存在は、教え子を野尻湖発掘へと引率し、発掘調査における非研究者の直接参加を促す原動力となっていく。このことはこの男性自身も認識しており、例えば第七次発掘（一九七八）までの成果をふりかえった、井尻正二、大森昌衛、麻生優、亀井節夫との座談会の中で彼は次のように述べている。

当時は子どものことを考える前に、まず自分が子どものような気持になって山歩きをしていたというのが実情です。山へ行って歩くことが一番気持ち良いものですから、それで地層を追いかけたり、関東ローム層の研究に学んで飯縄や黒姫火山の火山灰を追いかけたりしていたわけです。今までお話があったように、野尻湖の発掘が始まったころは、特に第一次、第二次の発掘も自分自身がそこに飛びこむことに夢中でした。私が初めて生徒を連れてきたのは第三次の発掘の時からでしたが、その当日近くにいたものですから、中学生が一〇数名日帰りで参加しました。(23)

この男性のフィールドワークへの参加は、教育者として生徒を引率することで、次第に研究と教育の両立へと変化していった。このような研究と教育を両立させようとする参加者が存在することで、野尻湖発掘は、単に学術調査・研究の場、あるいは大学教育の場としての性格だけでなく、児童・生徒までを巻き込んだ校外学習という性格を合わせ持つことになる。

もちろん、この男性のような事例は、野尻湖発掘の性格が変化する上で重要な役割を果たしているものの、参加者全体としては稀有な事例である。多くの参加者は、この男性と同時期に野尻湖発掘に参加しながら、その後野尻湖発掘から遠ざかってしまう。同時に団体研究においても短期的な参加にとどまっていた。発表論文に注目すると、この男性と同時期に野尻湖発掘に参加した他のメンバーは、一九六〇年以降、論文を発表していない(24)。野尻湖発掘を含めた、団体研究との関わりについての距離感は参加者個々人で異なっていた。

このように大学教育や学術研究としての性格が前景化していた豊野層団体研究グループは、大学在学期間とその後の数年間を一区切りにして、世代交代が進行していた組織であった。それゆえに、学術共同体として長期的にフィールドワークに関わる中心的参加者と短期的にフィールドワークに関わる周辺的人物とで構成されていた。後述するように、豊野層団体研究グループは、学術研究コミュニティとしての意味は限定的ではあっても、参加者の自己実現や仕事に対するモチベーションの向上、ヨコのつながりによる連帯感の醸成や情報共有などの機能を持っていた。言い換えれば、学術的な〈知〉の形成の場として、こうした調査・研究のためのコミュニティが存在するものの、その実質的な機能は学びや自己研さんであった。

## 2　高田平野グループ

地質学的な領域を中心とした学術的成果を得るための調査・研究グループが、実質的に学びや社会を創る可能性を持っていたという点では、高田平野グループもまた同様であった。高田平野グループは、新潟大学の歌代勤を指導教員とする、研究室の卒業生で構成された調査・研究コミュニティである。例えば、高田平野グループ所属の男性は、次のように自身の経験を語っている。

地団研に入って三〇数年。今年定年を迎えるが教員生活をふり返ってみると、本当に地団研に育てられてきたと思う。学生の時、歌代先生にさそわれて、初めて南葉山で化石とりの喜びを知った。その感動を生徒に伝えることが教育の本質だとずーと考えてきた。(25)

この男性の経験に見られるように、歌代を中心とするフィールドワークは、教え子である学生を伴って行なわれていた。そして、これに参加した学生の経験は、やがて初等・中等教育での児童・生徒を伴った教員のフィールドワークを成立させている。野尻湖発掘においても大学教育を基礎とした研究と学びの輪が拡大する現象が出現している。その源泉が高田平野グループに見られるようなローカルな研究活動だった。高田平野グループの活動は、地団研メンバーの地方拡散と関連し、地団研の中でも「僻地方針」を具現化したものとして称揚された。同時にローカルな調査・研究コミュニティとして活動することで、新たな展開を見せていく。例えば、メンバーである二名の男性がクラブの顧問として関わった、新潟県立新井高校による野尻湖の総合研究が生まれたのは、その基礎に高田平野グループの活動が存在したからである。こうした大学の研究室を基本としたコミュニティの存在は、中高のクラブ活動との関わりを持ちながら、野尻湖発掘の原動力となっていく。

高田平野グループの研究論文から再び、そのコミュニティの状況を見ておきたい。高田平野グループが発表した論文は、主にこのグループの拠点となってきた新潟大学教育学部高田分校の研究紀要に中心的に掲載されている。この研究紀要に掲載された論文から、グループの活動を三期に分類することができる。第一期は「高田平原団体研究グループ」の名称で生徒と共に夏休みを中心に調査・研究を進めた時期である。一九六一〜一九六三年の夏休みに、城北中学校グラウンドにおける沖積層の発掘調査を行なっている。この時期の代表的な論文は、次のとおりである。

・歌代勤他「高田平原の第四紀層について―一―」(一九六〇)(26)
・高野武男他「高田平原の第四紀層について」(一九六〇)(27)
・高田平原団体研究グループ「高田平原の第四紀層について―二―」(一九六一)(28)
・歌代勤他「新潟県高田市西部平山層の植物化石について――高田平原の団体研究―三―」(一九六二)(29)
・高田平原団体研究グループ「高田平原の沖積層について」(一九六二)(30)

第二期は、地域性に基づく教材の開発が中心的なテーマとなる。同時にメンバー個々が専門的な技術を身につけ、専門分野ごとのグループを形成していった。また、調査範囲が拡大され、一九六四年には平野内部から北東部へ、一九六五年には米山海岸から柏崎平野へと広がっていった。調査体制や調査範囲の拡大に合わせて、それに応じた新たな団体研究グループが立ち上げられるのがこの時期である。第二期の代表的な論文は次のとおりである。

・高田平原団体研究グループ「高田平原北部の第四系」(一九六五)(31)
・柏崎平野団体研究グループ「柏崎平野の第四系(新潟県の第四系―六―)」(一九六五)(32)

つづく第三期は、一九六〇年代後半以降社会問題化した地盤沈下について取り組むなど、実利的な研究が加わる。この研究には地質調査に加えて、流量調査や水質分析を必要としたため、化学分野の教員やクラブ活動を通じた生徒の協力によって実現した。代表的な論文には以下のものがある。

・妙高団体研究グループ「妙高火山の形成史と山麓の水理地質（新潟県の第四系–一〇–）」（一九六九）(33)
・藤田剛他「十日町盆地の河岸段丘」（一九七二）(34)
・高田平原団体研究グループ「新潟県新井市平丸地区の地すべりについて—新潟県の第四系・そのXⅧ—」（一九七四）(35)
・高田平野地盤沈下団体研究会「新潟県の第四系–二一–新潟県中頚城郡板倉町西部地域の水理地質」（一九七七）(36)
・高田平野団体研究グループ「新潟県の第四系–二四–高田平野の第四系と形成史」（一九八〇）(37)

これらの研究論文は、歌代が所属する新潟大学教育学部高田分校の紀要に発表されてきたが、一九八三年三月をもって高田分校が閉校することに伴い、紀要も廃刊となった。このため、高田平野研究の団体研究グループとして発表してきた「新潟県の第四系」シリーズもここで終了している。興味深いのは、これらの研究が一九六二年から開始される野尻湖発掘と平行して進められ、この団体研究の延長線上に野尻湖発掘が位置づけられてきたことである。この状況を確認するために、これらの研究論文のうち、具体的な共著者が確認できる代表的な論文を取り上げ、その共著者個々の野尻湖発掘への関わりを分析してみたい。

歌代勤を中心とするこのグループのメンバーを野尻湖発掘参加時期と合わせて年代順に表記すると、飯小学校校庭南側の崖を標準層として区分した「高田平原の第四紀層について」（一九六〇）では、歌代のほか、一三名が共著者となっている(38)。高田平野グループの最初期の活動成果に該当するこの論文は、グループの中心である歌代のほか、野尻湖発掘の活動を中心的に支えてきた人物が著者となっている。野尻湖発掘が開始される以前の段階から、初等・中等教育教員とその教え子による調査・研究が行なわれ、学術論文として発表されていた。後述するように、この調査・研究のスタイルは、野尻湖発掘における児童・生徒を高田平野グループのメンバーが教員として引率する形態へと引き継がれていく。

「高田平原北部の第四系」（一九六五）の共著者は高田高校地学クラブや直江津中学地学クラブなどの小中学校のクラブ員とその指導教員で構成されている。この研究は、①一九六〇年以来の調査で、ほぼあきらかにされてきた高田平原西部地域の洪積世の層序が、平野の反対側（東側の山麓）でどのように発達しているか、②平野の出口をふさぎ、海岸線にそって細長く分布する、従来〝潟町砂丘〟と呼ばれてきた丘陵を構成する砂層は、いつ、どのようにして形成されたか。とくに、最近、北九州を中心に問題にされてきたいわゆる玄海砂丘（古砂丘の砂層）と、この砂層とは、どのような関係を持っているのか、③平野部の洪積層と、海岸線にそった砂層との層序関係、④高田平野北部の柿崎町から刈羽平野の南西端の柏崎市にいたる海岸線（米山海岸と呼ばれている）には、米山山体の第三紀層が露出しているが、この地層を浸蝕して、うすい堆積物をのせた河岸段丘が三段発達している。これらの八段丘が高田平野の山麓分布する洪積段丘とどのような関係をもつか、さらに、この段丘と砂丘との関係はどうなっているのか、といった問題設定に基づいて、柿崎町～吉川町の地域を調査対象に団体研究を行なった結果をまとめたものである。

本研究に関係した人々を所属別に集計すると、大学教員一名、高校教員一一名、盲学校教員一名、中学校教員一五名、小学校教員一二名、新潟大学学生一名、理科教育センター職員三名となっている。この他に、高田高校地学クラブ、高田農業高校地学クラブ、直江津高校地学クラブ、直江津高校三和分校地学クラブ、直江津中学地学クラブ、新潟大学高田分校地学グループが参加しており、教員同士による集団的な調査・研究に中学・高校の生徒がこれに参加するという形式がこの研究ではとられている。調査時期が八月であることから夏期休暇中に行なわれた調査であることがわかる。また、この研究に参加した高田平原団体研究グループと野尻湖発掘との関わりについては、この論文の発表時期が野尻湖第四次発掘に該当することから、すでに野尻湖発掘の第一次発掘から参加した経験を持つ者がこの研究に関わっている。具体的には、前述の「高田平原の第四紀層について」執筆者以外では、三名がそれに該当する(39)。「十日町盆地の河岸段丘」(一九七二)では歌代のほか、一六名が「新潟平野団体研究グループ」の肩書で共著者として名を連ねている(40)。この論文が発表された時期は、野尻湖発掘では長期の休止期間にあたる。これらの研究活動が、一九七三年の第五次野尻湖発掘へと引き継がれていったため、第五次発掘から参加するようになるメンバーがこの論文の著者には含まれている。

新潟県新井市の平丸地区における地すべり発生の時期とメカニズムについての研究をまとめた「新潟県新井市平丸地区の地すべりについて―新潟県の第四系・そのXⅧ―」(一九七四)は、歌代のほか、一三名が共著者となっている(41)。この論文の著者として名を連ねている、高田平野グループのメンバー全員が野尻湖発掘の経験を持つ。多くは第四次ないし第五次発掘から参加するが、第一次発掘からの参加経験を持つ男性をはじめ、長期的に野尻湖発掘に参加するメンバーが多いのが特徴である。

「新潟県の第四系―二四―高田平野の第四系と形成史」(一九八〇)では、歌代勤のほか、一六名が参加している。所属の内訳は、高校教員が六名、中学校教員が四名、小学校教員が五名、盲学校教員が一名となっている(42)。

これらのメンバーの野尻湖発掘参加時期を豊野層団体研究グループメンバーと同様に、棒グラフ形式で図化を試みた(Figure16)。この図からも明らかなように、高田平野のメンバーは、野尻湖発掘の初期段階から関わりを持っていた。しかし、長期的な継続参加者が存在する一方で、まったく野尻湖発掘との関わりを持たないか、あるいは野尻湖発掘に参加したとしてもきわめて短期的な参加にとどまっている人々が存在する。この対照的な野尻湖発掘への関わりが、高田平野グループの特徴である。

野尻湖発掘と長期的な関わりを持つメンバーと短期間のうちに野尻湖発掘との関わりを絶ってしまうメンバーとの違いはどこにあるのだろうか。豊野層団体研究グループとの比較からこのことを検証してみたい。歌代を除けば、高田平野グループのメンバーは、初等・中等教育に関わる教員が中心であるため、本業の傍らで研究活動を行なっている。

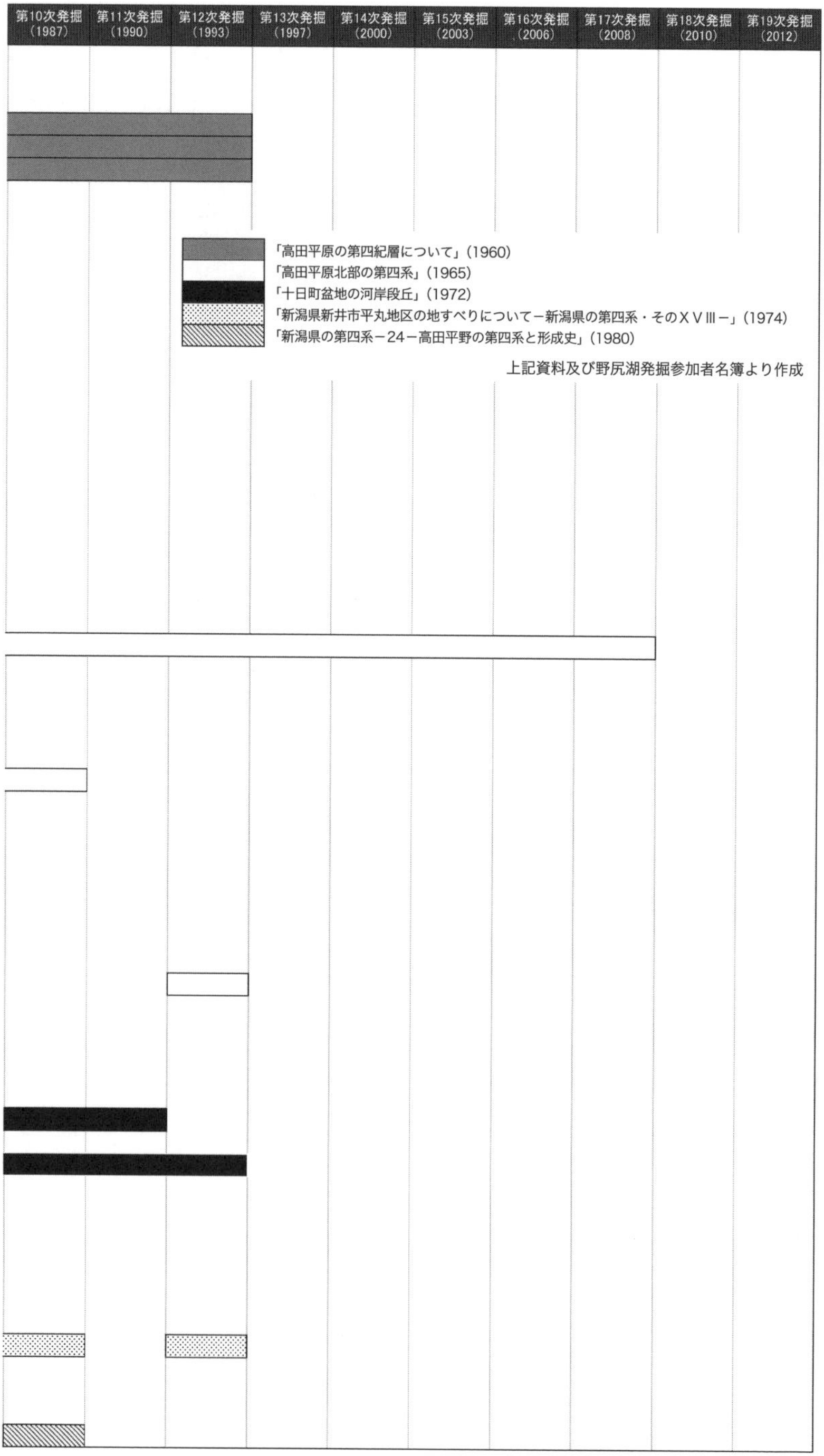
第10次発掘 (1987)
第11次発掘 (1990)
第12次発掘 (1993)
第13次発掘 (1997)
第14次発掘 (2000)
第15次発掘 (2003)
第16次発掘 (2006)
第17次発掘 (2008)
第18次発掘 (2010)
第19次発掘 (2012)
「高田平原の第四紀層について」(1960)
「高田平原北部の第四系」(1965)
「十日町盆地の河岸段丘」(1972)
「新潟県新井市平丸地区の地すべりについて－新潟県の第四系・そのＸＶⅢ－」(1974)
「新潟県の第四系－24－高田平野の第四系と形成史」(1980)
上記資料及び野尻湖発掘参加者名簿より作成

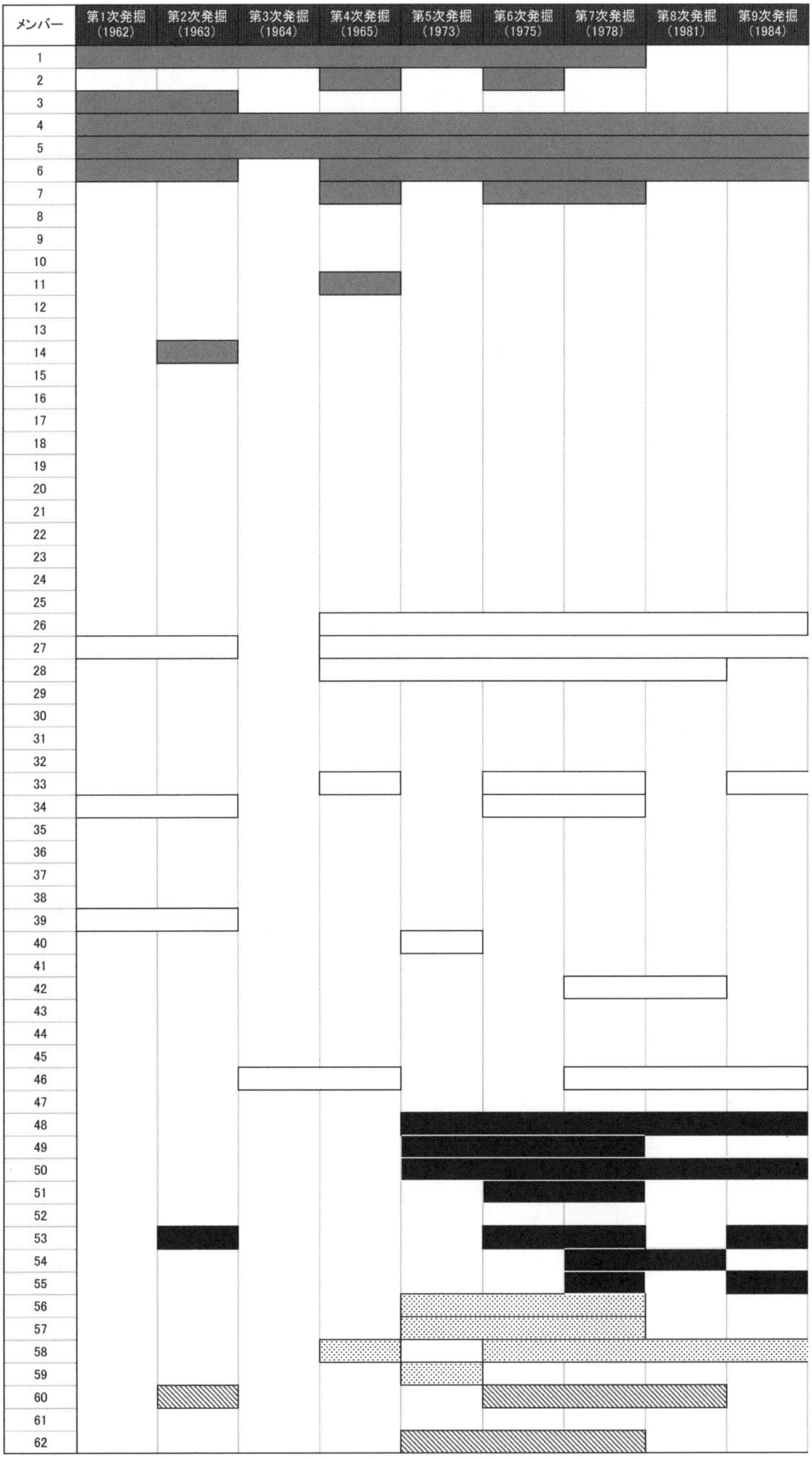


Figure 16　高田平野グループメンバーの野尻湖発掘への関わり

この点は、基本的には豊野層団体研究グループと共通している。しかし、両団体の違いは、日頃の研究活動や野尻湖発掘との関わり方に顕著に表れている。

第一次発掘からの参加者にのみ目を向けると、豊野層団体研究グループは、野尻湖発掘成立において重要な役割を果たしていたが、第一二次発掘まで野尻湖発掘への参加を続けてきた一人を除けば、第四次発掘までこのグループの初期メンバーは野尻湖発掘との関わりが途絶えてしまう。その後の活動状況と野尻湖発掘への参加を見ても、大学四年間と就職後の数年間を単位とする参加サイクルで世代交代が進み、流動性の高い組織となっていることはすでに述べたとおりである。

これに対して、高田平野グループは、中長期的に連続して参加するメンバーに加えて、断続的でありながらも野尻湖発掘との関わりを保ち続ける人々が存在するように、固定化されたメンバーが野尻湖発掘に参加している。こうした高田平野グループで中長期的に活動する人々は、大学卒業後も継続的に論文を発表しつづけ、日常的に研究活動を続けている。もちろん、日常的な彼ら(彼女ら)の研究活動と野尻湖発掘への参加率が必ずしも連動しているとは言えない。しかし、実際には、大学の研究室コミュニティを基本としたネットワークが構築され、研究活動と教育活動とを両立させた者が、結果的に野尻湖発掘にも継続的に参加している。このような日常的な研究活動の違いが、豊野層団体研究グループと高田平野グループの野尻湖発掘との関わり方の違いに表れている。

ここで、再び高田平野グループ所属の男性の経験に戻ってみたい。すでに述べたように、大学時代に歌代に誘われて団体研究に取り組むようになった男性は、学生時代には「地学を専門にとは思ってもいなかった」(43)が、歌代に誘われて南葉山の巡検に参加し、地層や化石に接する機会を得た。これが団体研究や野尻湖発掘に参加する契機となった。

同様の経験は、新潟県内の定時制高校の教員であった男性にも共通していた。この男性は南葉山の巡検時には中学生として担任の教員と共に参加している。貝化石の発掘の際には、「南葉山は大昔、海であった」ということを聞いて驚いたり、「普通の山の山頂はとがっているのに、南葉山の山頂はどうして平らなのだろう」と疑問に思ったりした。

新潟大学進学後、歌代からの誘いで第一次野尻湖発掘に参加した。その動機は「ほんとうに象の化石が出るのか、象の化石というものを見たい、自分でも象の化石を掘りあてたい、といった興味本位の気持ち」であり、「私たちといろいろな思い出や生活に結びついている郷土の一部」(44)である野尻湖に対する関心であった。やがて、新潟県内の教員となった男性は、野尻湖発掘に参加した経験から学んだことが、「その後の高田支部の活動や学校の授業に教材としても生かすことができひじょうに役に立った」(45)と述懐しているように、就職後も教育と研究をつなぐ結節点として野尻湖発掘を位置づけていた。

このように自身が教育を受ける立場で経験したフィールドワークが契機となって、大学進学後や初等・中等教育教員となったのちも、フィールドワークに積極的に関与し、同時に教え子をフィールドワークへと導く役割を担っていく。こうした学校教育を基本とした教育的な連環の中で、フィールドワークの担い手が再生産されていく。

団体研究への参加者を研究面だけでなく、教員生活の面でも卒業生を支えたのは歌代だった。例えば、歌代は一九五三年に次のような発言を卒業生たちに投げかけている。

何か山の中の環境にそのまま、うずもれないように、常に生き生きとした先生であってほしいのです。そして常に真実を求めるヒューマニストであって、ほしいのです。更に真実に正しいものを、正しく把握し、それを実践すると言うリアリストであってほしいのです。山の中のすばらしい成果は、うずもれていませんか?(46)

「こうした結びつきが孤立しがちな若い教師の心をつなぎとめ、やがて学生と教師を中心とした火打山団研に発展していった」(47)と指摘されるように、歌代は団体研究を組織し、集団的な研究活動を学生や卒業生と取り組んだだけではなく、山村部で職業的にも研究活動としても孤立しがちな卒業生を支援した。集団的なフィールドワークが参加者にもたらしたものとは、研究活動の結果としての学術的な〈知〉だけでなく、その活動自体が参加者のモチベーションの維持・向上や参加者間のヨコのつながりを緊密にする効果であった。そのことは、参加者個人の自己研鑽や学校教育現場での仕事を支えていく。高田平野グループのメンバーが、野尻湖発掘に参加した意義は、自己研鑽とそこで得られた成果の学校教育現場への還元が野尻湖発掘に持ち込まれたことにある。このことが結果的に、誰もが自由意思で参加できる発掘調査として野尻湖発掘が形成されていく要因となっていく。

もう一つの重要な点は、野尻湖発掘における専門分野ごとの研究活動体制の基礎をつくる上で重要な役割を、高田平野グループが果たしたことである。野尻湖発掘では、一九七三年の第五次発掘以後に専門分野別のグループが組織され、そのグループごとに調査や研究が進められた。この基礎はすでに高田平野グループにも見られるものだった。少なくとも、第三・四次野尻湖発掘の段階で、歌代を中心とするこの研究組織では、珪藻、花粉、生痕、古砂丘、重鉱物、粘土鉱物の小グループが活動するまでになっていた(48)。このような高田平野グループによる専門分野別の研究組織の編成は、野尻湖発掘における学際的調査・研究の基礎となっていく。

しかし、高田平野グループがメンバー個人の能動的な研究を長期にわたって支援する一方で、上述した論文の共著者分析でも明らかなように、団体研究や野尻湖発掘から徐々に距離を置く人々もまた存在した。具体的には「学校の仕事の多忙さにまぎれて、団体研究に出なくなってしまったり、専門別グループといつのまにか離れてしまっていた」といった理由から、団体研究からフェードアウトしていく人々がいた。そうした中で「新潟県下の各地に団体研究が組織されていたため、現場のいろいろな悪条件をのりこえ、主体的に団体研究に参加する努力をしたり、団体研究や専門別グループの仕事を分担し、連絡をとりあい、仕事をお互いに点検しあうことによって」(49)、この研究コミュニティは継続してきた。

研究者コミュニティから退出を余儀なくされる人々が存在する一方で、高田平野グループの活動の中心にいた歌代のサポートの中で、参加者個人の主体的・能動的な団体研究が成立してきた。結果的にこのコミュニティの継続性は、野尻湖発掘への参加者もまた支えていた。少なくとも野尻湖発掘初期においては、豊野層団体研究グループや高田平野グループのような研究者コミュニティが、日常的な調査・研究活動の延長線上で個別に参加していた。そして、調査・研究のためのコミュニティの研究活動の活発さや結束力が、野尻湖発掘との関わり方にも大きく影響していた。

同時に所属するコミュニティの在り方は、児童・生徒の関心をフィールドワークへと惹きつける上でも重要な意味を持っていた。調査・研究活動が活発なコミュニティに所属している人物ほど、自身の教え子である児童・生徒を野尻湖発掘へと引き連れて参加している。こうした状況を学校別に見ていきたい。

## 3　中学・高校のクラブ活動としての参加

豊野層団体研究グループや高田平野グループのように、大学の研究室を基本とする研究者コミュニティと野尻湖発掘とのつながりの背景には、日常的なメンバーの研究活動の延長線上に野尻湖発掘が存在していた。そしてもう一つの要因は、彼ら（彼女ら）が初等・中等教育員として接する中学・高校のクラブ活動にある。クラブ活動として野尻湖発掘に参加することは、学術的な〈知〉の形成という意味とともに、課外教育としての意味を持っていた。（Figure17）

**【高田城北中学校】**（新潟県）

高田平野グループは、中学・高校の教員が主要なメンバーとなっていた。それゆえに野尻湖発掘の参加者名簿上は、勤務校の生徒の引率教員として記されている人物が存在する。例えば、高田平野グループの一員である男性は、第一次発掘時点では高田城北中学校の教員として五名の生徒を連れて野尻湖発掘に参加している。つづく第二次発掘では、この男性のほかに二人が同校のクラブ顧問として参加し、一七名の生徒を引率している。同様に、第三次発掘では、第二次発掘から参加した男性教員が引率し六名の生徒が参加し、第四次発掘では一九名の生徒が参加している。このうち参加者名簿の中で実名が記載されているのは、第二次発掘に参加した一七名の生徒である。この時期にクラブの顧問であった男性教員二名は、高田平野グループに所属しており、自身の研究活動と自校の生徒に対する教育活動と

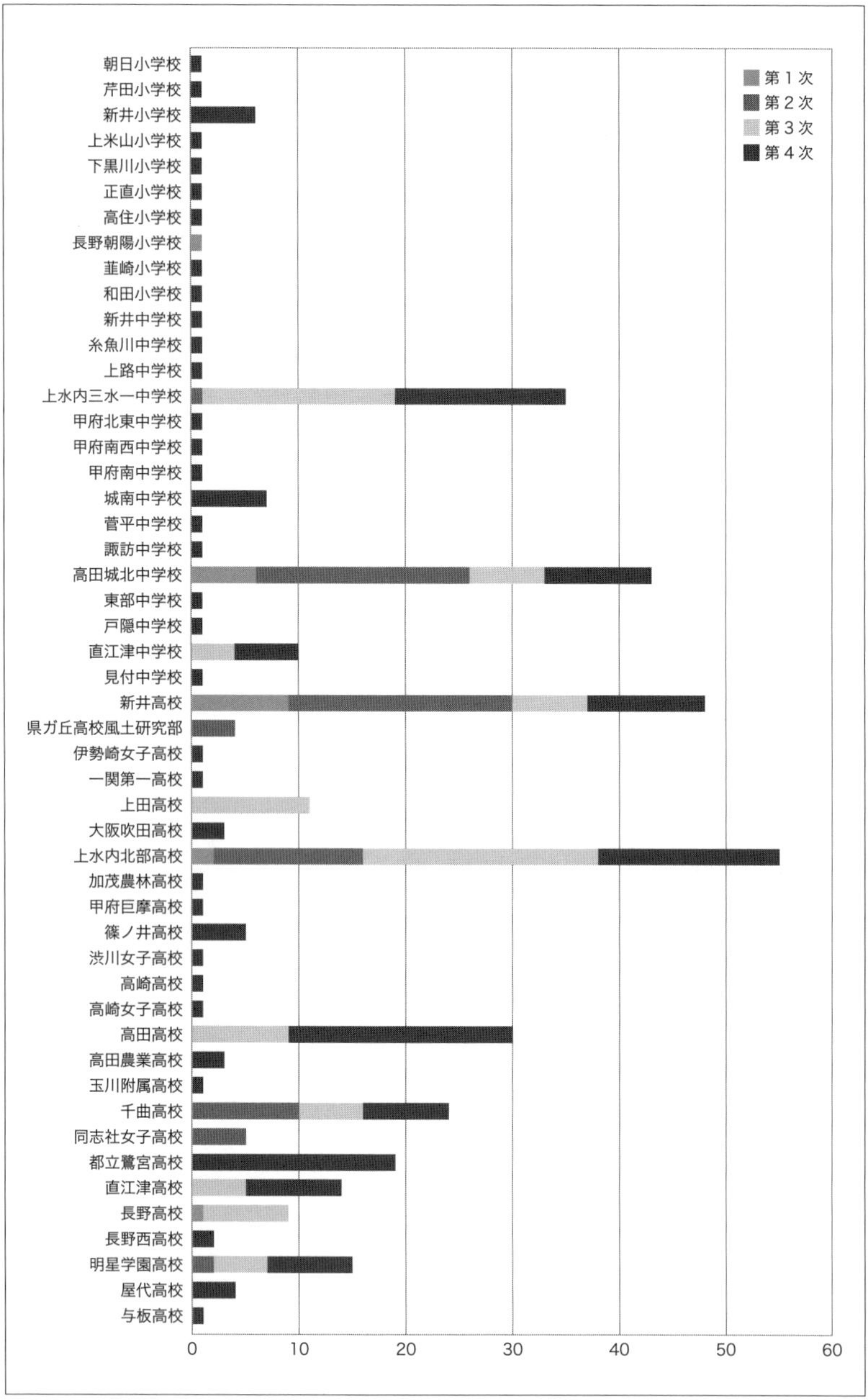


Figure 17　学校別初期野尻湖発掘参加者数（人）

して、野尻湖発掘に参加している。

ここで、参加した中学生の視点から、日常的なフィールドワークから野尻湖発掘への参加の道程を見ておくことにしたい。高田城北中学校の地質クラブの生徒は、野尻湖発掘参加の経験について「化石あつめがすきだとか、山あるきがおもしろいとか、みんな勝手な気持ちをもっていた。それが、顧問の先生にひきつれられて、なにもわからないままに野外をあるきまわっているうちに、すっかり野外調査がすきになってしまった」と語る(50)。

漠然とした興味や知識欲は、フィールドワークの中で変化していく。科学言語や記述言語では表現しつくすことのできない技術や知識が参加した中学生の中に吸収されていく。それと同時に、漠然とした興味は具体的な探究心へと転化していく。このことを通じて、個人は段階的により高度な次元へと学びを模索するようになるとともに、次の世代へと技術や知識を伝えていく。

例えば、第一次発掘に中学生として参加した男性は、第一二次発掘まで連続して調査に加わっている。第一次発掘の最終日まで化石は出土しなかったが、大人が諦めて旅館に引きあげる中、大人から許可を得て、この男性を含めた中学生が残ってグリッド以外の箇所を手当たり次第に掘った。その結果、ナウマンゾウの大腿骨を自分達の手で掘り出すこととなった。この原体験が基となって、「発掘の面白さを広めたい」との理由から新潟県内の高校の地学教員となり、この男性もまた教え子たちを野尻湖発掘につれて行ったという(51)。子どもの頃に野尻湖発掘との関わりを持った人物が、大学で地質学を専攻し、初等・中等教育の教員になったのちに、野尻湖発掘へ教え子を導くといった、教育的連関による世代交代が野尻湖発掘に存在していることをこの事例は特徴的に示している。

また、城北中学校生徒として同時期に参加した別の男性は、大学卒業後に新潟県内の中学校教員となったのちも研究活動を継続していった。新潟平野団体研究グループの一員として論文「十日町盆地の河岸段丘」の共著者の一人となっていることからも、高田平野グループのメンバーとして研究活動を行なっていることがわかる(52)。また、この男性の野尻湖発掘との関わりについては、第二次発掘以後は、しばらく遠ざかったものの一九七五年の第六次発掘から二〇〇八年の第一七次発掘まで継続して参加している。そして、先の男性とこの男性は二〇〇八年の日本地質学会学術大会で「新潟県中越地域の信州ローム層の帯磁率」の共同発表者となっており、研究者としてヨコのつながりを持ち続けている(53)。

同じく高田城北中学校の生徒として第二次発掘に参加した別の男性もまた、発掘参加以後、小学校教員の道を歩んでいる。小学校教員の一年目には、地団研高田支部のメンバーとして地質研究の教材化に関する試みをまとめている(54)。一方で、笹神団研グループとして笹神丘陵の地質学的研究に取り組むなど、研究活動を継続していった(55)。この男性の野尻湖発掘との関わりは、第二次発掘以降いったん途絶えているが、一九七八年の第七次発掘に再び参加している。第二次から第七次までは一五年の月日が流れているが、この間、この男性は地質学研究や地学教育との接点を継続的に持っており、その環境が一定程度の時間を経てもなお野尻湖発掘とつながっている要因となっている。

以上のように、中学生の時に野尻湖発掘を経験した人々は、一時的に野尻湖発掘との関わりが無くなる。しかしそれは地質学研究からの完全な離脱を意味するものではなく、大学で地質学を専攻し、初等・中等教育教員となったのちに高田平野グループの一員として団体研究に関わっているように、彼らは研究活動を継続させていった。継続的な研究活動として野尻湖発掘に参加するだけでなく、自身の中学生での経験に基づき、教え子である自校の生徒を引率して野尻湖発掘に参加し、学校という場を介した参加者の再生産システムの土壌が、すでに初期の野尻湖発掘に備わっていた。

もちろん、彼らは参加者全体として稀有な存在である。第二次発掘に参加した高田城北中学校の関係者一七名のうち、この三人の男性以外については、第三次発掘以後の野尻湖発掘との関わりは確認できない。大部分の人々は、おそらく中学生の段階での発掘参加を境に、野尻湖発掘から距離を置き、地質学や地学教育とはまったく関わりを持たない人生を歩んで行ったと推察される。野尻湖発掘への参加が、その後の参加者の生き方や学びの在り方にどれだけ影響するかは個々人で異なる。しかし、少数ではあっても、この三人の男性のような存在は、野尻湖発掘が新たな担い手を獲得し、こうした人々によって受け継がれていくサイクルを生み出す要因の一つになっていた。

一方、高田城北中学校以外の小中学校のクラブ活動は、どのように野尻湖発掘と関わりを持っていたのか。第二次発掘まで高田城北中学校以外の中学生の参加は確認できない。しかし、第三次発掘では高田城北中学校に加えて、高田平野グループのメンバーである教員を顧問とする直江津中学校、豊野層団体研究グループ所属の教員を顧問とする上水内三水一中学校が参加している。直江津中学校からは、第三次発掘に三名、第四次発掘に五名の生徒が参加し、上水内三水一中学校からは第三次発掘に一八名、第四次発掘に一五名の生徒が参加している。第四次発掘では、これらに加えて、城南中学校から七名の生徒が訪れている。新井小学校からは高田平野グループのメンバーである教員の引率で五名の児童が参加している。以降、野尻湖発掘参加者のうち、小学生の割合が拡大していくが、その先駆けとなったのがこの新井小学校の児童の参加であった。これらの小中学校のクラブの顧問となった人物は、団体研究に参加して日常的に研究活動に携わってきた。こうした顧問の非職業的研究者としての在り方が、クラブ活動として児童・生徒を野尻湖発掘に導く要因となっている。その意味で、基本的な野尻湖発掘への参加形式は、高田城北中学校の事例と同様であったと推察される。そして、高校のクラブ活動においても非職業的研究者である顧問を中心に、生徒がフィールドワークへ参加する形式がとられていた。

**【高田高校】**（新潟県）

中学・高校のクラブ活動として野尻湖発掘に参加する形態は、クラブの顧問である教員の役割が非常に大きい。特に自身の研究活動がクラブ活動を介して教え子に教育的影響力を持つと自覚している教員であれば、よりフィールドワークに児童・生徒を伴う傾向にある。それゆえに、その教員の転任に伴って、赴任先の学校の児童・生徒が野尻湖発掘に新たに参加するようになる。

その代表的な事例が、高田高校である。高田城北中学校の教員であった男性は、第二次発掘ののち高田高校へと転任している。第三次発掘（一九六四）の段階では、この男性の転任によって高田高校の生徒が新たに参加している。第三次発掘では八名の生徒、第四次発掘では二〇名の生徒がこの男性の引率によって野尻湖発掘を経験している。このように、研究活動と教育活動の両立に積極的な教員が転任することで、野尻湖発掘における参加者が拡大している。

**【上田千曲高校】**（長野県）

同様の事例は上田千曲高校の教員の転任にも認められる。第二次発掘から参加が確認される上田千曲高校は、男性教員の引率によって九名の学生が参加している。その後にこの男性教員が転任したものの、上田千曲高校の生徒は、名簿上では第四次発掘まで継続的な参加が確認できる。一方、第三次発掘の段階では、この男性が上田高校に転任することで、上田高校の学生九名が参加しているが、その後の参加は確認できない。教員の転任によって、参加高校が広がる様相を一時的に呈するが、結果的にはその後の継続が途絶えてしまっている。なお、上田千曲高校および上田高校の生徒個人に着目しても、卒業後の野尻湖発掘への参加は認められない。

先述したように、東京教育大学出身の地団研会員が地方の大学や高校に赴任し、そこでローカルな研究者コミュニティを形成していった。そのうちの一人がこの男性教員だった。男性教員は東京教育大学大学院で学んだのち、長野県内の高校教員となっている。信州ローム研究会とのつながりを持って栃原遺跡に参加する一方、高校教員として自身の生徒をフィールドワークへと導いている。上田千曲高校の生徒がクラブ活動の一環として参加したことについても、この男性教員が主導したと推察される。

この男性教員のあとを継いで上田千曲高校の生徒を引率して野尻湖発掘に参加したのが、別の男性教員であった。この男性教員は、第三次発掘に五名、第四次発掘に七名の高校生と共に野尻湖発掘に参加し、第六次発掘にも参加が確認できる。しかし、この男性教員自身が発表した論文は確認できない。おそらく個人の研究活動というよりは、あくまでクラブ活動の引率者という教育的側面から参加していたと考えられる。

【上水内北部高校】（長野県）

上水内北部高校は、上水内郡飯綱町に所在し、野尻湖の南方約九キロメートルに位置する公立高校である。第一次発掘には、この高校の男性教員二名が参加しているが、名簿上では生徒の参加は確認できない。このうちの一人は豊野層団体研究グループの一員、またもう一人は地元住民であり、亀井節夫らと共に、発掘準備実行委員として野尻湖発掘立ち上げの準備を行なってきた(56)。その後この二人は、第二次発掘に一〇名の生徒、第三次発掘に二〇名の生徒、第四次発掘に一五名の生徒を引率して野尻湖発掘に参加している。だが、これらの生徒については野尻湖発掘へのその後の継続的な参加を名簿からは確認できない。

【新井高校】（新潟県）

新井高校は、すでに述べたように、二名の男性教員を顧問とするクラブ活動として野尻湖研究を実践してきた。その活動の基礎にあったのは、高田平野グループのような地域に密着した調査・研究活動であった。このクラブ活動の延長線上で野尻湖発掘に参加した生徒数は、第一次発掘に七名、第二次発掘に一八名、第三次発掘に五名、第四次発掘に八名であった。このうち名簿に参加した生徒の氏名が公開されているのは第二次発掘である。第二次発掘には二人の教員に加えて、地質学を専門とする別の男性教員が顧問の一人として参加している。その後第二次発掘に参加した一八名の生徒のうちの一人は、大学・大学院で地質学を専攻し、研究者としての道を歩んでいる。興味深いのは、クラブの顧問と当時の生徒の関係は、地質学研究という場でも継続されてきた点にある。

クラブの顧問であった男性は、かつての教え子であったこの男性の論文「妙高火山群—黒姫・妙高火山の形成史を中心として—（I）」(57)について、苦言を呈している。クラブの顧問であった男性は、妙高火山形成史研究が一九六一年から一九六五年にかけて高田平原団体研究グループによって行なわれてきた研究史に言及していない点や、かつて教え子であった男性が信州大学の卒業論文において黒姫火山を行なってきた研究の経過が盛り込まれていない点について指摘している(58)。これに対して、かつて教え子であった男性は、「個人研究と団体研究とのかかわりあいについての一つの教訓―論文「妙高火山群」(地球科学二六巻二号)に対する高野氏の批判(そくほう五月号)に答えて―」とする記事の中で、個人研究と団体研究とを切り分けた結果として、研究史や個人研究の経緯を意図的に省いたと説明した(59)。すくなくとも、このやり取りから、二人の男性の高校時代における師弟関係は、互いに地質学研究者としての立場を取りながら継続されていたことがわかる。

高田城北中学校の事例と同様に、事例数としては少ないものの、生徒として野尻湖発掘やその他のフィールドワークに参加した経験が、結果的にその人物の将来に大きな影響を及ぼしている。この二人の男性の事例で特徴的なのは、教員と生徒という関係に始まって、最終的には同じ研究者という立場になってもなお、研究者コミュニティの中で交流が継続されていることである。高校生活の三年間といったその場限りの関係ではなく、互いの立場や関係が変化しても調査・研究活動の中で継続的な交流が続けられることは、野尻湖発掘の長期的な継続性を象徴している。学校教育という場が新たな野尻湖発掘参加者を生み出すとともに、そこで形成された人間関係が個人の成長を助け、研究活動を支えている。

**【長野高校】**(長野県)

長野高校では、この高校の教員であり、信州ローム研究会のメンバーでもあった男性が第一次発掘に単独で参加している。第二次発掘にこの男性教員は七名の生徒を引率して参加しているが、長野高校関係者の野尻湖発掘とその後の関わりはつかめない。

以上が名簿上から確認できる情報である。しかし、この男性を顧問とする長野高校のクラブ活動は、野尻湖発掘に参加する以前から継続されてきたものだった。長野高校地学班は、夏休みの合宿で上水内郡戸隠村下楡木において、四日をかけてクジラの化石を発掘調査している。この発掘経験が参加した生徒に化石に対する興味を抱かせることになる。顧問である男性から野尻湖発掘への参加を呼び掛けられた生徒たちは、第一次発掘の成果と第二次発掘への展望を確認しつつ、「発掘の方法なども勉強できる」と思い、クラブ活動として正式に参加を決定する。そして、発掘の経験を通じて「技術面ばかりでなく精神面でも学ぶ点が多かった。とくに、〝集団の力・協力の大きさ〟をあらためて知ることができたのは大きなプラスであった」とする(60)。長野高校の野尻湖発掘との関わりは、他の中学・高校のクラブ活動に比べれば短期的なものである。しかし、顧問である男性を中心とするクラブ活動の延長線上に野尻湖発掘は位置し、参加した生徒の意識に変化をもたらした。

**【松本県ヶ丘高校】**（長野県）

松本県ヶ丘高校からは第二次発掘に四名の生徒が参加している。名簿上では不明であるが、当時この高校の教員で、信州ローム研究会に所属していた考古学研究者の男性が生徒を連れて参加したと考えられる。この男性は一九六〇年代から県ヶ丘高校風土研究部の活動として、青木湖周辺や乗鞍高原一帯における遺跡の分布調査を行なって、「縄文ミチ」の存在を想定したとされる。

小学校六年生の時に熊久保遺跡の調査でこの男性教員とはじめて出会い、その後、一九六五年に県ヶ丘高校に入学し風土研究部に在籍してこの教員に学んだ生徒もいる。この他にも県ヶ丘高校には、信州ローム研究会として古屋敷遺跡の調査に参加したメンバーが関係し、高校のクラブ活動が地域的な考古学研究コミュニティの醸成に寄与していった(61)。つまり、高田平野についての団体研究参加者を顧問とする新井高校の野尻湖の総合研究と同様に、考古学分野においても高校のクラブ活動が非職業的研究者による発掘調査を支えていた。

**【明星学園高校】**（東京都）

明星学園高校の教員として女性教員一名と男性教員一名が第一次発掘に参加している。この段階では引率した自校の生徒はいなかったが、第三次発掘には女性教員の引率で四名が参加し、第四次発掘には上記二名の教員の引率で六名の生徒が参加している。生徒個人の氏名は名簿では明記されていないため、その後の野尻湖発掘への参加を確認することはできない。この女性教員は花粉化石の研究を専門とし、一九五三年の花泉遺跡の調査に参加しており、同じく花泉遺跡発掘調査に参加した男性と共に、野尻湖第一・二次発掘における哺乳類動物化石とその化石群を取り巻く自然環境についての報文をまとめている。野尻湖発掘前史からの調査・研究コミュニティの継続性をここに見ることができる(62)。この女性教員は第四次発掘までで一旦、野尻湖発掘から遠ざかるが、第八次発掘(一九八一)および第九次発掘(一九八四)に再び参加している。一九七九年の野尻湖新聞で彼女は、次のように語っている。

第一次発掘は、研究会的な雰囲気で大学生中心の発掘でした。今のような大がかりではなく、一部屋で勉強会ができるような少人数でした。それが、小学生も参加できる発掘になったことは、一種の科学運動がすすんだということだと思います。第一次発掘では、参加が公認された大人が、なかなか発見できなくて、参加未公認だった中・高生が大物を発見。たき火にあたりながら、『こういう所がでるんだぞ!』などと言って、足で土をひっかいてみると本当に出てきました。大物のそばにころがっていた、じゃまな石と思っていた物が、実はひざのオサラだったのにビックリしました。

何故、頭骨のような大きな物がもっと出なかったんだろうと、不思議に思っていましたら、やっぱり出てきましたネ。子供を連れてくるとは、思ってもいませんでしたねェ。(63)

ここから読み取ることができるのは、第一に、再び野尻湖発掘に参加した段階では、彼女は高校教員という立場ではなく、結婚や出産を経て家族単位での参加形態に変化していることである。初期の野尻湖発掘が学校単位での参加が顕著であるのに対して、第五次発掘以後は家族単位での参加が目立つようになる。彼女の経験は、こうした野尻湖発掘の全体的な傾向と一致している。第二に、初期の野尻湖発掘が小規模な大学生中心の発掘であるのに対して、第五次発掘ではそれまで見られなかった小学生が参加するようになる。後述するように、第五次発掘以降、参加者に占める小学生の割合は徐々に拡大し、低年齢化が進行していく。初期の野尻湖発掘では、「参加未公認」であった中学生、高校生は、第五次発掘以後には正式に参加が認められ、文字どおり誰もが参加可能な発掘調査へと変化していった。彼女が残した言葉は、初期の野尻湖発掘から第五次発掘以後に至る野尻湖発掘の変化を物語っていた。

**【直江津高校】**（新潟県）

直江津高校は上田高校と同様に第三次発掘から、男性教員を引率者として四名の生徒が参加している。この男性教員は高田平野グループの一員として団体研究に参画してきた延長線上で、生徒と共に野尻湖発掘に参加している。直江津高校は第四次発掘にも別の男性教員を顧問として八名の生徒が参加している。この男性教員と野尻湖発掘との関わりは、生徒と共に参加した第四次発掘でしか確認できない。だが、実際には歌代勤と共に有孔虫化石研究に携わるなど、新潟県内の地質学・古生物学研究のコミュニティに属していた(64)。こうしたことからも直江津高校の野尻湖発掘参加はクラブ活動単独ではなく、その顧問である教員の研究活動の枠組みの中で、生徒が引率されてきたことがわかる。

**【鷺宮高校】**（東京都）

鷺宮高校からは、男性教員とその生徒が野尻湖発掘に参加している。教員になる以前、この男性は一九四七年に北海道大学工学部鉱山科に入学したが、翌年には理学部地鉱学科に転部し、同時に地団研に入会している。同校に勤務するかたわら、貝化石の脱灰化研究やサルボウの飼育実験、変形アサリや変形ナミガイの研究に取り組んできた。こうした個人研究は、東京教育大学の大森昌衛や資源科学研究所など、地団研関係者の協力によって行なわれた。また、地学巡検を授業に取り入れ、一九七八年からは富士山における高山植物や噴火口列を生徒と共に観察するプログラムを実践している(65)。鷺宮高校の生徒が野尻湖に参加したのも、この男性の研究と教育に対するこうした活動の一環として引率されている。なお、この男性の野尻湖発掘参加については、第四次発掘から第七次発掘(一九七八)まで継続し、貝類グループに所属していた(66)。ここでもまた、教員の研究活動の中で、勤務する自校の生徒をフィールドワークへと導いている。

**【吹田高校】**(大阪府)

第四次発掘に吹田高校の生徒共に参加した男性教員は、宍道湖等における珪藻化石研究を行なっている人物である。一九七〇年に「野尻湖の水域特性と堆積に関する研究」(67)を斎藤豊ら豊野層団体研究グループ関係者と共に発表するなど、一九六〇年代後半から七〇年にかけて男性の研究対象は、野尻湖における珪藻遺体であった。同時に野尻湖発掘に参加していることから、地学教育としての立場だけでなく、自身の研究活動の過程として野尻湖発掘に参加していたと推察される。

野尻湖発掘の初期段階における参加高校の数は、発掘調査を重ねるたびに増えていった。教員だけのグループや生徒だけのグループを含めると、第一次発掘では四校であったが、第二次発掘では六校、第三次発掘では七校、第四次発掘では一三校にまで増大している。第四次発掘から参加した高校としては篠ノ井高校の生徒五名、長野西高校から男性教員二名、玉川附属高校の生徒一名、屋代高校の生徒四名、鷺宮高校の男性教員一名と女性教員一名および生徒一七名、吹田高校の男性教員一名と生徒二名が参加している。また、古屋敷遺跡の調査に参加した在野系考古学者の男性は、第四次発掘当時、長野西高校の教員として、野尻湖発掘には第一次から第四次まで参加している。

## 4　地方国立大学――信州大学・新潟大学・群馬大学

すでに述べてきたように、特定の地域を対象とするローカルな研究の一部は、地方国立大学の研究室を基礎としていた。東京教育大学をはじめとする地団研会員の学生が、各地の大学に赴任することで、「僻地方針」に基づいた調査・研究活動を展開することになる。その過程で彼らの教え子たちが、大学時代におけるフィールドワークの経験を通じて、地質学研究に必要な知識や技術を身に付けていった。やがて卒業後に主に初等・中等教育の教員となったのちも、非職業的な研究者コミュニティの一員として調査・研究活動に携わることになる。その一部が、豊野層団体研究会であり、高田平野グループであった。初期の野尻湖発掘が大学生を中心としていたように、これら地方国立大学の学生が野尻湖発掘の運営に大きな役割を果した。同時に、卒業後も野尻湖発掘を支える人材が育成されたのも、この野尻湖発掘の初期である。主に初等・中等教育教員という立場の中で、彼ら（彼女ら）が教え子と共に、さらには家族と共に野尻湖発掘に参加することは、その次の世代を育成するという意味でも重要であった。(Figure18)

### 【信州大学】

初期の野尻湖発掘に参加した大学のうち参加人数が最も多いのが信州大学である。第一次発掘では教員として、団長の鈴木誠のほか、西沢寿晃と亀井節夫、藤田敬が信州ローム研究会の肩書で参加し、斎藤豊が豊野層団体研究グループの一員として参加している。学生は教育学部学生四名、文理学部学生三名が参加しているが、その具体的なメンバーは名簿に記されていない。

第二次発掘には、第一次発掘の教員に小林国夫と横田義章が加わり、学生は八名が参加している。このうち二名は卒業後に豊野層団体研究グループのメンバーとなり、研究活動を続けていった。

第三次発掘には教員として、地質学科技官の藤田敬（一、三〜四、六〜七次）が加わり、学生は二三名が参加している。この学生として参加した一人に那須孝悌《たかよし》がいた。那須は信州大学を卒業後、京都大学大学院を経て、一九七三年に大

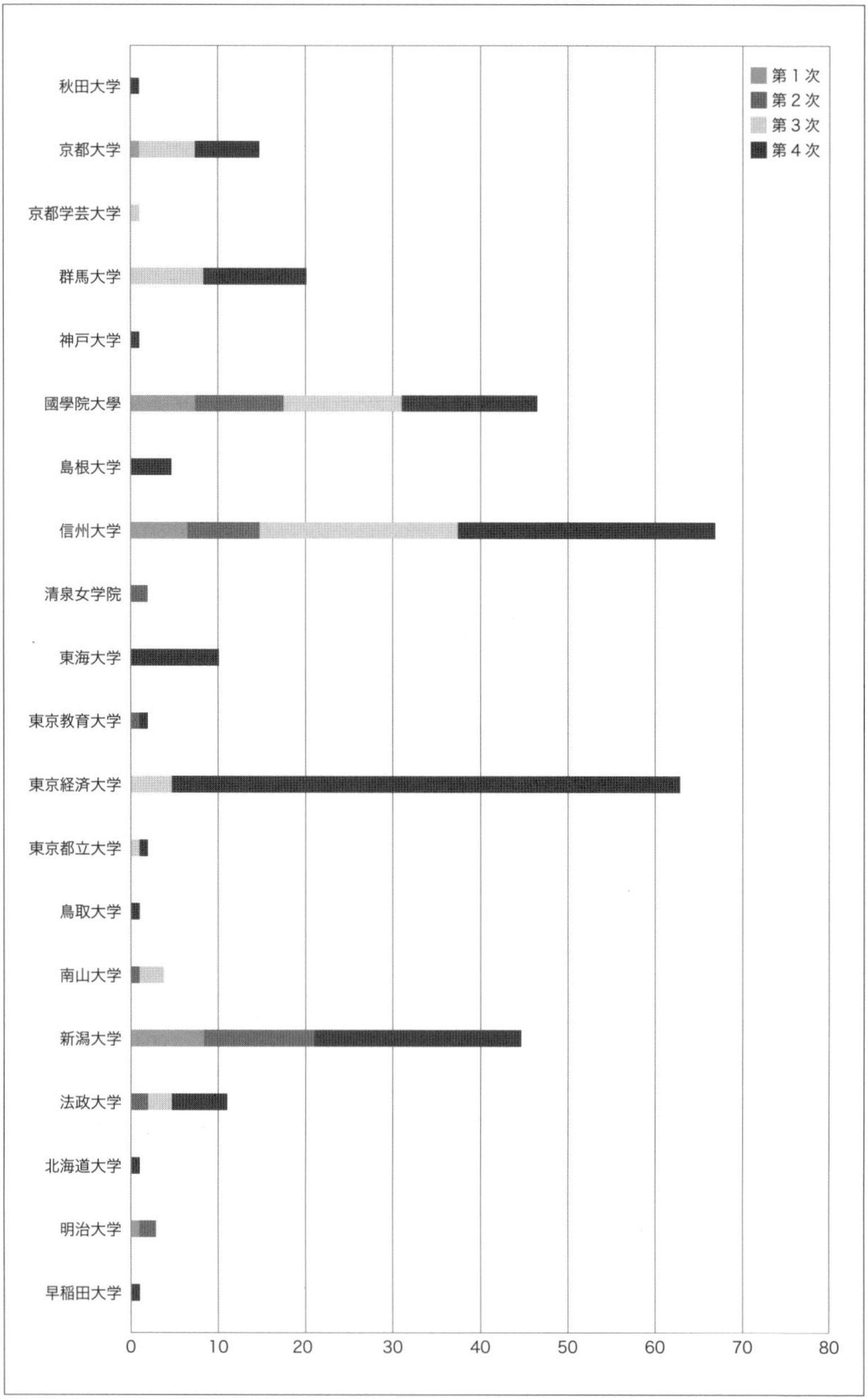


Figure 18　大学別初期野尻湖発掘参加者数（人）

阪市立自然史博物館（当時は自然科学博物館）の学芸員となっている。専門は古花粉学（古植物学）で、一九七九年には野尻湖花粉グループ事務局を担っている。一九八〇年代から野尻湖から検出される花粉や植物の研究は那須を中心に展開した(68)。また後述する野尻湖友の会の一つである、阪神わかやま友の会の代表となっている。市民参加型フィールドワークから博物館活動へと展開させてきた那須の活動は、野尻湖発掘の社会的な意義を考える上で多くの示唆を含んでいる。

第四次発掘に参加した信州大学のメンバーをみると、教員では第三次発掘のメンバーに動物学の池田雄一郎と応用地質学の郷原保真が加わっている。学生は二九名が参加し、二一名の学生が第四次発掘のみの参加である。中には、すでに述べたように、第二次発掘に高田高校の生徒として参加した人物が含まれている。ここで参加した学生の多くが、地質学関連の論文を発表すると共に、卒業後に長野県内の初等・中等教育教員となったのちも、豊野層団体研究グループの一員となるなど、研究活動を継続させていった。(69)

以上のように野尻湖発掘の第一次から第四次までの信州大学関係者の参加を概観すると、以下の傾向を抽出することができる。第一に、大学の教育課程と論文作成が連動していることである。例えば、第四次発掘から参加した者は、特にこの発掘のみの参加にとどまる傾向にある。第四次発掘のみの参加者の中でも研究論文を発表している者が存在するが、その発表年代は一九六七・六八年に集中している。この状況から推察すると、大学一・二年生の時に野尻湖発掘を経験したのち、大学四年生ないしは卒業後すぐに卒業論文としてまとめたものを学術論文として雑誌に投稿したと考えられる。第四次発掘に参加した女性が、野尻湖発掘による資料を分析対象にしていることは、野尻湖発掘から卒業研究へという流れが想定できそうである。このように考えると、信州大学という単位での野尻湖発掘への参加は、大学教育という性格が強く、参加する学生にとっては単位取得課程の一部として組み込まれていたと想定できる。その一部の人々が、その後の野尻湖発掘を支えていった。それゆえに、大学の研究室単位での参加から、小中学校単位あるいは家族単位での参加が主流となっていく第五次発掘以後は、大学教育の一環としての性格は後景化していく。

このことは、信州大学の卒業生を中心とする豊野層団体研究グループの活動とも関連していた。

第二に、初期野尻湖発掘に参加した信州大学学生の中には全く学術論文を発表していない者も少なくない。理由は、名簿上は教育学部学生となっているが、必ずしも地学教育課程の学生だけが参加していたのではないことにある。発掘調査を重ねるにつれて、参加学生の所属分野も多岐にわたり、地質学研究あるいは地学教育研究の学生だけでなく、これら以外の専攻学生が野尻湖発掘に参加するようになる。ただし、これらの学生が第五次発掘以降に継続的に野尻湖発掘に関わることは無かった。同時期に参加した、地質学や地学教育を専門としない学生もまた、一時的な参加にとどまっていることと共通していた。

第五次発掘以後は、地質学や地学教育以外を専門とする参加者が継続的に調査・研究に関わる姿が確認できる。例えば、元々化学を専攻していた男性は、塩川団体研究グループの活動に参加した延長線上で野尻湖発掘に参加し、野尻湖珪藻グループの設立を契機に珪藻の研究に関わるようになっている。こうした専門外の人々を野尻湖発掘が受け入れ、調査や研究活動の中心へと育て上げるシステムは、野尻湖発掘調査団内に専門グループが整備されたことに負うところが大きい。これに対して、専門別グループが整備されていなかった第四次発掘までは、地質学や地学教育以外の専門性を持つ人々を受け入れ、それらの人々の長期的な野尻湖発掘との関わりを育む体制にはなかった。

**【新潟大学】**

では信州大学のグループと同様に、地元の小・中・高校の教員を輩出し、その中でも地学教員を高田平野グループとして組織化してきた新潟大学の場合はどのように参加していたのか。

第一次発掘では、歌代勤を中心に九名の学生が参加しているが、その氏名は公表されていない。第二次発掘には一二名が参加している。このうち九名は、第二次発掘のみの参加である。参加者の一人が、「佐渡国中平野のボーリングコアの有孔虫化石について（新潟県の第四系、その三）」(70)を発表しているように、「新潟県の第四系」シリーズは、新潟県内における団体研究グループの研究成果の発表の場となっており、野尻湖発掘への継続参加は認められないものの、地質学における集団的な調査・研究活動に卒業後も関わっていることがわかる。また、参加者の中には、教育学部数学科所属の学生や材料科学を専門とする学生もおり、必ずしも地質学専攻生だけで構成されていた訳ではない。次の第三次発掘では歌代の他、学生が参加しているが人数、氏名ともに明記されていない。第四次発掘では、学生では文理学部から一四名が参加し、同大高田分校からは一〇名の学生が参加している。

このように新潟大学の学生の場合、信州大学と異なり氏名が明記されていないために、個々人の野尻湖発掘に対する関わり方の詳細は不明である。しかし、明記されている第二次発掘の参加者を見る限り、卒業後に高田平野グループとの関わりが確認できる者はなく、短期間のうちに野尻湖発掘との関わりが途絶えてしまう学生が多い。その背景として、参加した学生の専攻は必ずしも地質学ではなく、数学教育や材料科学など多様性に富んでいることから、大学院進学や就職を機に野尻湖発掘との関わりが途絶えてしまう者が少なくなかったことがある。それでも、地団研高田支部の活動や高田平野グループの中心的なメンバーを新潟大学が輩出してきたことには変わりはない。多くの卒業生が進学や就職を機に離脱する中で、新潟県内における日常的なフィールドワークに関わる人々が、その延長線上で野尻湖発掘を支えていった。

**【群馬大学】**

野尻湖が所在する長野県の信州大学と県境を接する新潟県の新潟大学に加え、地理的に近接する地方大学として群馬大学の教員と学生のグループが野尻湖発掘に参加していた。信州大学や新潟大学と同様に、地方の師範学校を組み込んで初等・中等教育の教員養成課程を有してきた群馬大学は、第三次発掘から参加が確認できる。

第三次発掘では、教員である新井房夫と共に、九名の学生が参加した。このうち六名は第三次発掘のみの参加である。この時点での参加者の多くは、群馬県内の初等・中等教育教員になっている。一方で、「群馬県西部妙義地域の地質（その一）」(71)、「オホーツク海産鮮新統の Odobenus（セイウチ属）化石」(72)、「下仁田構造帯」(73)といった論文に見られるように、地域単位での研究組織を立ち上げ研究活動を継続している。長野県や新潟県と同様、群馬県においても、こうした日常的に関わりを持つ研究者コミュニティを基本として、その延長線上において野尻湖発掘に参加する人々が存在した。もちろんこれらの群馬大学出身者は、研究者の立場としてだけでなく、自校の生徒を引率するという教育的目的を持って野尻湖発掘に参加していた(74)。

第四次発掘では、引率教員は確認できないものの、群馬大学からは一一名の学生が参加している。このうち九名は、第四次発掘のみの参加である。また、これらの人々は第四次発掘参加当時、学芸学部の所属となっており、卒業後は中学・高校の教員となっている者がいる。

このうちの一人は、一九六九年に「群馬県追貝付近の第三系」(75)を七名の共著者と共に発表している。その後、一九七六年には「群馬県猿ケ京南西部のグリーンタフ新第三系について」(76)を上越南部グリーンタフ団研グループとして発表している。この論文の共著メンバーの内訳は、群馬大学教育学部学生六名、小学校教員二名、中学校教員四名、高校教員八名、養護学校教員一名となっており、群馬大学教育学部学生とその卒業生である小・中・高の教員で構成されていた。野尻湖発掘に参加した群馬大学の学生もまた、群馬大学出身者を中心とする地質学研究者コミュニティの一員として、少なくとも六〇年代後半から七〇年代にかけて研究活動に取り組んでいたことがわかる。

このように第四次発掘は、長期休止期間に入る前の段階でもあることから、群馬大学の学生や卒業生にとっても、この第四次発掘のみが野尻湖発掘との関わりになった者が多い。第四次発掘以降の野尻湖発掘や群馬県内における地質学研究に関わってきた一部の人々を除けば、継続的な発掘調査や研究に関わった人物は少数派であった。論文の発表時期が一九六〇年代後半に限定されていることからも、就職や進学を機に野尻湖発掘や団体研究から遠ざかってしまう者が多かった。

群馬大学の事例においても、信州大学と同様に、大学の研究室における人的ネットワークを基盤として、群馬県内の団体研究に関わる学生が多く、その延長線上で野尻湖発掘との関わりを持つ者が少なくなかった。さらにこうした参加者のうち、教員養成系の学部学生を中心に卒業後も継続的な調査・研究に関わる者が存在した。また、一九七〇年代後半には秋間団体研究グループの活動に見られるように、団体研究は出身大学や出身地域に関係なく、多様な人々が共同で研究を展開する場となっていた。こうした参加者の多様性は、野尻湖発掘における共同的な調査・研究体制の確立とも時期を同じくしていた。

以上のように、地方大学は地団研会員を中心に、ローカルな共同的調査・研究活動を支え、再生産する機能を果たしてきた。そこで重要なのは、大学教員と大学院生、学生で構成する研究・教育コミュニティにおいては、フィールドワークという行為を通じて、〈知〉の創出だけでなく、人材育成や情報の共有が図られていることである。後述するように、一九九〇年代においても教員と学生、先輩と後輩という上下関係の中で、情報の伝達や過去の〈知〉を共有する大学教育のシステムは有効に機能し、団体研究や野尻湖発掘を支えている。野尻湖発掘初期の地方大学における教育システムの詳細を確認することは資料の制約上難しい。しかし、共に行動する中で実践的に学ぶという行為は、初期の野尻湖発掘においても共通していると推察される。そして、そのシステムは、豊野層団体研究グループや高田平野グループのような団体研究の場においても機能していたと考えられる。

## 5　旧帝大系――京都大学

教員養成課程を持つ地方国立大学のグループと対照的なのが、京都大学のグループである。京都大学関係者の野尻湖発掘への関わりは、第一次発掘に酒井潤一が当時大学院生として参加しているものの、大学として本格的に参加するようになるのは、一九六四年の第三次発掘からである。信州大学や新潟大学、群馬大学の場合、地質学専攻生だけでなく、教育学部の地学教育課程の学生を数多く含んでいたため、卒業後の進路はそれぞれの大学が立地する地域の初等・中等教育の現場であったが、地質学を専攻する京都大学のメンバーは、各地の大学に赴任し職業的研究者となる者や石油採掘会社等の民間企業へ就職する者が中心である。

第一次野尻湖発掘に京都大学の大学院生として参加した酒井潤一は、一九六一年に信州大学文理学部を卒業したのち京都大学大学院を経て、一九六七年に新設された信州大学理学部地質学教室に赴任し、第四紀学を専門としてきた。一九九三年には野村哲のあとを引き継いで、野尻湖発掘調査団長をつとめ、野尻湖発掘調査の報告を発表するなど、野尻湖発掘と深い関わりを持ってきた人物である。

つづく第二次発掘では、信州大学から京都大学へ転任した亀井節夫が参加しているが、まだ学生の参加はない。第三次発掘では、亀井の他、七名の大学生・大学院生が参加している。これらの参加者は、酒井を除けば第三次・第四次発掘のみの参加である。

第四次発掘では、教員として亀井節夫と石田志朗が参加し、その他九名の大学生・大学院生が参加している。このうち大西郁夫、酒井潤一を除けば、第四次発掘のみの参加にとどまっている。当時学生として参加した大西は、一九五七年の京都大学理学部入学と同時に地団研に加入し、地団研京都支部に所属する一方で、深草団体研究や西山団体研究にも参加している。また、この第四次発掘に参加した大学生・大学院生の多くは大学教員として各地の大学に赴任している。

以上のように、初期の野尻湖発掘に参加した京都大学の教員および学生のうち、野尻湖発掘調査団長をつとめた亀井や酒井、野尻湖花粉グループを組織した大西を除けば、野尻湖発掘との関わりは短期的・局所的な参加であった。その理由は、野尻湖やその周辺にフィールドを持っていなかったこと、野尻湖発掘に関わるまでの背景が異なっていたことにある。大学教員として赴任した先の大学周辺地域をフィールドとする人々にとって、野尻湖は中心的な研究対象ではなくなっていく。また、第一次発掘から参加してきた酒井は、京都大学のメンバーである以前に野尻湖発掘とのつながりが深い人物であるのに対して、その他の学生は大学の研究室コミュニティないしは地団研の一員として部分的に参加していた。それゆえに、卒業や進学を機に、野尻湖発掘から足が遠のいてしまう人々が多かった。こうした状況は、卒業後も初等・中等教育に携わる教員として継続的に野尻湖発掘に関わる者が多い、信州大学や新潟大学、群馬大学の出身者とは対照的であった。卒業後に職業的研究者となる者の割合よりも、初等・中等教育教員として自校の生徒を引き連れて参加する者の割合が多くなっていくことが、その後の教育的側面が強調されるようになっていく野尻湖発掘の性格を決定づけていった。

## 6 〝自前の精神の欠乏〟――東京経済大学

京都大学のグループと同様に、野尻湖発掘との関わりが短期的であったのが、東京経済大学の学生であった。しかし、野尻湖発掘から遠ざかってしまう背景は全く異なっている。東京経済大学のグループの野尻湖発掘との関わり方から、初期の野尻湖発掘が参加者にもたらした意味を考えてみたい。

豊野層団体研究グループにおける議論を契機に、ナウマンゾウ臼歯化石を発掘調査して、その包含層を確かめることを提案した井尻正二は、第二次発掘がおこなわれた一九六三年から一九六九年の間に東京経済大学教授をつとめている。このため井尻は、一九六四年の第三次および一九六五年の第四次野尻湖発掘にゼミ生を引率して参加している。さらに、一九六七年には信州ローム研究会と共に、井尻率いる東京経済大学の学生が栃原遺跡の調査に参加している。

参加者数に着目すると、第三次発掘に参加した学生は五名であったが、第四次発掘では飛躍的に参加人数が増え五八名の学生が野尻湖発掘に参加した。第四次発掘に参加した信州大学学生が二九名、新潟大学学生が二四名、群馬大学学生が一一名、京都大学学生が九名であることと比較すれば、いかに多くの東京経済大学学生がこの発掘に参加していたかがわかる。ところが、参加者数の多さとは対照的に、第三次発掘、第四次発掘ともに参加した東京経済大学の学生は、その後の野尻湖発掘への参加が完全に途絶えてしまう。また、彼ら（彼女ら）が発表した論文についても確認できない。野尻湖発掘だけでなく、研究活動とは無縁の道を歩んでいったものと考えられる。

井尻によって引率され、大勢の学生が野尻湖発掘に参加しながら、このような他大学とは対照的な結果を生み出した東京経済大学学生のおかれた環境とはどのようなものだったのだろうか。

井尻は一九六八年に大学紛争や大学の大衆化といった当時の社会情勢を踏まえつつ、大学や大学生のあり方についてのエッセイを残している。世間では、当時の大学紛争の目的が、日米の反動教育政策の打倒にあるとされてきたが、「しかし、打倒の方法は教えてくれません。ヘルメットと角材でしょうか、声だけだすデモでしょうか」と疑義を呈し、「大学というところは「精神労働者」を育成する場所」として定義づけた上で、誰もが「精神労働者」に向いているわけではないと述べる。それは、井尻自身が学生を教育する中での次のような出来事とも関連していた。

大学のある講義の中で井尻は、「先生が講義をして、学生がノートをとる、という方式」をやめて、「教科書をあらかじめ学生諸氏が勉強してきて、まず質問をうけ、次に内容を補足説明する、という方式と、その日の課程を学生諸氏が交替で報告し、質疑応答を学生間でおこない、それから内容を解説する、という方法」をとることにした。

これに対して、大学の講義を受けた学生の中から「もっと懇切に教えてほしかった。そのほうがよい講義だ。誰もが化石学者になるわけではないから」との抗議を井尻は受けた。井尻は、「このような心情の持主は、精神労働者の養成所である大学へ、とりわけ理学部などへは入らないほうがよい」とした上で、「このような自前の精神の欠乏は、現在すべての大学にみられる風潮」と批判する。そして、最終的に井尻は東京経済大学での六年間の大学教員生活の結論として、「いかなるシゴキにもたえて、先輩のもっている知識を吸収する、という精神の持主、逆にいえば、「無条件降伏」して再建する者以外には、科学を教えても無駄だ」との境地に至ることになる(77)。

「先輩のもっている知識を吸収する」といった、先輩と後輩といった人間関係を前提とした学習の方法は、後述するように、野尻湖発掘のような市民参加による発掘調査を支えるシステムとなっている。こうしたコミュニティに帰属しながら主体的に科学的〈知〉を獲得することを、井尻は教え子である学生に期待していたに違いない。野尻湖発掘や栃原遺跡発掘へ大量に学生を引率していることからも、学生に対する井尻の期待の大きさがわかる。しかし、発掘に参加した学生のその後に発掘調査や研究への関わりが見られないように、井尻の期待どおりにはならなかった。

この背景の一つには、東京経済大学の学生が地質学専攻や地学教育専攻ではないために、継続的な野尻湖発掘への興味を持っていなかったことがある。それゆえに、「誰もが化石学者になるわけではない」という一学生の感想が講義の際に寄せられたことも当然であったと言える。第五次発掘まで見られるこうした動員型の生徒や学生による野尻湖発掘への参加は、井尻が「自前の精神」とよぶ主体性が伴っていなかったために、単発的な参加にとどまっていた。これが第四次発掘のもつ側面の一部であった。

もう一つの背景として、教育・学習システムの不在があった。井尻が学生批判を展開したのには、井尻自身が、従来の大学教育が教員と学生、先輩と後輩といった人間関係を基本とした、広義の徒弟制度としての教育システムを前提としていたことがある。そして、その先には職業的研究者の育成までが視野に入っていた。野尻湖発掘に参加してきた、地質学科や地学教育課程を持つ地方大学のように、徒弟制度的なコミュニティの中で情報の共有や学習が可能となる環境が比較的整っている場合、その環境を野尻湖発掘にも持ち込むことができた。ところが、こうしたコミュニティを介した調査・研究と学びが連動するシステムが無い大学コミュニティの場合、発掘調査に参加してもその場限りで、継続的な発掘調査への参加には結びつきにくかった。

つまり、野尻湖発掘との関係を一旦築いた人々が、その後も長期的に関わりを持てるようなシステムが、初期の野尻湖発掘には存在しなかった。もちろん、野尻湖発掘参加者の誰もが「化石学者」になるわけではないのは、現在でも同じである。それでも現在では、地質学や地学教育以外の専門分野を持つ人々が継続的に野尻湖発掘に参加しているケースが存在する。現在とは対照的な初期の野尻湖発掘の事例が示すのは、発掘調査という場では、多様な属性の人々が集まるだけでは、必ずしも教育的な効果は生まれないということである。自由意思に基づいて、誰もが参加できるという入り口の整備だけでなく、参加者個人の興味や関心を育て、長期的な発掘調査・研究への関与の道を用意する必要がある。野尻湖発掘でこうしたシステムが構築されるようになるには、まだ時間を要したのである。

## 7　東海大学

規模に違いはあるが、第四次発掘の参加大学は一四校にまで拡大した。新たに第四次発掘から教員と学生のセットで参加したのが、東海大学である。教員である星野通平のほか一〇名の学生が参加している。これらの参加学生のすべてが第四次発掘のみの参加である。また、学生の多くは星野の指導する海洋学部の学生であることから、野尻湖発掘への参加は、地団研会員であった星野の影響によるものであろう。

星野は一九四九年に東京文理科大学地質鉱物学科を卒業後、海上保安庁に入庁した。その後、一九六四年に東海大学海洋学部教授に就任している(78)。在学時代から地団研に入会し、井尻正二をはじめ、地団研の初期会員との団体研究に関わってきている(79)。反プレートテクトニクス論者であり、大規模海水潤上昇説にはじまる地球膨張説を提唱してきた。こうした星野の仮説は、井尻の業績や著作がもとになっていることを明かしているように、井尻正二の影響を強く受けている。

この星野が野尻湖発掘に教え子である東海大学の学生を参加に導いたのは、当然の帰結であった。しかし、そこに参加した学生はその場限りの参加となっており、卒業後も継続的な野尻湖発掘との関わりを持った学生はいない。発表論文に掲載された所属から判明する一部の人々の進路は、海洋調査コンサルタント会社や地質調査会社となっている。この第四次以降も東海大学学生や卒業生が参加しているが、野尻湖発掘に対しては短期的な関わりになっている。

## 8　法政大学

法政大学の学生参加は、第二次発掘から確認できる。第二次発掘は二名、第三次発掘は三名、第四次発掘は六名が参加している。地理学専攻の学生が主体となって参加していたが、第四次発掘終了後を境にして、野尻湖発掘への関わりは確認できなくなる。

ここまでは地質学や地理学、地学教育を専門とする大学人、学生の野尻湖発掘との関わりを見てきた。多分野による共同的な調査と研究を特長としてきた野尻湖発掘において、地質学と同様に重要な学問的位置を占めているのが、考古学である。初期の野尻湖発掘に大学単位として、國學院大學、明治大学、南山大学が参加している。これらの大学から参加した学生は、どのようなネットワークを持って発掘に参加し、野尻湖発掘にどのような意味を与えたのか。在野系考古学者が在籍していた信州ローム研究会との関係を軸に考えてみたい。

## 9 信州ローム研究会と國學院大學・南山大学・明治大学

最初に考古学専攻の学生で初期の野尻湖発掘に参加した國學院大學から確認していきたい。豊野層団体研究グループの呼びかけによって参加した信州ローム研究会については、すでに述べたように、単独での調査が強調されていた。それはこの研究会が学際的な側面を強調しつつも、実態としては旧石器考古学研究を専門とするメンバーが中心となって野尻湖発掘に参加しているように、学問分野別での独自性がメンバーに強く意識されていたことに表れている。この調査に協力したのは当時考古学を専攻していた國學院大學や明治大学の学生であった。

信州ローム研究会の参加メンバーには、調査団長をつとめた鈴木誠（一〜四次）、樋口昇一（一〜四次）、森嶋稔（一〜五次）のほか、國學院大學の学生として、小林達雄（第一次〜第四次）らがいる。当時大学院生だった小林は、その後、文化庁文化財調査官等を経て、一九八五年には國學院大學教授となっている。また、小林以外のメンバーについても、野尻湖発掘参加後も考古学あるいは埋蔵文化財行政との関わりを持っている。しかし、それにもかかわらず、第四次発掘までで参加は途絶えてしまう。

一方、明治大学からの参加学生は、第一次発掘に一名、第二次発掘は二名である。このうちの一名については、その後も考古学研究の継続性が認められるが、いずれにせよ野尻湖発掘との関わりは限定的である(80)。また、南山大学からは第二次発掘に考古学科の学生一名が参加、第三次発掘に当時南山大学助手の早川正一のほか学生二名参加しているが、その後の参加は確認できない(81)。

地質学や古生物学を専攻する学生と比較して、考古学を専攻する学生の関わりは、長期の休止期間に入る直前の第四次発掘までで途絶えてしまう。この背景には、第一に調査対象としての野尻湖が地質学や古生物学研究中心になりやすいという資料の性質上の問題があること、第二に調査・研究方法を巡る立場や考え方の違いが存在したこと、第三に大学の考古学研究室が独自に発掘調査のための現場を抱えるようになったこと、の三点があげられる。

第一の点は、今日の野尻湖発掘における学際性の問題とも関連する。出土する資料数や内容と、それに関わる研究者の数や内容は連動し、当該分野の出土資料の数が多く、内容が豊富であるほど、それを専門とする研究者の数は増える。例えば、ナウマンゾウ化石等の出土資料中に占める割合が高ければ、必然的に地質学や古生物学研究に関わる研究者が多く参加し、反対に考古資料のように、出土点数が少なく、他の遺跡でも同様の研究対象となる資料が得られる研究の場合、それに関わる研究者の数は相対的に少なくなる。

第二の点については、第一次発掘に参加した研究者コミュニティの来歴と関連する。民主主義科学者協会(民科)を通じて思想的な背景を持ってきた地団研会員と、思想的背景を持たない研究者との考え方の違いが存在してきた。「国民のための科学」に基づく、「僻地方針」に沿った科学運動の流れをくむ地団研メンバーにとってみれば、研究環境の改善や新たな研究領域の開拓と同時に、「大衆」に寄り添って発掘調査や研究を進めること自体にも意味を見出していた。しかし、こうした運動論的な背景を持たない人々にとっては、〝誰と掘るのか〟という問題はあまり重要ではなく、むしろ研究対象として〝何を掘るか〟が重視されていた。また、第五次発掘段階で、刃物で切ったような切り口の木材が発見され、人為的な加工を示すものとして安易に結論づけられた(82)。このように、結論が先行しがちな調査・研究手法に対する考え方の違いもまた、考古学専攻者の野尻湖発掘からの離脱を促した。

なお、非職業的研究者の学術調査への参加という点では、明治大学に限っては事情が異なっていた。その理由は明治大学の考古学研究者と地団研や在野系考古学者との関係にあった。地団研と明治大学の考古学関係者との関わりは、一九四九年の相沢忠洋による旧石器発見を介して、関東ローム層と人類遺跡に関する議論が進展したことに端を発する。相沢が旧石器を採集した地点で明治大学の杉原荘介と芹沢長介は、ローム層に旧石器が包含されていることを確認しており、一九五一年には地団研東京支部例会において、杉原が「考古学者からみた関東ローム層」という講演を行なっている(82)。他方で、地団研の活動では、一九五八年の花泉遺跡における獣骨化石の発掘に相沢が参加するなど、地質学研究者と相沢が行動を共にすることも珍しくなかった。このように従来、同じ土俵で調査・研究することのなかった地質学者と考古学者が共同的な調査や研究を行なうことが必要となった学問的環境や、相沢のような在野系研究者との協力関係が構築される中で、明治大学の杉原荘介や芹沢長介と地団研とが接近するようになっていく(84)。

また、直接、野尻湖発掘に参加していないものの、明治大学の戸沢充則は市民の手による発掘調査の社会的な意義について意識していた。例えば、一九七〇年代後半に実施した「多摩湖遺跡群」の調査は、当時、東大和市の文化財専門委員であった戸沢が会議の席上で「野尻湖の発掘にならって市民参加でおこないましょう」と発言したことが契機となって、戸沢と明治大学学生を中心とした市民参加により遺跡調査が行なわれている(85)。

野尻湖発掘における市民参加方式は、戸沢のように、実際には参加せずとも学術調査における市民の直接的な関わりに対する問題意識を持ち合わせていた人々の参照枠として働いていた。長野県出身の戸沢自身が、信州ローム研究会に所属していた藤森栄一や樋口昇一などの、長野県在住の在野系考古学者と深い関わりの中で研究活動に取り組んできた経緯も遠因となって、市民参加型発掘の一つのモデルケースとして野尻湖発掘が意識された可能性を指摘できる。このように、明治大学学生の野尻湖発掘に参加には、國學院大學の学生とは別の背景が存在した。明治大学関係者の場合、〝誰と掘るのか〟というテーマもまた重要視されていたのである。

もう一つ重要なことは、直接的な野尻湖発掘への関わりが無くとも、もしくは関わりが途絶えてしまっていても、野尻湖発掘の思想的系譜が引き継がれる可能性があるという点である。このことは、野尻湖発掘が社会に与えた影響を考える上で示唆に富む。

第三の点については、例えば、國學院大學に小林が教員として着任した際、一九七九年に新潟県中魚沼郡中里村の壬遺跡で考古学実習を行なったのを皮切りに、山形県や長野県、北海道で発掘調査を重ねていくように、それまでの各大学の有志による合同調査から大学独自で発掘調査を実施する形態へと移っていったことが挙げられる(86)。かつては、信州ローム研究会などの多様な背景を持った人々の集まりの中に、アカデミズムが混じり合う余地があったものの、次第に大学が行なう発掘調査は学術研究の名のもとに、特定の大学関係者だけで構成された調査へと性格を変えていく。それは、考古学実習のように、大学教育のプログラムの一部に組み込まれ、職業的な考古学者を育成する場として、発掘調査事業が整備されていったこととも関連していた。

そして、このことが今日の埋蔵文化財保護行政のあり方を規定していく一つの要因ともなっていく。大学ごとに考古学実習のための発掘現場を抱え、そこで育成された人材が各地の地方自治体の文化財保護行政を担っていったのである。大学が独自に抱える発掘現場等で考古学研究の作法を身に付けた卒業生が、埋蔵文化財行政を担当することは、それまで社会教育行政の片手間として行なわれていた埋蔵文化財行政の調査水準を維持・向上させることに寄与した。こうしたメリットの一方で、一九七〇年頃まで存在した、文化財保護行政と在野系研究者との関わりや市民の直接的な参加、学際的な調査環境が失われていった。調査の効率性や調査者の専門性の確保の名のもとに、発掘調査は学術的な〈知〉の形成や記録保存に特化していく。この過程で参加による学びという、発掘調査の社会教育的可能性もまた省みられることは無くなっていく。

これに対して、野尻湖発掘は独自の調査・研究・学習システムを構築することで、年齢や専門性に限定されず、市民の自由な参加を受け入れてきた。ここには、大学の教育課程や埋蔵文化財行政が失ってしまったものが存在する。もちろん、初期の野尻湖発掘にも調査や研究面での問題があって、考古学専攻者の離脱を招いたことは事実である。それでもなお、発掘調査における市民の関わり方や発掘調査の存在が地域社会に与える影響は、野尻湖発掘の事例から検証される必要がある。

また、ここで指摘できることは、考古学専攻課程を持つ大学教育のあり方である。考古学専攻課程は、考古学の調査・研究の作法を学生が身に付ける場であることには違いない。しかし同時に、考古学研究や埋蔵文化財行政の現場が、常に実社会との緊張関係におかれている状況からすれば、考古学専攻者は自ずと市民参加論や説明責任を避けて通ることはできない。冒頭で述べたように、筆者もまた就職を機に考古学と埋蔵文化財行政の違いを初めて肌で感じることになった。だからこそ、大学教育の中で社会と考古学との関係や埋蔵文化財行政の在り方に対する教育が、より積極的に行なわれるべきだろう。

## 10　在野系研究者の離脱

これまで見てきたように、特定のフィールドで調査・研究をしてきた在野系研究者は、アカデミックな発掘調査という場に独自の視点や情報を組み入れ、結果的に野尻湖発掘参加者の属性に幅を持たせた。しかし、考古学専攻課程を持つ大学関係者が野尻湖発掘から距離を置くようになると同時に、在野系研究者は野尻湖発掘から徐々に姿を消すようになる。

長野県内のフィールドで調査・研究してきた在野系研究者のコミュニティでもあった信州ローム研究会のメンバーに着目してみたい。古屋敷遺跡や栃原遺跡の調査に関わってきた小松虔は、一次から五次および七次に参加した。栃原遺跡の調査に関わった由井茂也は、第四次発掘のみの参加である。すでに述べたように、森嶋稔は一～五次、樋口昇一は一～四次に参加している。いずれも野尻湖発掘の参加は、一九七〇年代まででほぼ途絶えている。

また、諏訪考古学研究所のメンバー四名は、第四次発掘のみに参加している。諏訪考古学研究所は、諏訪市出身の在野系考古学者である藤森栄一が主宰した研究所であり、この活動を通じて多くの在野系考古学者が生まれた(87)。諏訪考古学研究所のメンバーの野尻湖発掘への参加は、長野県内におけるローカル研究の系譜が、野尻湖発掘という場を通じて、地質学を主に専門とし、アカデミズムの中で育まれてきた研究者の系譜との接点を持つようになったことを象徴している。さらに重要なことは、こうした在野系研究者の野尻湖発掘参加が、第四次発掘ないしは第五次発掘以後、途絶えてしまったことにある。

この原因は次の点にあった。第一に、彼らは単独調査・研究の傾向が強かったことがある。これは戦前・戦中における考古学研究や地質学研究が、新たな資料の発見を蒐集・記載し、その公表自体に意味を持ってきたことが関係している。それゆえに、研究者個人がいかにして新しい資料を発掘し、その成果を公表するかという課題が、地域の考古学や地質学の研究にとって重要な位置を占めていた。しかし、こうした研究者個人によって完結する調査・研究スタイルは、徐々に成立しなくなっていく。その理由は、例えば、考古学研究の進展に伴って、集落跡全域を調査するような、広範囲にわたって遺跡の全体像を明らかにする必要性が生まれ、個人単位での調査・研究では対応できなくなっていたこと、多様な領域の研究者が一つの遺跡の性格を共同研究の中で明らかにする必要が生じたことがある。それゆえに、野尻湖発掘においても、個人研究を中心とする在野系研究者の居場所が失われていった。

第二に、在野系研究者の調査・研究に対する考え方と、地団研のような市民参加や大衆への啓蒙といった運動論的な思想との間に齟齬が生じていたことがある。大学に所属する職業的研究者と地域の在野系研究者との関係は、前者の研究に対して資料や情報を後者が提供する関係にあった。これが、宮本常一が指摘した調査地被害の一側面であった。一方で、ここで同時に宮本が指摘したのは、発掘調査という手法が、職業的研究者の「お手伝い」をすることで、結果的にその地域の在野系研究者が育つというメリットだった(88)。在野研究者のフィールドワークへの直接的な参加は、彼らの調査・研究スキルの向上に一定の効果があった。しかし、それはあくまで在野系研究者を育成したのであって、研究者以外の市民に対して調査の成果が還元されたことを意味していない。

佐藤暁は「郷土史家と大衆」の関係に言及する中で、「郷土史家」は、大学に所属する研究者に情報を提供し、代わりにこうした研究者から多くを学ぶが、「一般大衆に伝えることを忘れている」ために「郷土史家が大衆から遊離していることが、文化財に対する保護思想が大衆のものにならない原因の一つ」と指摘する(89)。こうした在野系研究者による、「大衆から遊離」した調査・研究活動とその大衆への還元を強く意識した野尻湖発掘とは、必然的に相容れない性質のものであった。

発掘調査という場は参加者にとっての学びを成立させるものの、「大衆から遊離」しがちな一部の在野系研究者のように、そこで学んだ参加者が他の参加者を呼び込んだり、あるいは育成したりすることは少なかった。それとは対照的に、初等・中等教育教員とその教え子という学校教育の枠組みで参加した人々は、参加者の成長に合わせて、新たな参加者を獲得し、野尻湖発掘の輪を広げていった。このことが、野尻湖発掘における教育的意義を一層拡大させることになる。

一方で、必ずしもこうした在野系研究者の参加が野尻湖発掘で拒絶されていたわけではない。むしろ、後年には野尻湖における昆虫化石発見に、アマチュア昆虫研究者が関与したように、アマチュアの視点や知識が新たな学問領域の開拓につながっている。初期段階の野尻湖発掘では、アマチュア研究者の〈知〉が共同的な学術発掘という場に適していなかったというよりは、それを受け入れ、野尻湖発掘の次の展開にうまく結びつける回路ができていなかったと言える。

## 第3節　初期の野尻湖発掘参加者における〈知〉の「形成」・「伝達」・「還元」の位相

第一次発掘から第四次発掘までの初期の野尻湖発掘において、発掘調査は〈知〉の形成や共有とともに、参加者の学びにとってどのような意味を持っていたのか。また、開発事業に伴う記録保存を目的とした発掘調査が大規模に展開する以前の段階において、発掘調査という場は遺跡地の地域社会とどのような関係が築かれていたのか。これらの問いを整理するかたちで、改めて野尻湖発掘の初期を論じる。

## 1　地質学研究における〈知〉の形成・伝達・還元の連環

すでに述べてきたように、東京教育大学出身者を中心とする地団研メンバーの地方への赴任は、各地で地域研究活動を生み出した。それは信州大学出身者を中心に構成された豊野層団体研究グループと新潟大学出身者を中心に構成された高田平野グループがそれにあたる。主力メンバーは、初等・中等教育の教員であったことから、非職業的研究者による特定地域を対象にした集団的調査・研究手法が適していた。同時に、こうしたメンバーの教え子である児童・生徒をフィールドワークの場に誘うことで、教育的な意義をフィールドワークに与えることになった。

彼ら（彼女ら）をフィールドワークへと駆り立てたものは何だったのか。団体研究は、「孤立しがちな若い教師の心」をつなぎとめていたとされる(90)。この孤立とは、例えば地団研前橋支部の男性の言葉にあらわれている。彼は、中学校教員として就職後に日常業務に追われる中で、「研究の時間がとれない」というあせりを感じることになる。こうした状況から、就職後四年目で中学校から高等学校へと転任し、教育と研究の両立を図ろうとする。しかし、「時間がある、ということのかわりに、このO高校にはK中学校のときのような人間教育はなかった。いや、教育そのものすらなくなってしまっているのではないか」と思うようになる(91)。

この孤立しがちな「僻地」の教員が職場の中で抱えてきた問題意識は、少なからず彼ら（彼女ら）に共通していた。共通意識に基づいて形成された団体研究は、心をつなぎとめるだけでなく、〈知〉を形成していく過程の中で、地質学の知識や技術を身に付ける場として機能していた。この男性を含めた地団研前橋支部会員が跡倉団体研究会を運営する中で、「われわれ小学校教師と大学の先生との間には、当然ながら、地学の知識や能力に大きなちがいがあるのだが、一人ひとりの意見をたいせつにする民主的な討論や調査方法によって、すくなくとも、大きな溝だけはうめられてきた」のが、団体研究であった(92)。つまり、団体研究とは組織的な研究活動を通じて、〈知〉を形成する場と知識や技術の伝達がセットになった場なのである。

この研究コミュニティの活動を可能にしたのが、地方国立大学における大学教育であった。この広義の徒弟制度的なシステムは、大学卒業後の調査・研究活動の基礎となって、メンバーの継続的な育成に寄与した。このような初等・中等教育教員の問題意識の上に集団的な〈知〉の形成と学習が交錯するコミュニティが成立しえたもう一つの要因として、教育研究サークルに代表される教育改革運動があった。大野栄三が指摘するように、一九五〇年代前半の教育研究サークルは、教育実践とそれによって生じる悩みを互いに語り、封建的管理教育からの解放を主張する運動であった。このようなサークルの活動は、共通の政治的背景を持つ労働組合の中に位置づけられる一方で、反組合幹部の小集団ではないかと批判されるように、労働組合とサークルは複雑な関係におかれていた。それゆえに、むしろ労働条件の闘争と一線を画し、「ゆるやかな仲間意識が支える共同体」として活動していた(93)。

この運動論的な枠組みを持ちつつ、初等・中等教育の教員による「ゆるやかな仲間意識が支える共同体」としての側面が、団体研究には備わっていた。さらに、自分たちの研究活動のためのコミュニティだけでなく、研究成果の教育現場への還元という面でも教育研究サークルとしても団体研究は機能していた。

もちろんこうした団体研究のメンバーが、野尻湖発掘へと継続的に参加する事例は限定的である。これまでみてきたように、大学卒業時や大学卒業後の団体研究の中で、次第にフェードアウトするメンバーが多いのも事実である。このことは、教育研究サークルとしての緩やかさによる、入退出が容易な環境に起因していた。ここで重要なことは、コア・メンバーが存在する一方で、短期的な参加者を容易に受け入れる寛容性が団体研究に存在していることである。そしてこの寛容性は、野尻湖発掘においても存在していた。

こうした調査・研究のためのコミュニティとは対照的に、初期の野尻湖発掘に関わっただけで、その後の参加が途絶えてしまうケースが存在した。経験年数の浅い者が熟練者と共に学術的な〈知〉を形成する過程で、調査や研究に必要なノウハウを身に付けていく環境が整っていなかった参加者にとっては、野尻湖発掘はとりあえず発掘調査を経験する場にすぎなかった。参加者が当初に懐いていた科学的な興味を研究活動へとつなげるシステムが未発達であったことが、野尻湖から彼ら（彼女ら）の足が遠のいてしまう要因の一つであった。また、考古学研究に関わる参加者のように、野尻湖発掘における調査・研究に対する姿勢や考え方の違いや独自の発掘現場を抱えていくようになることから、やはり野尻湖発掘への参加が途絶えてしまうケースが存在した。

このような初期段階を経て、野尻湖発掘はその後に、地方国立大学コミュニティとその卒業生である初等・中等教育教員、さらに教え子である児童・生徒という教育を介した人間関係の中で、学びと調査・研究が組み合わされた「ゆるやかな仲間意識が支える共同体」としての性格が前景化していく。やがて、そこで学んだ人々が共同体の中心的役割を担いつつ、次の世代の担い手を再生産していった。この担い手の再生産システムこそが、半世紀にわたって野尻湖発掘が継続されてきた要因となっている。

## 2　遺跡地の地域社会に対する発掘調査の意味

井尻正二は、一九八〇年代初頭に野尻湖発掘がどのように遺跡地の人々に受けとめられていたのかを語っている。「地元の人びとから「よそ者」とみられなくなったのは、一九七六年の陸上発掘からであった」と井尻が言うように、初期の野尻湖発掘は、その後と比較すると、遺跡地の地域社会との関係はあまり密接ではなかった。

第一次野尻湖発掘の終了後には、調査団側と信濃町とで発掘資料の移管とその保管施設の設置に関する覚書を取り交わしているが、その内容は遺跡地の人々に公民館報を通じて周知された。また、発掘調査団では、調査の内容や今後の調査の見通し、参加者の声を掲載した「野尻湖新聞」を一九六五年から発行しているが、新聞は一九七五年の第六次発掘以後、野尻湖周辺地区で各戸配布されるまでは、信濃町内の旅館や役場、病院にのみ配布されるだけだった。

したがって、初期段階において、野尻湖発掘と遺跡地の地域社会は局所的なつながりを持ってはいても、地域社会の中に野尻湖発掘が完全に受け入れられた状態ではなかった。調査団側が調査成果を遺跡地へと還元しようとする姿勢は、野尻湖発掘の当初からのものであったが、実際に遺跡地に学術発掘という文化が根付くまでには、多くの時間を要した。現在でも遺跡地の人々が野尻湖発掘に積極的に参加することはあまりない。小中学生の参加はあっても、大人の参加はほとんどないのが特徴的である。特に初期の野尻湖発掘にあたっては、大学生や研究者が発掘調査の主体という状況であり、比較的自由な参加が認められていたとはいえ、野尻湖発掘は遺跡地の人々にとっては敷居の高い存在であった。

つまり、初期の野尻湖発掘は、職業的研究者や非職業的研究者、児童・生徒・学生が、それぞれの調査・研究のための背景を持って参加し、所属するコミュニティの中で〈知〉の形成や学びが完結していた。同じ遺跡に立ってはいても、大学や学問領域の枠を飛び越えて、互いに協力関係を形成するまでには至らなかった。しかし、入退自由な緩やかな人間関係の中で育まれた集団内部での学びや研究の萌芽は、やがて野尻湖発掘という、より大きな調査・研究コミュニティを支えていく。そこでは、「孤立しがちな若い教師の心」を繋ぎ止める、歌代のような中心的な存在が不可欠だった。文化的な活動において、こうした人と人とを緩やかに結び、活動を展開させる人々の存在が、団体研究や野尻湖発掘を立ち上げ、継続させてきた。相互の学び合いとはいえ、その学び合いの場を成立させるような、文化的活動をマネジメントする中心的な人材が必要であることは、社会教育行政や文化財保護行政においても同様であろう。

一方、一部で遺跡地との関わりは持っていたものの、総体的には野尻湖発掘は遺跡地の地域社会とさほど密接な関係を構築してはいなかった。しかしながら、野尻湖発掘が全国からの参加者を得て、大々的に発掘調査が行なわれるようになる一九七〇年代以降の状況を生み出した基礎は、この初期段階にあった。野尻湖発掘の成果を地域社会に還元し、やがて自身の手で自らの地域を調べ、結論を導き出す主体として、地域の人々を位置づけようとする、野尻湖発掘調査団の意図が調査当初から表明されてきた。後述するように、第一次発掘終了時に野尻湖発掘調査団と地元自治体との間で、資料の地元自治体への移管と博物館建設に向けた覚書が交わされていることはその証左である。

ところで、初期の野尻湖発掘が実施された一九六〇年代初頭は、一九五八年の名神高速道路建設に伴う埋蔵文化財の記録保存を目的とした発掘調査が登場し、一九六二年の「全国総合開発計画」（全総）を受けて、各地で大規模開発事業が立ち上げられる中で、この発掘調査の方式が徐々に各地の開発事業の現場で採用されていった時期である。各地に浸透していった背景には、遺跡の記録保存の急務という側面だけでなく、調査費用の問題が関係していた。それまで一般的だった、参加者の「手弁当」によるものではなく、開発者側から調査費用が出る「原因者負担」方式であったため、集落全体を対象とするような大規模化しつつある発掘調査の形態に適していた。それゆえに、行政や考古学者には比較的肯定的に受け入れられ、「開発に抗して遺跡を残すという発想法は、行政にも研究者にも、まして市民間にも生まれて」いなかった。しかし、一九六〇年代中頃になると、原因者負担方式による発掘調査を肯定的に捉える研究者と遺跡の保存・保護を優先しようとする研究者の間に対立が生じた。やがて、開発者側と遺跡の保存をしようとする側という対立構造が明確化すると、地域の住民運動と結びついて、遺跡の保存運動へと展開していった。こうした地域内の開発推進派と遺跡保護派の対立が明確になる時期にあって、野尻湖発掘は、開発による遺跡破壊が及びにくい湖底遺跡を主に対象とする調査であったために、このような対立軸が持ちこまれること無く、学術調査や学びの場としての独自の性格を保ち続けることができた。では、具体的に野尻湖発掘独自の学術調査や学びとはどのようなものだったのか。次章でそれを探る。

**註**

（1）野尻湖発掘調査団『象のいた湖』増補版、新日本出版社、一九九二年
（2）富沢恒雄「長野県北部野尻湖周縁の地質と象化石」『地質學雜誌』六二巻七三一号、一九五六年、四〇九―四一四頁、日本地質学会
（3）羽鳥謙三「野尻湖発掘が意味するもの」『地理』二〇巻五号、古今書院、一九七五年、四四―四九頁
（4）野尻湖発掘調査団『野尻湖の発掘一九六二―一九七三』井尻正二監修、郷原保真団長、共立出版、一九七五年
（5）亀井節夫「湖底を掘る――野尻湖の調査と発掘」『科学の実験』一四巻九号、共立出版、一九六三年
（6）野尻湖発掘調査団、前掲書（1）

（7）地学団体研究会「野尻湖底よりナウマン象と大角鹿」『そくほう』一四〇号（一九六二年七・八月号）、七頁
（8）地学団体研究会「第二次野尻湖発掘案内」『そくほう』一四六号（一九六三年二月号）、八頁
（9）斎藤豊・野尻湖底発掘グループ「野尻湖底の含哺乳動物化石層について（野尻湖底発掘報告・その一）」『地質學雜誌』七〇巻八二六号、日本地質学会、一九六四年、四〇七頁
（10）地学団体研究会、前掲誌（8）
（11）野尻湖発掘調査団、前掲書（4）
（12）亀井節夫「野尻湖発掘こぼればなし」『そくほう』一七〇号（一九六五年六月号）、八頁
（13）亀井節夫、前掲誌（5）
（14）同上
（15）例えば、地学団体研究会・小林英夫『科学運動』（築地書店、一九六六年）では、地団研に関わった個人の経験が綴られるが、それがその人固有の視点なのか、組織全体としての考え方なのかを厳密に判別することは難しい。
（16）赤羽貞幸・小林忠夫・野村哲「教育の場としての野尻湖発掘」『日本の科学者』一四巻一〇号、一九七九年、一一―一八頁
（17）赤鹽一己・歌代勤・中山元・齋藤豐・山岸いくま・牛來正夫「長野縣美ケ原北方地域の所謂内村層：フォッサ・マグナ綜合研究の一」『地質學雜誌』五七巻六七〇号、日本地質学会、一九五一年、三一四頁
（18）八木健三・飯島南海夫・小林国夫・百瀬寛一・斎藤豊・田口今朝男・竹下寿・竹内順治・富沢恒雄・宇治基宜「信州における第四紀の火山活動」『地質學雜誌』六一巻七一八号、日本地質学会、一九五五年、三三二頁
（19）斎藤豊・竹下寿・立木省治・金箱好雄・仁科良夫・百瀬善水・北原勇・水上寿英・福島宏「長野市北東部の新生代層」『地球科學』四六号、地学団体研究会、一九六〇年、一九―二九頁
（20）斎藤豊・豊野層団体研究グループ「長野県裾花川源流地域の地質」志賀自然教育研究施設研究業績六号、信州大学教育学部附属志賀自然教育研究施設、一九六八年、六九―七六頁
（21）豊野層団体研究グループ「長野県野尻湖周辺の火山灰層序」『第四紀研究』第一一巻第四号、一九七二年、二三六―二四六頁
（22）木船清「仁科良夫さんを偲ぶ」『そくほう』四七五号（一九九四年一月号）、五頁
（23）麻生優・井尻正二・大森昌衛・仁科良夫・亀井節夫「〈座談会〉科学研究と国民の接点」『日本の科学者』一四巻一〇号、日本科学者会議、一九七九年、五三七―五五〇頁
（24）斎藤豊ほか、前掲誌（19）、一九―二九頁

(25) 長谷川正「地団研に入会してよかったこと」『そくほう』五〇〇号（一九九六年四月号）、一三頁
(26) 歌代勤ほか「高田平原の第四紀層について―I―」『新潟大学教育学部高田分校研究紀要』五号、一九六〇年、一一一―一二六頁。高田平原の第四紀層と関東ローム層、さらに野尻湖周縁の第四紀層との対比成果がここで述べられている。
(27) 高野武男・林等・小林忠夫・長谷川正・渡辺勇・青山正久・久保野忠次・小島明男・歌代勤・五十嵐誠・中山克巳・稲葉明・三田村優・島田尚一郎「高田平原の第四紀層について」『地質學雑誌』六六巻七七八号、日本地質学会、一九六〇年、四五八頁
(28) 高田平原団体研究グループ「高田平原の第四紀層について―II―」『新潟大学教育学部高田分校研究紀要』六号、一九六一年、一四五―一五七頁
(29) 歌代勤ほか「新潟県高田市西部平山層の植物化石について――高田平原の団体研究―III―」『新潟大学教育学部高田分校研究紀要』七号一九六二年、九八―一〇三頁
(30) 高田平原団体グループ「高田平原の沖積層について」『新潟大学教育学部高田分校研究紀要』七号、一九六二年、一〇五―一一七頁。小・中・高・大学教員、中学生、高校生、大学生をまじえた、のべ五〇名以上で調査を実施している。
(31) 高田平原団体研究グループ「高田平原北部の第四系」『新潟大学教育学部高田分校研究紀要』九号、一九六五年、一四三―一七三頁
(32) 柏崎平野団体研究グループ「柏崎平野の第四系（新潟県の第四系―VI―）」『新潟大学教育学部高田分校研究紀要』一〇号、一九六五年、一四五―一八五頁
(33) 妙高団体研究グループ「妙高火山の形成史と山麓の水理地質（新潟県の第四系―一〇―）」『新潟大学教育学部高田分校研究紀要』一四号、一九六九年、二四一―二七三頁
(34) 藤田剛・五島智彦・長谷川正・林等・堀川秀夫・稲葉明・小林忠夫・村松敏雄・大矢忠夫・仙田幸造・高野武男・田中久夫・歌代勤・渡辺秀男・渡辺隆・山田武雄・米山正次「十日町盆地の河岸段丘」『地質学論集』七号、一九七二年、二六七―二八三頁
(35) 高田平野団体研究グループ「新潟県新井市平丸地区の地すべりについて―新潟県の第四系・そのXVIII―」『新潟大学教育学部高田分校研究紀要』第一九号、一九七四年、二四五―二七〇頁
(36) 高田平野地盤沈下団体研究会「新潟県の第四系―二一―新潟県中頚城郡板倉町西部地域の水理地質」『新潟大学教育学部高田分校研究紀要』二二号、一九七七年、一七三―一九二頁
(37) 高田平野団体研究グループ「新潟県の第四系―二四―高田平野の第四系と形成史」『新潟大学教育学部高田分校研究紀要』第二五号、一九八〇年、二〇九―二八一頁
(38) 高野武男ほか、前掲誌(27)、四五八頁

(39)高田平原団体研究グループ、前掲誌（31）、一四四―一四六頁
(40)藤田剛ほか、前掲誌（34）、二六七―二八三頁
(41)高田平野団体研究グループ、前掲誌（35）、二四五―二七〇頁
(42)高田平野団体研究グループ、前掲誌（37）、二〇九―二八一頁
(43)長谷川正「〝普及〟を太い柱に～旧高田支部の活動から～」『そくほう』五五五号（二〇〇一年四月号）、四頁
(44)西川誠「高田支部地学教育グループにおける野尻湖発掘と普及活動」『地学教育と科学運動』四号、一九七五年、一一八頁
(45)同上
(46)長谷川正、前掲誌（43）、四頁
(47)同上
(48)さらにさかのぼると、関東ローム団体研究グループにおいて分野別に細分化された組織で調査・研究が行なわれている。
(49)西川誠、前掲誌（44）、一一九頁
(50)高田城北中地質クラブ「穴ほり趣味の会」『科学の実験』一四巻九号、共立出版、一九六三年
(51)朝日新聞「一次発掘でナウマンゾウの大腿骨の化石を発見した元高校教員・吉越正勝さん」『昭和史探訪セレクション』八七号、二〇一二年三月二一日
(52)藤田剛ほか、前掲誌（34）、二六七―二八三頁
(53)吉越正勝・渡辺秀男「新潟県中越地域の信濃川ローム層の帯磁率」『日本地質学会学術大会講演要旨』二五号、二〇〇八年、二六八頁
(54)笠原葉子・内藤守・斎藤道春「地域の自然をどう教材化するか：教材化の試みと問題点」『地学教育と科学運動』第二号、一九七三年、一七―二二頁
(55)斉藤道春・笹神団研グループ「新潟県笹神丘陵の地質について：第四紀」『日本地質学会学術大会講演要旨』八六号、一九七九年、五九頁
(56)野尻湖発掘調査団・井尻正二「まとめ」『野尻湖の発掘』共立出版、一九七五年
(57)早津賢二「妙高火山群：黒姫・妙高火山の形成史を中心として（I）」『地球科學』二六巻二号、一九七二年、四七―五七頁
(58)高野武男「地球科学の論文を読んで感じたこと」『そくほう』二三九号（一九七二年五月号）、八頁
(59)早津賢二「個人研究と団体研究とのかかわりあいについての一つの教訓―論文「妙高火山群」（地球科学二六巻二号）に対する高野

氏の批判（そくほう五月号）に答えて―」『そくほう』二四一号（一九七二年七・八月合併号）、五頁

(60) 長野高校地学班「集団の力」『科学の実験』一四号九号、共立出版、一九六三年

(61) 信州ローム研究会『信州ローム』一号、一九五六年、一二頁

(62) 亀井節夫・小野寺信吾・森由起子・野尻湖底発掘グループ「野尻湖底より産出した哺乳動物化石群とその自然環境について（野尻湖底発掘報告その二）」『地質學雜誌』七〇巻八二六号、一九六四年、四〇七頁

(63) 野尻湖発掘調査団『野尻湖新聞』、一九七九年

(64) 五十嵐誠・黒田一武・倉又宏・今井了・佐藤秀夫・長谷川康雄・歌代勤「佐渡ケ島・沢根層の微古生物学的研究：とくに有孔虫群集と珪藻群集との関連性」『地質學雜誌』七四巻二号、日本地質学会、一九六八年、一一一頁

(65) 鵜浦武久「柴田松太郎さんのご逝去を悼んで」『そくほう』六七〇号（二〇一一年一〇月号）、六頁

(66) 真野勝友「柴田松太郎さんと化石の研究」『地学教育と科学運動』六七号、二〇一二年、三〇頁

(67) 宮下英子・田村精子・池田淳子・野口寧世・斎藤豊「野尻湖の水域特性と堆積に関する研究」『地質學雜誌』七六巻二号、日本地質学会、一九七〇年、九〇頁

(68) 例えば、那須孝悌・野尻湖花粉グループ・野尻湖植物グループ「野尻湖層産の植物遺体および花粉・胞子化石：第四紀」『日本地質学会学術大会講演要旨』八九号、一九八二年、一二四頁。楡井尊「古花粉学者としての那須さんの仕事」『自然史研究』三巻五号、二〇〇六年、七一頁

(69) 山辺邦彦・飯島南海夫・石和一夫・尾鷲行弘・甲田三男・六川忠信「上田市周辺の第四紀地質」『地質學雜誌』七三巻二号、日本地質学会、一九六七年、一一六頁。小林武彦・河内晋平・坂神英樹「焼岳火山の地質」『地質學雜誌』七四巻二号、一九六八年、一〇三頁。薩摩林忠美「富士見町における八ケ岳火山麓扇状地発達史とナウマン象化石についての地質学的研究」（KAKEN研究課題）一九九八年、http://kaken.nii.ac.jp/d/p/1091024.ja.html。駒村英子「野尻湖層の珪藻化石の研究」『地質學雜誌』七四巻二号、日本地質学会、一九六八年、一二四頁

(70) 西川誠・黒田一武・倉又広・今井了・佐藤秀夫・関谷敦「佐渡国中平野のボーリングコアの有孔虫化石について」『地質學雜誌』七六巻二号、一九七〇年、八二頁

(71) 中村正芳・高橋洋一・松村敦・伊藤公夫・妙義団体研究グループ「群馬県西部妙義地域の地質（その一）（演旨）」日本地質学会第九三年学術大会講演要旨、一九八六年

(72) 宮崎重雄・木村方一・石栗博行「オホーツク海産鮮新統の Odobenus（セイウチ属）化石」『地質學雜誌』九八巻八号、日本地質学会、

一九九二年、七二三―七四〇頁

(73) 新井房夫・端山好和・林信悟・細矢尚・井部弘・神沢憲治・木崎善雄・久保誠二・中島孝守・高橋冽・高橋武夫・武井晛朔・戸谷啓一郎・山下昇・吉羽興一「下仁田構造帯」『地球科學』八三号、地学団体研究会、一九六六年、八―二四頁

(74) 中島孝守「野尻湖への道をさぐる」『地学教育と科学運動』三号、地学団体研究会、一九七四年、二一―二二頁

(75) 神沢憲治・木崎喜雄・久保誠二・高橋武夫・角田寛子・小林摂子・村山昭夫「群馬県追貝付近の第三系について」『地質学雑誌』第七五巻二号、一九六六年、九四頁

(76) 飯島静男・大河原恵子・大崎小夜子・神沢憲治・木崎喜雄・久保誠二・黒岩繁・関口孝・高橋武夫・田島順子・玉田淳子・角田寛子・中村庄八・服部幸雄・武藤斉・矢島博・高島和美・村山昭夫・田中淳子・萩原哲・堀沢勝「群馬県猿ケ京南西部のグリーンタフ新第三系について」『地質学論集』一三号、日本地質学会、一九七六年、二五一―二六〇頁

(77) 井尻正二「大学問題と学生問題」『そくほう』二〇二号（一九六八年一二月号）、四頁。井尻が六年間という短さで大学教官の職を辞したことと、その後再び叙述業へ戻っていったことは、こうした大学教育での経験が影響を与えていたと考えられる。

(78) 井尻正二と星野のつながりは、星野が卒業論文で高崎の第三系のフィールドを大森昌衛と共に調査したことに始まる。星野通平「井尻正二さん：北国の狩人」『地学教育と科学運動』四一号、二〇〇二年、一〇頁

(79) 郷原保眞・市原實・井尻正二・生越忠・桑野幸夫・陶山國男・藤田至則・星野通平・松井健・湊正雄「鹽原湖成層の團體研究」『地質學雜誌』五七巻六七〇号、一九五一年、三三二頁

(80) 杉原荘介・戸沢充則・横田義章「九州における特殊な刃器技法―佐賀県伊万里市鈴桶遺跡の石器群―」『考古学雑誌』五一巻三号、日本考古学会、一九六五年、一―二四頁

(81) 早川は先史考古学を専門とし、一九八一年に南山大学教授に就任している。早川正一「縄文時代初頭における切削具の衰退について」『アカデミア』（人文自然科学編、保健体育編）三五号、南山大学出版部、一九八二年、一六五―一九五頁

(82) 井尻正二『井尻正二選集第八巻』大月書店、一九八三年、一六八―一六九頁

(83) 松井健・杉村新・渡辺直経「日本第四紀学会史」『日本の第四紀研究――その発展と現状』日本第四紀学会、一九七七年、三頁

(84) 地学団体研究会「明治大学考古班の活動に参加」『そくほう』二七号（一九五一年八月一五日号）、四頁。地学団体研究会「考古学者からみた関東ローム層　杉原荘介（明大助教授）氏例会で地団研と討論」『そくほう』二八号（一九五一年九月三〇日号）、三頁

(85) 味村昌幸「一言が生んだ多摩湖方式―小さな街の大きな発掘―」『市民と学ぶ考古学』明治大学考古学研究室、白鳥社、二〇〇三年、一六四―一六六頁。こうした市民参加型発掘調査の試みは、遺跡地の地元自治体との協力関係の中で実施されることで、やがて自

治体の文化財保護行政へと組み込まれていくことになる。
(86) 國學院大學伝統文化リサーチセンター資料館『若木ヶ丘の歩けオロギー―フィールドワークの足跡を辿って―』秀飯舎、二〇一一年、八頁
(87) 藤森は、旧制諏訪中学校在学中に三沢勝衛の指導を受け、考古学の道に進んでいる。三沢は鳥居龍三の『諏訪史』(一九二四)の冒頭でもこの資料提供者の一人として記されているように、信濃教育会所属の在野系フィールドワーカーの一人であった。したがって、藤森の研究活動もまた、戦前から続くフィールドワーク史の系譜に連なるものとなっている。
(88) 宮本常一「調査地被害」『朝日講座　冒険と探検』七巻、朝日新聞社、一九七二年、二七三頁
(89) 佐藤暁「地方文化財保護担当者のなやみ」『考古学研究』一〇巻四号(一九六四年四月号)、三一頁
(90) 長谷川正、前掲誌(43)、四頁
(91) 地学団体研究会・小林英夫、前掲書(15)、九九頁
(92) 地学団体研究会・小林英夫、前掲書(15)、一〇七頁
(93) 大野栄三「教育研究サークル内に形成されたオンライン実践共同体の活動分析」『北海道大学大学院教育学研究紀要』第一〇六号、二〇〇八年、二一二頁

# 第5章　調査体制、調査手法、調査対象・領域の連環と集団的学び

開発事業に伴う記録保存のための発掘調査が各地で行なわれ、徐々にそこから参加者の学びや探求の場は失われていった。こうした状況とは対照的に、野尻湖発掘は非研究者を含めた参加者の学びや探究の場としての機能を拡大していく。本章では、長期休止期間を経て飛躍的に参加者が増大する第五次発掘および第六次発掘を分析する。その際に着目したいのは、発掘調査に関わる体制や調査手法の変革、そして新たな調査対象の出現とこれに関連した調査領域の拡大が、参加者の学びにとってどのような意味を持ったのかという点である。

## 第1節　長期休止期間における第五次発掘への胎動

第四次発掘までで、野尻湖発掘には七八一人が参加し、試資料点数は四五二点にのぼった。この試資料を整理することを目的に野尻湖発掘は、一九七三年の第五次発掘が開始されるまでの八年間にわたる休止期間に入ったとされる。しかし、これは井尻正二の言葉を借りるならば、表向きの「学者の口実」にすぎなかった。井尻によれば、八年間の休止期間を経て、第五次発掘が実施された背景には、「じつは信州大学の学生さんに「何をボヤボヤしているんだ」とつきあげられた面もある」という(1)。そして、「研究者たちが学生に盲従」したのではなく、「学生がもっている大衆的な創造性」を汲み上げることが可能となった点にあるという。そこに地団研活動の「実践」の蓄積があったというの

が井尻の捉え方であった。

このようにして学生の「つきあげ」が要因の一つとなって再開された野尻湖発掘は、井尻自身の発掘調査に参加する人々の捉え方にも変化をもたらした。井尻は、「子どもはみな学者になる才能をもっているのに、今までは「教える教育」だったから、科学することを知らないでいた」と従来考えてきたが、第五次以降の野尻湖発掘を経験する中で、「野尻湖の発掘が、「夢のおおい発掘」であるとか、信州大学の人たちを中心としたとり組みが、汲み上げる力をもっていた、といったことが、いろいろマッチして、「教えられる科学」でなく、「自分で科学する」ということに目ざめてきて、当然ながら、自分がもっていた力を出してきたということがいえる」といった参加者の変化を読みとっている(2)。

つまり、野尻湖発掘参加者はそれまで誰かに連れられて参加する受動的な関わりでしかなかったが、長期の休止期間を経て再開した野尻湖発掘では、参加者が学術的調査・研究に主体的・能動的に関わるものとなっていたと、少なくとも井尻は捉えていた。後述するように、野尻湖発掘が非研究者の参加によって成り立つ「大衆発掘」と称される背景には、野尻湖発掘の立ち上げから関わってきた井尻らの大衆論が関係していた。それは、初期野尻湖発掘において、引率や動員によって人々が参加し、主体的・能動的な〈知〉の形成や学びが成立していなかったことの裏返しだった。

では、井尻が指摘するように、野尻湖発掘参加者は、「教えられる科学」から「自分で科学する」ような、学術調査の主体として、また学ぶ主体として変化したのか。こうした井尻の指摘を検証する前提として、そもそもなぜ野尻湖発掘は多くの参加者を集めて再開するに至ったのか。このことを第四次発掘終了後から第五次発掘開始までの間の動きを通じて確認しておくことにしたい。

## 1　学術研究としての野尻湖発掘再開

そもそも野尻湖発掘開始時点での発掘調査の意義は、ナウマンゾウ化石骨の包含層の特定と旧石器遺跡の調査、そして内陸型の第四紀層と日本海沿岸の第四紀層との関係を明らかにすることにあった(3)。特に野尻湖における第四紀層の研究は、高田平野グループの日本海沿岸の第四紀層研究がもとになっている。この日本海側の第四紀層研究と内陸盆地の第四紀層研究を実施してきた豊野層団体研究グループの研究成果をつなぐことが、野尻湖発掘における地質学研究の目的であった。

第四次発掘終了後、高田平野グループは、以上のような野尻湖の研究から一旦離れ、それまで継続してきた海岸平野における地質学研究を継続させた。この研究によって明らかになったのは、高田平野の特徴が特定の地域に限定される現象ではなく、日本海側の平野がもつ全体的な特徴であったことである。さらに文部省科学研究費をもとに、一九六九〜一九七一年に行なわれた日本の海岸平野における総合研究（代表：歌代勤）によって、太平洋側と日本海側の海岸平野のちがいが研究対象となるとともに、日本海側の平野の形成過程を明らかにすることが目的となった(4)。この結果は、『日本の海岸平野』（一九七二）としてまとめられ、「新潟平野の形成過程」など各地の海岸平野の形成過程に関する論文や沖積平野の基盤に関する論文、海岸平野と内陸盆地に関する論文が収められている。そのなかでも、「東京低地および新潟平野沖積層の生層序区分と堆積環境」は、歌代勤ほか、高田平野グループや地団研高田支部のメンバーが中心となっている(5)。こうした研究の帰結として、高田平野グループは、地理的なつながりを持つ内陸盆地の研究との接点を求めるようになっていく。

このことは、一九七一年の第四紀総合研究会発足の基礎となっていた。第四紀総合研究会は科研費を得て、一九七一年から「内陸盆地の第四系」（代表者：郷原保真）の総合研究をそれまでの海岸平野の形成過程に関する研究の成果を引き継ぐかたちで行ない、「日本の第四紀内陸盆地」としてまとめた(6)。第四紀総合研究会は、海岸から内陸へ研究テーマを移行するにあたり、高田平野と盆地地形との接点に位置する野尻湖に注目することになる。研究の進展の結果としての野尻湖への注目なのか、野尻湖発掘を再開するための方策としての内陸盆地の第四紀研究なのかは判然としないが、いずれにせよ第四次発掘終了後の第四紀研究の展開が、研究者を野尻湖発掘へと導く要因の一つになった。

ただし、実際には内陸盆地の総合研究をそのまま野尻湖発掘と結びつけることは、研究テーマと組織上の問題から不可能だった。特に科学研究費を受けて活動する総合研究と、手弁当で財政面を参加者自身が支えてきた野尻湖発掘を同列に扱うことはできなかった。このため、従来のグループの集合体として実施した野尻湖発掘を再編成して単一の組織にまとめて「野尻湖発掘調査団」とし、これを第四紀総合研究会がバックアップするという方針を立てることになった(7)。

このような総合研究における研究対象の推移は、野尻湖発掘再開の序章となったが、さらに、その中の組織に注目すると、第五次発掘以後の新たな研究方法の土台となるものが形成されていた。例えば、地団研高田支部のメンバーは、高田平野グループとして活動するほか、柏崎平野や佐渡、信濃川流域、新潟平野の第四紀についても団体研究の対象としており、こうした研究は、珪藻、花粉、古砂丘、重鉱物、粘土鉱物、有孔虫、古生態といったようにそれぞれの専門領域ごとの研究組織を生み出していった(8)。ここには、専門分野を設けることで参加者の得意分野を育て、それぞれの分野における研究目的を明確化する狙いがあった。

専門領域ごとの組織分化を図るという発想は、この段階で突然生まれたものではなく、一九五〇年代の僻地方針をめぐる議論の中にその萌芽を読み取ることができる。多様な階層に合わせた多様な活動方針の提示へとこの時期の地団研がシフトする中で、「専門別」の「創造・普及活動の方針」が地団研メンバーに意識されるようになっていく(9)。やがてこれが、一九五九年の第一三回地団研総会で「一人一芸」という方針の提起へとつながる。「一人一芸」とは、「研究者は地質学の近代化のための武器を、すくなくとも一つは身につけるという意味」であり、このスローガンが掲げられて以降、「重鉱物分析・岩石磁気の測定・花粉分析・化石の鑑定などという地質学の研究方法を身につけるような努力」が地団研会員によって意識された(10)。つまり、この「一人一芸」は、地団研会員の持つ専門性の多様化に合わせた個別方針の提示であるとともに、複数の専門領域による研究が一つのフィールドに持ち込まれるという団体研究の学際性を意識したスローガンであった。

しかし、地団研の中で、専門分野ごとの研究活動を具体化させ、軌道に乗せたのは、最も早い高田平原団体研究グループでも一九六三年頃とされる。この時期は、野尻湖発掘が長期休止期間に入る直前にあたり、野尻湖発掘が再開する一九七三年の第五次発掘までの間で、専門分野ごとの学習会を企画するなどの試みがなされ、野尻湖発掘への「一人一芸」適用の布石となっていった。

## 2 メディアを通じた人々の関心の高まり

このように改めて研究上の対象として野尻湖が俎上に載り、その中で専門分野ごとの調査・研究組織が確立されていく一方で、誰もが発掘調査や研究に参加できるという、野尻湖発掘の特質が広く人々の間に浸透していったのもこの休止期間であった。第一次発掘から第四次発掘までは回を追うごとに参加者数は増大していったが、それでも第四次発掘の参加者は三八三名にとどまっていた。しかし、八年後の第五次発掘の参加者は、一一〇七名にまで増大する。約三倍にまで膨れ上がった参加者数増加の原因の一つは、野尻湖発掘のイメージが各種メディアを通じて研究者以外の人々の間に拡散したことにある。

Figure 19「氷河時代の日本」展チラシ

そのメディアの一つが、展覧会であった。例えば、一九六五年八月一二日から一八日にかけて野尻湖発掘の成果を中心とした「氷河時代の日本」展が新宿の伊勢丹デパートで開催された（Figure19）。この展覧会では、第一次から第四次までの野尻湖発掘の出土品が展示された。読売新聞社が主催し、文部省と東京都教育委員会、そして野尻湖総合開発調査団が後援している。野尻湖発掘の成果と共に展示されたのは、大阪大学構内で発見されたマチカネワニの化石と相沢忠洋により発見された旧石器であった。マチカネワニ化石の展示は、一九六四年五月三日に、二人の大学生により工事現場から骨片が発見されたことに端を発する。その後、大阪大学の小畠信夫を中心として、四回にわたる発掘調査が実施された。結果的には、尾部と一部の肢骨を欠くものの、ほぼ完全な一個体を検出し、発見場所である待兼山にちなんでマチカネワニと命名された。なお、このマチカネワニの発掘調査に関わったのは、論文の共著者から復元すると、関西地方の地団研会員を中心とし、その内訳は大阪大学の小畠以外では、地団研第四代会長をつとめた千地万造ほか、大阪市立自然史博物館の学芸員や野尻湖発掘参加経験をもつ亀井節夫や石田志朗、松本英二といった京都大学関係者らであった(11)。

「氷河時代の日本」展は、野尻湖発掘の成果を中心に、戦後新たに発見された日本における旧石器時代の存在と同時期に生息していた動物を総合的に展示するものだった。しかし、当時研究は途に就いたばかりであり、発見された遺物の珍しさや新規性のみが前景化され、学術的な検証が後景化する内容であった。それゆえに、あくまで学術調査・研究を目指す野尻湖発掘関係者は、こうした商業施設での展覧会を肯定的に捉えてはいなかった。

この後、野尻湖発掘調査団独自で野尻湖発掘の成果に基づいた展覧会を開催していくにあたり、六〇年代のデパートでの展覧会を振り返り、「今回の展示は、デパートで催されるような商業主義に立脚したものではありません」とするように、調査団とすれば必ずしも理想とする展示ではなかった(12)。

だが、展示内容の学術性に発展の余地は残されていたものの、見学者に対するこの展覧会の影響力は大きいものだった。実際には「氷河時代の日本」展を見学した人々の感想を確認することはできない。しかし、野尻湖発掘関係者が否定的に捉えていた、デパートを舞台とした商業主義とされた展示は、それまで日本において注目されることのなかった旧石器文化や大型哺乳類の存在に光を当てた。今日のような博物館での展示ではなく、比較的敷居が低く、買い物のついでに立ち寄ることのできる商業施設での展示は、児童・生徒といった若年層を中心に日本列島の起源への関心を集め、結果的に自らの手でこれらの発見をしてみたいと思わせる内容となっていた。

「氷河時代の日本」展の見学者への影響を推察する事例として、一九七二年に開催された「日本列島展——その誕生から人間登場まで」を挙げることができる。この展覧会は朝日新聞社と国立科学博物館によるもので、小田急百貨店を皮切りに、あべの近鉄百貨店、名鉄百貨店、山口県立博物館、福岡市の岩田屋など、主要都市における巡回展覧会の形態をとっていた。展覧会では、日本列島の形成から縄文時代早期までの流れを当時の最新資料によって展示した。その中でも、第一次発掘から第四次発掘までの野尻湖発掘によって得られた成果は、人類の登場とナウマンゾウ狩りの状況を再現する内容として展示された。展示を解説した図録は、小中学生でも読みやすい体裁がとられ、遺物発見時の様子が発見者の証言の下で再現され、遺跡の状況が物語風に解説されている。「氷河時代の日本」展と同様、商業施設で開催されたこの展覧会は、旧石器文化や大型哺乳類が生息した時代に人々の関心を引きつけ、野尻湖発掘への参加を促す役割を果した(13)。

例えば、この展覧会の翌年の一九七三年に実施された第五次発掘に当時中学生として参加した男子は、この展覧会見学を野尻湖発掘参加の動機としている。同様に、小学生の孫と一緒に参加した男性も、この展覧会が野尻湖発掘参加の契機であったと語っている(14)。「氷河時代の日本」展では、この展覧会を観た人々の感想を確認できないものの、「日本列島展」と同様、展覧会というメディアが研究者以外の人々に野尻湖発掘への関心を抱かせたことは想像に難くない。人々は野尻湖発掘の休止期間に実施された展覧会を通じて、日本列島の旧石器文化や当時の動植物の生息状況に関心を持つとともに、自らの手でそれを明らかにできる可能性をもった野尻湖発掘への参加を希望し、それが参加者増大につながっていった。

第五次発掘を成立させたもう一つのメディアは書籍であった。小中学校の教科書では主に理科の教科書に掲載されている。中学一年生用の国語の教科書にも「事実を読みとる」という項目の中で、記録文と報道文のちがいを生徒に理解させる内容として、第一次〜第四次野尻湖発掘の記事が使われた(15)。これを契機として実際に参加した児童・

生徒を記録として確認することは困難であるが、少なくとも野尻湖発掘という出来事が義務教育の中で認知されていたと考えられる。

また、井尻正二と金子三蔵による児童向けの絵本として、『野尻湖のぞう』が出版された(16)。第五次発掘参加者の感想の中でも、当時小学四先生だった女子が、父親から『野尻湖のぞう』を買ってもらったことを発端として、友人や弟と共に発掘に参加していることが紹介されている。同様に本書を読んだ当時長野市内の小学六年生の男子は、母親と妹と共に野尻湖発掘に参加している。発掘に父親と参加した当時名古屋市内の小学六年生だった男子の場合、新聞報道で野尻湖発掘を知った父親から野尻湖発掘のことを聞いて、図書館で『野尻湖のぞう』を読み興味を抱いている。その後に出版された『象のいた湖』等、地団研や井尻正二が執筆した児童や生徒向けの書籍も、野尻湖発掘から導き出された成果の紹介とともに、多様な階層による発掘調査の手法を多くの人々に周知させる働きを持っていた(17)。

なお、『野尻湖のぞう』は一九八二年に増補版が出版されており、現在でも子供から大人までの市民が、野尻湖発掘そのものを知るための情報源の一つとなっている。例えば、京都大学の自然科学系研究所に勤務していた人物は、『野尻湖のぞう』と出会ったことを契機として、野尻湖発掘について深く知るようになっていく。その中で社会科学系の学問・研究の面白さと大切さに気付き、全教科を教える小学校教育に関心を深め、京都大学の研究所から小学校教員へと転職した(18)。この人物の野尻湖発掘参加は、少なくとも名簿上では確認することはできない。だが、野尻湖発掘に直接参加しない人にとっても、野尻湖発掘が生み出してきた成果は、『野尻湖のぞう』を通じて興味や関心を喚起するだけでなく、その人の人生そのものを変えていく影響力を持っていた。そして、こうした野尻湖発掘の影響を受けた人々が社会に存在することもまた、今日の野尻湖発掘を間接的に支援している。

もう一つの要因は、第一次発掘~第四次発掘までと同様、教育現場における教員から児童・生徒・学生への参加の呼びかけである。展覧会や書籍などのメディアを介して、野尻湖発掘の成果が人々の関心を引く一方で、教育現場を通じた地道な教員の呼びかけによる児童・生徒の参加があった。

例えば、中学校教員として第五次発掘に自校の生徒を引率した男性は「一九七二年も年の瀬がせまってから」、第五次発掘開始直前に生徒に対して、「「おい、今年の三月に、野尻湖でナウマンゾウという象の発掘があるが、希望者は参加できるようにするぞ」といってすすめた」。生徒への呼びかけは突然のものではなく、三年生については「秋に、高田平野西部で、地層の野外観察を実際にやってきて、泥んこの半日を経験してきた。毎年、上越市の高田地区の生徒一〇〇〇〜一五〇〇人が、必ず経験する理科の大行事」として定着してきた経緯があった。また、一・二年生については、科学クラブの生徒を中心に高田支部主催の日曜巡検（休日に行なう巡検）に参加し、「日本海に面して、海岸浸食のすすむ直江津海岸での貝化石ほり、高田平野西部の洪積段丘での植物化石ほり」を行なってきた。このような経験を生徒と共に積み重ねてきたゆえに、「発掘参加をすすめると、すぐに食いついてきて「どんなゾウが出るのか?」「いくらかかるのか?」「道具は何で、どうやって掘るんかね?」と加わってくる固定数」の生徒が存在した。そしてこの男性は野尻湖発掘再開後の参加者数が増大した背景について、「貝や植物の化石以上に、〝ケモノ〟の化石、とりわけ大きいゾウの化石という魅力は大きい。それが、野尻湖へ行けば、確実に、自分たちでも掘れるという期待が参加者数を増した」と結んでいる(19)。

すでに述べたように、「高田平原北部の第四系」（一九六五）など高田平野を中心とする団体研究に関わってきたこの男性は、第四次発掘から第八次発掘までを経験しており、こうした日常的な研究活動とともに自校の生徒をフィールドワークに引率してきた。このような形態は、第一次から第四次発掘におけるこの男性以外の高田平野グループのメンバーの活動とも共通するものであり、野尻湖発掘の長期休止期間においても連綿と継続されてきた。

以上のように、①研究活動上に野尻湖の研究が俎上に載るとともに、専門別の組織分化が進んだこと、②百貨店を主な会場とした展覧会により古生物学や考古学の成果が広く人々の関心を生んだこと、③『野尻湖のぞう』をはじめとして、書籍を通じて児童・生徒に対する野尻湖発掘の存在が広く知れ渡ったこと、④学校のクラブ活動を介して、教員が児童・生徒を引率する形態がとられていたことにより、多くの参加者を得て野尻湖発掘は再開された。野尻湖発掘休止期間中のこうした出来事は、旧石器時代の人類史や古環境を日本社会に広く知れ渡らせるだけでなく、誰もが自由意思に基づいて参加できる発掘調査の存在を人々の間に浸透させる働きを持っていた。

展覧会や書籍、学校のクラブ活動というメディアを通じて、野尻湖発掘という思想が敷衍された結果、発掘再開後の調査・研究、運営体制、運営方法の改革を迫られることになる。具体的には、第四次発掘から約三倍にまで参加者数が膨れ上がった第五次発掘では、増加した参加者を受け入れ、学術発掘の体裁を整える必要により迫られることになる。それは同時に、誰もが学術発掘の作法を身に付けられるような学習システムの構築に野尻湖発掘が向かうことを意味していた。

## 第2節　野尻湖発掘の再開 ——第五次発掘

八年の休止期間を挿んで再開された第五次野尻湖発掘は、一九七三年三月二五日から一一〇七人の参加者を得て実施された。二八日の午後には、ナウマンゾウとオオツノシカの掌状角のセット（月と星）が検出され、翌日の二九日にはオオツノシカの骨による骨器、ナイフ形石器が検出された。発掘資料の総点数は一四〇二点に及び、第一次発掘から第四次発掘までの資料の合計点数と比較して約三倍の数量に上った。第四次発掘と比較して三倍に膨れ上がった参加者数は、結果的に発掘資料の点数を膨大にした。調査参加人数に合わせて調査範囲もまた拡大されたことから、資料の内容にも多様性が生まれ、古生物学的な資料だけでなく、同時にナイフ形石器などの考古学的資料も得ることができた。

また、多くの参加者を前に次のような運営面での改善を行なっている。

第一に、参加者全員に参加申込書の提出を義務付け、交通費や宿泊費、機関紙の「野尻湖新聞」等にかかる諸雑費を含む参加費を全員が負担することとした。財政面での個人負担は、他の組織からの運営費の補助金や助成金に依拠しないという調査団側の意思表示でもあった。

第二に、調査運営に関わる係や班を編成した。例えば、「顧問団」は調査団内外の動きに合わせて運営面に助言し、報道機関への対応も行なっている。これまで調査運営に関わる雑務は、研究者や一部の学生などが担ってきたが、これを参加者全員で分担する方向が模索された。

第三に、研究領域ごとの専門別グループが設置された。野尻湖発掘の休止期間中に、地団研高田支部が団体研究の中で専門のグループを編成して研究に取り組んでおり、この組織編成を参考に第五次野尻湖発掘においても専門毎のグループが組織された。その上で、化石カードや写真カード、地層と化石の記録用紙などの規格を整備し、記録方法の改善に努めている。

第四に、発掘期間中に係・班の責任者が集まり、運営係を中心として運営委員会を開催し、その日の成果と問題点を整理して、次の日の発掘の方針を打ち出すようになった。その方針は毎夜の全体集会にはかられて、参加者に共有されるような運営方針をとった。

これらの改善策がとられた要因として、それまでの野尻湖発掘では自由な参加が確保される一方で、参加者の責任の所在が曖昧であったことや仕事の分担に偏りが見られたことがあった。比較的少人数で行なってきた第四次発掘までの組織体制であれば、事務局が一括して運営を担うことは可能だった。しかし、第五次発掘に至って、参加者の増大とそれに伴い検出される資料が増えたことで、必然的に参加者一人一人が運営面で関わりを持つことが求められた。同時に、発掘調査で獲得された〈知〉を共有化する上でも、参加者全員が運営の主体となる必要があった。

## 1　参加者の専門性からの分析

では、第五次発掘の参加者は具体的にどのような人々で構成されていたのだろうか。再び参加者名簿から復元してみたい。第四次発掘までの名簿には参加当時の所属が明記されていたが、第五次発掘以降は参加者名のみの記載とな

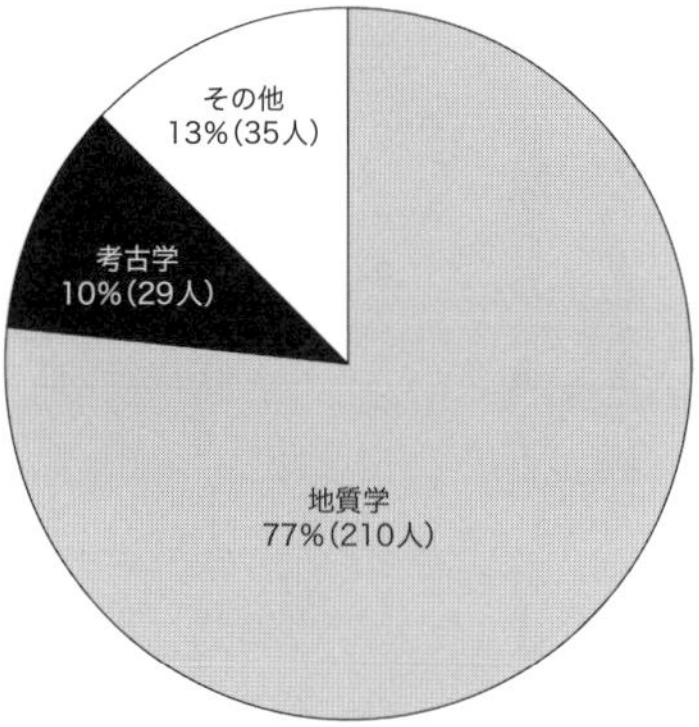


Figure 20 第５次発掘参加者の専門分野内訳

っている。このため、野尻湖発掘が学術研究活動としての性格を持つことから、CiNii の著者検索機能を用いて、学術論文に記載されている所属や専門分野を抽出しグラフ化を試みた(Figure20)(20)。その結果、専門分野が判明した参加者のうち、八割近くが地質学を専門としていた。ここでは地質学として一括りにしているが、その中には岩石学や古地磁気学、古生物学が含まれる。さらに、古生物学の中でも貝化石や花粉化石、珪藻化石の研究を中心とする者も含まれている。野尻湖発掘に専門別グループが組織される直前にあたる第五次発掘では、すでにこうした細分化された専門分野の研究者が参加していた。

次に多いのが考古学を専門とする人々で、専門分野が判明した参加者の一割を占めている。考古学を専門とする参加者二九名のうち、第五次発掘参加後の所属先が明らかとなった人々を示すと、文化財保護行政(埋蔵文化財センター含む)が七名、博物館学芸員が六名、大学教員が一名である。

第五次発掘が実施された一九七〇年代中頃は、すでに大規模開発が各地で展開され、それに伴う埋蔵文化財の記録保存のための発掘調査が地方自治体で実施されていた。専門職員を配置するため、地方自治体は考古学専攻者を大量に採用していったが、こうした埋蔵文化財行政に関わる職員が、休日を利用して野尻湖発掘に参加するようになっている。

一方で、一部に佐久考古学会所属の在野系考古学研究者が含まれているものの、第一次発掘から第四次発掘まで参加していた在野系考古学者の存在が確認できないのもこの時期の特徴である。要因として、考古学研究に携わる在野研究者の数自体が減少傾向にあったことに加え、野尻湖発掘が大規模化、組織化されていく中で、在野研究者の単独調査・研究がこの状況に適合しなかったことがある。

また、國學院大學など、考古学専修課程を持つ大学単位での参加が第五次発掘では確認できなくなる。独自の調査対象地を確保するとともに、野尻湖発掘の市民参加路線と一線を画すことで、こうした大学が野尻湖発掘から距離を置くようになっていく。

その他の研究領域は、歯学や植物学などの自然科学系から近世史や民俗学といった人文科学系の領域まで多様性に富んでいる。特に歯学を専門とする研究者が参加した背景には、井尻正二による現生生物学の古生物学への応用の試みがあった。井尻は、犬の歯に着目して、その歯胚の移植実験を行ない、哺乳類動物の歯の組織構造や発生、進化のメカニズムを明らかにしようと試みている(21)。古生物学者として現生生物学からのアプローチを試みた井尻の研究は、他の研究者にも影響を与えることとなった。例えば、大学で古生物学を専攻し、その後歯学部の教員となっている事例があるように、野尻湖発掘で直接扱う資料の研究ではないものの、参加者が関わる学問領域の変化に影響をうけて、新たに野尻湖発掘に参加する者の専門領域にも変化が表れ始めたのが、第五次発掘であった(22)。結果的に、こうした哺乳類動物の歯の研究は、野尻湖発掘における専門グループの一つである、哺乳類グループの成立を促す契機の一つとなっている。

発掘調査の内容に直接関連する地質学や考古学といった特定分野に限定されるのではなく、全く異なる専門性を持った人々が野尻湖発掘に参加するようになる。こうした特定の専門性に囚われることなく、誰もが自由に参加できる発掘調査の環境は、結果的に学際的な調査・研究環境を構築する一助となっている。市民の参加が参加者自身の教養の涵養だけでなく、学術調査・研究活動そのものにとっても、視点の豊かさをもたらすというメリットがある。後に詳しく述べる昆虫化石の発見の事例のように、異なる専門性が寄り集まることで、新たな〈知〉が生み出される基礎が、第五次発掘にすでに表れていたのである。

## 2　参加者の参加形態からの分析

次に参加形態の観点から第五次発掘参加者を分析してみたい。第五次発掘以降の名簿には参加時点での所属が明記されていないため、どのような組織を背景に参加者が発掘調査に加わっているのかは不明である。その中で豊野層団体研究グループと高田平野グループについては、共著論文から具体的な参加者を復元することができる。

豊野層団体研究グループからは二二名が参加している。ただし、初等・中等教育の教員が含まれているため、豊野層団体研究グループとしての参加ではなく、自校の児童・生徒の引率者として参加している可能性を含んでいる。二二名のうち、斎藤豊といった第一次発掘から第四次発掘までの間に参加した経験を持つ者は六名である。したがって、このグループのメンバーのうち、約七割は第五次発掘からの参加者で占められている。

一方、高田平野グループの場合、一五名のメンバーがこの発掘に参加している。このうち第一次発掘から第四次発掘までの間に参加した経験を持つ者は、歌代勤ら七名である。豊野層団体研究グループとは対照的に、半数近くの者は、第四次発掘までに野尻湖発掘を経験している。第五次発掘から参加したメンバーについても、その後の発掘に長期的に参加する傾向にあるのが特徴である。

これら二つのグループは、拠点とする地域の大学出身者が初等・中等教育に携わる中で、地域研究活動を実践する人々の組織であり、その延長線上に野尻湖発掘への参加が位置づけられていた。両グループの関わり方に違いはあるものの、こうした地域研究グループが第五次発掘に至っても継続的な関わりを持っていたことがわかる。

同時に、教員とその勤務校の児童・生徒による参加形態についても、第五次発掘に引き継がれていた。例えば、一九六四年の第三次発掘に当時、学部三年生として参加した男性の事例がある。この男性は第四次発掘には就職の時期にあたり参加できなかったが、発掘が再開されるという情報を耳にして「もう一度行ってみたい」という思いに至った。そして、「同じ行くなら生徒にあの感動を味あわせてやりたい」と、学生時代に自身が誘われたように、地学部の生徒を野尻湖発掘へ誘っている。結果的には第五次発掘に五人の生徒を連れて参加し、ナウマンゾウの肋骨や貝化石等を発掘することができた。参加した生徒は帰校後、全校生徒向けに発行した地学部機関誌に「発掘は初め考えていたよりも苦しく、とくに雨まじりの雪の中での土あげは一番つらいものでした。しかし、黒い土の中から黄土色のものが出てきた瞬間、『骨だあ!』と思わず大物を連想して、スコップを投げ出して、移植ごてで慎重に掘っていったものでした。あの興奮は忘れることのできない楽しいものでした」といった感想を残している(23)。同様の参加形態は、ほかにも複数認められる(24)。

このようなクラブ活動の顧問に誘われて野尻湖発掘に参加する事例では、はたして、参加した誰もが野尻湖発掘を肯定的に捉え、主体的に参加したのであろうか。例えば、中学生として参加した二名の女子は、それぞれ参加の動機を「全校生徒への参加」が呼びかけられたことや、「(学校の)みんなが行くから」と述べており、必ずしも主体的であったとは言えない側面がある(25)。小学校五・六年生対象の地学野外実習をベースとした学校行事の一環としての参加であったと、当時小学校五年生で参加した男子が語るように、学校行事というかたちでの動員が第五次発掘に小中学生が参加した背景の一つになっているのである。

一方で、第五次発掘では、異なる参加のかたちが現れるようになる。それは、家族という単位である。すでに述べたように、長期休止期間中において、展覧会や書籍、新聞報道を通じて野尻湖発掘の存在を知り、家族単位で第五次発掘に参加する事例が認められる。第五次発掘が実施された翌年の一九七四年に、地団研では発行する『国土と教育』に野尻湖発掘の特集を組んでいる。この記事によれば、当時小学校三年生の女子は家族に誘われて、家族全員で野尻湖発掘に参加したと述べている。また、父親から『野尻湖のぞう』を買ってもらった、当時小学校四年生の女子は友人と弟を誘って、男子四人、女子五人で参加している(26)。小学校六年生の男子もまた『野尻湖のぞう』を読んだことが契機となって、母親と妹たちの四名で参加している。保谷市在住の会社員の男性は、新聞記事の報道で野尻湖発掘の存在を知り、妻と長女、長男と共に参加している。清水市内の小学四年生であった男子は、父親と二人で参加した。

一九七二年の『日本列島展』を見たことが契機となって参加した、当時小学校六年生の男子は、同展覧会を共に見た祖父と発掘調査に訪れている。名古屋市内の郵便局に勤務する男性も、当時小学校六年生の息子を誘って第五次発掘に参加している。この息子は父親からの誘いを受けて、『野尻湖のぞう』を図書館で読んでいた。長野市在住の主婦は、野尻湖発掘を報道で知り、長男と次男の三人で参加している(27)。記録に残されたこれらの事例以外にも、多くの参加者が家族や友人と共に野尻湖発掘に参加していると推察される。

後に学校単位での全校生徒あるいは地学クラブメンバーへの教員の働きかけによる児童・生徒の参加は、徐々に減少していくのとは対照的に、家族単位による野尻湖発掘への参加は、第五次発掘以後増加傾向にあった。このような参加形態の動きの要因については、その後の調査・参加の形態の変化を踏まえながら、詳述していくことにしたい。

このように、第五次発掘は、運営面や調査手法の改善を伴って進められ、その結果、古生物学や旧石器考古学の資料を得て、古環境の復元や人類史の構築への可能性を生み出した。また、各地の展覧会や書籍を通じて、大型哺乳類動物の化石や旧石器時代の人類に対して市民の関心が高まる中で、従来の学校教育での参加の呼びかけだけでなく、家族単位での参加形態が新たに登場し、参加者数の増大、特に児童・生徒の参加が増えていった。こうした事実は、肯定的に捉えられるべきものであるが、しかし、それは資料の発見至上主義の枠組みから出るものではなかった。第五次発掘からやや遡るが、例えば、第二次発掘に新潟大学高田分校二年時に参加した男性の感想として、「野尻湖底発掘に参加して、確かに実践を通した理科教育が必要であることは感じられるけれど、なぜ発掘するのかということが、中・高校生に理解されていただろうか」と疑問を投げかけている(28)。発掘調査によって得られた資料とそこから獲得された情報が、その先にある古環境の復元や人類史の構築といった大きなテーマに行きつくものではなく、資料や情報の蓄積にとどまっており、それは第五次発掘においても同様の段階に置かれていた。

つまりこの段階では、参加者が発掘調査を通じて、能動的な学びを実現し、その延長線上において学術的な〈知〉を形成し得たとは言い難い状態であった。その要因は、野尻湖という場に即して、科学的な〈知〉を形成しうるだけの知識や技術が未発達であったこと、そしてそれらを参加者の中で共有化する人材育成システムが未成熟であったことにある。井尻正二が、「教えられる科学」でなく、「自分で科学する」ことに目覚めた人々として位置づけた野尻湖発掘の参加者像は、第五次発掘で一部にその兆候は認められるものの、全体としては〈知〉の主体的形成者にはなりえていなかった。それゆえに、野尻湖発掘は調査体制の改革に迫られることになる。

## 第3節　発見至上主義からの脱却

野尻湖発掘は第五次発掘において、より幅広い階層の参加者が参加することで、「大衆」による主体的な調査・研究という形態に一歩近づいた。しかし、同時に知識や技術レベルの異なる人々が学術発掘という場で活躍できるための環境を整える必要があった。また、学術調査の水準を向上させる必要に迫られることになる。本節では、第五次発掘終了後から第六次発掘開始までの動向から、野尻湖発掘の調査手法と組織運営の変革について見ていくことにしたい。

### 1　研究の進展と調査手法の見直し

野尻湖発掘の調査体制が大きく変わっていった直接の契機は、第五次発掘直後の一九七三年七月における井尻正二による「どのようにして、第六次発掘の見通しをたてるか」という講演であった(29)。この講演の中で井尻は、化石と遺物を掘り出し、そこから得られた情報の記載と分類を主目的としたこれまでの発掘調査の延長線上として、第六次発掘を位置づけることに疑問を掲げた。それは、水流の影響をうけずほとんど研磨されていない化石骨や考古資料と破損した骨片の共存関係から、この場所の近辺で大型哺乳動物の狩猟や解体が人の手で行なわれ、発掘地点の近くに人類の生活拠点が存在した可能性を想定した上での発掘調査の提案であった。そして、井尻が「予測のもとに具体的な設計図をもった発掘計画」と称するように、それまで蓄積されてきた情報から得られた仮説や見通しを持って、調査に取り組む姿勢の必要性が、調査団関係者に対して説かれた。このことは、反対にそれまでの発掘調査がこうした仮説や見通しのもとで行なわれてこなかったことを意味していた。

発掘調査方針の転換は、まず一九七三年夏（八月一〇日～一六日）と秋（九月二二日～二四日）、一九七四年の春（三月二五日～三一日）に実施した地質調査として具現化された。これらの地質調査は、陸上と湖底の地質の連続性を総体的に把握し、第六次調査の基本となる地質図の作成を目的とした。一九七三年夏の地質調査の段階では、それまでの湖底調査で把握されていた野尻湖層は、一四C年代で一・八～三・一万年前の地層であることがわかっていた。この地層から単層の単位で化石や遺物を検出しているが、それが陸上の洪積層とどのように対応するのかが明確にされていなかった。

地質図作成がこの時点で急務となっていたのは、湖底という地理的条件が関係していた。平坦な土地の場合、地層は火山灰などの堆積によって、地表に対して水平に形成される。このため水平に掘り進めれば、遺跡のどの地点を調査しても、ほぼ同じ地層を掘ることになり、層位学的に単純な発掘で済む。ところが野尻湖底の場合、すり鉢状の地形によって、ゆるく傾斜していたり、断層で地層が途切れていたりするため、水平に掘り進めるだけでは、同時代の生活面を検出することはできない。そのため、野尻湖とその周辺の地層のつながりを確認しておくことで、湖底発掘時における同一生活面の検出に役立てようとしたのが、この地質調査の目的であった。これらの調査により、湖底で化石や遺物が含まれる地層が、陸地における地層のどの層準に当たるのかが明確に認識され、大型哺乳動物の生息した時代と同じ時期の人類の生活面を陸地で確認する手がかりを得ることになった。

湖底と陸地の層準が相対的に把握される中で、調査団が注目したのが、陸成層と水成層の堆積状況の峻別であった。いわゆる〝水つき〟の地層の発見は、旧汀線を推定する手がかりとなるが、これを観察によって確認するためには「センチ・メートル単位の観察」が必要となる(30)。詳細な地層観察の必要性が生まれたことは、第六次発掘以降のラミナ単位での調査方法の確立に影響を与えた。

これらの地質調査の成果を受けて、一九七四年の秋に陸地における人類の遺跡を確認するための発掘調査が実施された。結果的には、旧石器人類のキャンプ跡の発見にはつながらなかったが、丘陵の下部から予測された地層が確認され、そこからナウマンゾウ臼歯化石が発見された。このことは湖底だけでなく、その周辺地域にまで遺跡が広がっていることを証明していた。その一方で、「調査の過程で、今さらのように、地質に関する知識と第六次発掘の目標との間のギャップの大きさを知る」こととなり、地質調査の手法に対するさらなる改善が必要となった(31)。

## 2 組織編成上の改革

湖底発掘の準備としての地質調査は、一九七六年から一九九八年まで実施された陸上発掘へと引き継がれた。予備調査の性格を持つことから、湖底での発掘調査とは調査体制の面でも異なっていた。例えば、一九七四年三月の発掘調査は、第六次発掘の準備として位置づけられ、「専門家と地質学専攻学生だけでおこない、原則として一般の方がたは参加しない調査」という方針が野尻湖発掘調査団事務局で立てられた(32)。その理由は、湖底調査と掘削深度が異なり、深いトレンチでの調査を余儀なくされることがその理由であり、安全面に配慮した結果、参加者の制限が設けられた。その後の陸上発掘でも、高校生にまで参加範囲が拡大するものの、安全面を最優先している。

このような参加条件が設定された一九七三年から一九七四年までの三回にわたる調査参加者名簿の分析では、次のようなことが明らかとなった(Figure21~Figure26)。

一九七三年八月の調査では七七人が参加し、このうち六一人(七九%)が地質学を専門とし、二人(三%)が考古学を専門としている。この調査の参加時点での所属先は、大学生・院生が二七人(三六%)で最も多く、次いで不明・その他の二三人を除けば、大学教員が九人(一二%)、高校教員九人(一二%)、小学校教員六人(八%)である。

一九七三年九月の調査では、六六人が参加し、このうち四九人(七四%)が地質学を専門とし、三人(五%)が考古学を専門としている。また、地形学と植物学を専門とする参加者が各一人であった。この調査の参加時点での所属先は、大学生・院生が一四人(二一%)で最も多く、次いで小学校教員一〇人(一五%)、大学教員一〇人(一五%)、高校教員

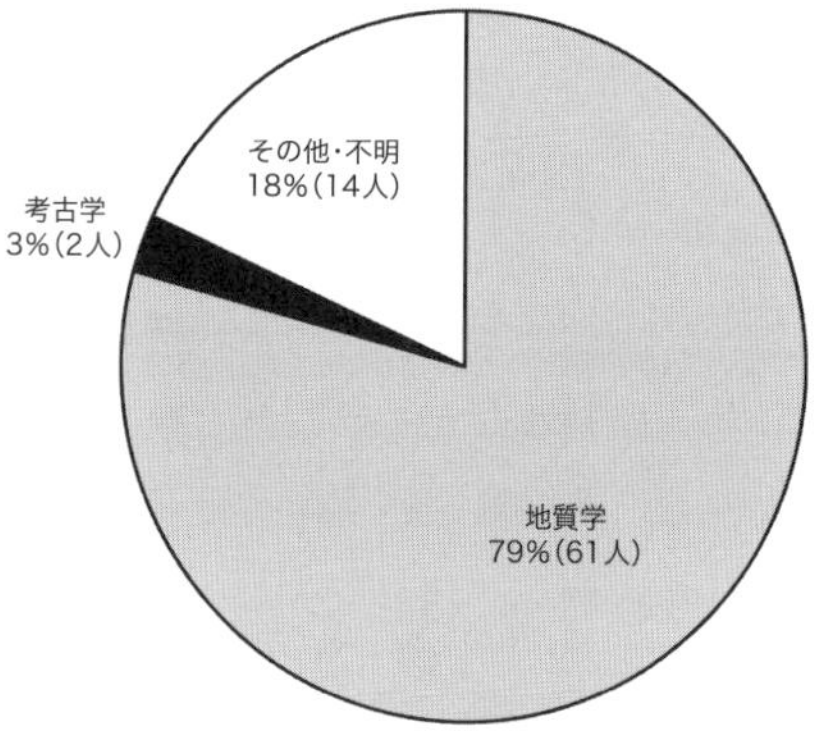


Figure 21　1973年8月調査参加者の専門分野内訳

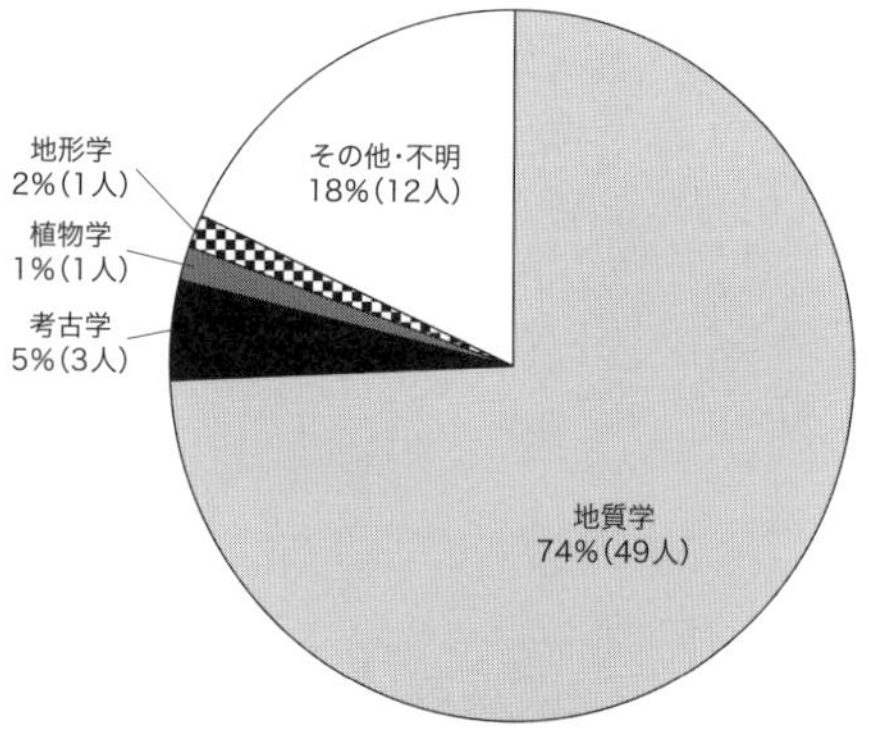


Figure 22　1973年9月調査参加者の専門分野内訳

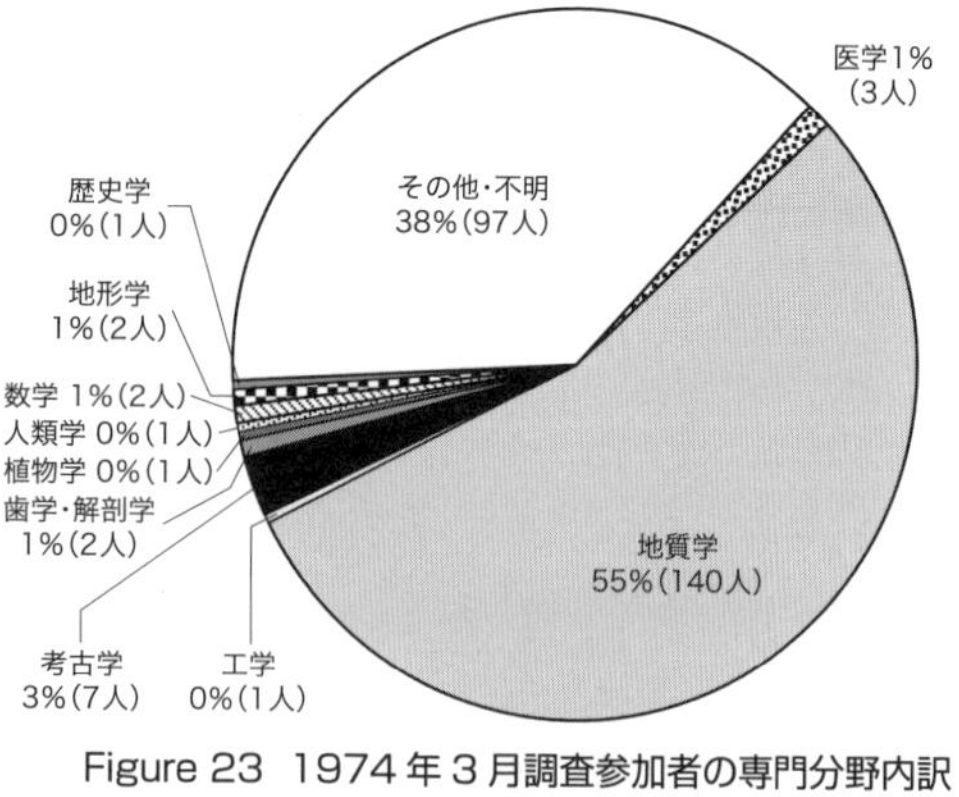


Figure 23　1974年3月調査参加者の専門分野内訳

九人（一四%）、博物館学芸員二人（三%）、中学校教員一人（二%）である。

一九七四年三月の調査では二五七人が参加し、このうち一四〇人（五五%）が地質学を専門とし、七人（三%）が考古学を専門としている。また、人数は少ないものの、医学や歯学・解剖学、人類学、数学、工学など、地質学や考古学以外の専門分野を持つ者が参加している。歯学・解剖学については、古生物学研究との関連で野尻湖発掘に参加したメンバーの専門領域となっている。一方、医学や数学、工学を専門とする人々が参加しているのは、大学在学中に自身の専門領域と関係なく、野尻湖発掘への興味や関心を抱いた者が参加したものであろう。この調査の参加時点での所属先は、大学生・院生が二三人（五八%）で最も多く、次いで高校教員三一人（一二%）、大学教員が一五人（六%）、小学校教員一〇人（四%）、中学校教員一〇人（四%）、博物館学芸員三人（一%）である。

つまり、調査前には「専門家と地質学専攻学生だけでおこない、原則として一般の方がたは参加しない調査」という方針だったが、実際には、参加者の専門性は地質学に限定されない幅広いものだった。

一九七四年の調査は、一九七三年に実施された二回の調査に比べて、参加人数の大幅な増大も一因となって、さらに多様性に富んでいる。例えば、東京経済大学講師でロシア語を専門とする金光不二夫が参加している。第五次発掘から野尻湖発掘に参加している新堀友行との共訳などにより、ソビエトの自然科学系書籍を数多く翻訳(33)している金光の参加は、野尻湖発掘から出土する資料の研究領域とは直接関係ないものの、科学運動といった野尻湖発掘との間接的な関連性に基づいたものであった。こうした人々の参加プロセスを詳細に復元することは資料の制約上、困難であるが、思想的なつながりやそれまでの野尻湖発掘参加者との個人的な関係の中で、多様なバックグラウンドを持つ人々

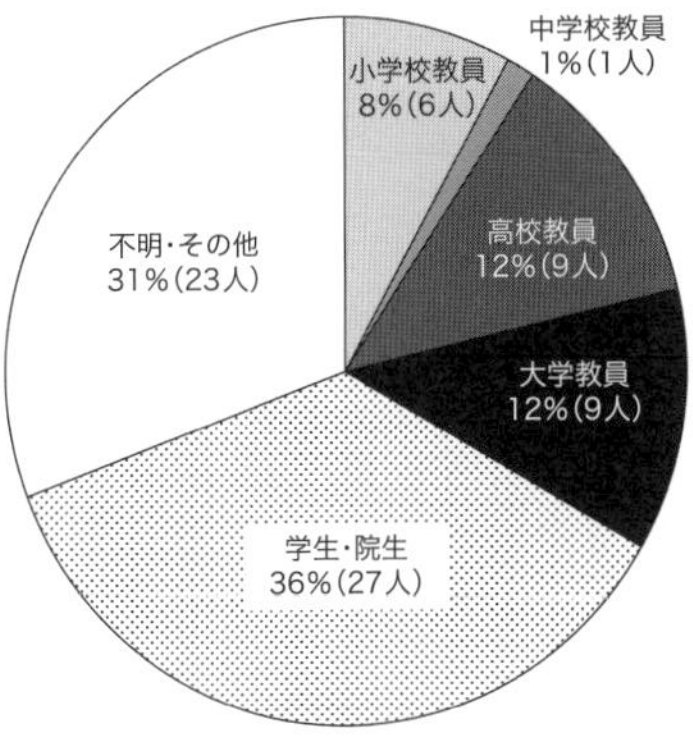


Figure 24　1973年8月調査参加者の所属先内訳

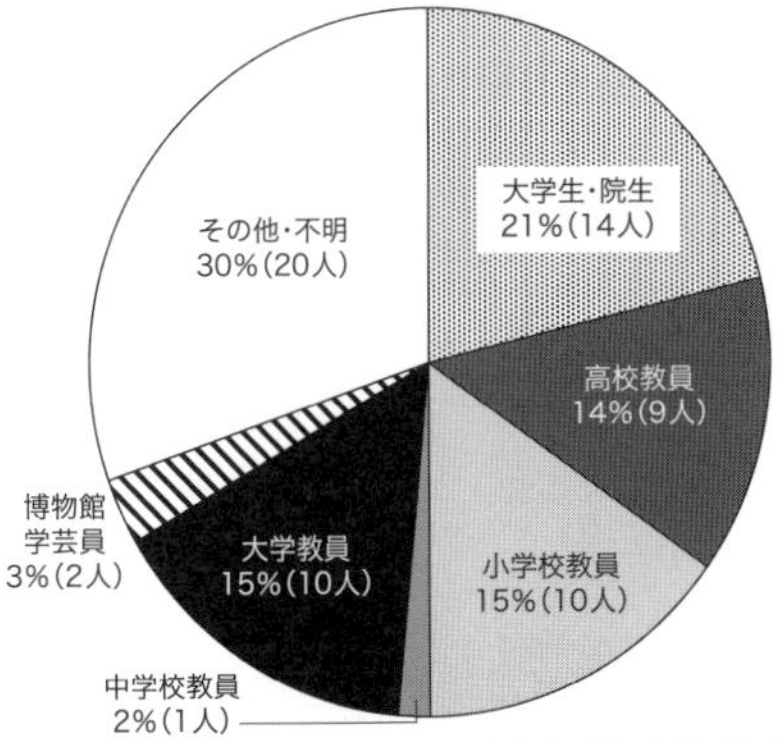


Figure 25　1973年9月調査参加者の所属先内訳

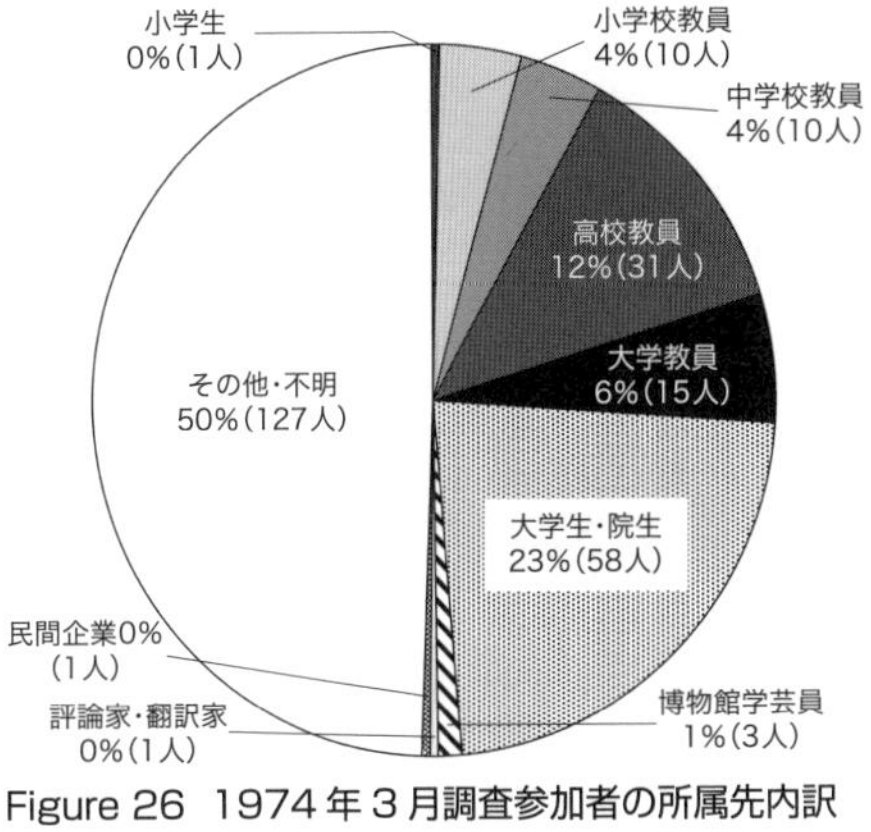


Figure 26　1974年3月調査参加者の所属先内訳

がこの調査に関わっていることがわかる。

一方で、古生物学を専門とする参加者の中には、足跡化石のような生痕化石を研究対象とする者や、のちに昆虫考古学を専門とする者が含まれ、参加者の専門領域の細分化が起きている。このような参加者の専門分化は、第六次発掘以降の専門別グループ設立に寄与することになる。

専門分野ごとの調査グループは、すでに高田平野グループを中心に確立され、第五次発掘においてもその原型はできあがりつつあったが、調査手法の整備と連動して、よりグループ毎の仕事の内容が明確化された。このことは、後述するようにラミナの単位で掘り下げる「ラミナ掘り」の確立などと関連しており、結果的に足跡化石などの検出につながっている。こうして専門分野ごとの調査・研究体制の整備は、異なる専門性を持った参加者を受け入れ、共同的な学習の機会を設ける契機となっていく。

もう一つ、組織編成上の変更点として、第五次発掘終了後に各地で野尻湖発掘への参加窓口であり、その地域の研究活動の拠点として成立した「野尻湖友の会」の原型となる組織が作られたことがある。それは、「東京・新潟・直江津・高田・新井・長野・静岡・愛知・七尾・京都・大阪」の各地において結成され、それぞれで第六次発掘に向けた学習会と結団式を行なっている(34)。こうした友の会が成立した背景には、それまでの地域単位での研究活動と野尻湖発掘への参加に積極的な地域が中心的な役割を果していた。特に、高田や新井といった新潟県内における集団的な地質学的調査・研究に注力していた地域では、友の会設立も円滑に行なわれていった。

## 第4節　第六次発掘と調査体制、調査手法の変化

一九七三年および一九七四年には、井尻正二による「予測のもとに具体的な設計図をもった発掘計画」という提案を受けて、地質調査が実現した。この中で、地層の詳細な観察を可能にするための調査手法の開発が検討された。ま

た参加者に目を向けると、地質学や考古学といった直接野尻湖発掘に関連する学問領域以外の専門性を持った人々が参加するようになる。こうした調査・研究状況の変化や参加者の属性の拡大に伴って、専門領域ごとの調査・研究体制の確立や参加準備としての学習組織の編成が急務となった。

以上の第五次発掘終了後の状況を受けて、第六次発掘はどのように行なわれたのか。また、それに対応する調査・研究体制や学びの環境はどのように整えられていったのか。最初に参加者の状況を概観し、組織再編成の具体的な状況や調査手法の変革の詳細について確認し、その上で、参加者による学術的な〈知〉の形成や学びの変化を見ていくことにしたい。

## 1　第六次発掘参加者の実像

第五次発掘終了後の三回にわたる地質調査は、野尻湖底とその周辺地域の連続的な地層の把握を可能とした。これをもとに実施されたのが第六次発掘であった。第六次発掘にあたっての問題は、①全国からの膨大な参加者の組織化、②専門別の研究体制の再編継続、③層位学的な調査法の改善を挙げることができる。これらの課題に対して、調査団は第六次発掘において具体的にどのように対処したのか。順を追って、分析していくことにしよう。

第六次発掘は、一九七五年三月二五日から三一日までの七日間行なわれた。参加者数は、第五次発掘参加者数を上回る三六五二人で、これは二〇一六年段階までの野尻湖発掘で最多となっている。発掘対象となったグリッドは一〇〇以上、出土した資料の点数は一万一五四点に上った。この資料の中には、ナウマンゾウ臼歯化石やヤベオオツノシカの上顎骨化石、イシガイ、象牙加工品と見られる遺物が含まれている。

参加希望者が増えた背景には、第五次発掘までをまとめた『象のいた湖』や学術報告書、地団研発行の『国土と教育』誌上における野尻湖発掘特集号のほか、学校での文化祭や授業、テレビやラジオ、新聞の報道で野尻湖発掘が広く知られるようになったことがある(35)。第五次発掘と同様に、こうした地団研や調査団内外から発信された情報が、参加

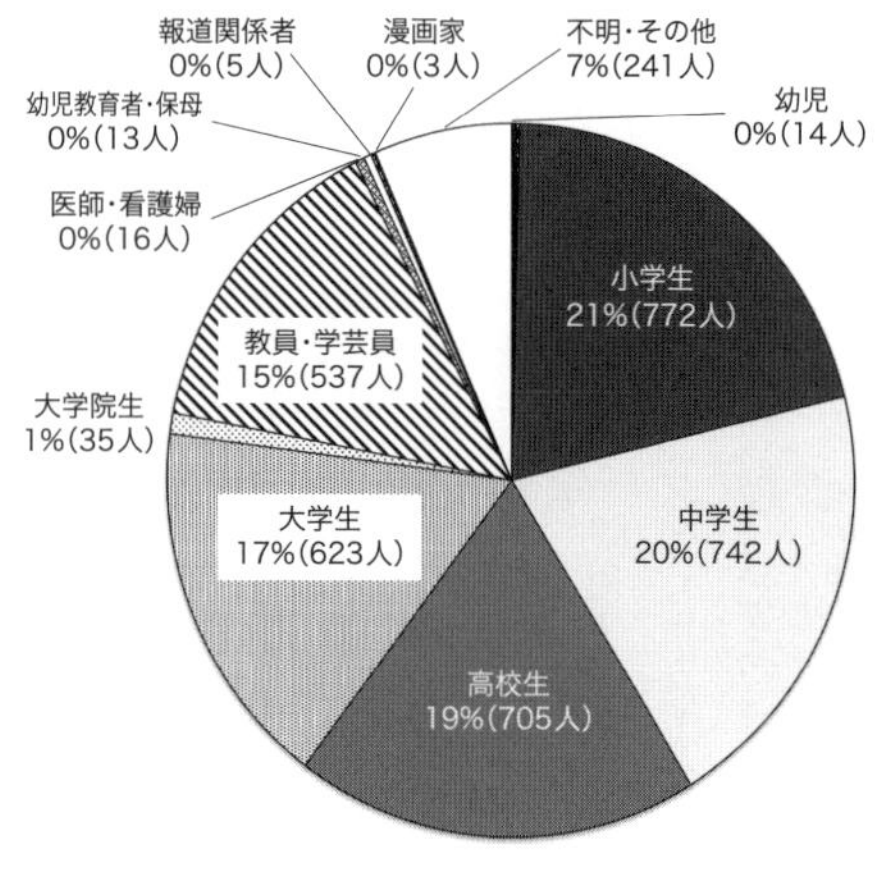


Figure 27　第六次発掘参加申込者の内訳

者数の増大につながっていった。調査直前に調査団が発行した三月五日付けの『野尻湖ニュース』によれば、その時点の申込み受付人数は、「総数約三七〇〇名、のべ一二〇〇〇人」であった。内訳も明記されており（Figure27）(36)、申込総数三七〇六人のうち、最も多いのが小学生の七七二人で、小学生から高校生までの総数で全体の六割を占める。この第六次発掘参加者を含む、これまでの野尻湖発掘参加者の階層を調査年次別にグラフ化した（Figure28）(37)。資料の制約上、参加者の階層が明らかになっている調査は限定されているが、第一・二次発掘と比較すると、参加者総数が飛躍的に増大する中で、小学生の参加者数が第六次発掘以降、特に伸びていることがわかる。この傾向は、第五次発掘と同様に、学校単位での集団的な野尻湖発掘への参加と、メディアを通じて興味を持った子供とその保護者の参加が大きな要因となっていると推察される。また、医師・看護婦の参加があるのは、自身の発掘調査への参加よりは、参加者の急病等に備えた医療体制の整備に関係している。

なお、急増した参加者に対応するため、医療体制の整備以外にも運営面での工夫がなされた。第一次発掘における役割分担では、総務・会計・渉外のほか、調査に必要な記録・写真といった係が設けられていたに過ぎない。また、役割も一人で複数を兼務していた。第四次発掘には学問分野別の班編成が徐々に整えられ、地質班や古生物班、考古班、花粉・植物班が設定されている。これに対して第六次発掘の段階では、湖底調査に必須である「排水係」や参加者の宿泊を担当する「宿泊係」などの運営面、調査手法の精緻化に適合した調査面での組織体制が整えられている。また、やや先取りするかたちになるが、第九次発掘ではさらに運営面での充実が図られた（Figure29）(38)。

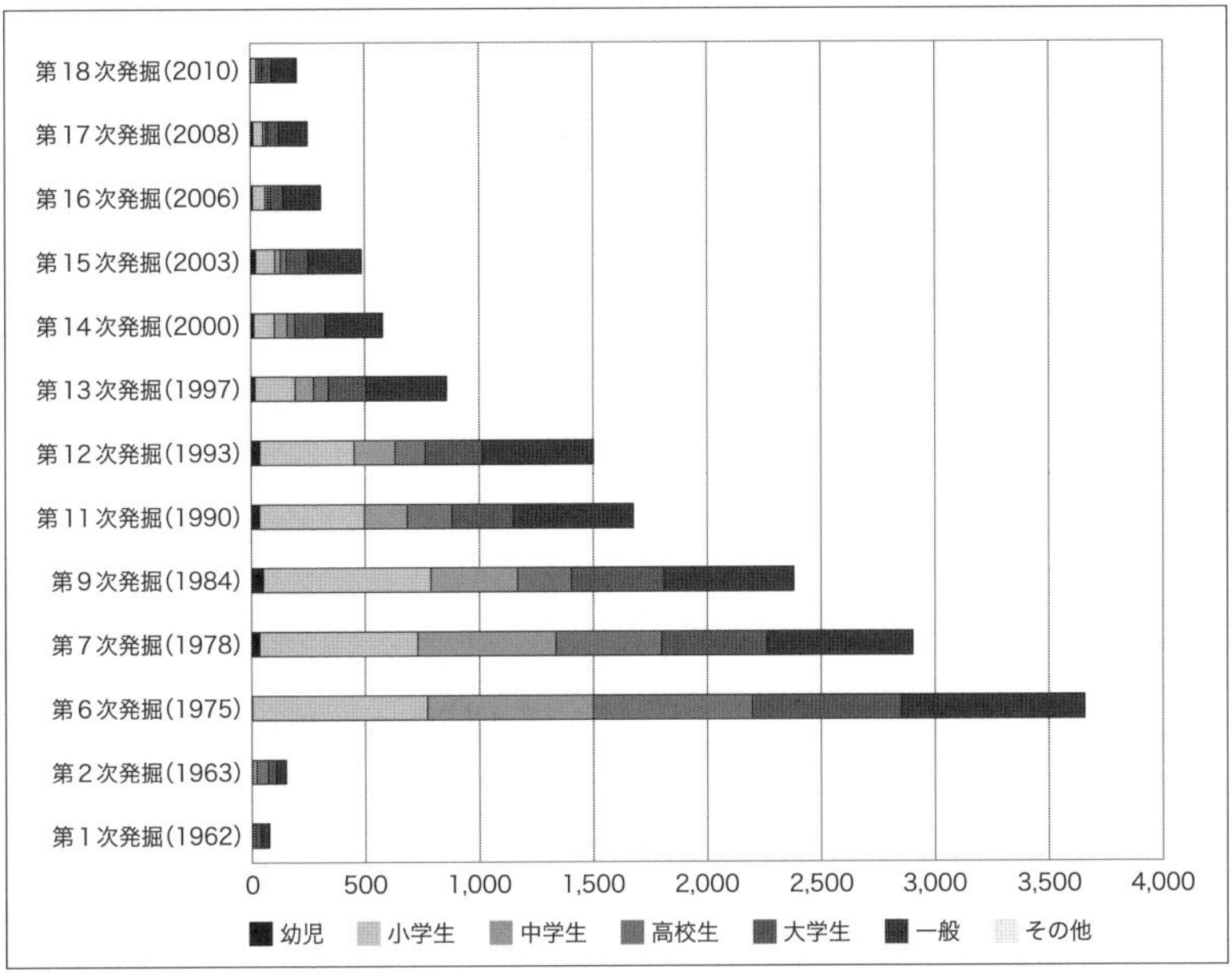


Figure 28　野尻湖発掘参加者階層の変遷（人）

ここで再び参加申し込み者の内訳に戻ってみたい。幼児教育者と保母が参加しているのは、一九七〇年代以降の井尻正二の幼児教育への関心の高まりと、それに関連した人物の参加によるものである。やや年代が新しい事例であるが、第一〇次発掘（一九八七）に子供と共に参加した女性はその理由を、子供に「何といっても科学的な世界観に立った集団のよさに触れさせたいと思ったから」としている。こうした思いに至った経緯についてこの女性は、子供が「幼稚園の時、〝サルが人間になるんだよね〟と先生に言ったら、キリスト教系のその幼稚園では〝いいえ人間は神様がお作りになったのですよ〟と一言のもとに否定されてしまった事などがあって大人に対する不信をもっていた」のだと述べている。女性はその後、さくらんぼ保育研究所の斎藤公子と出会い、そこで野尻湖発掘へ興味を持ったのだという(39)。

　斎藤公子とは、保育園を経営するかたわら、保育研究に取り組んでいた人物である。その過程で、井尻正二の著書『ヒトの直系』（一九七七）に出会い、

| 第六次発掘の体制 | |
|---|---|
| 運営 | 調査 |
| 公民館係 | 地質班 |
| 普及係 | トレンチ班 |
| 学習係 | ハンドオーガ班 |
| 苦情うけたまわり係 | 特別試料班 |
| 排水係 | 植物遺体班 |
| 渉外係 | 精密発掘班 |
| 連絡係 | 写真班 |
| 資試料整理係 | 考古班（立が鼻班） |
| 宿泊係 | 考古班（杉久保班） |
| 資材設営係 | 発掘班（41 班） |
| 運営係 | |
| コンパ係 | |
| 医療係 | |
| 野尻湖新聞社 | |
| 司会団 | |

| 第九次発掘の体制 | |
|---|---|
| 運営 | 調査 |
| 保育園係 | 哺乳類班 |
| 地元係 | 人類考古班 |
| おやつ係 | 植物班 |
| 野尻湖新聞社 | 貝類班 |
| アンケート係 | 昆虫班 |
| みまわり係 | 地質班 |
| コンパ係 | 生痕班 |
| 販売係 | 発掘班 |
| 会計係 | 列長 |
| 受付係 | 試資料整理班 |
| 宿舎係 | 資材班 |
| 普及係 | 排水班 |
| 見学者係 | 設営班 |
| 展示係 | 測量班 |
| そくほう係 | 写真班 |
| わすれもの係 | 医療班 |
| 放送係 | |
| 運営係 | |
| 司会団 | |
| 体育館係 | |
| 公民館係 | |
| 放送係 | |

Figure 29　調査体制の比較

そこで出た質問を井尻に手紙で投げかけたことで、両者の関係が生まれ[40]、一九八〇年代に共著で保育に関する書籍を出版するまでになった[41]。ここには、井尻の生物としての人間の発達への関心と斎藤の保育論の観点からの子供の発達という学問的な接点だけでなく、集団的な学びと科学の実践という思想的共通点があった。

子どもと共に第一〇次発掘に参加した先の女性は、科学観や集団的な学びに野尻湖発掘の魅力を見出しているが、それは本人の自覚であるとともに、井尻と斎藤による思想的なつながりの中で生み出されたものでもあった。人々の野尻湖発掘への参加動機は、人類史や古環境への関心や地団研とのつながりと共に、思想的基盤の共有をその一つに挙げることができる。なお、この発掘で幼児を伴って参加した保護者のために、臨時の保育所が設けられたこともこれに関連している。

野尻湖発掘の内容を小学生にも効果的に伝えるために、調査団関係者が漫画に注目したのもこの時期である。そのため、第六次発掘には漫画家が参加しており、この一人は、伊東章夫である。伊東は井尻正二と共に一九七〇年から科学漫画を執筆し、第六次発掘以前から井尻とつながりを持っていた(42)。伊東もまた井尻との個人的なつながりによって、野尻湖発掘に参加した一人だった。

## 2　第六次発掘参加者を地団研や調査団はどう捉えたのか

では、地団研や野尻湖発掘調査団は、この第六次発掘をどのように捉えていたのか。例えば、地団研の機関誌『そくほう』の一九七四年一〇月号に参加の案内が掲載されているが、この段階ですでに調査団は、参加希望者からの多数の問い合わせを受けていた。このため、一日ごとの参加可能人数を約二〇〇〇人に限定し、それを超えた場合には、地域別やグループ別での抽選によって、参加者数を制限することとした(43)。

しかしこの方針に対して、第六次発掘の調査団長をつとめた郷原保真は、ある出来事を通して批判している。その出来事とは、『象のいた湖』を読んだ人からの参加希望がある地団研会員に寄せられたが、その会員は一般の人が余り多くなると、地団研会員が参加できなくなる場合が発生するため、返事をのばしているというものだった。この話を聞いた郷原は「地団研の普及活動を、ここまで歪少化し、地団研の科学運動を、このようにセクト化して、今後の地団研（の発展）があるのだろうか」と述べた(44)。多様な階層が参加可能な発掘として、野尻湖発掘を「大衆発掘」と称することが多かった郷原にとって、地団研会員外の人の参加を阻害することは、野尻湖発掘の根本に関わる問題であった。

同時に問題となったのは、参加者数が増大し、発掘調査の規模が拡大したことで、厖大な運営費が必要となることだった。これまで補助金などの資金援助を受けずに、自らの負担で運営する「手弁当の発掘」を掲げてきただけに、資金調達は大きな課題となっていた。このため、第六次発掘の予算は約三〇〇万円だったが、この一部を補うため、調査団事務局が地元自治体の信濃町に支援金の援助を申し入れた。しかし、野尻湖発掘調査団内部から批判の声が上がり、結果的に資金援助の申し入れを撤回している。

このように参加者数が調査団の予想をはるかに上回ったことにより、運営面での試行錯誤が続けられ、結果的には野尻湖発掘とは何かという本質的な問題を地団研や調査団自らが省みる契機ともなった。自由ではあるが、自己負担と責任を持って誰もが参加しうるという調査スタイルは、参加者数の膨大化の中でより鮮明になっていく。それは、学術性の担保に必要な側面であり、また参加者の能動的な学びを確保する上でも必要なことであった。

## 3 組織改編

第五次発掘終了後から第六次発掘までの過程で重要な組織改編は、野尻湖友の会と専門別グループが編成されたことである。まず野尻湖友の会が組織されるまでのプロセスを確認しておきたい。

### (1) 野尻湖友の会の原型

第五次発掘終了後、次の第六次発掘に向けた、参加者による自主的な学習会が各地で設けられた。これは、地団研の地方支部が中心となって、事前の準備作業の一環として行なわれたが、結果的に見れば、年齢や専門性の点で幅を持つ参加者を受け入れる上で有効に組織として機能していくことになる。このようにして結成された一一の組織はやがて、野尻湖友の会として正式発足することになる。

このような野尻湖友の会の原型となる活動は、第六次発掘準備にどのような意味を持っていたのか。その一つである東京では、第六次発掘直前の三月九日に白鳳高校で学習会を開催した。開催にあたっては、地団研の東京教育大学班、関東第四紀研究会、東京地学教師グループの三者が集まって、野尻湖発掘調査団東京事務局を発足させた。東京とその近郊だけで第六次発掘参加予定者は六〇〇人以上であったことから、この東京事務局を中心として、まず四〇〇枚のはがきで参加予定者に学習会開催を通知している。学習会には二七〇人が参加し、このうち最も多いのが七八人の小学生、つづいて五一人の教員、四九人の中学生であった。内容は、第六次発掘の目的や参加時における服装と持ち物についての説明と、分科会ごとに小学生向け、中学生以上向けの学習会であった。こうした組織は野尻湖友の会の原型となっていくと同時に、事前の学習会を地域単位で開催する行事も今日まで引き継がれていくこととなる(45)。

以上のような地域単位での学習会に見られる独自の活動を基礎として、友の会の結成は、第六次発掘終了後にさらに具体化する。第六次発掘終了時に調査団の運営委員会から提案の一つとして、各地における野尻湖友の会の設立が掲げられた。これを受けて、発掘終了後の二カ月間に、北海道・岩手・宮城・北関東・東京・新潟・信濃川・柏崎・高田・東北信・中南信・富山・七尾・愛知・京都・阪神わかやまの一六の友の会が誕生した。その後、友の会同士の交流会が開催され、さらに野尻湖発掘参加者相互の交流だけでなく、地元住民との交流の場である「発掘まつり」が定期的に開催されるようになっていく。

野尻湖友の会は、多数の参加者を組織化し、調査に関わる知識や技術の基礎を習得する場であると共に、調査組織内の交流や遺跡地との関係性構築のための役割が付与されている。また、同時に野尻湖発掘の参加組織としての性格だけでなく、所在する地域の研究活動拠点でもある。

例えば、一九七六年二月に日本橋の地下鉄工事現場においてナウマンゾウ化石が発見された際には、東京都教育委員会より大沢進、犬塚則久に調査の依頼があり、これを受けて「野尻湖友の会東京支部」会員に呼びかけて発掘調査を行なっている。さらに、調査後は哺乳類グループを中心に破損部の復元等の整理作業が行なわれた(46)。このように、「野尻湖」友の会である一方、所在する地域の調査・研究のためのコミュニティともなっているのが野尻湖友の会の実像である。また、高田平野グループのように、野尻湖発掘以前から地質学や古生物学のローカルな研究活動が盛んな地域においては、地域研究と野尻湖発掘が連動することで、異なるフィールド間における、研究の相互補完的な機能を友の会が担っている。

第六次発掘の段階では、野尻湖発掘参加者全体に占める地団研会員の減少とも関連して、第四次発掘までの初期と比較すると、地団研＝野尻湖発掘ではないことが参加者に自覚されるようになる。それは野尻湖友の会と地団研との接点の中で表出している。例えば、第六次発掘直後には、「友の会への入会手続きをとらないで活動に参加し、地団研会員だから連絡誌はもらうのは当然という主張が出たり、申込期日に遅れたり、無断欠席をしたりという非原則的行為が班内に」生まれていた。そこには、「私は専門家だからという思いあがった考え」が存在していたがために、結果的にその人物は友の会から排除されるに至る(47)。

一方で、阪神わかやま野尻湖友の会のように、地団研会員として「丹波団研、四万十団研、はてなし団研、古ビワ湖団研、米山団研、足柄団研」に所属しながら野尻湖友の会でも活動する人々が存在している(48)。また、一九七八年の段階では、地団研静岡支部のメンバーの一部が、野尻湖友の会のメンバーを兼ねている(49)。

つまり、組織上は地団研支部と野尻湖友の会は、一定の秩序のもとに、意識的に別組織として運営されるが、同時に地団研会員と野尻湖友の会会員を兼ねる者が少なくないことから、実際の活動は重複する場面が存在している。各地の地団研の活動と緩やかなつながりを維持しつつ、独自の研究活動や野尻湖発掘への参加準備を担うのが野尻湖友の会であった。

また、野尻湖友の会は野尻湖発掘を能動的な学びの場へと変えていくことにも寄与していた。野尻湖発掘に最低限必要な知識や技術を参加者が吸収する場であった野尻湖友の会は、拠点をおく地域の調査組織でもあるために、〈知〉を形成しながら、参加者がより深い知識や技術を身に付ける場となっていった。

### (2) 専門別グループの編成

拠点となる地域社会との関係が密接な野尻湖友の会に対し、野尻湖底遺跡に即して、専門分野ごとに対応した組織が編成されていく。すでに述べたように、この基礎は一九五九年の地団研総会で「一人一芸」のスローガンのもとに、少なくとも研究者は一つの専門領域を身に付けるという方向性が地団研内に掲げられたことに端を発する。この方針は団体研究の中で具現化が試みられ、特に一つのフィールドに対して複数の専門体制を組織することは、野尻湖発掘の開始以前に、高田平野グループで試みられてきた。こうした先行事例をモデルとしながら、野尻湖発掘においても研究体制の再編が具体化していく。第四次発掘終了後の長期休止期間中に、「古植物」、「花粉」、「珪藻」、「哺乳動物」、「粘土鉱物」の専門別のグループが生まれ、それまでの野尻湖発掘における資料やデータの分析を行なった。こうした学問領域ごとの研究体制は、そのまま第六次発掘にも引き継がれた。

第六次発掘と専門別グループの動きに注目すると、学問領域別のグループによる研究集会が、第六次発掘の準備の一つとして開催された。一九七四年一月一四日、東京教育大学を会場に、全国から七八名が参加した集会では、野尻湖周辺における自然環境とその変遷をめぐり、地形、地質、重鉱物、植物化石、花粉化石、珪藻化石、脊椎動物化石、貝化石、考古の各グループの立場から研究成果の報告が行なわれた。最後に各分野でのデータをまとめ、層準ごとの一覧表が発表されている(50)。こうした野尻湖発掘が蓄積してきたデータを学問分野ごとに検証し、それらを一つにまとめ、第六次発掘の方針を明確化することに努めている。このことは、第五次発掘終了以後の地質調査を含め、一つのフィールドにおいて関係する学問領域との接点が、当事者自身に見直されつつあったことを示している(51)。現在では、地質、火山灰、古地磁気、植物、花粉、珪藻、哺乳類、昆虫、貝類、生痕、人類・考古の一一グループがおかれている。

では、専門別の研究組織とは、どのような活動形態だったのか。メンバーには、職業的研究者のほかに、研究職以外の職種の人々や小中高校生が含まれ、市民の研究活動の場として専門別のグループが成立している。例えば、「子供はもちろん、建具屋さんや町工場の主人、看護婦さん、雑誌の編集者や獣医学校の学生など、いろいろな階層の人たちが参加しはじめている」のが第六次発掘時点での構成だった(52)。専門分野別の研究組織ではあっても、メンバーは必ずしもその分野を専門とするとは限らなかった。また、大森昌衛が専門別グループの勉強会に出席した女子高校生の事例を挙げて、「親を説得して、二十万円の顕微鏡を買ったんです。それで、その勉強会に顕微鏡をかかえてきましょうということになって、その女の子が、どうしたら途中こわさないで顕微鏡を運んでいけるかという相談なんですよ。このような気持ちになっていることをとてもこわくなります」と述べている(53)。

このように専門別グループは、野尻湖底遺跡に即した専門分野毎の調査・研究組織を編成したものであり、立ち上げ当初から参加者の年齢や専門性、職業が多岐にわたり、調査・研究レベルは異なっていた。その状況から調査・研究活動に適合した作法を参加者が身に付け、集団的な学術活動を成立させるためには、段階的な学びを必要としていた。この学びが結果的に顕微鏡を自腹で準備し、研究しようとする女子高生の行動へと結びついていった。このような学びは、野尻湖発掘を特徴づける意味を持ってきたのであるが、その詳細については、節を改めて論じることにしたい。

### 4 調査手法の変革

第六次発掘準備までのプロセスで組織再編とともに重要なのは、調査手法の変革である。第五次発掘以後の地質調査に基づく総体的な地層の把握と調査方針の明確化に加えて、専門分野ごとの研究集会の開催や事務局体制の刷新、各地における事前学習会の開催など、第六次発掘までに綿密な調査準備がなされていった。その結果、第六次発掘では、実際に調査方法に大きな変化が見られるようになる。

それは、「層位掘り」と「ラミナ掘り」であった。層位掘りとは、地層(単層)を一枚一枚剥がすように掘り進める調査手法であり、ラミナ掘りとは、さらに精緻にラミナ(火山灰の粒子)単位で掘り下げる調査手法である。これらの層位学に基づく細密な調査方法は、調査団の第五次発掘以後の湖底から陸地へと連続する地層の把握と旧汀線の確認に見られるような、堆積層の微細な変化への注目と関連していた。こうした層位に対する細密な掘り下げと詳細な観察方法の導入は、地質学分野におけるこれまでの調査成果と第六次発掘の成果との照合を可能にしただけでなく、別々の地点で掘り出された地層に包含される化石や石器の同定にも寄与した。つまり、層位掘りやラミナ掘りの導入は、地質学分野だけでなく古生物学や旧石器考古学研究にとっても他分野と同一の条件で議論ができる可能性を提供したのである。さらに、それまでの発掘調査で見逃されていた水中昆虫の這い跡のような、微細な生痕化石の検出についても、調査手法の精緻化は有効に機能した。

このような調査方法の転換は、一方で新たな学問分野の創出にもつながっていった。後述するように、野尻湖発掘において昆虫化石の研究が立ち上げられたのは、単に過去の昆虫の存在を調査者が想定した結果ではなく、調査団全体での細密な層位への注目という手段の変化が基本にあった。それは、野尻湖発掘という場が、予め期待された〈知〉を生成するだけでなく、それまで誰も気がつかなかった新たな〈知〉の形成の場としても機能していくことを示していた。

そして、〈知〉を調査者全体で形成し、それを共有するためには、前提として手法の共有化が必要となる。調査手法の共有化が行なわれたのは、この発掘以降に活動が本格化する野尻湖友の会の事前の学習会や専門別グループの合宿であった。

同様に、野尻湖発掘調査団が発行する『野尻湖新聞』は、一九六五年の第四次発掘から発行され、その日の調査成果や調査の見通しを発掘参加者の間で共有する媒体となってきた。第六次発掘ではさらに『野尻湖新聞』の読者を拡大し、野尻湖周辺の集落全域に配布するようになった。もちろん、こうした『野尻湖新聞』の地元住民への全戸配布は、花泉遺跡の発掘調査における〈知〉の共有化に対する調査者側の問題意識とつながるものであった。そして、『野尻湖新聞』による調査成果の共有化は、結果的に地元に資料を残すための博物館建設事業へと展開していくための一つのステップとなっていた。

## 5　第六次発掘を成功させた要因

ここで本章の冒頭に立ち返ってみたい。第五次発掘終了後から調査手法の問題点が調査団内部で議論されるようになり、それを受けて一九七三年から一九七四年にかけての地質調査が第六次発掘の準備作業として実施される。この地質調査の過程で、参加者の階層に幅が生まれ、それを受け入れる体制が野尻湖発掘に必要になっていく。こうした状況から野尻湖友の会の原型となる組織が各地で立ち上げられ、専門別のグループが形成されていった。

第六次発掘の準備として、野尻湖友の会の原型となる組織では、地団研の支部の活動を基礎にしながら体制が整えられていき、事前の学習会を開催するなどして、参加者間において基礎的な知識や技術の共有に努めた。そして、第六次発掘終了後に野尻湖友の会は正式発足し、第七次発掘以後は、友の会単位で事前の準備から調査当日の運営までを担っていくことになる。これによって、全国からの大量の参加者を各友の会で分割して受け入れる体制が整えられていく。

一方で、専門別グループは、野尻湖底遺跡という場に即したかたちで学問領域毎の調査・研究組織として成立する。その前史は高田平野グループなどの地団研支部を中心とする調査・研究活動にまでさかのぼることができる。こうした専門分野別の調査・研究組織が結成されることで、各グループにおける調査にあたっての問題意識が明確となり、それに応じた調査手法が整えられていく。同時に注目すべきは、第五次発掘から第六次発掘の間に実施された地質調査でも現れていたように、参加者の持つ専門性の幅の広さに各専門別グループがすでに対応していることであった。そこでは調査や研究に必要な知識や技術を誰もが習得できるような体制がとられていた。

こうした組織の編成と同時に重要な変革は、地層を細かい単位で観察しながら進める調査法の開発にあった。調査手法の開発は、組織編成と一見無関係のように見える。しかし、調査や研究の状況が変化し、それに対応する調査手法が必要になると、さらにそれに適合した調査体制が必要となる。野尻湖発掘においては、この調査対象の発見ないしは、研究領域の開拓と調査手法の開発、そして調査体制の編成が、一つの輪として成り立っていた。

では、このような調査・研究の新しいサイクルが誕生したという背景を踏まえた上で、発掘調査における参加者の学びは、このサイクルの中で具体的にどのような意味を持っていたのか。より具体的な事例に即してこのことを検証してみたい。その上で、再度この調査対象・調査手法・調査体制の連環について立ち戻ることにしたい。

## 第5節　第六次発掘前後における参加者の学びのかたち

まずは、学びという観点から野尻湖発掘における第六次発掘の意味を確認しておきたい。その次にこうした第六次発掘における学びがどのようにして形成されていったのかを明らかにしていくことにする。

### 1　集団における段階的な学び

地団研発行の『そくほう』一九七五年四月号に、参加者の男性の目から見た作業風景が語られている。

女子高校生が、骨はまだかと、僕らでも重くてしんどいのに、いっしょうけんめいに土を運んだこと。初めて骨片が出た時、とびあがって喜んだこと

野尻湖新聞社で、女子社員が、何もついていない食パンをかじりながら、原稿を書いていたこと

地元の方々とのコンパで、群馬大学の女子学生が、野尻湖発掘の感想を述べた時、感激のあまり、言葉にならなかったこと。それを聞いて、井尻先生が、メガネをはずして涙をふいたこと

雪の吹き付ける、人影のまばらな発掘現場で、手をまっ赤にこごらせながら、試料を採集していたこと。最終日には、掘り出した大腿骨を、木で作った、かんおけ、に入れて、みんなでトラックに積み込んだこと。発掘に使った資材を、きれいに洗って、みんなでトラックに積み込んだこと。公民館や本部の旅館を、みんなで、元通りに、きれいに掃除したこと。(54)

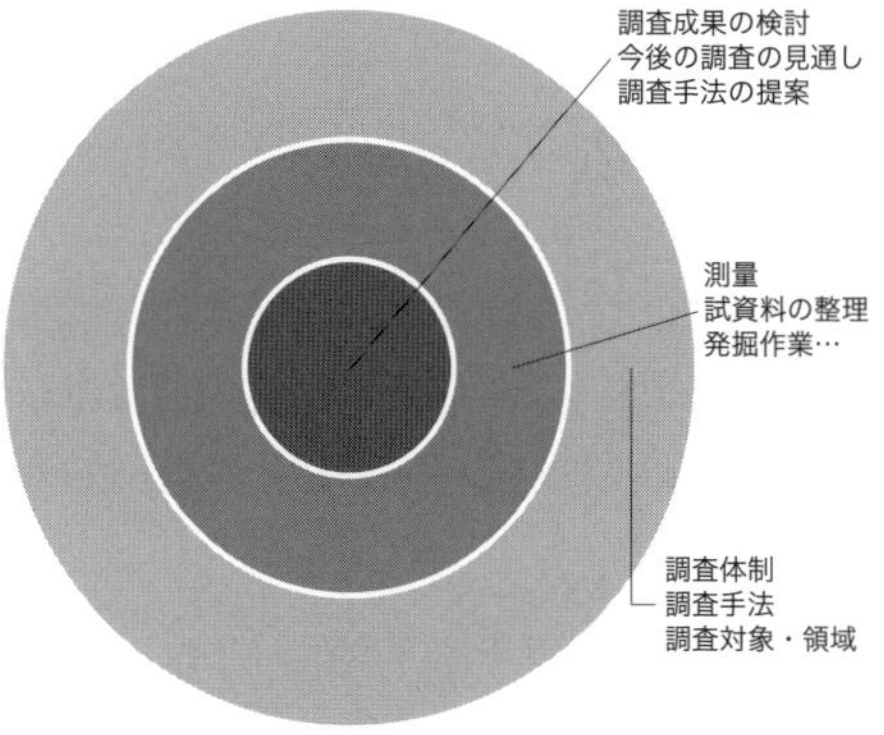


Figure 30 発掘作業の模式図

こうした作業風景は、発掘調査における日常を断片的に切り取ったに過ぎない。発掘調査は学術研究の一つの手段ではあっても、実際には、三月末の寒さの厳しい野尻湖での手作業の連続の上に成り立っていることがここで示されている。そして、こうした膨大な作業のすべてが、参加者全員に分担され、調査者として参加者の誰もが調査の責任を負っているという共通認識のもとに、野尻湖発掘というコミュニティが形成されている。発掘調査に関わる仕事は、あえて単純化すれば、学術研究を中心に、その内容は同心円的に模式化できる(Figure30)。学術研究に直接関わる仕事から間接的にそれを支える仕事まで、仕事の量や質は多岐にわたっているのが発掘調査である。

多くの発掘調査は、参加者の属性に応じて、仕事内容が割り振られている。例えば、考古学や地質学を専門とする研究者や学生は、学術研究の中心的な仕事に直接関わり、それ以外の人々は土砂運びなどの肉体労働が割り当てられる。市民参加型の発掘調査である埼玉県東松山市の雉子山遺跡の発掘調査報告書の中でも、「従来発掘調査は、考古学を研究する専門の研究者の仕事と考えられていました。一般の人々は単に労務提供者として発掘に参加していただけにすぎません」と指摘されているように、市民が発掘調査で直接関与できる範囲は限られていた(55)。

それに対して、野尻湖発掘の特徴は、発掘調査に関わる仕事のどの部分でも、経験や年齢に応じて誰もが直接関与でき、かつ誰もが割り振られていることにある。上記の第六次発掘における作業風景に見られるように、発掘調査に関わる種々の作業を参加者が分担することで、参加者全員が調査者であり、運営者であるとの共通認識が、参加者の間に徐々に生まれている。だからこそ、作業をえり好みしたり、割り振られた仕事を全うしなかったりするような、調査主体・運営主体でない、傍観者としての「お客様」的な態度は、野尻湖発掘では批判の対象となっていた。

先述の参加者の男性が第六次発掘の最後に「今まで、「お客様」として野尻湖発掘に参加していたことを深く反省」しているのは、「お客様」というコミュニティの周縁部に位置する一参加者から中心的な調査者としての転換を参加者自身が意識していたことを示している(56)。発掘作業を分担する中で、調査者あるいは運営者としての自覚が芽生え、意識や行動に変化が生まれていく。参加者の意識や行動の変化が特に顕著であったのが、第六次発掘であった。

郷原保真は、第五次発掘の反省点として「発掘によせる大衆的な関心も、また発掘の成果も」十分に調査団が把握できなかったことをあげる。同時に「適材適所も参加者全員には徹底されず、自発的に組織活動に参加したひとたちのエネルギーを十分に」汲み取ることができなかった。それは非研究者の参加者に対して、明確な役割を割り振ることができなかったために、調査の主体になり得なかったことへの反省でもあった。

こうした経験を踏まえて、第六次発掘では「組織内の相互批判と自分の意見が実践(発掘)に生かされた経験によって、個人と組織の関係は、ますます密接」となっていき、「子供たちが宿舎の乱雑なスリッパをそろえる、という行為」に表れるようになった。それは、「異なった年令と階層間の相互作用」によるものだと郷原は言う。「乱雑なスリッパをそろえる」などというのは、先に述べた参加者の男性が見た作業風景と同様に、発掘調査という場に限らない、ごくありふれた日常の光景であるだろう。しかし、「異なった年令と階層」が同一の発掘調査の作業を分担する中で、参加者の意識や行動に変化が現れるようになる。

では、「異なった年令と階層間の相互作用」とは、具体的にはどのような内容だったのか。それについては、井尻正二の指摘で明らかにされている。井尻は、第六次発掘の他の参加者との座談会で、次のように表現している。

野尻湖では、サルの集団のように、おなじ宿屋にいろいろな年齢の人が集まってまとまっています。小学生もいるし、中学生もいる。高校生もいるし、大学生もいる。それが、いわゆる哺乳動物というか、おサルさんというか、人間本来の学習の場になるんですね。（中略）「一泊した人がひじょうに伸びる」っていわれるのは、そんな親ザル、中ザル、小ザルのいる社会集団を経験するからなんでしょう。(57)

井尻の指摘で特に重要なのが、多様な年齢層が集まって、一つの集団を形成しているという点である。過去の野尻湖発掘と同様に、第六次発掘においても学校単位での参加が存在するが、第六次発掘の特徴は、異なる学校や世代の人々が一つ屋根の下で寝食を共にし、発掘調査に取り組む形態が生まれたことにある。参加人数が増大することで、結果的に同じ宿舎に宿泊する人数も増えることになるが、このことが、多様な年齢層による一時的な「社会集団」を形成する契機となった。

では、その集団へ参加した個人は、どのように知識や技術を習得していったのか。井尻は、ある主婦の発言をほかの座談会で紹介している。

自分はグリッドで掘りだしたものについて、班長は偉すぎておっかないので、班長には聞けないから、まず小学生に聞く。すると、すこし教えてくれる。それだけの知識をもって今度は中学生に聞くと、またすこし教えてくれる。それから高校生へと聞いていくと、やがて大学の先生にも質問できるようになる。(58)

参加者一人一人の知識や技術のレベルは、一定ではない。このレベル差を克服するためには、個々人のレベルに合わせた段階的な知識や技術の習得が、市民の参加による発掘調査には必要である。「一泊した人がひじょうに伸びる」と井尻が表現するように、一つ屋根の下で生活を共にしながら、各人が割り振られた仕事をこなす中で、段階的に科学的な知識や技術が伝達されるようになる。「異なった年令と階層間の相互作用」とは、参加者個人の知識や技術レベルに合わせた段階的な教育システムを指している。井尻が「集団の運営そのものも魅力」と述べているように、学術的な〈知〉の形成だけでなく、発掘調査のプロセスそのものが参加者にとって学びの場としての意味を持つようになっていった。これが可能となったのが第六次発掘であった。

そもそも発掘調査を含めたフィールドワークに必要な知識や技術とは、後に詳しく触れるように、「心ここにあらざれば見れども見えず」、「露頭は作るもの」といった表現で示されるような、暗示的な情報である。この情報は、一定のコミュニティにおける活動を通じてメンバーで共有される点に特徴がある(59)。井尻のいう「社会集団」は、結果的にこうした暗黙知の情報伝達システムとして有効に機能していた(60)。

同時に指摘できるのは、こうしたある知識レベルにある者から下位の知識レベルにある者への情報の伝達や共有は、かならずしも年齢差とは合致しないという点である。主婦が最初に質問を投げかけたのが小学生であったように、質問者の年齢に関わらず、段階的な知識や技術の習得が可能な環境が存在していた。

つまり、野尻湖発掘外部での社会的役割と野尻湖発掘内部における役割とは別々のものとなっている。例えば、七尾野尻湖友の会のメンバーとして参加した小学校教員は、第六次発掘参加の失敗談を次のように述べている。

それっという意気込みで掘り始めました。土運びが追っつかない有様でした。教師達は気が気ではありませんでした。宿舎でも行儀が悪い、係の仕事もルーズで調査団からお叱りを受けましたが、反省の仕方も知らぬ状態でした。同じようなことが第一回発掘まつりの時にもありました。皆が雪上運動会をしている最中に湖底散歩したりして、とうとう井尻さんから「野尻湖に来ないで欲しい」というお手紙をいただいてしまいました。(61)

この失敗の原因は、小学校教員として自校の児童を引率し、管理する立場で野尻湖発掘に参加しており、調査者になりきれていなかったことにあったとする。その結論は、次のように示されている。

自覚された集団になるために教師と子供という関係を越えて、同じ野尻湖で掘る仲間としてともに守らなければならない規律を相互に批判しあいながら守り、全体が正しく動いていかなければならないことを学びました。(62)

このように、学校単位での参加であるとはいえ、野尻湖発掘に教員と自校の児童という関係をそのまま持ち込むことは、野尻湖発掘の組織的な秩序と衝突する危険性を持っていた。なぜならば、野尻湖発掘での組織運営と一体となった学びと研究の活動は、引率教員と児童・生徒の組み合わせといった学校教育の形式の延長線上に位置していないからである。参加した教員は、日常的な教員としての立場ではなく、一人の調査者として参加するという、参加にあたっての姿勢の変更を余儀なくされた。

だからこそ、「『引率』というスタイルからぬけきれない関係のグループは、友の会の活動から脱落していっている」のだという(63)。この発掘に参加する者は、野尻湖発掘という共同体の外縁部に位置する参加者ではなく、調査主体者としての意識やふるまいを身につける必要があり、これができなければ、このコミュニティからの退場を余儀なくされる。つまり、野尻湖発掘とは、誰でも入退出が可能で、参加の機会の平等は担保されてはいるが、そこに適合したふるまいを身に付けなければ、そこにとどまり続けることはできなくなるという選別が働く空間なのである。

この野尻湖発掘における参加者の選別は、後述するように、第一七次発掘では調査手法がより精緻化され、より高度な技術や知識レベルが参加者に求められる段階でも起きている。学術調査として高い水準を調査者自身が野尻湖発掘に求めることで、調査・研究に対する認識が共有できていない者は排除される。つまり、野尻湖発掘では、調査段階が進むにつれて、自由な参加は容認されても、野尻湖発掘のルールを外れて、安易で、気軽な参加は許容されなくなっていく。

このような第六次発掘に明示化された知識や技術の伝達システムは、その回の発掘の中だけに限定されることなく、世代交代の中でも認められる。例えば、井尻は一九七〇年代後半に野尻湖発掘をふり返って、「最初に来たときは高校生だった人が今度は先生になって、生徒をつれてきています。これは土着でもあるし、親亀の上に小亀が乗って、という感じです」(64)と述べている。その回の発掘において、ある知識レベルにある者から下位の知識レベルにある者へ知識や技術が伝達されるというミクロな現象が存在すると同時に、回を重ねるごとに高校生から大学生、教員といった参加者の立場が変化する中で、持っている知識とその伝達対象が段階的に変化するというマクロな現象が併存している。

これに合わせて興味深いのは、井尻が知識や技術を伝達するコミュニティを「土着」と表現していることである。野尻湖発掘では初期段階から学校を単位とする集団的な参加が認められる。学校単位を基本として、児童・生徒・学生の継続的な参加が実現されるが、それは野尻湖周辺の新潟県内や長野県内の小中高大が中心的であったために、「土着」との表現が与えられている。このような地域性と密接な関係の中で形成されたコミュニティが、野尻湖における発掘調査や研究の中心的な担い手を育成する、いわば「孵卵器」としての役割を持っていた。世代交代が進展する中で、参加者の成長に合わせ、野尻湖発掘で求められる役割が変化していく。この変化の中で、それぞれの段階に応じた役割分担と知識や技術の伝達が野尻湖発掘で行なわれる最初の契機となったのも、第六次発掘であった。

## 2　第六次発掘における学びの源泉

### (1) 大人の学び

第六次発掘の変化は組織再編と密接に関連していた。第六次発掘自体を直接運営するための作業分担だけでなく、各地における準備作業としてのプロセスの中で学術調査における学びが整備されていった。この学びのかたちが第六次野尻湖発掘に持ち込まれることで、異なる階層や年齢層間での段階的かつ能動的な学びが芽生えていく。

この組織改編は、野尻湖友の会と専門別グループに大別される。野尻湖友の会については、第七次発掘に友の会単位での発掘調査が本格化する。このため、野尻湖友の会における参加者の学びについては、第七次発掘の中で改めて論じることにし、ここでは専門別グループに絞って見ていくことにする。

専門別グループにおける参加者の学びとは、どのようなものだったのか。資料の制約上からやや新しくなるが、第六次発掘以後の参加者の経験から復元してみたい。

野尻湖珪藻グループに所属し、第七次から第一一次発掘まで参加した男性は、化学を専攻しながらも「地学の分野に漠然とした興味があった」ことから塩川団体研究グループの活動に参加することとなった。この活動の中で、地域ごとの珪藻土や化石珪藻に関心を持ち、それまで全く野尻湖発掘と関わりを持たなかったものの、野尻湖珪藻グループの設立を契機に参加した。

この男性は、「まずはまあ自分のできることからやって行くしかないので、顕微鏡を買う、最低限の教えてもらった本（文献）を揃える――これなんか大変なようですが本はどこに注文すればよいか教えてもらったり、手に入らない文献はコピーさせてもらうなど、本当に親切にして戴きました」とグループへの入会から研究活動の開始時点の状況を語っている。だが、「しかし、困ったことの第一、いや、今でも最大の悩み――購入した本の大部分がドイツ語などで書かれている」といった研究面での課題に直面することになる。個人研究で直面する課題に対して、「ここで大きな支えになったのはグループの団研で、そこで学べること、得られる情報などに実に多くの収穫があり、現棲珪藻の採集旅行や、珪藻以外の事にも花を咲かせ、そのたびにやる気がわいて」くることで、一〇年以上にわたって継続的な研究活動が可能となったとこの男性は述べている(65)。

顕微鏡などの高額機材をそろえ、外国語文献の読解に四苦八苦しながら調査や研究に取り組むことは、個人では難しい。だからこそ、互いの知識や技術を持ち寄り、モチベーションを高める中で研究をまとめていくプロセスは、どのような学問分野でも必要な環境である。ましてや、化学を専門としたこの男性のように、専門性や知識・技術レベルの異なる人々が、一つの学問分野で共同的な研究に取り組むには、段階的な学びが必要である。そして、ある段階に達したメンバーが、その段階に達していない他のメンバーの学びを助けることで、次の世代を再生産するとともに、集団全体としての〈知〉の形成に寄与する。

野尻湖発掘は、継続的な学術研究としてだけでなく、集団に帰属するメンバー相互の学びを成立させている点に意義がある。調査・研究活動が、他の文化的活動と同様に社会教育的意義を持つのは、新しい視点や新しい資料を獲得する中で、常に〈知〉を生成し続けるという創造性にあり、この創造的な活動は学びと一体化し、学びの中で〈知〉を生成し、〈知〉の生成の中で学びが成立する。〈知〉の生成と学びが相互補完的な状況にある専門別グループは、野尻湖発掘の社会教育的意義を支えている一つの要因なのである。

一九七三年から一九七四年までの三回にわたる地質調査の参加者分析の結果でも、工学や数学、医学を専攻する人々の参加が確認されているが、大学での専攻内容と関係なく個人的関心から野尻湖発掘に加わる事例が確認される。こうした参加者の一人がこの男性であり、専門別グループはこのような参加者の研究活動を支える組織でもあった。

## (2) 子供の学び

大人の学びだけでなく、児童・生徒による専門別グループの活動もまた、教育システムによって可能になっている。例えば、一九八二年段階の哺乳類グループは、大部分が研究者以外の九歳から六八歳までの会員で構成されている。野尻湖友の会と違い、地域単位の組織ではないため、会員は全国に散在し、年四回の会誌を発行している。野尻湖発掘の時期には、大型哺乳類化石の調査に関して、他の参加者にアドバイスしたり、出土した化石の動物の種類やどの部位にあたるのかについて説明したりする。しかし、活動の中心は調査によって得られた資料の整理と研究であり、一九八二年当時の哺乳類グループの場合、信州大学で夏と冬にそのための合宿を行なっている。

参加者は「骨の化石にさわったことのない人や、以前に合宿に来てはじめて経験したという人」である。子どもたちが、「クリーニング〈化石に付いている泥や砂を落とす作業〉や接着の作業をすると、貴重な化石をこわしてしまうのではと一般には考えられがち」であるが、実際には「初めて化石をクリーニングする子どもたちは、ほんとうにていねいに作業」をするという。このような作業の巧拙は、個人の器用さや化石に対する熱意に左右される。そして、「この点では、子どもたちは、数万年前の動物の歯や骨に対して、研究者以上に興味をいだいて」おり、このことで「自分の作業が本格的な研究の一端を担っているという責任と喜びを感じて」いる。このような作業に対する関心は、「積極的に勉強していくという面」にも現れる。「クリーニングの作業の合間には、学習会を開いて骨や歯の勉強をします。内容的には、決してやさしいものではありませんが、子どもたちは、正にひとみを輝かして、話を聞いたり、骨に接したり」することになる。そのために、「骨の名前を覚えたりするのも、明らかに子どもたちが大人たちよりも早い」のだという(66)。

このように専門別グループの特徴は、メンバーの知識や技術レベルに合わせた、段階的な教育システムにあるが、それは共同的な作業を伴って進行する。特に一次資料に直接触れる機会によって知的好奇心が刺激されるのは、児童・生徒である。そして彼ら（彼女ら）の疑問や発想は、専門別グループの活動を豊かなものへと変えていく。「子どもたちからの率直な質問や指摘は、研究者や古くから会に入っている人に刺激を与え」ている。また、「子どもたちと共に生活するということで、意識的にあるいは無意識的に緊張状態が保たれ、合宿に活気が」出てくるというのが、専門別グループの合宿の特徴となっている。

珪藻グループや哺乳類グループの事例のように、多様な年齢や職業の参加者は、専門別グループというコミュニティに帰属することで、段階的な学習を重ねながら、研究活動の支援を他の参加者から受けるが、反対にその個人の活動がコミュニティ全体の活動への刺激となっている。参加者個人と専門別グループとは、個人に対する教育効果と集団的活動への多様な視点の組み込みというかたちで、相互補完関係にあると言える。

### （3）野尻湖発掘における集団的な学びの原点

こうした集団内における学び合いのシステムは、第六次発掘を前にして野尻湖発掘に突然出現したわけではない。

第一次発掘から第四次発掘までの初期野尻湖発掘で特徴的であった大学等の学校単位での参加は、このような集団的な学びを前提としていた。大学の教員とその教え子である学生、あるいは高校のクラブ活動顧問の教員とクラブ員の生徒による参加は、まさにフィールドワークと教育が連動していた。しかし、帰属する学校以外の人々と交わる機会は限定的であり、学びの場としても教える側と教わる側という学校教育の枠組みを越えるものではなかった。

第六次発掘前から準備されてきた専門別グループは、帰属するコミュニティとは別枠として、調査・研究のための組織に特化した点で初期の野尻湖発掘と一線を画す。学校教育とは別の枠組みの中で、集団における学びを野尻湖発掘が実現していったことは、今日、社会における学びの在り方を問い直す実践例となっている。

専門別グループのような研究活動の利点は、大学教育の場でも有効に働くことになる。例えば、地方国立大学の場合、理学部を除くと地質学専攻の大学教員は一～二名程度であり、必ずしも学生の研究内容を支援する体制が整えられているわけではない。このような場合、専門別グループの会員が卒論などの面倒をみている。また、他の地団研の支部に設置された専門別グループをたずねて、「武者修行をしてくる」ことができる。学生時代のこうした経験を通じて、卒業後も「ひとりたちできる力」が養われる。

同時に、大学を卒業して就職した人々への教育的効果も注目される。地方国立大学の教育学部出身者にとって、専門別グループは就職したばかりの後輩会員を先輩会員が支援する機能を果している。「たえず連絡を」とり合い、集団的な研究活動の条件が整ったところで、「ごういんに仕事の分担をして」もらう。このことで後輩会員は、研究と教育の両立をしやすい環境におかれる(67)。

つまり、専門別グループとは、野尻湖発掘に限定された人材育成システムではなく、大学から就職後までの人材育成を補完する役割を担っているように、野尻湖発掘の外部に位置する研究者コミュニティでもある。そして、地団研支部の中に作られた専門別グループと野尻湖発掘内の専門別グループとは、緩やかなつながりを持ち、このことが結果的に野尻湖発掘における研究活動の促進にも重要な役割を果たしている。

そして、熟練者から未熟者へと知識や技術が伝達されるには、仕事の分担が前提となっていることも注目すべき点である。野尻湖発掘では、専門別グループに限らず、コミュニティに帰属して仕事を分担されることで、参加者は知識や技術を習得している。この傾向が特に顕著なのが専門別グループの活動であると言える。

## 3　第六次発掘における参加者の学びの意味

ここで、調査対象の発見ないしは研究領域の開拓、調査手法の開発、調査体制の編成という連環において、参加者の学びはどのような意味を持ってきたのかについて検証してみたい。専門別グループに見られるような調査体制の編成は、参加者の専門性や年齢に関係なく、時には強引にメンバーに仕事を割り振り、その知識や技術レベルに基づいて段階的に誰もが習得できる環境を創ることとなった。作業を通じて参加者は疑問を持ち、学びながら問題を解消していく。発掘調査では常に新しい資料を得て、新しい疑問が絶えず参加者に芽生える環境にある。このように参加者が常に問い続ける中で、それに見合った調査手法が求められ、開発される。そして、その調査手法を共有化し、次の〈知〉の形成のために必要な組織が編成されていく(Figure31)。

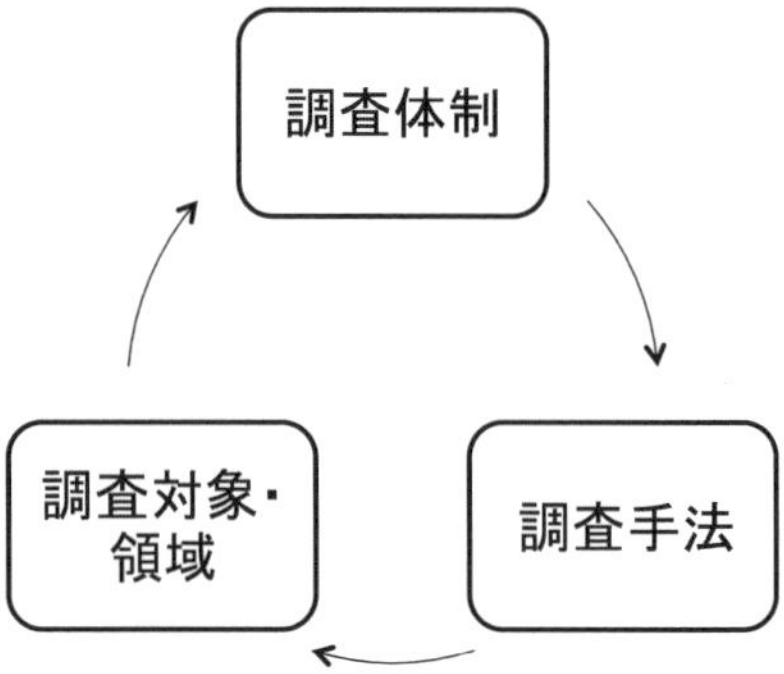

Figure 31　調査体制、調査手法、調査対象・領域の連環

変化への順応を学びとするならば、調査対象の発見ないしは研究領域の開拓、調査手法の開発、調査体制の編成という常に揺れ動く連環において、参加者の学びはこの連環をうまく機能させる潤滑油としての役割を果している。学術調査が明日の社会を創る学びである理由は、何か決まった事柄をひたすら習得するための習い事ではなく、そこに関わる人々の

学びが次の〈知〉を生み出すという性質にある。

この意味において、レイヴとウェンガーが分析した事例のように、特定の何かを作り出す生業と学術調査・研究の場は異なっている。段階的に作業を割り振る中で、初心者が見よう見まねで熟練者の技を盗むという点で、レイヴとウェンガーが分析した、洋服の仕立屋や産婆の現場と野尻湖発掘は似ている。しかし、その集団が目指す方向性は、品質の高い洋服を作ろうとする仕立屋や安全なお産を目指そうとする産婆では基本的に定まっているが、野尻湖発掘のような学術調査・研究の場では目指す方向そのものが批判の対象となるなど、常に揺れ動いている。そして野尻湖発掘の場合、その中心はさらに複数存在し、そのどれもが真実である。着心地の良い服や安心・安全なお産の在り方は、短期間で頻繁に変化することはないだろう。反対に、今日真実だった学術的な〈知〉が、明日には全く評価が変わっていることは少なくない。

だからこそ、野尻湖発掘は多くの人々に支持され、今日まで継続されているのではないだろうか。異なる年齢や階層の人々を受容する環境が整っているだけでなく、常に真実を追い求めることができること、そしてそれは初心者だけでなく、熟練者をも飽きさせることのない学びの場として発掘調査が機能しているという状況が、野尻湖発掘の半世紀を支えてきた。次節では、野尻湖発掘を支える思想的背景の変化に着目した上で、再び野尻湖発掘における参加者の学びについて検証を深めることにしよう。

## 第6節　僻地方針から地元主義・大衆発掘へ

野尻湖友の会や専門別グループの編成といった組織上の変化、層位学的な視点を重視した層位掘りやラミナ掘りといった調査手法の変更は、それまでの地団研メンバーや野尻湖発掘関係者の思想や方針にも影響を与えた。すでに述べたように、僻地方針は、中央と地方、研究者と非研究者という二項対立によって、研究環境や学術研究と社会の関係を問い直そうという思想に基づいていた。地団研の初期からの会員を中心に浸透していたこのスローガンは、多様な階層で構成された調査主体や遺跡地への資料や調査によって形成された〈知〉の還元といった側面において、野尻湖発掘に与えた影響力は少なくなかった。

その一方で、地方在住の在野系研究者が第一次発掘から第四次発掘までの初期の野尻湖発掘を中心に参加したように、地域単位でのローカルな研究活動とそれに伴う地学教育の枠組みもまた、野尻湖発掘と関わりを持ってきた。つまり、上からの理念提示だけでなく、草の根レベルの地域研究が接続されたところに、野尻湖発掘が存在してきた。

この野尻湖発掘の成立過程を念頭に置いた上で、第六次発掘は、こうした理念レベルでどのように語られたのか。そしてそれは、〈知〉の伝達様式や発掘調査コミュニティと地域社会との関係にどのような意味を持っていたのか。第六次発掘以降における理念レベルでの議論を理解する重要なキーワードは、「地元主義」と「大衆発掘」という言葉である。

### 1　地元主義

まず、「地元主義」とは、地学団体研究会によれば、「地方の文化財を地元を中心に研究と教育の物質的な条件づくりの基礎にすえる」という方針であり、「へき地方針の具体化」したものであるという(68)。僻地方針の発掘調査への適用は、花泉遺跡の発掘調査の際に地団研メンバーにより行なわれ、遺跡地に対する調査・研究成果の還元と資料保管の拠点としての博物館建設という方向性が生まれる中で、これを「地元主義」と表現した。一九六二年に野尻湖発掘調査団と地元自治体の信濃町との間で博物館の設置と野尻湖発掘による調査資料の移管に関する覚書が取り交され、一九八四年には野尻湖博物館が開館しているが、野尻湖発掘調査団はこうした博物館建設までの流れを「地元主義」の具現化として位置づけるようになる。

このように野尻湖発掘調査団や地団研メンバーから野尻湖発掘前史以来の「地元主義」の系譜が特に強調されるようになるのは、第六次発掘（一九七五）以後のことである。この背景には、後述する「大衆発掘」という言葉に表現されるような、調査参加者の主体化が調査団関係者から評価されることと関連していた。特に「大衆発掘」という言葉を積極的に用いた人物の一人である郷原保真が、「みんなで発掘した貴重な国民的財産は、地元主義にのっとり、力のおよぶかぎり公開する機会や条件をつくっている」と強調するように、野尻湖発掘の転換期を象徴する言葉として盛んに「地元主義」という言葉が使われる。そして、郷原は野尻湖友の会と専門別グループをこの「地元主義」を具現化した組織として捉えていた(69)。

この「地元主義」については、野尻湖発掘での実践例をモデルとして、他所でのフィールドワークを表現する際にも用いられた。例えば、板橋区成増の露頭調査では、一九七九年にマンション建設に伴う記録保存のための調査を板橋区が地団研東京支部に依頼した。これを受けた地団研東京支部では、武蔵野台地の一部であるこの地域を地形や地質、動植物の観点から調査を実施し、報告書を刊行している(70)。さらに、この調査成果を一九八一年に板橋区立美術館で「武蔵野台地の生い立ち」と題した展覧会で公開した。この展覧会の開催を地団研東京支部では、「地元の文化活動をささえていく、という地団研の僻地方針＝野尻湖の地元主義の精神といったもののささやかな応用例」として捉えていた。このように調査から展覧会へというプロセスの中で、調査の成果を遺跡地に還元するという形式は、野尻湖以外の場でも「地元主義」の適用事例として地団研メンバーから位置づけられた(71)。なお、「地元主義」という用語が野尻湖発掘で多用されるのは、野尻湖博物館の建設計画が具体化する一九八〇年代に入ってからである(72)。

## 2　大衆発掘

一方、「地元主義」とセットになった「大衆発掘」は、どのように用いられたのか。井尻正二によれば、「大衆発掘」という言葉が定着してきたのは、一九七五年の第六次発掘と一九七六年の陸上発掘以降であるという。その背景には、「発掘の一般参加者が自発的に、かつ自主的に発掘をおこなうようになった」のが第六次発掘からであり、「地元の人びとから「よそ者」とみられなくなった」のが陸上発掘からであったという、調査主体の変化があった。この調査主体＝大衆の変化に対する、井尻やその他の古くからの調査メンバーの認識がこの言葉に集約されていた。

続けて、井尻は大衆発掘の形式を成立させるための要件として、「とりわけ発掘の精神を、根底から反省」することを挙げている。その具体例として「例えば、地方での発掘品をすべて都市や大学に持ち帰ってしまうという、いわゆる中央集権主義、地元の農家の人たちや高校生を、金でやとって人夫として下働きさせる、といった特権意識といったものを、根本から自己改造しなくてはなすところがない」と述べている(73)。この井尻の指摘は、花泉遺跡発掘等の事例を念頭にしているが、こうした発掘調査が抱える課題を乗り越えた一つの事例として、井尻は野尻湖発掘を「大衆発掘」として位置づけていた。

大衆発掘に関する記述は、都立高校教員であった羽鳥謙三の文章にも確認できる。羽鳥は、大衆発掘における大衆とは、「数十人の大学・博物館の研究者、数百人の小・中高校教師、数百人の地学関係を主力とする大学生のほかは小・中高生徒から家庭の主婦まで含む一般大衆」であったとする。そして、野尻湖発掘における「大衆」とは、「はるばる全国から手弁当で集まったいわゆる〝大衆〟の参加者は、もとより素人ながら、専門研究者」と同様に、「昔のことを自分たちの手で明らかにしたい、掘ってみたいという気持で集まった」人々であったとする。こうした人々は、従来の発掘における「単なる労力提供の篤志家や人夫」などではなく、「予備知識の普及にふれるなかで研究的な眼をもって発掘し、研究者として、調査団の一員として参加し、化石や石器の発見を研究者の喜びとして体験した」人々として、羽鳥に表現されている。こうした「大衆」を調査主体者として位置づけた野尻湖発掘では、「この発掘を体験した子どもは必ず将来の世代において、この種の認識や関心の底辺を広げていくに違いない」と将来的な方向性を羽鳥は示唆し、その根拠として、野尻湖発掘の初期段階で中学生として参加した人物が、第六次発掘では教員として児童・生徒を引率して参加した事例を挙げている。

羽鳥の指摘の中で、特に興味深いのは、科学的な関心を生み出す「人人のエネルギーは発掘の実践によって顕在化」し、「掘りだされた成果と問題点は次期発掘へのポテンシャルを高める」のであり、これに対応する「事務局を中心とする研究体制もいっそうの組織的発展」を迫られる。つまり、参加者個々人の研究に対する積極的な姿勢が、発掘の継続性を生み出すとともに、研究体制や研究手法の改革を必要とするようになる。やがて、「発掘という実践を媒介とした相互作用」が生まれるというのが野尻湖発掘のサイクルだった(74)。この調査・研究のためのサイクルを動かす力が、発掘に参加する「大衆」の主体性や自発性であるというのが羽鳥の論であった。

井尻や羽鳥の野尻湖発掘における大衆観は、古くからの地団研メンバーで、初期の野尻湖発掘から継続的な関わりを持ってきた人々の間で共通性を持っていた。その中でも最も野尻湖発掘における大衆の存在に注目した人物が、郷原保真であった。

郷原は一九四七年に東京大学理学部地質学科を卒業したのち、一九四八年に資源科学研究所に就職する。一九六四年までの一六年間で電気探査を用いる地下水探査法を開発するなど、主に地下水の水理地質の研究に従事した。一九六四年に信州大学に赴任以後は、八ヶ岳における団体研究や野尻湖発掘の再開に関わり、第六次発掘から野尻湖発掘調査団長を務めた。すでに述べたように、郷原は資源科学研究所に所属していた段階から、八ヶ岳鉱毒問題に関わり、地元住民の視点に立って、独自の調査を行なっている(75)。この郷原の経験が一つの基礎になって、地団研の「僻地方針」というスローガンが成立している。八ヶ岳鉱毒問題との関わりは、郷原が地下水の水理地質研究に従事していたこととも深く関係していた。郷原のこうした研究者以外の人々と科学との関係に対する感覚は、野尻湖発掘における「大衆」のあり方にも影響を与えた。

また、郷原は第六次発掘終了後に、野尻湖発掘調査団事務局の地団研有志と共に、地団研と野尻湖発掘の関係を参加者の変化を基軸に問い直している。それは、「参加者を中心として、地域的な集まり(仮称「野尻湖友の会」)」が各地で結成されつつあるという参加者の変化であった。一方で、地域的な集まりの萌芽だけでなく、「各専門別グループにも、子供はもちろん、建具屋さんや町工場の主人、看護婦さん、雑誌の編集者や獣医学校の学生など、いろいろな階層の人たちが参加」し始め、参加者の研究活動に対する関わり方の変化もまた、郷原に影響を与えた。それは次のように表現されている。

以上の動向は、今までの普及活動に対して反省をせまるとどうじに、〝大衆といっしょに〟おこなう創造活動の方向を示しており、地団研の〝へき地方針〟の壁を破って、一歩前進する契機ともなり得るのではないだろうか。(76)

第六次発掘で出現した参加者の変化を前にした郷原が捉えたのは、それまでの教授する側と教授される側という構図から「〝大衆といっしょに〟」実践する研究活動への転換であり、それまでの地団研の「〝へき地方針〟」の方向性との違いであった。この僻地方針を越えた段階にあるのが、「大衆発掘」の思想と言える。それは、郷原の理想とする大衆像と現象面での一致を意味していた。

同時に、郷原はこれまでの僻地方針自体の問い直しにも言及している。「〝へき地〟の恵まれない研究・勉強条件を特殊とみるのではなく、これを一般として科学運動を展開する段階にきている」という郷原の指摘は、中央と地方、研究者と非研究者といった二項対立に基づいた僻地方針の限界を示していた。

郷原の大衆発掘論がまとめられるのは、「科学運動としての大衆発掘」(一九七九)においてである(77)。ここで郷原は、野尻湖発掘の経過に触れながら、発掘を通じて「感動をわかちあえる人と人とのふれあい」が生まれ、「対等・平等にいとなまれる発掘組織を感覚(認識)し、組織活動への自発的な参加となっていく」として、参加者の自発性をキーワードに野尻湖発掘の変化を指摘している。郷原によれば、例えば前日の調査の成果と当日の予定を記載した「野尻湖新聞」の配布に関して、「なかには、自分が化石を発見した記事がのっているかどうかを早く見たい、という動機」から早朝の配達に参加し、「今では組織の働き手になっている人」を自発的な参加者として取り上げている。

このような自発的参加者の出現は、結果的に野尻湖友の会と専門別グループの立ち上げとも関連していたと郷原は指摘する。その背景には、「発掘の成果と、それを生み出した組織活動を、自分の体で体験し、感動した参加者」が、「まだ専門家中心で手不足になっていた専門別グループへの参加」する契機となっていったことがあった。この経緯を郷原は「従来の科学運動における普及活動のワク（演者と聴・観衆）にあきたらず、受け身の立場におかれていた聴・観衆が、みずから舞台にあがったような状態で、科学運動を求めるにいたった」と表現している(78)。

つまり、知識や技術を持つ研究者が、それらを持たない非研究者に教授するという図式は、非研究者の参加者の自発性によって瓦解したというのが、郷原の認識だった。その上で郷原は発掘調査を通じた学術研究の実践について、「このように、〝まず実践〟は、集団・共同生活のなかで、体ごと組織を認識し、みずから組織活動に参加する行動となって、自己変革」すると結論づける。

このように郷原が想定した、「集団・共同生活」を伴う発掘調査のコミュニティとは、参加者の自発性を促す装置であり、同時に「将来の科学運動の萌芽」として、その活動全体が科学や社会との関係に何らかの変化をもたらす可能性を内包するものだった。これが、一九七九年当時の郷原の大衆発掘論であった。

一方で、郷原に見られるような僻地方針の問い直しと大衆発掘論を成り立たせる要因は、地団研の支部のような、よりミクロのレベルでも生じていた。例えば、地団研高田支部メンバーの一人が残した文章は、「教師↓生徒↓親↓地域住民という普及の柱を考えつつも、生徒以上に広がらないという苦悩」が地団研高田支部メンバーに共通して存在したことを示している(79)。しかし、野尻湖発掘に継続的に参加する中で、この「苦悩」は、大きく変化する。第一次から第四次までは、彼ら（彼女ら）が児童・生徒を引率し参加していたが、やがて第五次発掘ではそれまで生徒として参加した人物が教員となって、自校の教え子を引率して参加するようになる。ところが、第六次発掘では、「「組織しつれていく」という教師対生徒というわく」が成立しなくなる。そのために、学校教育における教員と児童・生徒という関係で野尻湖発掘参加者を捉える引率教員の意識改革が必要となっていく。

こうした地団研高田支部のメンバーの意識を変えたのは、これまで野尻湖発掘では見られなかった目の前の現象であった。例えば、「一回の案内状で幼児から一般まで二〇〇名をくだらない参加者をもつ巡検、毎回、無欠席の親子グループ、専門別グループの学習に松本まででかける小学生、図鑑を買いこみ、野山へ化石さがしに毎週でかける小学生、町内グループをつくり参加した家族」であった。第六次発掘において、参加者の年齢層や発掘調査の経験年数の幅が拡大し、参加に至るまでの動機もまた多岐にわたる中で、教員から児童・生徒へ、さらにその保護者や地域住民へという僻地方針が想定した同心円的な知識や技術の波及モデルは、現実とはかけ離れつつあった。このことが結果的に僻地方針の見直しと野尻湖発掘における市民参加の意味の問い直しを地団研の支部レベルにも突きつけた(80)。

郷原を代表とする「大衆発掘」論は、第六次野尻湖発掘における野尻湖友の会や専門別グループの成立を前にして、「僻地方針」とは別の市民参加型調査・研究の方向性を表現したものであった。「大衆発掘」論が、花泉遺跡の発掘調査に伴う「僻地方針」と異なるのは、解決すべき課題に対する答えを探すのではなく、野尻湖発掘における市民参加の意義そのものを問い直そうとする姿勢にあった。

しかし、こうした野尻湖発掘参加者の自発性や主体性の発現が「大衆発掘」という言葉で表現される一方で、かならずしも実態としての参加者は自発的で、主体的な姿勢であったとは言えない側面があった。第五次発掘参加者の中に「(学校の)みんなが行くから」といった消極的な動機で参加する者がいたように、「大衆発掘」論は、野尻湖発掘で起きた現象の一側面を捉えたものに過ぎず、「大衆発掘」論を主唱した井尻や郷原の願望や期待が入り交じっていた可能性がある(81)。むしろ、こうした「大衆発掘」論者が、参加者の主体性や自発性を積極的に評価せざるを得ないほどに、それまでの発掘調査における非研究者の関わり方と第六次発掘以後の野尻湖発掘のそれとが大きく異なっていたことを示している。

ところが、このように一九七〇年代を中心に「大衆発掘」論が盛んに語られていたものの、やがてその内容が地団研メンバーや野尻湖発掘関係者から中心的なテーマとして積極的に語られなくなる。例えば、地団研発行の『そくほう』誌上においても、「まず第一に何と言っても、大衆発掘のすばらしさだ」(一九七八)、「しかし、大衆発掘が着実に発展していることも事実」(一九八〇)、「大衆発掘科学運動」(一九八一)、「野尻湖発掘が従来の考古の発掘とは異なる点(大衆発掘、自前の精神等）」（一九八一）、「大衆信頼、大衆発掘の感覚」（一九八三）といった言葉が、井尻や郷原の表現にならうかたちで他の地団研メンバーによって用いられている。これらの内容に注目すると、一九八〇年代前半までで「大衆発掘」という言葉が使用されるのは、主に野尻湖発掘における参加者への評価や、他の団体研究や野尻湖発掘における専門別グループの活動実態を表現する場面に多く見受けられる。

しかし、一九八〇年代後半以降、「大衆発掘」という言葉は、野尻湖発掘を紹介する上での定型句として用いられるようになる。具体的には、「野尻湖方式と呼ばれる大衆発掘」（一九八四）、「「団体研究法」を原則にした大衆発掘」（一九九二）、「大衆発掘をささえる独自の組織」（二〇〇三）、「野尻湖発掘は子供からお年寄りまで誰でも参加できる「大衆発掘」として有名」（二〇〇六）、「一九六二年に始まった野尻湖発掘は「大衆発掘」として知られています」（二〇〇八）、「野尻湖は大衆発掘として有名ですが」（二〇一〇）といった表現で用いられるようになる(82)。この段階において、「大衆発掘」とは、その時点での野尻湖発掘の状況の解釈といったものよりは、主体的な調査・研究の担い手である「大衆」参加による野尻湖発掘の継続性を紹介するためのキーワードといった意味合いが強くなっている。

この現象は、野尻湖発掘の初期を中心に民科の「国民的科学」や地団研の「僻地方針」が反体制・反権力のイデオロギーを基礎として成立していたが、一九七五年の第六次発掘を契機として参加者の年齢層や専門領域の幅が広がったことや新たな調査手法の開発、組織構造の転換によって、運動論的性格が徐々に後退化したことを意味した。言い換えれば、乗り越えるべき対象を運動論が失った結果として表れたのが、「大衆発掘」論の成立であった。

野尻湖発掘における運動論的性格の後景化は、参加者の世代交代とも関連していた。僻地方針の議論の上で、「地元主義」や「大衆発掘」といったスローガンを提示していた井尻や郷原と一九八〇年代以降に同じ用語を使用していた人々とは、明らかに世代が異なっている。特に世代間の違いが如実に現れているのは、経験してきた社会環境に起因する問題意識である。

地団研設立時の規約に四〇歳未満という会員の年令制限が明記されていたことは、戦後の研究環境や社会情勢に対する共通した問題意識の存在が背景にあった。特に民主主義科学者協会への参入を契機に、科学的な〈知〉の形成や共有における、非研究者の位置づけが地団研内部で議論の的になっていく。しかし、地団研メンバーの意図とは裏腹に、実際の非研究者である市民は容易に〈知〉の形成主体にはならなかった。こうした同世代の共通の問題意識を持った人物として井尻や郷原がおり、彼らの目から見た第六次発掘以後の野尻湖発掘参加者の状況は、「受け身の立場におかれていた聴・観衆が、みずから舞台にあがったような状態」として映っていた(83)。

これに対して、井尻や郷原といった世代以降に野尻湖発掘の中心的な担い手となった世代は、野尻湖発掘に参加する人々とは誰もが科学的な〈知〉の形成主体である、という前提のもとに野尻湖発掘を運営していた。そこでは運動論として目の前の問題を乗り越えるというよりは、調査や研究に必要な知識や技術を如何に参加者が身に付けるか、また、彼ら彼女らが持っている多様な視点をいかに取り込むか、といった教育的効果や学際性に目が向けられている。

例えば竹下欣宏《よしひろ》が八ヶ岳団体研究グループの活動や野尻湖発掘に関わる中で、調査・研究コミュニティを介して先輩から地質学のノウハウを学び、博士論文作成へと展開していく様子について中心的に語っていることは、「大衆発掘」論を通じて参加者の主体化を称揚した井尻や郷原の問題意識とは異なっていることを示している。この竹下が、『そくほう』誌上で野尻湖発掘を「野尻湖は大衆発掘として有名ですが」と表現しているのは、野尻湖発掘関係者の中で「大衆発掘」という言葉は形式上引き継がれてはいても、使用する背景は井尻や郷原といった世代とは異なっていた。

また、同時にこの地団研メンバーの立場から語られた「地元主義」や「大衆発掘」といった言葉が、野尻湖発掘参加者総体において用いられる場面が限定されていく背景に、地団研と野尻湖発掘の組織の性格に変化が生じてきたことがある。地団研メンバーが野尻湖発掘設立の中心的役割を担ってきたことから、地団研と野尻湖発掘は密接な関係におかれてきた。しかし、一九八〇年代後半には、酒井潤一が、「野尻湖発掘調査団の若い人たちが生き生きしているのはなぜかという点を、今度は、地団研がぜひ研究してみていただきたい」と述べているように、両組織の性格や活動内容の違いが目立つようになっていく(84)。同時期に「大衆発掘」や「地元主義」といった言葉の使われ方に変化が生じていることは、野尻湖発掘が地団研の運動体としての影響下から次第に距離を置き、学術調査・研究のコミュニティとしての性格を前景化させていったことと関連していた。

以上のように、長期休止期間を経て再開された野尻湖発掘の参加者は増大した。デパートにおける展覧会など、メディアが日本列島における旧石器文化のイメージを創り出しながら、参加者の増大に大きな役割を果した。初期野尻湖発掘に引き続き、初等・中等教育におけるクラブ活動もまた、教員と児童・生徒が野尻湖発掘に参加する動機づけとなった。こうして参加者が増大することで、参加者の年齢層や経験、専門性の幅が広がった。

野尻湖発掘参加者の変化は、調査手法の見直しや組織編成上の改革を促した。ラミナ掘りの導入や友の会、専門別グループの編成は、増大した参加者を調査主体へと育てていった。そこでは、集団内部における相互学習と発掘現場に即した知見が生まれた。調査体制の編成と調査手法の改善、新たな調査対象や領域の開拓は、ここで一つの輪としてつながっていった。

こうした連環は、初期野尻湖発掘の経験だけでなく、地団研の団体研究、さらには信濃博物学会のような近代からのフィールドワークを原型とするものだった。学びや〈知〉を創造するフィールドワークの複数の系譜上に、野尻湖発掘が存在していた。そして、次章で述べるように、第六次発掘以後、非職業的研究者の〈知〉や日常の経験則から生まれた〈知〉が、学術発掘・研究の可能性を切り拓き、あるいは蓄積された〈知〉が再編成され、また別の〈知〉が生まれていく。こうした野尻湖発掘に特徴的な〈知〉の創出の基礎がこの第五次発掘や第六次発掘の段階で形づくられていった。

## 注

(1) 麻生優・井尻正二・大森昌衛・仁科良夫・亀井節夫「〈座談会〉科学研究と国民の接点」『日本の科学者』一四巻一〇号、日本科学者会議、

一九七九年、五三七―五五〇頁
(2) 同上
(3) 野尻湖発掘調査団『野尻湖の発掘一九六二―一九七三』(井尻正二監修)、共立出版、一九七五年
(4) 高田平野団体研究グループ「新潟県の第四系―二四―高田平野の第四系と形成史」『新潟大学教育学部高田分校研究紀要』第二五号、一九八〇年、二一九頁
(5) 歌代勤編「日本の海岸平野」『地質学編集』七号、日本地質学会、一九七二年。和田温之「新潟平野の形成過程」『地質学論集』七号、一九七二年、七七―八九頁。藤田剛・五島智彦・長谷川正・長谷川康雄・林等・稲葉明・木村広・小林忠夫・濁川明男・仙田幸造・高野武男・田中久夫・歌代勤・山田武雄・山崎興輔・渡辺勇「東京低地および新潟平野沖積層の生層序区分と堆積環境」『地質学論集』七号、一九七二年、二二三―二三三頁
(6) 郷原保真・紿野義夫編「日本の第四紀内陸盆地」『地質学論集』一四号、一九七七年。ここに収録されている論文は、小林忠夫・濁川明男・西川誠・高野武男・歌代勤・米山正次「新潟県の内陸盆地について」、六五―七七頁などである。
(7) 野尻湖発掘調査団、前掲書(3)。ここで言うバックアップとは、具体的に第四紀総合研究会連絡誌『第四紀』一八号を第四次野尻湖発掘までの出土資料特集号とし、この印刷補助費と発掘補助費を内陸盆地総合研究事業費から繰り入れるなどしている。野尻湖発掘調査団「野尻湖発掘　今夏から本格的な準備段階に!」『野尻湖ニュース』二号、一九七二年
(8) 長谷川正「高田支部では近代化をこう考える」『そくほう』一八七号(一九六七年四月号)、六頁
(9) 庶務係「組織を利用し、強めよ―地団研一〇週年(原文ママ)総会の反省―」『そくほう』七四号(一九五六年四・五月号)、一頁
(10) 地学団体研究会・小林英夫『科学運動』築地書店、一九六六年、五二頁
(11) 大阪自然史博物館HP(http://www.mus-nh.city.osaka.jp/tour/vt_0/04wani.html、二〇一七年四月一一日確認)。小畠信夫・ワニ化石発掘グループ「阪層群からワニ化石の発掘」『地質學雑誌』七一巻八三八号、一九六五年、三六〇―三六一頁。小畠信夫・千地万造・池辺展生・石田志朗・亀井節夫・中世古幸次郎・松本英二「大阪層群よりワニ化石の発見」『第四紀研究』四巻二号、日本第四紀学会、一九六五年、四九―五八頁。千地万造「二〇回総会と博物館建設の思い出」『そくほう』三八八号(一九八六年二月号)、五頁
(12) 野尻湖発掘調査団『野尻湖ニュース』号外(その三)、一九七四年二月
(13) 国立科学博物館・朝日新聞社『日本列島展――その誕生から人間登場まで』図録、一九七二年
(14) 地学団体研究会「野尻湖発掘の魅力――ぼくの声、私の声」『国土と教育』第四巻三号、一九七四年、一一五―一一六頁

(15) 地学団体研究会「「劣等生」の作文が教科書に…教科書になったナウマンゾウ…」『そくほう』二二六号（一九七二年二月号）、七頁
(16) 井尻正二著・金子三蔵え『野尻湖のぞう』福音館書店、一九六九年
(17) 野尻湖発掘調査団著・井尻正二編『象のいた湖　野尻湖発掘ものがたり』新日本出版社、一九七四年
(18) 早川幸生「一冊の児童書が生き方を変える　野尻湖のぞう」『子どものしあわせ』七三七号、二〇一二年、一四頁
(19) 黒田一武「発掘に参加した生徒のその後――新道中学校での経験から」『地学教育と科学運動』三号、一九七四年、七頁
(20) NII学術情報ナビゲータ http://ci.nii.ac.jp/
(21) 井尻正二「歯胚を中にふくむ犬の下顎骨を逆方向に自家移植した実験について」『歯界展望』一六巻九号、一九五九年、ほか
(22) 笹川一郎、安井賢、後藤仁敏「新潟県長岡市滝谷の魚沼層群から産出したホホジロザメの歯の化石」『長岡市立科学博物館研究報告』二四号、一九八九年、一―六頁など
(23) 小西勇「「野尻湖底発掘」の反響と教育実践」『地学教育と科学運動』三号、一九七四年、二三―二四頁
(24) 黒田一武、前掲誌（19）、七頁
(25) 地学団体研究会、前掲誌（14）、一〇七頁
(26) 井尻正二・金子三蔵、前掲書（16）
(27) 地学団体研究会、前掲誌（14）、一〇八―一一九頁
(28) 亀井節夫「湖底を掘る――野尻湖の調査と発掘」『科学の実験』一四巻九号、一九六三年、共立出版
(29) 井尻正二「どのようにして、第六次発掘の見通しをたてるか」『野尻湖ニュース』五号、一九七三年九月二二日
(30) 野尻湖発掘調査団「九・二二―二五地質調査の調査・検討項目」『野尻湖ニュース』五号、一九七三年九月二二日
(31) 井尻正二、前掲誌（29）
(32) 野尻湖発掘調査団「一九七四年三月野尻湖調査」『野尻湖ニュース』号外、一九七三年一二月
(33) S・N・ビビコフ『マンモスの骨でつくった楽器　旧石器人の生活と芸術』（金光不二夫・新堀友行共訳）、築地書館、一九八五年など
(34) 野尻湖発掘調査団『一万人の野尻湖発掘』築地書館、一九八六年、六二頁
(35) 地学団体研究会「巡検案内書の出版にとりくもう」『そくほう』二六九号（一九七五年二月号）、一頁
(36) 野尻湖発掘調査団「第六次発掘参加申込者の内訳」『野尻湖ニュース』七号、一九七五年三月五日
(37) 第六・七・九次発掘は、野尻湖発掘調査団、前掲書（34）より、これ以外は各発掘調査報告書より引用
(38) 第六次発掘調査体制は、野尻湖発掘調査団『野尻湖の発掘一九六二―一九七三』（井尻正二監修）、共立出版、一九七五年より、第

九次発掘調査体制は、野尻湖発掘調査団、前掲書（34）より引用
（39）宗宮文江「野尻湖発掘への期待」『そくほう』四〇〇号（一九八七年四月号）、五頁
（40）井尻正二『ヒトの直系』大月書店、一九七七年
（41）斎藤公子・井尻正二『斎藤公子の保育論』築地書館、一九八五年、ほか
（42）井尻正二・伊東章夫『先祖をたずねて億万年』新日本出版社、一九七〇年。伊東章夫「二人三脚で漫画を書いた日々」『地学教育と科学運動』四二号、二〇〇三年、二七―二八頁
（43）野尻湖発掘調査団「第六次発掘について」『野尻湖ニュース』七号、一九七五年三月五日
（44）郷原保真「地団研は、これで良いのか」『そくほう』二六九号（一九七五年二月号）、六頁
（45）本部普及係「東京での〝野尻湖〟学習会に二七〇名が参加―第六次発掘にむけて、三月九日―」『そくほう』二六九号（一九七五年二月号）、五頁
（46）日本橋ナウマンゾウ研究グループ「東京日本橋浜町におけるナウマンゾウの化石の発掘について」『地球科学』三二巻二号、一九七八年、八三―八五頁
（47）高田班「高田支部における、そのごの僻地方針」『地学教育と科学運動』五号、一九七六年、一一八頁
（48）大阪地学教師グループ「大阪地学教師グループの歴史と現状」『地学教育と科学運動』七号、一九七八年、二三二頁
（49）静岡地学教師グループ「静岡地学教師グループの現状とまとめ」『地学教育と科学運動』七号、一九七八年、二二一頁
（50）地学団体研究会「野尻湖専門別グループ研究集会ひらかれる」『そくほう』二五八号（一九七四年二月号）、三頁
（51）この席上においては、発掘調査団の運営方法について話し合われた。第五次発掘までは発掘調査団事務局が中心で運営してきたが、第六次発掘からは若手研究者を中心とする運営委員会を別に立ち上げることとした。この運営委員会は、翌日に開催され、第六次発掘に向けての細かなスケジュールの作成や第五次発掘までの成果を取りまとめる編集員会の設置が決定されている。
（52）野尻湖発掘調査団「第六次野尻湖発掘の経験」『そくほう』二七二号（一九七五年五月号）、一頁
（53）井尻正二・大森昌衛「戦後の科学技術者運動‐一〇‐地学団体研究会と民科‐下‐」『技術と人間』六―三、一九七七年、一五二―一五九頁
（54）高橋正志「野尻湖発掘に参加して――その感激を皆様にも…」『そくほう』二七一号（一九七五年四月号）、三頁
（55）小峰啓太郎『雉子山―市民参加の遺跡発掘調査報告書―』東松山市史編さん調査報告第八集、東松山市、一九七八年
（56）高橋正志、前掲誌（54）、三頁

(57) 井尻正二『井尻正二選集第四巻　科学運動Ⅱ　野尻湖発掘』大月書店、一九八一年、一五―一七頁
(58) 赤羽貞幸・小林忠夫・野村哲「教育の場としての野尻湖発掘」『日本の科学者』一四巻一〇号、一九七九年、一一―一八頁
(59) 久保田善裕「将来へ花咲け！団研法――とくに学生・若手会員のみなさんへ」『そくほう』六二四号（二〇〇七年七月号）、一頁
(60) 暗黙知については、Polanyi, Michael. 1966を参照
(61) 七尾野尻湖友の会「第六次発掘の失敗を克服して」『地学教育と科学運動』一一号、一九八二年、一一頁
(62) 同上
(63) 赤羽貞幸・小林忠夫・野村哲、前掲誌（58）
(64) 井尻正二・大森昌衛、前掲書（53）、一五二―一五九頁
(65) 宮川勝「野尻湖発掘での珪藻分析の経験から」『地学教育と科学運動』一七号、一九八八年、四九―五〇頁
(66) 野尻湖哺乳類グループ「子供達にもひろがる専門別グループの活動」『地学教育と科学運動』一一号、一九八二年、二一頁
(67) 地学団体研究会「卒業生を送り新入生をむかえる時期にあたって」『そくほう』二五九号（一九七四年三月号）、一頁
(68) 地学団体研究会「大きく輪がひろがった野尻湖発掘」『そくほう』三〇四号（一九七八年五月号）、一四七頁
(69) 郷原保真「科学運動としての大衆発掘」『日本の科学者』一四巻一〇号（一九七九年一〇月号）、一一―一八頁
(70) 板橋区教育委員会事務局社会教育課編『成増露頭地質調査報告書』板橋区教育委員会、一九八〇年
(71) 新堀友行「『成増露頭記録保存調査』始末記」『そくほう』三三四号（一九八一年二月号）、三頁
(72) 例えば、三島弘幸「野尻湖にとどろけ、博物館建設の槌音」『そくほう』三四三号（一九八一年一一月号）、一頁。地学団体研究会「野尻湖博物館　開館にあたって」『そくほう』三七一号（一九八四年七月号）、一頁
(73) 井尻正二、前掲書（57）、三一二頁
(74) 羽鳥謙三「野尻湖発掘が意味するもの」『地理』二〇巻五号、古今書院、一九七五年、四四―四九頁
(75) 郷原保真「農民と科学者（八ヶ岳の調査から）」『地球科學』一七号、一九五四年、三五―三六頁
(76) 郷原保真・野尻湖発掘調査団「第六次発掘の経験」『そくほう』二七二号（一九七五年五月号）、一頁
(77) 郷原保真、前掲誌（69）、一一―一八頁
(78) 同上
(79) 高田班、前掲誌（47）、一一七―一一八頁
(80) 同上

（81）地学団体研究会、前掲誌（14）、一〇七頁

（82）地学団体研究会「大きく輪がひろがった野尻湖発掘」『そくほう』三〇四号（一九七八年五月号）、六頁。沢村寛「第六回野尻湖専門別グループ発表会開かる」『そくほう』三二八号（一九八〇年七・八月号）、三頁。地学団体研究会「『井尻正二選集』を待望する―第一回配本科学運動（二）「野尻湖発掘」に寄せて―」『そくほう』三四〇号（一九八一年九月号）、八頁。三島弘幸「野尻湖発掘展開かれる　群馬の森県立歴史博物館」『そくほう』三四三号（一九八一年一二月号）、四頁。新堀友行「生は苦しむの価値あり――郷原さんを想う」『そくほう』三五五号（一九八三年二月号）、四頁。地学団体研究会「第九次野尻湖発掘を成功させよう―人類史解明にふみ出す野尻湖発掘―」『そくほう』三六六号（一九八四年二月号）、一頁。地学団体研究会「今年の「理論の学習会」も盛大に！―第三七回理論の学習会の聞きどころ―」『そくほう』四六二号（一九九二年一一月号）、一頁。小林雅弘「三月に第一五次野尻湖発掘、着々と準備が進行中」『そくほう』五七四号（二〇〇三年一月号）、三頁。内山美恵子「第一六次野尻湖発掘の成果とその魅力」『そくほう』六一一号（二〇〇六年五月号）、六頁。内山恵美子「化石と地層の関係がみえてきた―第一七次野尻湖発掘の報告―」『そくほう』六三三号（二〇〇八年五月号）、五頁。竹下欣宏「第一八次野尻湖発掘行われる」『そくほう』六五六号（二〇一〇年六月号）、四頁

（83）郷原保真、前掲誌（69）、一一―一八頁

（84）酒井潤一「野尻湖発掘25周年祝賀会開催される」『そくほう』三九九号（一九八七年二月号）、四頁

# 第6章　ローカルな〈知〉、再編成される〈知〉

長期休止期間を経て再開された野尻湖発掘は、初期とは異なり、より拡大した集団の学びを支えるシステムが構築されていった。発掘調査の体制や調査手法の変革、新たな調査対象の出現と調査領域の拡大は、一つの輪で結ばれ、専門性や年齢といった点で幅を持つ参加者の探究や学びを支えていった。本章では、第七次発掘から第一一発掘までの野尻湖発掘を分析し、第六次発掘までで確立された調査体制や調査手法の変革、調査領域の拡大を基礎として、どのような〈知〉を野尻湖発掘は受入れ、いかにしてそうした〈知〉をまとめ、新たな〈知〉を生み出していったのかという点を検証していく。

## 第1節　第七次発掘と野尻湖友の会

### 1　第七次発掘の概要

第五次発掘と第六次発掘の間に実施された湖底以外での調査は、一九七六年以降、「陸上発掘」の名称で定期的に開催された。陸上発掘の目的は、狩猟の場であった湖底に対して、湖周辺の地域において、生活の場であったキャンプサイトを確認することにある。第一回目の陸上発掘では、三七七名が参加し、ナイフ形石器など一二一七点の資料が検出されている。

これに続いて、一九七八年には第七次発掘が行なわれ、二八九七人が参加し、八一七四点の資料を発掘している。発掘調査の手順は、最初に試掘溝を掘り地層の重なりと層準を明らかにした上で、グリッド内を単層ごとに発掘するための「層位掘り」を実施するというものだった。また、第六次発掘に引き続き「ラミナ掘り」を行なって、生痕化石が発見されている層準の調査した。試掘溝の地層には人類考古班の提案で名札が付けられ、調査参加者全員で地層の位置と名称の共有化を試みている。

出土した資料は、骨角器などの人類考古遺物やナウマンゾウやオオツノシカなどの哺乳類化石、ヒメバラモミの球果化石などの植物化石、イシガイやカワニナなどの貝化石である。特筆すべきは、「層位掘り」や「ラミナ掘り」といった調査手法の参加者に対する周知によって、水鳥や動物の足跡といった生痕化石の発見が増大したこと、昆虫化石が初めて野尻湖底で発見されたことである(1)。

第七次発掘の調査成果は、調査手法の変化に関連するとともに、調査組織の形態や参加者への教育方法とも密接な関係にあった。第七次発掘では参加者の受付から班・係の割り振りまでを、各野尻湖友の会が本部事務局と調整の上で行なっている。発掘調査と並行して、小・中学生向けに青空教室、それ以外の参加者向けに夜の発掘入門講座が開催された。また、調査現場近くに保育所を設置し、乳幼児連れの家族が調査に参加しやすい環境をつくっている(2)。

このように、調査手法や調査組織の側面における第六次発掘の変化は、第七次発掘へと引き継がれた。特に友の会単位での発掘調査の運営は、野尻湖発掘調査団の顧問団からも評価された。この時に顧問団の一員であった井尻正二は、第七次発掘をふり返って、友の会の学習会等の企画が観念的であるとの指摘をしつつ、友の会で事前に学習してきた参加者の「成長」を評価した。友の会という調査体制の枠組みは、参加者にとって発掘調査の手法習得、調査目的の共有のための準備組織として機能していた。

しかし、こうした事前の学習形式は、実際の発掘現場を前にすると、必ずしもすべてが有効に機能するとは限らない。大森昌衛が述べているように、第七次発掘の作業を開始した当初には、ラミナ掘りの意味について「若干の戸惑いと不徹底さ」（3）があった。この問題については、先述の試掘溝を兼ねた排水溝設置により、地層断面の観察が可能となり、これを用いて地層の情報を参加者の間で共有することで解消しようと試みている。

## 2　第七次発掘における調査手法と学びの関係

野尻湖発掘では、事前の学習によって参加者が知識や技術を身に付けておくだけでなく、現場に応じた〈知〉の形成と共有の試行錯誤がある。おそらく、試掘溝を設ける以前に、湖底調査ゆえに湧水を排出するための排水溝の設置が先行していたのだろう。調査に必要なインフラを整備する中で、層位学的観点から調査手法が見直されていたこともあり、調査者は試掘溝の断面が地層観察に適することを発見している。

発掘調査では、作業が進む中で当初の予測と異なる状況が生まれる可能性が高い。野尻湖発掘では、その刻々と変化する状況の中で、様々な調査のためのアイディアが生まれ、議論され、試される。結果的にそれが調査者の予想通りの結果を生む場合もあれば、予想に反して失敗することもある。このような試行錯誤は、友の会における事前の初歩的な知識や技術が調査参加者に周知されていることを前提とするが、その前提条件の上で、〈知〉を生み出すための議論が非研究者を含めた参加者全体で交わされる。調査終了後の夕方から夜にかけて開催される調査報告会や学習会は、まさにその時点で形成されつつある新たな情報やそれに対するアプローチの周知と議論を深める場として機能している。排水溝が試掘溝を兼ね、そこに現れた地層に名札が付けられたのは、新たな〈知〉を参加者自らが生み出そうとした試行錯誤の一つの事例である。

定型化・固定化された知識や技術のみを必要とするコミュニティであれば、知識や技術の習得は比較的安定的に行なわれる。しかし学術調査のように、仕事の進展に伴って新たな〈知〉が形成されつつある環境にあっては、定型化・固定化された知識や技術が、一定の時間が経過すると何ら役に立たなくなってしまうことがあり得る。野尻湖発掘において、参加経験数が単純に参加者間の上下関係を規定していないのは、郷原が指摘した「対等・平等にいとなまれる発掘組織を感覚〈認識〉し、組織活動への自発的な参加となっていく」といった、野尻湖発掘の理念上の平等性に起因するものではなく、こうした〈知〉の形成とそれに必要な知識や技術の関係が常に流動的であることに基づいている(4)。

## 3　第七次発掘における野尻湖友の会の役割

友の会を基本単位として実施された第七次発掘は、参加者のミクロなレベルでどのように認識されていたのか。すでに、専門別グループの実像については触れてきた。ここでは、もう一つの組織上の大きな柱となっている野尻湖友の会の役割について取り上げる。

野尻湖友の会東京支部の参加者に対するインタビューの中で、ある女性参加者は「野尻湖友の会に入りませんか」というパンフレットをたまたま目にし、それを契機に野尻湖発掘に関する書籍を読んで参加を決めたと述べている。「一般の人にとって、何かを勉強したいとも思ってそういう〝場〟はめったにない」と感じていた彼女にとって、誰もが参加できる野尻湖発掘に興味をひかれたという(5)。

しかし、全日程を通して参加してみると「まとめの集会のあとの出口での押し合い、何人かの人の「私は専門家なんだ」という他の人を見下したような態度、自分のやりたいことしかしない人、〝ラミナ掘り〟を説明しても〝たぬき掘り〟をしてしまう子」をこの女性は目にすることになる。ラミナ掘りの意味とその手法は調査参加者内で共有化が試みられる一方で、実態としては全ての人に共有されているとは限らなかった。また、第六次発掘に前景化した役割分担は、自前で発掘調査を行なうという調査団の思想を具現化したものであり、実際に教育的効果を生み出してはいるが、「自分のやりたいことしかしない人」も現実には存在した。

この役割分担の面については、同じインタビューの中で語られた、当時高校二年生として第七次発掘に参加した男子の感想を取り上げてみたい。この男子にとって第七次発掘は、一九七六年の第一回陸上発掘に続いて二回目の野尻湖発掘の参加だった。陸上発掘では「ただの傍観者的な発掘参加」だったが、第七次発掘では班長を任された。この男子は第七次発掘全体を通じて、「文にはとても書き表せないような感動」を覚えたとし、「いつも、同級生ぐらいしか付き合いのない僕が、小学生や自分の母と同じ位の年齢の人々といっしょに掘り、学んだこと」が、「人間形成の上で常にプラスになった」との感想を述べている。そして、「何千人もの人間」が調査に関わる野尻湖発掘では、「裏方の人々のなみなみならぬ努力とお互いに信頼し理解しあって、作業し、学ぶと云う自覚」があったという(6)。

このように、信頼関係によって結ばれた調査・研究コミュニティとして野尻湖発掘が参加者によって認識されることで、組織運営上の継続性が担保される。しかし、全体と個人との関係は、良好なものとして意識される一方、班長としての立場のこの男子と担当する班との関わりは、必ずしも理想的なかたちをとってはいない。

例えば、「経験不足、小学生を把握するには若過ぎる、と云う点」で、この男子にとっては班長と云う役割は「あまり適任ではなかった」とする。その具体的な体験として、参加日程の前半と後半で参加者が入れ替わり、その引き継ぎが円滑ではなかったことを、また、記載係が不足している上に、「初参加の小学生が、後半に八人もいた」ために作業がはかどらなかったことを挙げている。彼らが「将来の発掘を背っていく」と考えるだけの「寛大な気持ち」を発掘現場で持つことができなかったという(7)。

第七次発掘は、第六次発掘における調査体制や調査手法の変化を受けつつ、それに伴って新たな学問領域の開拓へとつながっていく。一方で、参加者の個別の感想からわかるように、円滑に調査が必ずしも行なわれたわけではない。野尻湖発掘が継続される中で、先述の女性が指摘するように、ラミナ掘りが参加者に徹底されておらず、他方、古くからの参加者と新規の参加者との間に明確な上下関係を意識する者が存在した。古くからの参加者の中には、参加者自身の関心のある仕事のみに従事しようとする者も現れるようになる。

また、第六次発掘のように、役割分担によって調査の周辺的役割からより中心的役割へと移行する過程で、参加者は段階的に調査に必要な知識や技術を身に付けていくが、先述の高校生として参加した男子のように、陸上発掘での新規参加者の一人という段階から、次の段階で班長という役割を与えられ、ある種の戸惑いを持つ状態が生まれている。

第七次発掘の段階では、友の会単位の活動が、野尻湖発掘の運営総体に貢献する一方、試掘溝の設定により地層に対する参加者間での知識の共有化が図られた。このような組織運営上、調査手法上の変更が試みられたものの、参加者一人一人にとってみれば、ミクロレベルの問題は山積していた。ただし、問題を抱えてはいるものの、野尻湖友の会が、調査手法の共有と発掘調査運営の礎となる、参加者の学びの場であることに違いはなかった。

## 第2節　調査手法の転換とローカルな〈知〉の組み込み ――野尻湖昆虫グループ

### 1　新たな視点、研究領域の開拓、担い手の育成

ここで、陸上発掘が実施された一九七六年の野尻湖発掘における新たな動きに注目してみたい。この年に大阪市立自然史博物館の日浦勇を中心に、「野尻湖昆虫グループ」の結成準備が開始された。昆虫化石に昆虫学を専門とする人々が注目したのは、第六次発掘への参加が契機となっていた。第六次発掘における「ラミナ掘り」によって、数ミリ単位での調査が可能となり、結果的に水中昆虫のような微細な資料が獲得されたことは、昆虫に注目した調査主体と精緻化された調査方法とがうまくかみ合ったことを示している。そして、この昆虫化石をめぐる新たな〈知〉の形成は、野尻湖発掘自体のあり方にも深く影響した。

野尻湖昆虫グループの活動を分析するにあたっては、まずはその中心的な存在であった日浦勇に着目する必要がある。日浦は、徳島県で少年期を過ごし、中学生の頃に昆虫採集にこの地を訪れた溝口修と出会う。この溝口との出会いが昆虫学を志すきっかけとなる。高校卒業後、九州大学農学部に進学し、江崎悌三に師事する。大学卒業後は徳島県内で高校教員となるが、その後一九五七年に開館準備を進めていた大阪市立自然史博物館に移る。このように、日浦は高校教員から博物館学芸員としてのキャリアをスタートさせる一方、一九五五年には溝口修、溝口重夫、西岡靖夫と共に昆虫団体研究会を結成した。「団体研究会」の名称からもわかるように、地団研の団体研究法に触発されてこの会

を組織したという(8)。この会は八年間継続されたが、内部での意見対立が生じたために解散している。この後に日浦を中心として、関西トンボ談話会(一九六二)、近畿オサムシ研究グループ(一九七二)、直翅類研究グループ(一九七八)、アサギマダラを調べる会(一九八三)が発足した。これら研究会のメンバーの多くは、アマチュア研究者であった。例えば、関西トンボ談話会は、職業的昆虫研究者は日浦のみで、他は医師、繊維や鉄関連の技術職を本業とするアマチュア研究者で構成されていた。

こうした市民参加による調査・研究活動を成立させた要因として、大きく分けて次の三つの点を挙げることができる。第一に、団体研究の思想に共感したように、日浦の思想的背景がある。大阪市立自然史博物館に移る前から昆虫団体研究会を組織していたことは、職場の環境とは別に、日浦自身が学術研究における市民の参加を意識していたことの表れであった。

第二に、大阪市立自然史博物館における市民参加への取り組みである。特に博物館の初期では、筒井嘉隆館長を中心に、数多くの研究者と「町人学者」と称されるアマチュア研究者の研究が博物館の活動を支えていた。後者のアマチュア研究者は、生物や地学関係の研究会の世話人をつとめるなど、研究レベルが高く、また、いわゆる船場のボンボンと称されるような高学歴や社会的地位の高い人々であった(9)。昆虫団体研究会以後、様々な研究会が組織されたが、その背景にはこうした研究レベルの高い市民の存在があった。大阪自然史博物館の市民参加の内容は、初期におけるセミプロ的なアマチュア研究者を中心とする状態から、家族単位等の多様な参加へと変化しているが、市民による博物館活動という基本方針は現在まで継続されている。

そして、第三に昆虫学の学問的性格である。昆虫学は、昆虫愛好家のレベルから高い学術レベルに位置づけられるアマチュア研究者まで、幅広い市民の参加が可能な分野の一つである。その意味で、アマチュアの昆虫研究者とはいえ、アカデミックな昆虫研究者との学術的な接点を持つことも可能な分野となっている。この昆虫学の性格が、市民による学術研究のすそ野を広げる上で重要な意味を持っている。

日浦勇という人物の問題意識と大阪市立自然史博物館の活動の方向性、昆虫学の性格が織りなす市民参加による調査・研究のスタイルは、この頃急速に研究が進められた昆虫化石の分析とも関連しながら、アマチュア研究者を含めた野尻湖発掘における昆虫化石研究へと展開していく。

この時期の学術研究に目を向けると、野尻湖における昆虫化石の発掘に至るまでには、関西圏での調査・研究活動の蓄積があった。大阪市立自然史博物館昆虫研究室所属の日浦と宮武頼夫は、同館の第四紀研究室の学芸員と共に、一九七〇年代から昆虫化石の研究に本格的に取り組んだ。具体的には、大阪市長原遺跡や兵庫県原田処理場遺跡、東大阪市鬼虎川遺跡などの遺跡から出土した昆虫遺体を分析している。

このような市民の研究活動への関わりに対する問題意識と昆虫化石研究の進展を背景にしつつ、一九七六年以降、日浦を中心に野尻湖昆虫グループの結成準備が進められた。一九七八年の第七次発掘には、昆虫研究者として日浦のほか五名が参加し、六点の昆虫化石を発掘した。参加者は全員昆虫学を専門とし、このうち三名はアマチュア研究者であり、市民参加を指向してきた日浦や大阪市自然史博物館の方向性とここまでは一致する。興味深いのは、全員が現生の昆虫研究を専門とし、この時点では、昆虫化石（古昆虫学）を専門とする研究者は誰もいなかったことである。

昆虫化石はバルト海沿岸地域で産出されたものが、すでに一九世紀後半から報告されている。日本における昆虫化石の発見は一九三〇年代から報告されている。しかし、日本で昆虫化石の資料が検出される事例は少なく、そのほとんどが偶然に発見されるに過ぎず、研究はあまり進展していなかった。このような研究環境ゆえに、昆虫化石を専門とする研究者も存在しなかったのである(10)。

第七次発掘における昆虫研究者の参加は、地質学や古生物学からの従来のアプローチと異なり、昆虫学の視点が野尻湖発掘に持ち込まれたことで、古昆虫学という新たな学問分野の開拓へとつながっていった。そして、職業的研究者だけでなく、アマチュア研究者の〈知〉がそれを支えていた。野尻湖昆虫グループの活動について初宿成彦は、「これまでは大阪市立自然史博物館が中心になって成果を積み上げてきたが、実際に研究にたずさわるのは、サークルのアマチュア研究家が多い。筆者自身も現生の甲虫分類が本来の専門分野で、当該分野の専門家ではなく、片手間にやっているというのが実情である」と述べている(11)。

その後、野尻湖昆虫グループによる昆虫化石の調査・研究は、昆虫研究者の「片手間」でなくなり、昆虫化石の研究者を育成する場ともなっていく。例えば、一九八七年の第一〇次発掘から中学生として参加した男性は、この段階から野尻湖昆虫グループに参加していたが、二〇〇〇年には新潟大学に博士論文「日本産の後期新生代及び現生のネクイハムシ亜科に関する分類学的、生物地理学的、生態学的研究」を提出している。また、一九七五年の第六次発掘から参加している別の男性は、昆虫考古学を専門とし、昆虫化石から古環境の復元に取り組み、古昆虫学と考古学を組み合わせた研究領域を構築している。このように、昆虫化石研究の担い手が生まれ、さらに新たな学問領域の確立へと展開しつつある。

つまり、野尻湖発掘における昆虫化石研究は次のことを示している。①アマチュア昆虫研究者の新たな視点が野尻湖発掘に組み込まれ、昆虫グループが編成される。②同時にラミナ掘りのような調査手法が徹底化された。③新しい研究対象の発見、研究領域の開拓が実現し、その過程の中で次の世代が育成される。すでに述べた、調査体制の編成、調査手法の開発、新たな研究領域の開拓の連環が、野尻湖発掘における昆虫化石研究で具現化しているのである。ここでも、参加者の学びは重要な役割を果たしていた。

## 2　データでみる昆虫化石研究の推移

以上の昆虫化石の調査・研究に関わった人物を中心に、データを用いて整理してみたい。第七次発掘に参加した五名のその後の野尻湖発掘との関わりを記すと、日浦は一九八四年に急逝したことから八次発掘までの参加にとどまっている。日浦以外の初期メンバーについても一名を除けば、一〇次発掘までの参加である。一方、先述の中学生として参加した男性や昆虫考古学を専門とする男性の場合、それぞれ第一二次発掘、第一六次発掘までの参加が名簿から

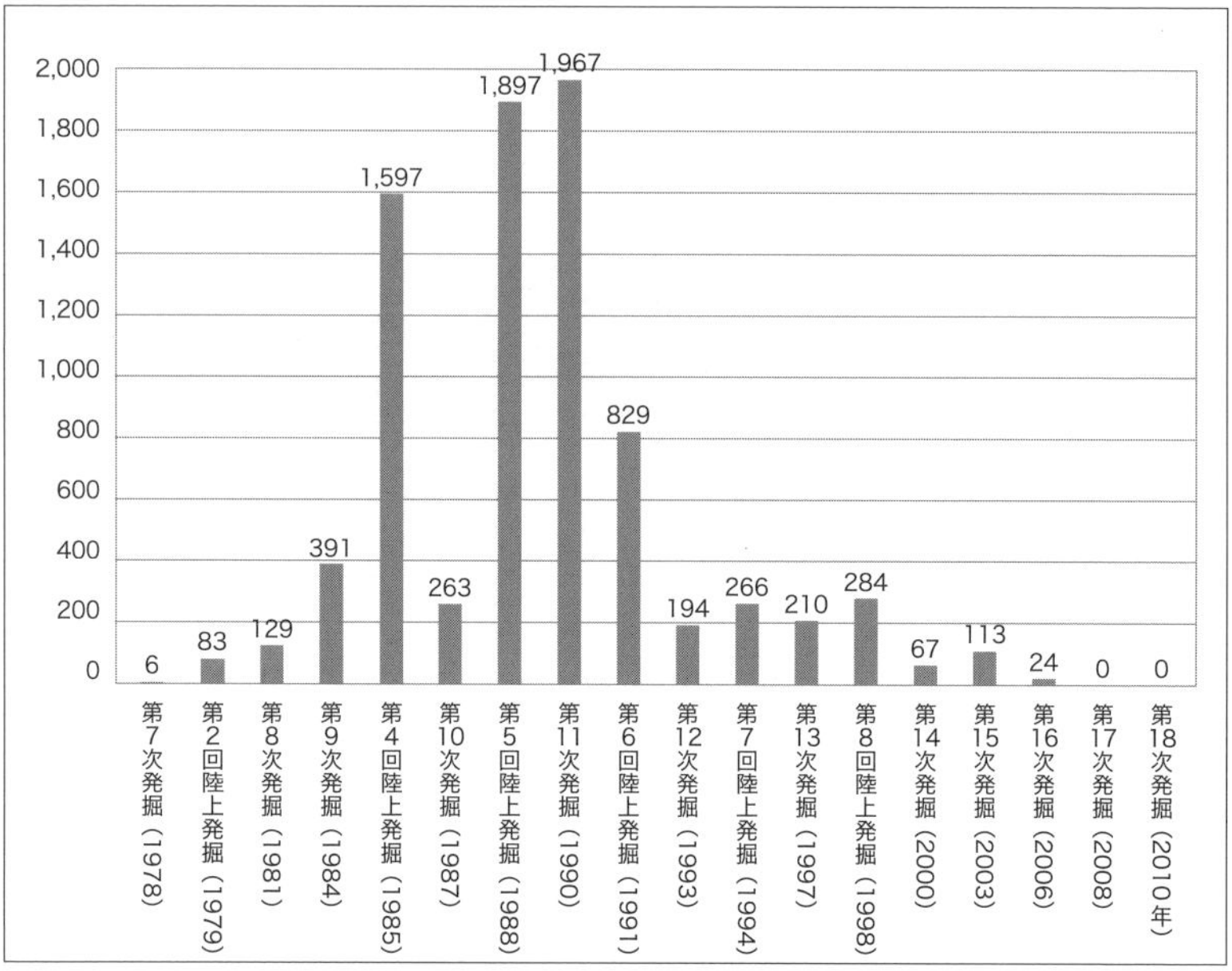


Figure 32 野尻湖発掘における昆虫化石出土点数の推移 (12)

確認できる。つまり、メンバーの参加期間からも昆虫グループ内で世代交代が進展し、それに伴って古昆虫学の新たな担い手が野尻湖発掘の中に生まれていったことが知れる。

　このような世代交代を経ながら進められていった野尻湖発掘における昆虫化石の調査・研究活動の興隆は、昆虫化石の出土点数とも関連していた(Figure32)。一九七八年の第七次発掘では、わずかに六点の資料を得ただけであったが、その後の湖底発掘や陸上発掘を経る中で、次第に出土点数が増大していく。最も出土点数が多かった調査は、一九六七点が出土した、一九九〇年の第一一次発掘である。この時期は野尻湖昆虫グループの初期メンバーに加えて、次の世代が野尻湖発掘に参加する時期にほぼ該当する。

　出土点数の増加は、調査・研究に関わる人数の増大だけでなく、分析手法の変化とも関連していた。「ブロック割り」と呼ばれる手法の導入は、調査時点での昆虫化石の確認だけでなく、調査後の室内作業において分析用サンプルから昆虫化石を検出

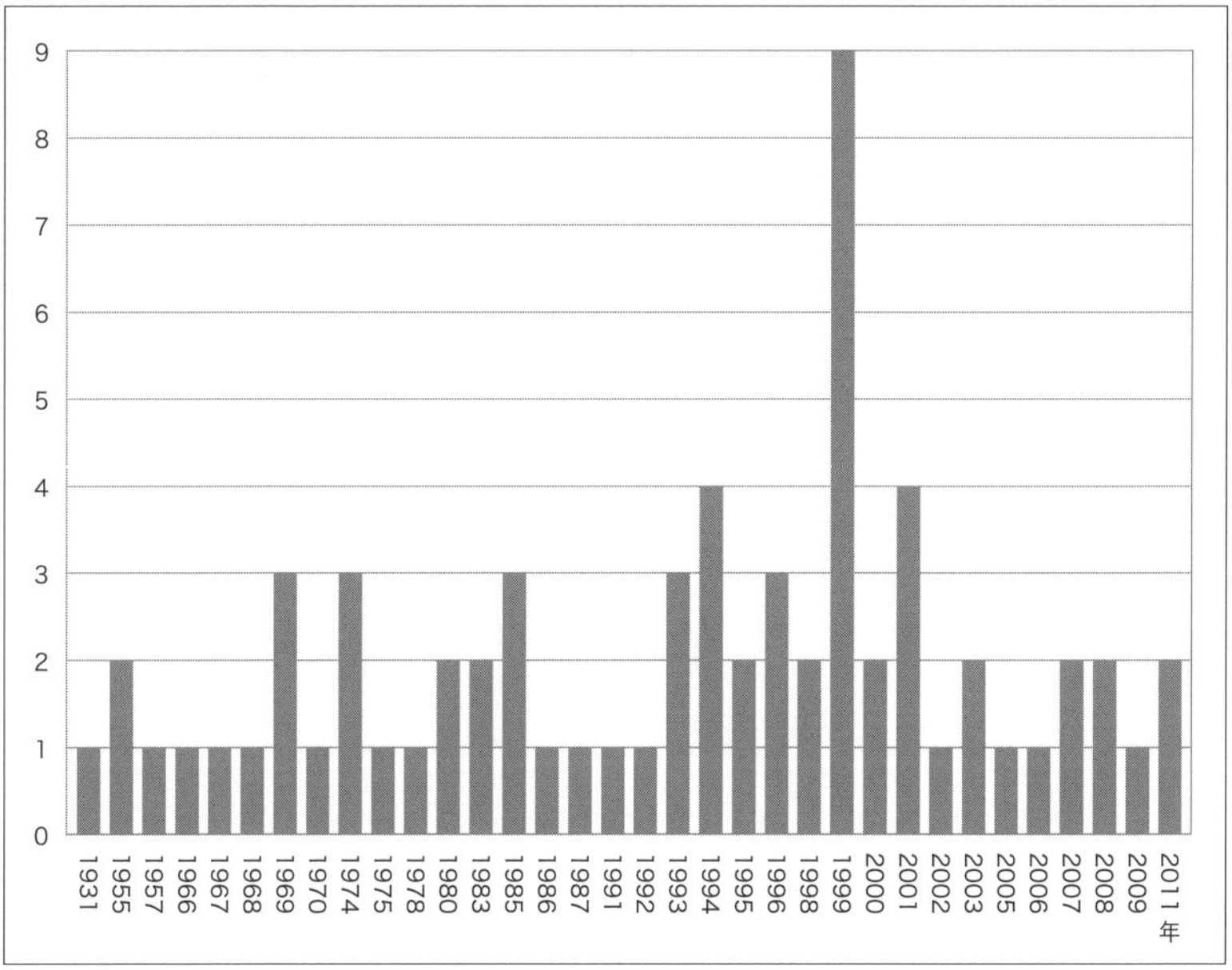


Figure 33　日本における昆虫化石関連論文数の推移（点）

することを可能にした。また、クリーニング、保存法、体節片ごとの比較・検索による種の同定といった技術的側面が改善されていった[13]。つまり、昆虫化石の出土点数の変化は、研究に関わる人々の存在と調査・分析手法の変更が影響していた。

さらに興味深いのは、野尻湖発掘関連を含めた日本における昆虫化石関連の論文数の推移である(Figure33)[14]。最も古い論文は一九三〇年代にまでさかのぼるが、主に一九五〇年代以降に昆虫化石関連の論文が発表されている。昆虫グループのメンバーが本格的に野尻湖発掘に参加するようになる一九七八年の第七次発掘直後は、それまでの論文数と大きな変化は見られない。しかし、一九九三年以降になると次第に増え、一九九九年には九本にまで増加している。一九九〇年代に論文数が増加する要因は、野尻湖発掘にもかかわる研究者がこれらの論文の著者になっているように、野尻湖発掘における昆虫化石研究の進展と深く関わっていた。

この論文数の増大に伴って、内容にも変化が認められる。一九八〇年代までの論文は、昆虫化石の発見報告にとどまるものが多いが、一九九〇年代以降の論文では、昆虫化石分析から古環境の復元に言及する研究のように、古昆虫学は、昆虫化石とその周辺環境の関わりにまで至る、総合的な研究へと展開している[15]。

日本における昆虫化石研究全体の変化は、研究者コミュニティ自体が比較的小規模であることもあって、野尻湖発掘における昆虫化石研究の動向と関わっていた。それは増加傾向だけでなく、減少傾向にも当てはまる。一九九九年のピークを境に、日本における昆虫化石に関する論文数は減少傾向にある。一方、野尻湖発掘における昆虫化石の出土点数も、一九九〇年をピークとして減少傾向にある。その理由は、野尻湖発掘において、昆虫化石が出土する層準が調査対象となっていないことにある。特に陸上発掘で調査対象となった泥炭層から多くの昆虫化石が産出しているが、一九九八年の第八回陸上発掘を最後に陸上発掘が行なわれなくなると、必然的に発見される昆虫化石の点数が限られるようになる。

資料の発見から整理・分析を経て論文として発表されるまでのタイムラグを想定するならば、一九九〇年代の論文数の増大はそれまでの資料の蓄積に基づいており、反対に一九九〇年代後半以後の出土点数の減少は、やや遅れて論文数の減少、すなわち研究活動の進展スピードの鈍化となって現われている。

ところで、このような古昆虫学が成立する背景には、ラミナ掘りという調査手法の導入があったが、同時にそれは昆虫の這い痕等を研究対象とする生痕化石研究の野尻湖発掘における進展とも関連していた。昆虫化石とその昆虫が残した痕跡を総合的につかむことは、結果的にその昆虫が生息した古環境を復元することにつながり、野尻湖発掘の他分野との学際的研究の糸口にもなりうる可能性を持っていた。

これに関連して、初宿成彦が「ユスリカやトビゲラは水生昆虫であるので、堆積当時の水環境(流水/止水、栄養状態、pH、温度など)を如実に表すことができる。ちょうど花粉や珪藻などを用いた研究手法と同様で、場合によってはこれらより有用な材料となる可能性を秘めている」[16]と指摘するように、昆虫化石研究は、花粉化石や珪藻化石の研究とも接点を持ち、研究によって獲得された結果は、互いの分野の研究的な裏付けになり得る可能性を持っている。

ラミナ掘りという調査手法の転換やアマチュア研究者の持つローカルな〈知〉の組み込みは、昆虫化石研究という単一の学問領域を生み出しただけでなく、それに関連する学問領域との接点の中で別の問題意識を育む契機ともなっていく。そして、その動きは、古環境や人類史の復元といったより高次元のテーマへと野尻湖発掘の目的を変化させていくとともに、日本における昆虫化石研究のあり方そのものの方向性にも影響を及ぼしている。

## 第3節　友の会の展開と調査手法の浸透——第八次・九次発掘

### 1　第二回陸上発掘、第八次発掘の概要

第七次発掘が実施された翌年の一九七九年には、第二回陸上発掘が実施された。この調査には三二七名が参加し、爪形文土器やナイフ形石器などの遺物を含む、一八六八点の資料が得られた。一方で、第八次発掘に向けた準備が重ねられた。一九七九年一一月に団長、顧問、各友の会と専門別グループの代表、調査団事務局が集まって、調査方針を決定する運営委員会が開催された。この運営委員会では、第八次発掘の基本方針として、「①開かれた大学をめざし、自覚した大衆発掘をめざす、②友の会の活動を基礎にし、自前の発掘を貫く、③専門別グループの指導性を高める、④地元との協力を更に進める、⑤全員が係を分担する」ことが確認され、この方針に基づくかたちで、各友の会で準備が進められた。

この第七次発掘からの連続性の上で準備された第八次発掘は、亀井節夫が調査団長をつとめ、一九八一年に実施された。第七次発掘と同じく、二八九七名がこの調査に参加している。骨製スクレイパーや骨製ナイフなどの骨器、ナウマンゾウの頭骨化石と槍状の木質遺物が発見され、出土した資料総点数は八三八四点にのぼった。

第八次発掘で得られた地質学的な成果としては、第七次発掘に引き続いて、排水ポンプ用の穴を深く掘り下げたこ

となどにより、最下層の層準の状態が明らかとなった。哺乳類化石は二二九八点にのぼり、特にこの発掘では従来の発掘と比較すると、オオツノシカの化石が多く検出されている。その理由は、第八次発掘が下部層の調査を目標としていたために、そこに含まれる標本数が増えたことにあった。このような試掘溝の情報を基に、層位面に着目した調査は、より下層域の情報の獲得を可能にした。

また、貝化石はそれまでの調査成果ではマツカサガイを主体とする単純な種構成として捉えられてきたが、新たにモノアラガイの化石が発見された。植物化石では広葉樹の種子の化石が確認され、当時の野尻湖周辺は単純な針葉樹林ではなかったことが明らかとなった。昆虫化石では、オオマグソコガネ、アカガネオサムシといった現在では東北以北に分布する種の化石が発掘され、生痕化石では、ユスリカの幼虫の巣穴が発見されている。これらの微細な資料の発見は、後述するように、ラミナ掘りの参加者に対する周知がより徹底されたことにある。

一方、ナウマンゾウの骨を利用した、スクレイパーや尖頭器、ナイフの発見は、人類と大型哺乳類が捕食者と被捕食者の関係にあった可能性を示すだけでなく、旧人から新人への移行期を検証する上でも重要な資料として位置づけられた。この背景には、野尻湖発掘が湖底だけでなく、周辺の丘陵地帯までを含め、地質学や考古学といった研究領域を横断するかたちで総体的に調査・研究に取り組んできたプロセスがあった。これに加えて、旧石器考古学の進展もまたこの調査に影響を及ぼしていた。

## 2　第八次発掘における野尻湖友の会の役割

以上をふまえ、では、このような第八次発掘の成果を生み出した背景には、具体的にどのような組織的・手法的・学術的変化があったのか検証していくことにしよう。第八次発掘の特徴の一つは、第七次発掘で本格化した野尻湖友の会の活動にあった。第八次発掘の段階で、野尻湖友の会は、北海道から広島までの計二七団体にまで増えていた。例えば、大阪市立自然史博物館に拠点を置く「阪神わかやま野尻湖友の会」では、泊りがけで会員同士の交流を深める「ナウマンフェスティバル」を開催した。その契機は第八次発掘の前年に、大阪市自然史博物館で「象狩りをした人たち―ぼくらの野尻湖発掘―」と題した野尻湖発掘の成果についての展覧会を開催したことにあった。この展覧会は、展示や解説書の作成、展示期間中の行事を友の会の会員が手がけ、そのプロセスの中で第八次発掘に備えるというものだった。この宿泊を伴う友の会の行事は、神奈川野尻湖友の会が夏休みにキャンプを行なった行事にならって、会員の発案で始められたものだった。会員の中には、他の友の会の会員とも交流を希望する声があり、ナウマンフェスティバルは、近隣の友の会同士の交流の場としても位置付けられた。

第一回のナウマンフェスティバルは、一九八〇年九月に連休を利用して開催された。参加した五つの友の会から一二五名が参加している。この行事では野尻湖展の見学と野外活動センターでのキャンプを行ない、二神山麓で石器の材料となるサヌカイトを探し、その後に石器作りや石器を用いたナシの皮むき競争などのプログラムを実施している。

こうした行事の実施にあたっては、中高生の班長を中心に班行動がまとめられた。全参加者のうち、比較的大人の参加が少ない阪神わかやま野尻湖友の会では、こうした中高生が野尻湖発掘準備の中心を担った。ナウマンフェスティバルで中高生に班長の役割を与えたことは、第八次発掘における組織運営の準備としての意味があった。実際に第八次発掘では、阪神わかやま野尻湖友の会から約二〇〇名が参加し、小中学生の割合が高い傾向にあったが、彼ら（彼女ら）を取りまとめ、班運営を担ったのが中高生・浪人生であった。やがて、「自分たちも何か役割をはたしたい、同じ世代がまとまろう、という雰囲気」が班長をつとめた中高生や浪人生の間に生まれ、青年団が発足することになる。第八次発掘後の第二回ナウマンフェスティバルでは、企画から運営に至るまで青年団を中心に行なわれた。

阪神わかやま野尻湖友の会は、中高生を中心に班長という役割を与えることで、運営の中心に彼ら（彼女ら）を位置づけ、当事者としての意識を醸成するという狙いがあった。一方で、班行動の一部が乱れ、中学生がグループをつくり、「勝手な行動」をとるようになるなど、役割分担が必ずしも組織運営にプラスに働かなかった側面があった。だが、総体として阪神わかやま野尻湖友の会の新たな活動の方向性は、友の会中心型の野尻湖発掘の潮流に沿ったものであった(17)。

こうした友の会単位の組織運営は、参加者個人にとっても発掘調査という場へ参入しやすい環境を作りあげていった。第八次発掘に当時小学校四年生として参加した、阪神わかやま野尻湖友の会所属の女子は、「野尻湖友の会に入ってよかった。友だちもいっぱいできたし、発掘もできた。三年生まで友だちがいなくてさみしかったこともわすれそうだ。とてもたのしい友の会だ。これからもずっと入っていたい。発掘はとてもたのしかった」(18)といった感想を残している。阪神わかやま野尻湖友の会のような、役割分担による全参加者の調査主体化は、例えば七尾野尻湖友の会でも確認できる。七尾野尻湖友の会では、その結成前の第六次発掘参加時点では、参加者の行動にルーズさがあったために、井尻から手紙で「野尻湖に来ないで欲しい」と言われる状態だった。この経験をもとに、七尾でも第六次発掘終了後から友の会が結成され、運営委員会が発足した。この運営委員会のメンバーが巡検活動の団長や係を交代で分担し、参加する子供にも班長などの役割を与えていった。この中で「お客さんをつくらない」ことが基本方針に据えられ、参加者の調査主体化が進行する。

このように、野尻湖友の会が各地に設立され、体制が整備されたことで、参加者は野尻湖発掘の前に、発掘調査に関する基本的な知識や技術の獲得、集団的な組織運営における規律の習得が可能になっていった。そしてそれは、展覧会の開催やキャンプといった、実践的な活動を主な舞台としていた点に特徴があった。東京都西部の会員で構成される「むさしの友の会」がサマーキャンプを開催する理由もまた「野尻湖での生活の初日から、きちんと規律正しくできるように」(19)との友の会会員の意図にあった。

集団内での秩序が形成され、参加者はそれに見合った振る舞いを身に付けていくという兆候は第六次発掘の段階でも確認されたが、各友の会での体制が整備される中で、第八次発掘段階では、参加者個々人に対してより徹底されるようになる。このような集団内部の規律の徹底化は、参加者各人が与えられた役割以上の成果を生み出すことにつながっていく。

例えば、七尾野尻湖友の会では、地元での発掘調査時に子供たちが果物カゴの廃物を篩《ふるい》として用いて、砂の中から魚類の歯の化石を発見することに成功した。ここでは、新たに篩を用いること、そして篩を使う者と篩の下に落ちる砂を凝視する者との役割分化が、子供のアイディアから生まれている。役割を与えられた参加者が化石の検出方法を新たに生み出すことで、それまでに確認されなかった資料の発見につながるとともに、第八次発掘ではこの経験から「魚の化石を発見しよう」という合い言葉が生まれたように、調査参加への目的が明確化するという効果をもたらしている。

調査に当たっての準備は、専門別グループにおいても同様に行なわれている。すでに述べてきたように、第八次発掘終了直後の一九八二年の哺乳類グループは、化石のクリーニングなどの資料の整理作業を通じて、メンバー間での〈知〉の形成と〈知〉の共有化を図っている。発掘調査と発掘調査の合間で実施される、専門別グループの資料整理の作業もまた、研究活動の一環であると同時に、メンバーに対する教育的効果や次の発掘調査の方向性を設定するための準備としての意味を持つようになっていく。

### 3　第八次発掘における手法の変化と野尻湖友の会

各野尻湖友の会における調査・研究・展示という実践を伴う、第八次発掘の準備は、野尻湖発掘における手法面での周知においても重要な意味を持っていた。例えば、第六次発掘の終わりの段階から、発掘時に滲み出す水を排水するための「排水溝」を一メートル幅で掘り、同時にその壁面で地層が観察できる「試掘溝」として、調査参加者が層位を確認できるようにした。地層を確認することで、調査参加者は、自分の掘っている地層の名称や時代を認識できるようになった。この地層ごとに掘り進める手法は、第八次発掘までにほぼ定着したという。それぞれの地層から得られた化石や遺物、分析用資料は、層位に基づいて配列される。このことで、層位が「時計の役割」を果たし、遺物の時代的変化や花粉から得られた気候の変化をより理解することが可能となった。

こうした層位を意識した調査を可能にしたのは、第七次発掘に比較して、野尻湖発掘参加者の間に「層位掘り」と「ラミナ掘り」が定着したことがある。第八次発掘では、「参加者が主体的に地層を確認し、必要に応じて層位掘りとラミナ掘りを使いわけられる」ようになっていた。

この背景には、柏崎野尻湖友の会が行なった「模擬発掘」のように、友の会による事前の準備により、参加者が野尻湖発掘独自の掘り方を身につけていったことがあった[20]。この「模擬発掘」は、学校のグラウンドに、一二月末以降、降雪のたびに「焼いたモミがら、木の皮、ミカンの皮」をまき、「人の足あと」をつけて準備した。二月には約七〇名の小中学生が参加し、実際に四メートル四方のグリッドに分かれて〝遺物〟を掘り出した。実際の地層と比較して、雪でできた地層は単純なため、層序を意識した発掘調査方法を子供たちが理解する上で役立つことになった。そのため、「はじめはラミナ掘りがピンとこなかった子供たちも、一枚ずつ雪のラミナをはがしていき焼いたモミがらの黒い面があらわれた時、ようやく地層がつながっているんだという実感が、わいた」という[21]。

以上のように、友の会ごとのレクリエーションを兼ねた独自のイベントは、第六次発掘以降に変更されてきた手法の周知化に寄与してきた。結果的に、そのことが骨器や大型哺乳類化石だけでなく、生痕化石や昆虫化石といったラミナ掘りでなければ検出し得なかった資料を増大させることになった。

## 4　第三回陸上発掘、第九次発掘、第四回陸上発掘における参加者の変化

第八次発掘の翌年の一九八二年には、第三回陸上発掘が実施された。仲町丘陵で実施されたこの発掘には三四四名が参加し、二二一四点の資料を発掘している。発見された主な遺構は、後期旧石器時代から縄文時代早期にかけての土壙である。またこれらの遺構やそこで出土した遺物と地層の相互関係から複数の生活面を確認している。

一九八四年には第九次発掘が実施された。二三七七名が参加したこの発掘では、八四二九点の資料が発掘されている。調査目標は、『そくほう』の表題が「第九次野尻湖発掘を成功させよう―人類史解明にふみ出す野尻湖発掘―」[22]とされるように、陸上発掘を含めた旧石器文化に関連する調査成果の総括が重視されるようになる。それは、哺乳類化石や地層といった野尻湖発掘における研究の進展による古環境の復元との相乗効果として生み出されてきた成果でもあった。

調査成果の具体的な内容は、ナウマンゾウやオオツノシカの骨製剥片、加工痕や線状痕の残された骨で、人類の活動の痕跡を示す資料が確認されている。その上で、人類が動物を解体した「キルサイト」の状況を示す資料として、足跡や糞の化石が発見された。更に、大型獣の糞を食べる昆虫オオセンチコガネが発見された。これらの資料により、シカの食性や周辺の植生を復元できる可能性が出てきた。同時にこのことは、ナウマンゾウや人類の足跡といった痕跡の発見に結びつく可能性が期待された。

この成果を生み出したのは、赤羽貞幸が指摘するように、野尻湖発掘参加者に層位学的な知識が浸透し、ラミナ掘りや層位掘りの使用が可能になったこと、生痕グループや昆虫グループがシカ類の糞や足跡を同定できるまでの力量を備えてきたといった背景があった。さらに、こうした専門グループの調査・研究内容の向上は、『地団研専報』に報文や論文をまとめる過程で生じたものだった(23)。

この第九次発掘の調査体制については、すでに第六次発掘の体制との比較 Figure 29(本書二四〇頁)の中で示したとおり、二二の運営面を担当する係と一六の調査面を担当する班が設けられた。さらに発掘班の中で、班長のほか、見学者係や保安係、排水係、記載係などの役割が細分化されている。第八次発掘から友の会の組織が整備されるが、同時に野尻湖発掘本体もまた役割の細分化とそれを参加者個人が担う体制が整えられた。中でも調査面での役割が細分化されたことは、専門別グループの体制が整えられ、それぞれの目的に応じた調査や試資料の取扱いに応じた体制が必要であったことを物語っている。第六次発掘の調査体制が特定の作業や調査地点に特化した班編成であったのに比較すると、第九次発掘の調査体制がより目的別に編成されていることがわかる。言い換えれば、第六次発掘が数多くの参加者への対応に迫られる中での組織編成であったのに対して、第九次発掘は、調査目的の明確化と調査手法の精緻化に対応した組織となっている。

第九次発掘の翌年の一九八五年五月には、専門別グループの一つである、野尻湖地質グループの集会が開催された。「発掘を支える若手の実力養成講座」として行なわれたこの集会では、これまでの野尻湖発掘や地質調査で得られた成果や火山灰層の見方、記載の方法などの学習会が開かれた。班を組織し、野尻ローム層の模式露頭の見学後、実際に地層の観察力をつけるために、参加者各人が柱状図を作成する練習を行なった(24)。

専門別グループ独自の活動は、同年八月の第四回陸上発掘へと引き継がれた。第四回陸上発掘は、立が鼻遺跡周辺地域において、人類がゾウ狩りをしていたと推測される層準を調査し、生活面やキャンプサイトの発見を目標とした。この調査では仲町丘陵や向新田、貫ノ木といった野尻湖周辺に分布する旧石器遺跡を発掘するとともに、水生層の発達する池尻川低地の地質調査を実施して、古環境の復元が試みられた。また、広域調査班が設けられ、野尻湖から黒姫山東麓の地形や地質、遺跡の分布が調査された。

これらの調査の結果、生活面の層序が確定され、水成層から陸成層への連続性を示す地質断面が確認され、湖水準の変化が明らかとなった。考古学分野では二二三六点に及ぶ遺物が検出されているが、その中には細石器が含まれ、シベリアや東アジアと野尻湖との文化的なつながりを捉える上で重要な資料を得ている。池尻川低地では、昆虫化石や植物化石が発見され、古環境や古気候の復元に寄与する資料を得ている。

第四回陸上発掘は、同年に開館した野尻湖博物館の影響を受けて、発掘の見学者が増大した(25)。発掘期間中には、博物館と野尻湖発掘調査団の共催による発掘学校が開講され、二〇八名が参加するなど、野尻湖発掘と博物館活動の連携が、次代の野尻湖発掘の担い手を育成する環境を形成しはじめた。

一方で、参加者の構成には偏りが見られるようになる。第四回陸上発掘では、安全面への配慮から参加者を高校生以上としたことから、野村哲が指摘するように、全参加者のうち高校生・大学生の占める割合は、五九%で最も高く、実質的にこの調査を支えたのは生徒や学生であった。この頃になると、陸上発掘の主力メンバーが、湖底発掘の中心メンバーである「骨組」となるというサイクルが出来上がりつつあった。一方で、職業的研究者である大学教員の参加比率は、わずかに三・六%に過ぎなかった(26)。

第一次から第四次発掘までの参加者は、職業的研究者や在野系研究者を中心としながら、そこに初等・中等教育教員、児童や生徒、学生が参加するといった、どちらかと言えば、本業として研究や教育に直接かかわる成人が児童・生徒・学生を引率して調査に望むという形態がとられてきた。だが、一九八〇年代に入る頃には、職業的研究者の野尻湖発掘参加者全体に占める割合は相対的に減少する。この背景の一つには、第九次発掘の段階で、「野尻湖発掘への地団研会員の参加はまだまだ少ない」といった指摘が地団研内部からなされるように、初期の野尻湖発掘を牽引してきた地団研主要メンバーで職業的研究者といった人物が世代交代によって参加しなくなってきたこと、また、地団研会員か、否かに関わらず、研究テーマが変化し、野尻湖発掘に参加する目的が失われるといったケースが存在する(27)。特に前者は、野尻湖発掘の世代交代と構成メンバーの属性の偏りに相関関係が存在する可能性を示唆している。そしてこのことは、地団研と野尻湖発掘との心理的な距離感に変化が現れはじめたことを意味していた。

## 第4節　地団研と野尻湖発掘

野尻湖発掘は、地団研創設メンバーを中心に立ち上げられてきた。こうしたメンバーの懐いてきた科学運動としての野尻湖発掘は、第六次発掘以降に多様な階層が参加することで、地団研創設メンバーから「大衆発掘」と称されるようになる。中央集権的な調査・研究を乗り越え、地方の人々が自立した研究活動が可能となるような環境を目指した「僻地方針」と比較すると、「大衆発掘」は政治性が希釈されていた。

では、「大衆発掘」以後の野尻湖発掘は、野尻湖発掘参加者自身にどのように表現されていったのであろうか。井尻正二は、第八次発掘直後のインタビューで次のように述べている。

Q：「まず掘ってみよう」という井尻さんの一言で始められた発掘が、もう二十年を越えるわけですが、そういった歴史をふまえて今回の発掘をごらんになって、どう感じられますか。

A：別に…ふつうに思うよ。毎回発掘しているし。

Q：一次発掘から見てこられて、参加者などに変化はみられるでしょうか。

A：あまり変わっていないね。楽しくやれればいいんですよ。私はもう七〇才だよ。難しいことばかり言っていると息が切れてしまうよ。

日本人っていうのは生活の中に科学がない。外国では科学が生活の一部になっているね。ここ（野尻湖）は、（科学運動の）底辺を広げるためにやっているのだから、楽しくやるということに主眼をおいてやればいいんじゃない。

Q：今回の発掘については、ふん化石が六次の「ビーナス？」に相当する発見と言われているわけですが、それに関しては。

A：ふんからは、食物や消化液までわかります。何より、動物と植物、環境との横のつながりができたことに意味があるね。(28)

この一九八〇年代の井尻の発言には、科学運動的な側面は前景化せず、むしろ楽しさが強調される。そこには「難しいことばかり言っていると息が切れてしまう」というような井尻自身の心境の変化と重なり合う、野尻湖発掘の変化があった。たしかに井尻が指摘するように、科学的な興味を持って参加する小中学生が現在の野尻湖発掘でも見られるように、参加者そのものに大きな変化はない。むしろ、変化したのは「大衆」が直接発掘調査に参加する現象を評価する側の心性である。

三六〇〇人以上が参加した第六次発掘が実施された時期に「大衆発掘」論が展開されるが、一九八〇年代に入ると、その「大衆発掘」論に変化が起きる。そこには、野尻湖発掘における運動論的背景の退潮があった。この時の井尻の捉え方には、野尻湖発掘初期に顕著であった運動論的な背景の変化が関係していたと推察される。野尻湖発掘という学術コミュニティ自体が、何かを乗り越えるための運動体ではなく、多様な参加者による調査・研究や学びの組織へと性格を変えてきたことで、立ち上げ当初の理念を持ってきた人々と実際の野尻湖発掘の内容に乖離がみられるようになる。

そして、この野尻湖発掘の変化は、地団研と野尻湖発掘の関係にも影響を与えた。例えば、地団研メンバーであり、野尻湖発掘の初期から継続的に参加してきた小林忠夫は、地団研の講座において、野尻湖発掘と地団研の関係について触れている。

〝野尻湖発掘〟の生みの親はまちがいなく地団研である。私も地団研の〝へき地方針〟を学んでいたからこそ、〝野尻湖発掘〟に参加することができたのだと思っている。親と子の関係は子供が大きくなるほどめんどうになるという人もある。地団研と〝野尻湖発掘〟の親子関係はどうなのだろうか。(29)

小林が指摘するように、野尻湖発掘成立の背景には、理念面において「へき地方針」に共鳴した地団研メンバーが、大きな役割を果たしてきた。しかし、小林が「親＝地団研」、「子＝野尻湖」という比喩を用いて指摘するのは、野尻湖発掘の変化と比較した地団研の活動内容であった。具体的な記述はここには無いが、この両者の活動内容に一定の乖離がこの時期に目立ち始めていたことを示していた。

このことは、酒井潤一の指摘にもあらわれている。

野尻湖発掘は、地団研の科学運動のなかから生まれ、地団研に学びつつ二五年間あゆんできました。そして、いま、野尻湖発掘調査団は大学生を中心とした若い人たちによって支えられ、その中で若い人たちが続々と育っています。地団研と野尻湖発掘調査団は、目的も組織のあり方も違いますが、野尻湖発掘調査団の若い人たちが生き生きしているのはなぜかという点を、今度は、地団研がぜひ研究してみていただきたいと思います。(30)

一九八〇年代後半の小林と酒井による共通した指摘は、地団研の現状に関するものであるが、同時に地団研とは対照的な変化を遂げてきた野尻湖発掘を言い当てたものでもある(31)。継続的な野尻湖発掘の中で生み出されてきた〝生活の中の科学〟は、それまでの市民参加型発掘がなし得て来なかった、理念中心の市民参加から市民が自ら学び、調査・研究するという形式を確立してきたことを意味していた。

もちろん現在の野尻湖発掘においても初期の理念が語られ、そこに継続性の根拠を求める人々は存在する。しかし、それは必ずしも野尻湖発掘参加者全体の行動指針などではなく、野尻湖発掘の中に存在する、多様な考え方の一部にすぎない。このような野尻湖発掘における多様な思考様式が併存する背景には、当初から野尻湖発掘が在野研究者を含めたローカルな〈知〉を受け入れてきたこと、第五次発掘以降における友の会や専門グループといった組織体制の整備、調査手法の転換、新たな学問領域の開拓、役割分担に基づいた段階的な教育プログラムの確立の中で、市民参加型発掘を支えてきた政治性が希釈されていったことがある。

## 第5節　地域イメージの変化

三六〇〇人以上の参加者があった、第六次発掘（一九七五）に代表されるように、全国から野尻湖発掘に関心が集まった時期を境に、遺跡地である信濃町の人々の意識や行動に変化が現れるようになる。一九七九年の野尻湖新聞の記事では、当時の黒姫駅長が次のように語っている。

この町は、観光都市であり、また野尻湖発掘のような学術都市でもある。我々は、地元と共に生きているのだから、こういった観光客や学術調査の人々の足となるべく日夜努力している。(32)

信濃町は、黒姫山や野尻湖といったレジャーや避暑地として観光開発されてきた町だった。そこに、一九六二年から湖底発掘が開始され、氷河時代の日本列島に人々の関心が集まる中で、誰もが自らの手で旧石器や古生物を掘り出すことのできる野尻湖発掘が注目されるようになる。信濃町の人々は直接発掘調査にはあまり参加しないものの、必然的に発掘調査の内容や博物館建設の行方に関心や期待を寄せていった。このことが野尻湖に対して、「観光都市」という地域イメージに、「学術都市」という新たな地域イメージを付け加えた。

人々の段階的な学びと〈知〉の創出だけでなく、アマチュア研究者の持つローカルな〈知〉を組込み、さらにはそれまで蓄積してきた〈知〉を野尻湖発掘は再編成する中で、遺跡地の地域イメージをも転換させた。それは、従来遺跡や発掘調査といったものに積極的な関わりを持たなかった人々の地域に対する認識を変えたことを意味した。こうした遺跡地の人々の意識の変化は、やがて具体的な行動として現れるようになる。例えば、野尻湖発掘期間中の除雪作業や炊き出しへの地元住民の協力、さらにはもう少し細かいところでは、駅と調査地とを結ぶ交通や宿泊施設の便宜など、発掘調査というイベントを地域全体で支えようとする文化的土壌が生まれたことに象徴される。つまり、直接的・間接的に遺跡地の人々は、野尻湖発掘という学術調査を支える存在になっていく。さらにこうした意識や行動の変化は、後述するように野尻湖博物館建設の実現とも大きく関連していた。

## 第6節　組織再編と新たな〈知〉の創造 ――第一一次発掘「足跡古環境班」

### 1　第一〇次発掘、第五次陸上発掘、第一一次発掘と足跡化石

第一〇次発掘は、一九八七年三月二五日から四月三日の一〇日間にわたって実施された。参加者は一九六九名で、七八〇〇点以上の化石や遺物が発掘された。この発掘では骨製クリーヴァー（ナタ状骨器）が検出され、動物解体の場

で骨器の作成や刃部の再生が行なわれた可能性を調査団は見出している。

また、第九次発掘の段階ですでに足跡らしい痕跡を発見していたが、第一〇次発掘では、通常のグリッド面積を広くとることで、その連続性や方向性を明らかにし、偶蹄類の足跡であることを確認している。この発掘では野尻湖生痕グループを中心とする特別班を編成し、班によって調査や検証が進められた。また、調査手法の面では、層位学的な視点の重視に、必要に応じて平面的な広がりを確認する手法が新たに加えられたことで、足跡の確認についての新たな可能性を見出し始めていた。「発掘にむけての趣向を凝らした学習会と、若い人たちによる友の会事務局の運営という活動が、発掘をささえる大きな力」と参加者のひとりが指摘するように、こうした足跡化石研究の可能性を切り拓いた条件として、野尻湖友の会による独自の準備が功を奏したという(33)。

一九八八年には第五回陸上発掘が実施された。七月三一日から八月九日までの一〇日間にわたるこの発掘では、三五〇人が四カ所に分かれて調査にあたった。この発掘でも高校生・大学生は、参加者全体の五九%を占め、陸上発掘の中心的な役割を果している。調査前の目標は、①上部野尻ローム層・上部野尻湖層の層序の確立、鍵層の確認、②柏原黒色火山灰層・上部野尻ローム層中の文化層の確立、③中部・下部野尻ローム層から遺物の発見、④分析用試料の採取であった。このうち③を除いて目標は達せられた(34)。

第五回陸上発掘に続いて行なわれたのが、一九九〇年の第一一次発掘であった。発掘は三月二六日から四月二日まで実施され、二八の野尻湖友の会会員と信濃町の小・中学生で構成する一六七二名の参加者で実施された。湖岸沿いを中心に発掘地点が設定され、それまであまり調査されていなかった地層に着手し、結果的に五五七〇点の化石や遺物を発見している(35)。

第一一次発掘で最も大きな成果は、第一〇次発掘においてオオツノシカの足跡化石と結論付けられたものの周辺で確認された、直径四〇センチメートル前後の凹みについて調査が進展したことである。この凹みは、過去にナウマンゾウの足跡の可能性が調査団内で指摘されていたが、検証されるに至らなかった。この凹みの正体を明らかにするために、この第一一次発掘では、新たな専門班として足跡古環境班が発足している。足跡古環境班は、地質、哺乳類、生痕、植物などの各専門別グループのメンバーと、堆積学や土質力学等を専門分野とする発掘調査団員で構成されている。

## 2 足跡古環境班の分析

このことを論文執筆者および調査参加者の分析から確認しておきたい。足跡古環境班が発表した「上部更新統の野尻湖層で発見されたナウマンゾウの足跡化石」によれば、この調査・研究に関わった人物として四八人の氏名が明記されている(36)。その内訳は、論文執筆者(二五人)、調査参加者(二二人)、その他(一人)である。このメンバーの執筆論文をCiNiiで検索した結果、メンバーの専門領域の内訳がさらに明らかとなった(Figure34・Figure35)。なお、あくまで、発表された論文内容に基づく専門領域であるため、不明として筆者が処理した人物の中にも、実際には学術的な専門性を持ってこの調査に臨んだ人物が含まれている可能性がある。また、地質学の中の専門領域が判別しがたい場合は、地質学専攻として一括して表記している。

足跡古環境班の専門分野内訳のグラフFigure34から明らかなように、足跡古環境班メンバーの専門領域が多岐にわたっているだけでなく、専門分野ごとの人数が比較的均等に配置されている。さらに、古生物学を専門とする者のうち、詳細な内訳については、足跡古環境班の古生物学詳細内訳のグラフFigure35で表現できる。足跡そのものを研究対象として扱う生痕化石の研究者だけでなく、珪藻化石や昆虫化石といった、関連する周辺領域の研究者がここに含まれている。

このようにして結成された足跡古環境班では、大阪市自然史博物館の那須孝悌を中心に、一〇日間という限られた調査期間の中で、この凹みの成因を解明するために、事前学習会や集会を通じて目標を明確化することに努めた。

足跡古環境班は、調査に入る前にこれまでの発掘資料から問題点を検討している。凹みがナウマンゾウの足跡化石

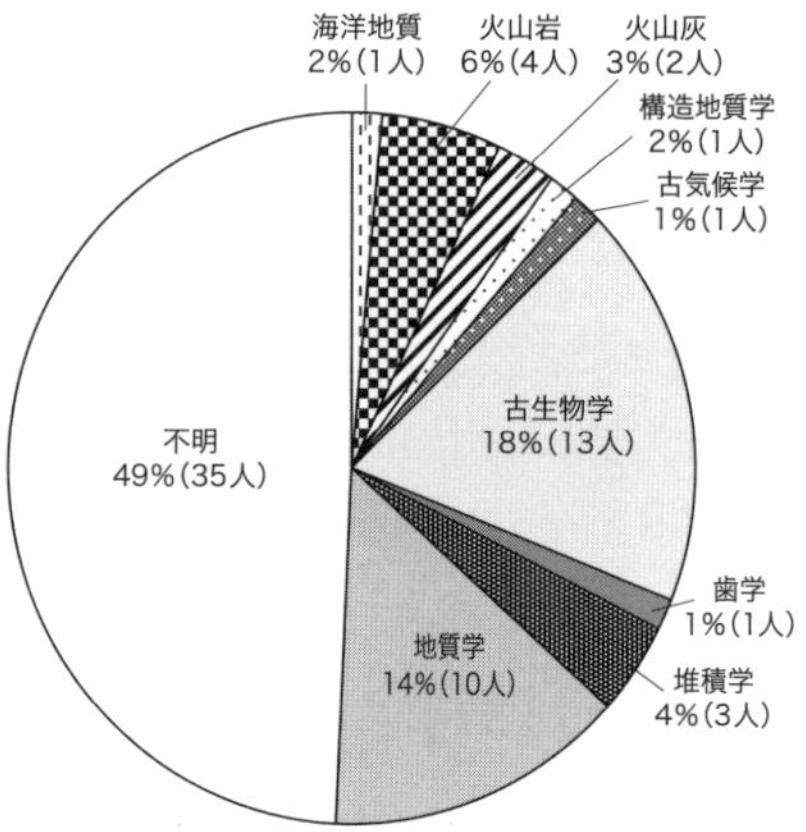


Figure 34　足跡古環境班の専門分野内訳

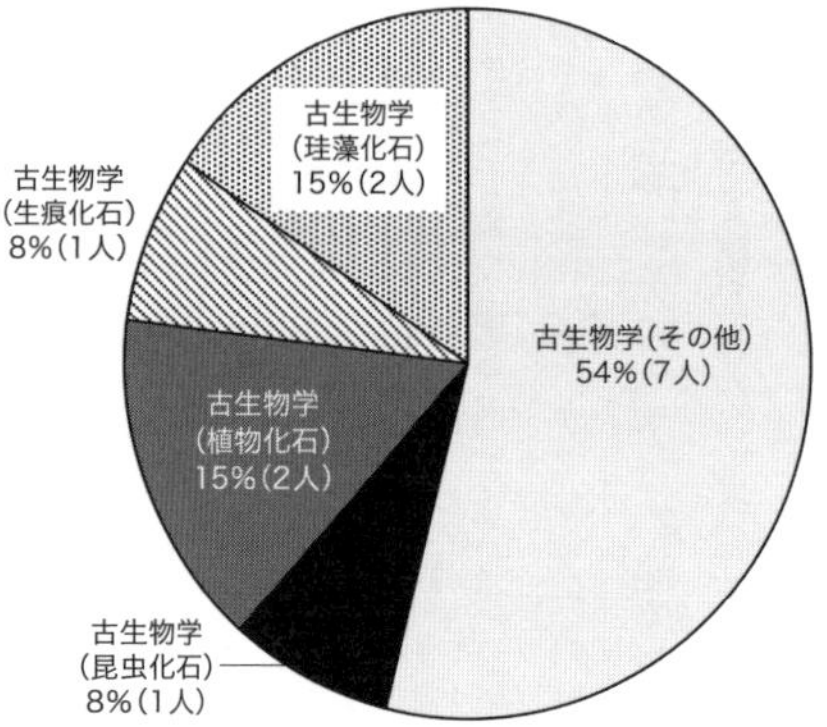


Figure 35　足跡古環境班の古生物学詳細内訳

であることを判定するためには、長鼻類の生物学的側面（形態・運動・行動）と、足跡化石を含む地層の地質学的側面（層序・堆積・構造・堆積物の物性）の両面から検討する必要があった。そのため、次のような確認項目を設定した(37)。

(1)個々の凹み（足印）の形態はどのようなものか。①平面形の形状と規模　②蹄・指の跡

(2)前足の足印と後足の足印が共存するか。共存するならば、どのような位置関係にあるのか。

(3)凹みの底面と側壁の形態は、足の形態および運動に対応しているか。

(4)凹みの直下および周囲で、地層の葉理はどのように変形しているか。凹みの周辺で層理面はどのように変形しているか。

(5)左右の足の並び（行跡）は確認できるか。歩幅はどのくらいか。

(6)凹みを充填する堆積物はどのようなものか。

この中で、例えば(2)については、現生のゾウは、かならず前足で踏み込んだ箇所を踏み込み歩行する性質を持ってい

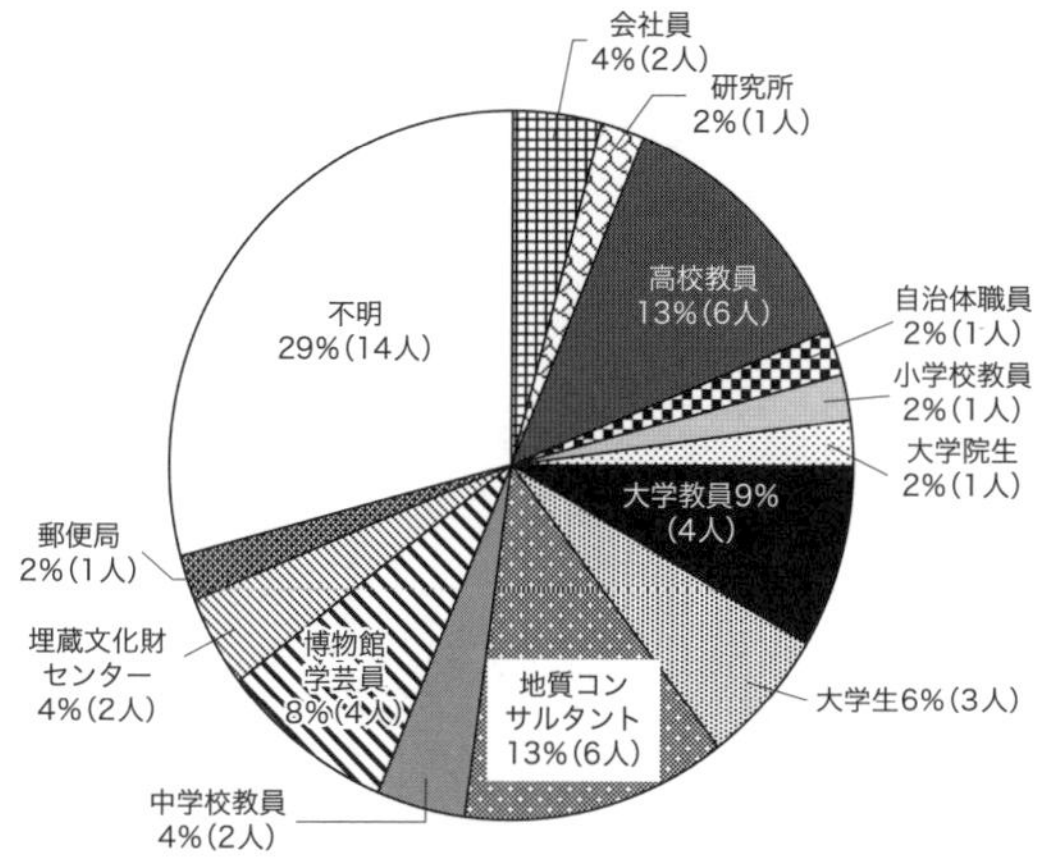


Figure 36　足跡古環境班の所属内訳

る。この観点からナウマンゾウも現生のゾウと同じ歩行スタイルを持っていたと仮定し、これを足跡の判定基準の一つにしている。また、(4)については、ゾウの歩行によって形成された凹みとそれ以外の要因で形成された凹みとを判別する上で基準となるものである。

　これらの判定基準をもとに、発見された凹みは、ナウマンゾウの足跡化石であるとの結論に至っている。さらに、ナウマンゾウの前足には五、後足には四～五の蹄があることが明らかとなった。また、胴長の推定や歩行速度を算出し、ナウマンゾウの生態の解明に努めている。なお、那須の提案により、この班に芸術家が参加し、足跡化石のデッサンに取り組んでおり、科学と芸術の統一もまたこの調査のテーマの一つとなっている。

　足跡古環境班の調査・研究の成果は、学術論文として公開されるだけでなく、例えば朝日新聞の『天声人語』に第一二次発掘の内容とともに、足跡古環境班の活動が紹介されることで、研究者コミュニティ外部における社会的な認知を得ることになった[38]。

　検証の詳細については足跡古環境班による論文に譲るとして、ここで注目したいのは、個々の専門別グループが、調査段階から資料の検証に至るまでの全プロセスにおいて共同的な関係を構築していった、多様な背景を持つ専門性の統合過程である。

　それまでの足跡化石研究は、偶然発見された資料を観察・記録した報文が発表されているのみであった[39]。こうした状況に変化が現れるのは、一九八〇年代後半である。この時期に足跡化石の堆積環境などが研究者に注目され、多面的な調査・研究が意識的に行なわれる。例えば、滋賀県野洲川河床における古琵琶湖層群で発見された足跡化石調査では、アカシゾウと推定される足跡化石等について、その堆積環境や地層からの花粉化石分析が行なわれた。また、大阪府石川河床の足跡化石調査でも、その形成層準や花粉化石、珪藻化石の分析が試みられている(40)。こうした足跡化石を単体で調査・分析するだけでなく、関連する周辺領域の研究と同時並行させる多面的研究の流れは、野尻湖発掘における足跡化石調査・研究へと引き継がれ、異なる専門分野による調査・研究において、共通の〝フィールド〟ではなく、共通の〝資料〟を対象とするスタイルの必要性が生じることになっていく。これが、足跡古環境班の設立背景であった。

多様な専門性を足跡化石の検証という場面で統合しようとする野尻湖発掘の試みは、個々の専門性の背景にも特徴を持っている。そこで、一九九二年当時の参加者の所属という別の視点から分析を試みたい(Figure36)。

野尻湖発掘の初期段階から教員が中心的な役割を果たしてきたように、足跡古環境班のメンバーにも教員が含まれているが、初期の野尻湖発掘と異なるのは、地質コンサルタントや一般企業の会社員、博物館学芸員、郵便局員といった、学校教育やアカデミズムとは異なる所属にある人々が多く含まれていることである。足跡古環境班に持ち寄られた専門性は、必ずしも職業的な専門性と一致するのではなく、野尻湖発掘参加者という立場の中での専門性を意味している。このような多様な研究領域や所属の人々による組織の編成は、「意見の不一致はもとより対立も当然ありました」というように、メンバーが事前の学習会を経験し、基本的な調査の方向性が認識されてはいても、必ずしも円滑に進められたわけではない。異なる立場や意見は、調査・研究が進展し、現場で当初の仮説が確認されることで、次第に統一されていった。そこには「現場で解決させる」という那須の方針が基本にあった(41)。この現場に基づく〈知〉の形成過程は、多様な背景を持つ研究者集団を統合する上で有効に働くことになる。

昆虫化石の事例の場合、アマチュア昆虫研究者という外部からの視点を導入することで、昆虫化石の発見を促した。

対照的に足跡化石の場合、対象の発見そのものよりは、野尻湖発掘における既存の多様な〈知〉を統合させることで、対象の意味づけに重点が置かれている。つまり、第一一次発掘の段階に入ると、資料の「発見」から「意味づけ」へ、また、単独の〈知〉の形成から複数の〈知〉の統合へとシフトしていく。

もう一つ忘れてならないのが、昆虫化石研究と足跡化石の両事例に共通するのは、職業的研究者によるアカデミックな〈知〉とともに、非職業的な研究者としての市民的〈知〉を基本としていることである。市民的な〈知〉が昆虫化石の発見と古昆虫学の開拓に寄与したように、アカデミックな〈知〉と多様な研究的・職業的背景を持った市民の〈知〉が統合されることで、足跡化石の調査・研究が進展していった。つまり、市民的な〈知〉は、野尻湖発掘に取り込まれるだけでなく、それが新たな調査対象を前にした時、他の領域と共同的な関係を構築する要素の一つとして機能していた。

## 3　第一一次発掘参加者の実像

足跡古環境班による新たな〈知〉の形成の一方で、それ以外の一一次発掘参加者の実像はどのようなものであったのか。この発掘に参加した高校生の感想として、「ともだちにさそわれて参加しました。みんなで発掘するだけでも楽しいし、まして化石が出てきたらうれしくなっちゃう」との記述が残されているように、新規参加者の受け入れは継続されていた。高校生や大学生が友人や指導教員に誘われてこの発掘から初めて参加し、その動機は「なんとなくおもしろそうだから」というものであるが、次第に発掘調査が進むにつれて、「発掘をささえる中心になって活躍するように」なっていく(42)。こうした言説から復元できるのは、新たな参加者の一部が、周辺的な発掘調査への参加から、段階的により高度な専門性が要求される調査・研究活動へと移っていくというプロセスである。参加動機の中心は、発掘調査に携わる楽しさであり、その過程で参加者は発掘調査の作法や研究の在り方を身に付けていく。

第一一次発掘の状況から確認できることは、足跡古環境班のような複数の〈知〉が統合され、新たな〈知〉が形成されつつある一方で、新規に野尻湖発掘に参加する人々のコミュニティを介した学習の場として成立しているという二面性である。学術的な試みが野尻湖発掘の中で実践されると同時に、次の発掘調査の担い手が再生産されている。

野尻湖発掘の場合、何が目指すべき中心であるかは、明確になっているとは言い難い。コミュニティにおける活動の中心をそれぞれの専門別グループで展開される〈知〉の形成であるとするならば、複数の中心が存在することになる。また、足跡古環境班の事例のように、ラミナ掘りのような調査手法の転換による足跡化石の発見など、それまでの調査・研究手法の試行錯誤を背景としながら、複数の〈知〉が再編・統合されることで新たな調査・研究の方向性が生み出されているように、〈知〉の形成レベルによっても何が中心であるかは一定ではない。つまり、〈知〉の形成レベルでも、また時間軸に沿った変化の中でも、野尻湖発掘における中心的な活動は、重層的で常に揺れ動いている。考えてみれば、常に次の段階へと変化し続けていなければ、調査・研究活動とは言えず、当然の状態であると言える。

新たな参加者が、調査・研究活動に直接かかわる中で段階的に必要な知識や技術を習得するというプロセスは、これまでの野尻湖発掘の中で連綿と継続されてきた人材育成システムの形態であるが、一方でそれが機能するのは、参加初期の段階に限定されたものでしかない。一定の知識や技術を身に付けて初期段階を脱し、調査・研究活動の中心的な担い手になればなるほど、調査・研究の進展の中で常に新たな研究の中心を追い求め、変化させ続けることになる。この段階に入ると、固定化された知識や技術で対応できる状況ではなくなり、定型化された徒弟制度的なシステムは通用しなくなっていく。誰かに教えを乞うのではなく、自ら学び、調査・研究に対して提案することが参加者に求められるのがこの段階であると言えよう。

共同的な学びの一つの到達点は、文化的な活動に関わる人々が一定のトレーニングを経る中で、能動的・主体的に対象と向き合う段階が生まれることである。組織形態や方法を状況や対象に合わせて柔軟に変化させながら、相互の学びとより高度な〈知〉を生み出す環境が整備されていく。そこでの参加者は個人的に教養を滋養しようとするだけでなく、自らが主体的な〈知〉の創出者であり、学びのためのリーダーとなっている。そしてこの学び合うコミュニティは、そこに参加する人々の生き甲斐の獲得や知的好奇心の充足だけでなく、遺跡が立地する地域のあり方さえも変えていくことになる。しかし、一方で野尻湖発掘の調査・研究内容が高度化・複雑化することで、誰もが参加可能な野尻湖発掘の特質は、徐々に変化を遂げていく。自由な参加と調査・研究内容の高度化という二つの側面を両立させることの難しさが次第に浮き彫りになっていくのである。

**注**

(1) 野尻湖発掘調査団「第七次野尻湖発掘」『地球科學』三二巻五号、一九七八年
(2) 郷原保真「科学運動としての大衆発掘」『日本の科学者』一四巻一〇号(一九七九年一〇月号)、一一―一八頁
(3) 大森昌衛「第七次発掘をふりかえりみて―第八次発掘の準備に着手しよう―」『野尻湖新聞』四九号、一九七八年七月七日
(4) 郷原保真、前掲誌(2)、一一―一八頁
(5) 宮野美登利「八次発掘を目指してこれからも勉強したい」『そくほう』三〇四号(一九七八年五月号)
(6) 同上
(7) 同上
(8) 千地万造「日浦勇氏の死を悼む」『そくほう』三六五号、一九八四年一月号、四頁。地学団体研究会「徳島に〝昆虫団体研究会〟が生まれた」『そくほう』七三号(一九五六年三月号)、一〇頁
(9) 瀧端真理子「大阪市立自然史博物館における市民参加の歴史的検討(1)―大阪市立自然科学博物館時代―」『博物館学雑誌』第二七巻第二巻(通号三六号)、二〇〇二年、一―一七頁
(10) 那須孝悌「日本における第四紀古昆虫学の現状と課題」『自然史研究』二巻一号、一九八五年、一―六頁
(11) 初宿成彦「甲虫の破片から過去をさぐる―日本における第四紀昆虫学の二〇年―」『昆虫と自然』三五巻一〇号(通号四五九号)、二〇〇〇年、三九―四二頁
(12) 初宿成彦、同誌、ほかより作成
(13) 野尻湖昆虫グループ「第九次野尻湖発掘および第四回陸上発掘で産出した昆虫化石」『野尻湖の発掘』四(地団研専報三二号)、一九八七年、一一七―一三六頁

(14) 二〇一四年一一月五日現在において、「昆虫化石」、「古昆虫学」、「昆虫遺体」のキーワードによりCiNii（NII学術情報ナビゲータ）で検索した論文をカウントした。
(15) 例えば、森勇一「昆虫化石による先史――歴史時代における古環境の変遷の復元」『第四紀通信』二巻五号、一九九五年、三頁など。
(16) 初宿成彦、前掲誌（11）、三九―四二頁
(17) 野尻湖発掘調査団「第九次発掘をめざして」『地学教育と科学運動』一一号、一九八二年、二三頁、地学団体研究会
(18) 野尻湖発掘調査団「第八次発掘をおえて」『地学教育と科学運動』一一号、一九八二年、六頁、地学団体研究会
(19) 野尻湖発掘調査団「第八次発掘をささえた友の会の活動」『地学教育と科学運動』一一号、一九八二年、一三頁、地学団体研究会
(20) 野尻湖発掘調査団『野尻湖ニュース』三五号、一九八一年三月七日
(21) 野尻湖発掘調査団、前掲誌（18）、七頁
(22) 野尻湖発掘調査団「第九次野尻湖発掘を成功させよう―人類史解明にふみ出す野尻湖発掘―」『そくほう』三六六号（一九八四年二月号）、一頁
(23) 赤羽貞幸「科学運動の輪をひろげよう　第九次野尻湖発掘成功する」『そくほう』三六九号（一九八四年五月号）、一頁
(24) 田辺智隆「野尻湖地質グループ〝春の陣〟開かれる」『そくほう』三八三号（一九八五年八・九月号）、一〇頁
(25) 大金斉「暑さにも負けず大きな成果―第四回野尻湖陸上発掘おこなわれる―」『そくほう』三八五号（一九八五年一一月号）、六頁
(26) 野村哲「団長交代と第四回陸上発掘」『そくほう』三八四号（一九八五年一〇月号）、八頁
(27) 野尻湖発掘調査団、前掲誌（22）、一頁
(28) 野尻湖発掘調査団「井尻正二さん直撃インタビュー」『野尻湖新聞』通号七四号、一九八一年四月一日
(29) 小林忠夫「野尻湖発掘と科学運動」『そくほう』三八九号（一九八六年三月号）、一五頁
(30) 酒井潤一「野尻湖発掘25周年祝賀会開催される」『そくほう』三九九号（一九八七年二月号）、四頁
(31) この時期の地団研は、急激な入会員数の減少に直面していた。「学生の入会員数は、一九八一年度には約二〇〇名、八五年度には一〇九名、八七年度には八〇名であり、激減の傾向にある。これにくらべ退会・除籍者の数は、八一年度から六〇名前後とほぼ横ばいの状態にある。入会数から退会・除籍者数を引いた数でみると、八一年度の一四〇名が八七年度には二〇名と八六％の減少率を示している」。地学団体研究会「多くの学生会員を迎え、育てよう」『そくほう』四一三号（一九八八年五月号）
(32) 野尻湖発掘調査団『野尻湖新聞』、一九七九年
(33) 宮東靖浩「大きな成果と今後の展望が生れる―第一〇次野尻湖発掘の報告―」『そくほう』四〇五号（一九八七年八月号）、四頁。野

尻湖生痕グループ「第一〇次発掘で産出した野尻湖層の生痕化石―とくに偶蹄類の足あと化石について―」『地団研専報』三七号、一九九〇年、一三七―一四四頁
(34) 野村哲「第五回野尻湖陸上発掘をおえて」『そくほう』四一七号(一九八八年一〇月号)、六頁
(35) 野尻湖発掘調査団「第一一次野尻湖発掘の概要と成果」『野尻湖博物館研究報告』第一号、一九九三年、一―六頁
(36) 野尻湖発掘調査団足跡古環境班「上部更新統の野尻湖層で発見されたナウマンゾウの足跡化石」『地球科學』四六巻六号、一九九二年、三八五―四〇四頁
(37) 同上
(38) 地学団体研究会「放題」『そくほう』四六八号(一九九三年五月号)、八頁
(39) 例えば、徳永重康、直良信夫「兵庫縣明石市外にて發見の獸類足跡化石」『地質學雜誌』四一巻四九一号、一九三四年、五一五―五一九頁
(40) 亀井節夫、石垣忍、田村幹夫「古琵琶湖層群の足跡化石」『科学』五九巻五号、一九八九年、三三〇―三三三頁。樽野博幸、富田林市石川化石発掘調査団「足跡化石の形成層準と形態との関係:富田林市石川河床での例を中心に」『日本地質学会学術大会講演要旨』九九号、一九九二年、二一八頁
(41) 近藤洋一「那須孝悌さんと野尻湖発掘―足跡古環境班の活動から学ぶ―」『自然史研究』三巻五号、七一頁、二〇〇六年、大阪市立自然史博物館
(42) 野尻湖発掘調査団「団体研究と野尻湖発掘―第一一次野尻湖発掘の経験に学ぶ―」『そくほう』四三七号(一九九〇年七月号)、一頁

# 第7章　市民参加型発掘調査のジレンマ

一九九〇年代以降、野尻湖発掘はそれまでとは異なる性質の問題に直面することになる。それまで無縁に近かった開発事業との調整、さらなる調査手法の精緻化と参加者の減少といった諸課題に対して、野尻湖発掘はどのように対処していったのだろうか。近年の野尻湖発掘が置かれている状況を確認した上で、本章では俯瞰的に野尻湖発掘における学びと探究の今日的な在り方を検証する。

## 第1節　開発行為と野尻湖発掘　――第六・七回陸上発掘

一九九一年七月二三日から八月一一日にかけて、第六回陸上発掘が野尻湖畔の仲町丘陵で実施された。この調査ではこれまでの一〇日間の日程を二〇日間に延ばし、教員や会社員が参加しやすい体制をとると共に、より深い地層までの掘り下げを意図した。この調査の目的は、仲町丘陵の低い台地（Ⅰ区）の野尻湖層における遺物や化石の検出、やや高い台地面（Ⅱ区）に分布する野尻ローム層における遺物・遺構の検出であった。結果的には、Ⅰ区では表土から三・二メートルの深さにある地層からナウマンゾウの臼歯と下顎骨が出土し、Ⅱ区においては前期旧石器時代から中世までの遺構・遺物を確認している。

野尻湖周辺の旧石器文化を明らかにする資料が陸上発掘でさらに蓄積する一方、同時期にⅠ区に国道バイパス建設が計画される。野尻湖発掘調査団は、この計画により、開発行為に伴う記録保存のための行政発掘との折り合いをつける局面に立たされることになる(1)。野尻湖発掘調査団は、遺跡の学術的調査の継続を希望する一方で、冬季の交通が困難となる新潟県と長野県の県境の状況からバイパス建設工事に期待する地元住民の意向に配慮するため、遺跡地の上に高架を設ける「バイパスの高架化案」を地元自治体である信濃町に提案した。

それに対して信濃町長は、当該地が遺跡としての指定を受けていないことから土地の買収の予定はなく、遺跡は記録保存を行ない、バイパスは予定通り完成させるとの意向を野尻湖発掘調査団側に伝えた。また、町長は記録保存のための行政発掘に際して、野尻湖発掘調査団の全面協力を期待していたが、野尻湖発掘調査団としてはこれに否定的な見解を示している。

遺跡地の現状保存を念頭とした野尻湖発掘調査団のバイパスの高架化案は、その高さから沿線の住民は自宅から直接国道へ乗り入れることができなくなり、また、遺跡指定を行なうことは地価の下落や土地利用の制限が加わって、結果的に住環境の悪化につながる可能性があった。酒井潤一は、「私たちには、「高架化」や「緊急発掘＝記録保存」か、はたまた、「ルート変更」かなど、決める権限はありません」とし、野尻湖発掘調査団としては、地元住民や行政の動きを静観する姿勢を取らざるを得ない状況にあった(2)。結果的にバイパス建設工事は予定通り着工し、バイパスとその隣接部についての発掘調査は、基本的に長野県が実施することとなった。

このような過程で一九九三年に第一二次発掘が実施され、その翌年の一九九四年に第七回陸上発掘が行なわれている。この第七回陸上発掘にあたって、野尻湖発掘調査団は、バイパス建設工事により発掘調査が不可能となる地点のうち、これまでも遺物の出土やナウマンゾウ臼歯化石が発見されてきた仲町丘陵の北東端を調査地に選定した(3)。一九九四年七月二二日から八月一〇日までの期間で二四三名が参加している。「道路建設が予定されているため、陸上発掘の開始された仲町丘陵を自主的に発掘できるのは最後になるということで、悔いの残らない発掘にしよう」という調査方針は、当時の開発行為と学術発掘の狭間にあった陸上発掘の状況を物語っていた(4)。

このバイパス建設工事による遺跡の記録保存問題は、学術発掘を標榜してきた野尻湖発掘もまた無縁ではいられないことを示していた。直接的な記録保存に伴う発掘調査の主体は長野県が受け持ったものの、このバイパス建設工事に合わせて、野尻湖発掘調査団により陸上発掘が計画されたことは、間接的に記録保存のための発掘調査体制に市民参加型発掘調査が組み込まれていくことを物語っている。

ところで同種の内容に関する指摘は、基礎自治体における文化財保護行政に携わってきた木村衡の経験にも認められる。ある時、木村が開発業者と遺跡の発掘費用の負担について協議を行なったところ、開発事業者は横浜市の上行寺東遺跡の事例を挙げて、次の要望を行政側に伝えている。

上行寺東遺跡では、遺跡の保存運動の過程で、学者やボランティアが「自主発掘」と称して遺跡の発掘調査を行なったと聞いている。開発業者は常に莫大な調査費用の負担と、長期にわたる遺跡調査期間により、多大な被害を受けているが、こうしたボランティアによる発掘ができるのであれば、そのような形で調整してほしい。また、調査については大量の人員を導入して短期に終えてほしい。(5)

このように、市民の自発的な意思で行なわれる発掘調査は、記録保存のための発掘調査に安価で豊富な労働力として組み込まれる危険性を孕んでいる。中野敏男や渋谷望といった、これまでの市民の自発性と権力をめぐる研究史を紐解くまでもなく、市民の自発性の下請け化は、発掘調査に参加する人々の意図とは関係なく進行し、結果的に開発主体の私益に供することになる(6)。野尻湖発掘におけるバイパス建設工事に伴う遺跡の破壊についても上記の事例と同様に、調査団はこれを回避しようと試みるが、結果的に建設工事によって破壊される箇所を優先的に調査しようとすることで、記録保存型の発掘調査に準じる調査形態をとらざるを得なくなっている。そこでは、「大衆」に寄り添う中で科学を作り上げていこうとする野尻湖発掘や地団研の思想が、その「大衆」の意向に配慮することで、反対に開発主体側の意図に取り込まれてしまう。

市民の自由な参加による発掘調査は、一九五〇年代から一九七〇年代にかけて日本各地で実施されてきたが、この時期を境に減少していく。理由の一つには、一部の学術発掘を除いて、このような記録保存のための行政発掘の件数が増大し、開発行為者の費用負担による発掘調査の体制が整備されていったことと密接な関係があった。開発行為に伴う発掘調査が主流となる中で、調査者の費用負担により大量の調査参加者を擁して行なわれる市民参加型発掘調査は、結果的には開発者側の論理の中で安価な労働力に位置づけられ、発掘調査「業務」の下請け化によって姿を消していく。

こうした状況とは対照的に、野尻湖発掘が現在まで継続できた要因として、開発行為とは無縁の湖底というフィールドを中心としてきたことが大きく影響している。しかし野尻湖発掘が、陸上発掘として湖底からフィールドを拡大することで、それまでの市民参加型発掘が直面してきた開発行為やそれを期待する住民の意思と対峙せざるを得なくなっていくのである。

## 第2節　市民参加型発掘の陥穽——第一三次発掘

### 1　第一二次発掘、第一三次発掘、第七回陸上発掘の概要

第一二次発掘は一九九三年三月二四日から四月二日の一〇日間にわたって実施された。第一次発掘から参加してきた酒井潤一が団長を務めたこの発掘では、一四九八名が参加し、四〇三三点の資料を得ている。発掘した資料には線状痕のあるナウマンゾウ肋骨や加工材が含まれ、以降、大型哺乳類骨の加工の判定に関心が寄せられる。また、ナウマンゾウの頭骨やヤリ状木器といった、狩り場の状況証拠とされる化石や遺物が多量に産出・出土している層準において、出土した化石・遺物・礫を等高線図にプロットして、堆積状況を確認している。足跡化石については判定にはいたらなかったものの、それと予想される凹みが、第一一次発掘のグリッドから離れた個所でも多数発見され、遺跡

地の広い範囲に分布していることが明らかとなっている(7)。

第一二次発掘で検出された資料や確認された情報は、各専門別グループでの活動へと引き継がれていく。この発掘で出土した線状痕のあるナウマンゾウ肋骨の発見は、専門別グループの一つである人類考古グループにおける解体痕の実験へと展開する。一九九三年八月には、野尻湖博物館において人類考古グループによって、出土遺物の処理とともに「〝骨につけられる解体痕〟の学習」が行なわれた。ここでは、骨に傷がつくプロセスを復元するため、野尻湖以外の遺跡から出土した縄文時代の骨資料の観察やサヌカイト製の石器を用いて、実際に牛や豚の骨に傷をつけたり、肉をそぎ落としたりといった実験を試みている(8)。このような一定の仮説をもとに、実際に使用されたであろう道具を用いて実験を試みる学術的手法は、実験考古学と呼ばれるものである。ここでの学習とは定型化された知識の共有という段階を超えて、実験による仮説の検証という科学的なプロセスを通じた〈知〉の形成過程自体を共有することに特徴を持っている。そして、このように野尻湖発掘の現場以外の場所で形成され共有された〈知〉は、再び野尻湖発掘の現場に持ち込まれることでさらに新たな〈知〉が生産されていく。

一方、地質グループでは第一二次発掘の翌年の一九九四年三月に約五〇名の参加者によって野尻湖底の地質調査を行なった。この地質調査では、第一二次発掘で観察した下部野尻湖層ⅢB層と称される地層について、すでに埋め戻したグリッドを再び掘り上げて、再度詳細に観察している。これまでの発掘調査と同様に、地層を観察するまでのプロセスに多くの労力と時間が割かれている。「グリッドつくりの測量や、雪かきを経て、疲れた体をいやすのもつかの間、湖底を掘り始めました。スコップで掘る人、箕で運ぶ人、運んだ土をならす人などに分れて作業する光景は、あたかも湖底発掘がおこなわれているかのようでした」というように、地層の観察という目的に付随する厖大な作業量を参加者全員がこなすことで〈知〉が形成されていく。

第一二次発掘のように、資料整理や実験考古学、追加調査に伴う〈知〉の共有化が、専門別グループで個別に展開された。その流れは第七回陸上発掘へと引き継がれていく。第七回陸上発掘は二四三人が参加し、一九九四年七月二二日から八月一〇日にかけて、仲町丘陵北部の畑地で実施された。出土した遺物や化石は、一三八九点であった。すでに述べたように、この調査は道路建設が予定され、発掘調査ができる最後の機会として実施されている。また、この陸上発掘では運営面で変更があった。一つは、従来は学生によって準備が進められてきたが、この陸上発掘でも各友の会が準備段階から係や班の仕事を担当することになったことである。もう一つは、毎晩まとめの会を開催し、その日の調査状況を参加者間で共有してきたが、この陸上発掘では、各専門別グループの入門講座を開催するなど、野尻湖発掘の担い手を育成することに努めている(9)。

第一三次発掘は、一九九五年の水害の影響により四年ぶりの湖底発掘として、一九九七年三月二二日から四月一日にかけて、八五五名が参加して実施された。出土した資料は、石器や骨器、ナウマンゾウ化石、マツカサガイなどの貝化石、クロヒラタシデムシなどの昆虫化石など、総点数二四八五点であった。

## 2　捏造事件と調査手法の精緻化

この出土資料の中で注目したいのは、発掘六日目に発見された「鉄石英（いわゆる赤玉）製の木葉形尖頭器」である。この資料は、「発見された層準（中部野尻湖層Ⅰ）は約四万年前で、これまで国内で発見された木葉形尖頭器が約一万五千年以降なのにくらべはるかに古い」ものであった(10)。野尻湖発掘において、野尻湖はナウマンゾウやオオツノジカの狩猟・解体の場であるとの仮説を立ててきたが、狩猟道具が発見されたことで、その仮説を裏付ける結果となった。

しかし、実際にはこの石器は「信濃町のほかの遺跡から出土し、行方不明になっていたもの」であることが、人類考古グループの検証によって明らかになった。「たいへん残念で、重大な事実」であるものの、幸いにも「公表前に自分たちの手で誤りを発見すること」ができた(11)。

この事実を契機として、調査団長である酒井潤一を中心に再発防止策を検討することになる。その結果、二〇〇〇年三月二四日から四月二日にかけて実施された第一四次発掘において、「たしかめ掘り」を採用することになる。「たしかめ掘り」は、出土した遺物や石器を掘り上げる前に周辺の地層を観察し、遺物と地層との関係を確認する手法である。これにより、化石や遺物が他所から持ち込まれて新たに埋められたものであるのか、あるいは旧石器時代に人為的にその場所におかれたものであるのか、水流にのって漂着したものであるのか、さらに漂着したものであればどこから流されてきたのかを正確に推定することが可能となった(12)。

二〇〇三年三月二一日から三一日にかけて実施された第一五次発掘では、一三四名が参加し、考古遺物や哺乳類化石、貝化石、昆虫化石、植物化石など、合計二一四七点の資料を得た。第一四次発掘で試験的に導入された「たしかめ掘り」は、第一五次発掘で「産状確認法」と改称して本格導入されることになる。この産状確認法の導入は、地質学的・考古学的成果、古環境を復元する上での成果を野尻湖発掘にもたらした。特筆すべき成果の一つは、古汀線（なぎさ）の推定が可能となり、哺乳類動物の解体場の解明に指針を与えたことである。野尻湖底の地層は水成層であるために、化石と遺物が原位置の状態を保っていることは稀である。産状確認法は、原位置の変動しやすい出土資料について、堆積に至るまでの破損・破砕の様子、堆積後の風化や劣化の様子を現場で観察することを可能にした。このことは、野尻湖発掘調査団によれば、化石成因論や遺跡形成過程研究にとって有効な方法となり得るという(13)。

野尻湖発掘調査団が古汀線に本格的に注目するようになったのは、一九七三・一九七四年の地質調査において陸地と湖底の地層を峻別するとともに、層位掘りやラミナ掘りといった堆積学的な視点に基づく調査手法の導入が図られた時期にまでさかのぼる。こうした過去の調査の蓄積の上で、「たしかめ掘り」から「産状確認法」の導入に至る過程は、古汀線の復元という課題解決に一つの糸口をもたらすものであった。つまり、調査成果の捏造防止に端を発した発掘調査法の新たな開発は、結果的にこれまでの調査における課題解決というメリットへと転換されていく。なお一九九九年には、この事件の責任をとって酒井は団長を辞任している。

くしくも同時期の二〇〇〇年に発覚した東北地方を中心とする旧石器捏造事件を私たちに想起させるこの出来事は、発見されたモノや発見者を礼賛・盲信しがちな考古学研究の陥穽を露呈していた。その背景には発見した事実自体が最大限に研究者や市民に評価される、発見至上主義的側面があった。発見至上主義的側面は、発掘調査に関わった人物だけでなく、その成果を批判的に検証する、考古学界という研究者コミュニティの自浄作用の課題とも関連していた。この点において、野尻湖発掘では、調査成果が公表される前段階において調査団内部で検証されたことで、一定の自浄作用が働いたと評価できる。

しかし、この事件は素人である市民の自発的な参加による学術的行為が、非学術的な行為へと陥りやすいのではないかという疑義を社会の中に生み出すことにもつながっていた。野尻湖発掘では産状確認法という調査手法の精緻化によって、こうした批判に応えることになったが、市民の学術的調査・研究への関わりに対する疑念を完全に払拭するのは今後の課題であろう。

## 第3節　調査手法の精緻化と参加者の減少

別の遺跡から石器が持ち込まれるという事件を防止する中で始められた「たしかめ掘り」、のちの「産状確認法」は、野尻湖発掘の調査手法の精度を高め、より高い学術性を担保する上で重要な意味を持っていた。ところが、このように調査手法を精緻化させることで、一つの遺物や化石の調査にかかる時間が増え、参加者が遺物や化石を発見する機会は限られることになる。例えば、〝掘っても、何も出てこない〟といった状況が生まれる。もちろん、〝何も出てこない〟という情報自体が発掘調査の成果であるのだが、小中学生を中心として、その認識を共有することは極めて難しい。結果的にこのことは、参加者減少の要因の一つになっていく。また、発掘調査によって獲得される情報量が膨大になることで、発掘調査から整理・分析までのサイクルを見直しせざるを得ない状況が生まれることになる。

例えば、一九九八年八月三日から二四日までの一七日間にわたって実施された第八回陸上発掘では、一八六名が仲町丘陵北部の畑地三箇所で調査を行ない、一〇〇八点の資料を得ている。特に七〇点を超す石器・剥片類が発見され、野尻湖における中期旧石器時代末期の遺跡を確認することができた。しかしこの陸上発掘を最後に、野尻湖発掘における陸上発掘は実施されていない。専門別グループ独自の調査が重視されるようになったこともあるが、一方で、野尻湖発掘の担い手が減少し、調査から分析、論文の執筆という一連の学術研究プロセスが従来通り機能しなくなってきた状況を示していた。

つづく、二〇〇〇年に実施された「たしかめ掘り」の導入を図った第一四次発掘では、五七三名が参加し、二〇二〇点の資料を得ている。この調査後の反省会では「今のままではこれまで行なってきた三年サイクルの発掘は不可能であり、新しい形の発掘を考えなくてはいけない」との結論に至っている(14)。その理由はこれまでの三年サイクルの発掘で得られた試資料が膨大であり、専門別グループが十分な検証や研究ができなかったために、新たなテーマを提示することが困難であることにあった。一つの調査工程に多くの時間や労力が割かれることで、それまでの参加者が参加しにくい状況が生まれ、結果的に友の会や専門別グループのメンバーが増加しないという現象に陥った。特に野尻湖発掘を中心的に担ってきた若年層の参加者が減少し、これまでのサイクルで野尻湖発掘を継続できないというのが、この第一四次発掘での調査団の認識であった。

野尻湖発掘は、一九七五年の第六次発掘をピークとして、調査回数を重ねるごとに参加者数が減少傾向にある。その要因の一つは、こうした調査手法の精緻化にある。これまで見てきたように、層位学的な観点に基づく「ラミナ掘り」の導入に、さらに昆虫研究者としての市民の専門的な〈知〉が加わることで、昆虫化石を発見し、古昆虫学という新たな学問領域の開拓へとつながっていった。しかし、ラミナ掘りの技術やその目的が参加者の間で周知され、一定の調査水準を維持する必要が生じた。その対応は、各地の友の会の活動の中で可能となったものの、調査参加への気軽さは徐々に失われていく。例えば、第五次発掘における「全国的な反響をよんだため、とびいり参加の希望者が現場にかけつけ、その熱心さに抗しがたく、各発掘グリッドにはいって発掘を体験してもらう」といった気軽な参加形態は、調査手法の精緻化に伴って、成立しがたくなっていく(15)。このように捉えると、学術レベルの維持・向上と参加者の確保という二つの方向性が、この時期の発掘調査を特徴づけている。そして、調査手法の精緻化が参加者のさらなる学びを必要とするようになる。

二〇〇六年三月二四日から四月二日にかけて実施された第一六次発掘では、三〇三名の参加者により七四六点の資料を得た。この調査では伝九郎用水の出水口付近に分布する長鼻類の足跡化石が発見され、第一六次発掘足跡調査班が確認した結果、ナウマンゾウの足跡であることが確認された(16)。

この調査で問題になったのは、「いつ発掘を行うのか」ということだった。その理由は狩猟・解体場所の証拠を押さえるためには、「詳細な堆積相解析が不可欠」であったが、調査団にその実力が十分に備わっていないという現実があった。「発掘して地層を取り除いてしまえば露頭はなくなり、露頭が無くなれば後世に検証ができなく」なってしまう。しかし、現在獲得されている情報だけでは、さらなる検証が難しくなるというジレンマに陥っていた。こうした状況を改善するために、堆積学の学習や堆積相を観察する機会をできるだけ設けるなど、発掘に至るまでの準備として、参加者が「地層から情報を読み取る実力」を養うことに努めている(17)。いかに新しい資料を発見するかという課題から、いかに遺跡に対する深い理解を持つかが、参加者に求められるようになっていく。

第一六次発掘の継続調査に位置づけられた第一七次発掘は、二〇〇八年三月二二日から三月二二日にかけて行なわれた。二四五名が参加し、哺乳類化石や貝化石、植物化石を含む七三二点の資料を発見した。この発掘においても産状確認法が採用され、角が摩耗した哺乳類化石の小片がリップル(波紋)の順走斜面に乗っている状況が確認されるなど、湖底におけるラミナの堆積状況と化石の関係がより明確化された。さらに、「リップルを水平面で切ったもの」が模様として掘り下げた平面から確認され、「断面のみではなく平面でも堆積構造を観察することができるほど」の地層を見る力を参加者が身に付けていった。

第一七次発掘の参加者の地層を見る目が変化した背景には、調査に至るまでの各専門別グループによる独自の集会の存在があった。第一七次発掘が行なわれる前年の二〇〇七年三月には、湖底観察会が開催されている。「地層を見る目を養うことを目的」としたこの観察会は、すでに調査を実施した地点を約二〇年ぶりに掘り起して、「現在の視点」で地層を観察し、過去の記録との照合を行なっている。班ごとに担当するグリッドを定め、班長である信州大学学生を中心に壁面のスケッチと観察を行ない、一日の終わりに開催される全体の報告会でその成果を報告する。そして、各班の見解に対して、その場にいる参加者で議論が進められている。この議論には中高生が班長である大学生に質問し、理解を深めるなど調査と学習が密接な関係におかれていた。この湖底観察会におけるトレーニングの成果は、第一七次発掘の現場へと持ち込まれる。班長をつとめるなどしてきた信州大学の学生は、「ローテーションを組み、少しでもグリッドへ、試掘溝での地層観察へと時間を」割くまでに、実際の現場に寄り添って〈知〉を形成しようとする姿勢が生まれた(18)。

つづく、第一八次発掘は、二〇一〇年三月二一日から三〇日にかけて、一九六名が参加して実施された。出土した資料は五一四点で、ナウマンゾウ化石骨や石器、マツカサガイなどの貝化石、植物化石が確認された。第一七次発掘と同じ場所を調査対象としたため、第一七次発掘の成果を踏まえてより精密に発掘が進められた。「掘り進めている地層が側方付加している地層のどの部分にあたるのか、発掘面で側方付加した堆積物の境界を認識することができるか、断面だけでなく平面で堆積構造を確認することができるか」といった視点で調査が進められ、これに伴ってグリッドの周囲に巾二〇センチメートルのサブトレンチを四方に開けるといった試みがなされた。その結果、出土したナウマンゾウの椎骨や切歯片が、洪水時に砂や泥が混じった水流によって流されて、その場に埋没した状況が明らかになった(19)。こうした地層と遺物の関係に対する問題意識は、調査手法の新たな試みを促すとともに、新規の知見を調査団にもたらした。

こうした地層の堆積構造を掘り出した状況に合わせて判断する参加者の眼は、集団的な調査・研究・学習の場で段階的に養われていく。ここで養われる眼とは、フィールドにおける作業を通じて身体的に習得していくものである。フィールドの中でしか身に付けられない技術であるとも言える。

例えば、筆者の経験でも、実際の発掘調査に携わったことのない人々に、作図などの室内作業を担当してもらうことは極めて困難が多い。口頭や図解でこうした人々にいくら説明しても、適切な作図は不可能に近い。こちらの説明と相手の中での想像が統合されて、はじめて作業に取り掛かることができるのであるが、そもそも遺跡の状況を相手が頭の中で描けないために、こちらの説明が伝わりにくいのである。対照的に、フィールドでの作業を経験した人々であると、少ない説明でほとんどの意味が通じ合う。完全にこちらが説明できていなくとも、その穴を埋めるかたちで話の受け手側が解釈できる。そして、このようなフィールドを通じた考え方や認識が共有できることで、発掘調査に関わるコミュニティとして調査や研究が成立している。

このように、基本的な情報や知識の共有方法は、これまでの野尻湖発掘において受け継がれて来たものである。しかし、受け継がれてきた道程が長いほどに、そこに含まれる情報量は膨大である。新規参加者がこうした情報や知識を共有できるまでには、実際に発掘調査やその事前準備としての地質調査に参加するなど多くの時間を要する。野尻湖発掘が新規参加者を得難いのは、こうした知識や技術の習得に時間がかかることが一つの原因として挙げられる。

野尻湖発掘は調査範囲を拡大し、研究内容を深化させる過程で、開発事業の下請け化と対峙し、成果の捏造や参加者の減少といった課題に直面することになった。これまでの野尻湖発掘では、調査・収集・展示に対して、いかにして誰もが自由意思に基づいて能動的な関わりを持つことができるか、という命題が中心となってきた。これに対して、野尻湖発掘調査団は、参加者の学びや科学的探究を支える、調査手法と調査体制、調査対象・領域の循環システムの構築によって、この命題に一定の答えを出してきた。だが、一九九〇年代以降、こうした発掘調査組織運営上の課題だけでなく、この発掘調査を取り巻いている社会要請といかに整合性を保つのかという課題が野尻湖発掘に課せられるようになる。これらの課題に対して、野尻湖発掘は「たしかめ掘り」、「産状確認法」といった手法の改善など、新しいアイディアで対処を試みている。これが参加者減少という別の問題を引き起こしつつも、参加者の学びと〈知〉の創出の連環がここでも機能しているのである。

## 第４節　野尻湖発掘の鳥瞰図

### １　野尻湖発掘の全体像

野尻湖発掘は二〇一六年現在、第二一次発掘まで実施されている。一九六二年の第一次発掘から二〇一六年の第二一次発掘までの約五〇年にわたり、野尻湖発掘はそのあゆみの中で多様なバックグラウンドを持つ人々を受け入れ、科学的な〈知〉を切り拓くと共に、学びの場として成立してきた。

ここでは、さらに俯瞰的な視点から野尻湖発掘の全体像について分析していく。全体像の分析にあたっては、公開されている野尻湖発掘参加者名簿を用いる。参加者の名簿が公開されているのは、二〇一〇年の第一八次発掘までである。第一次発掘から第一八次発掘までのすべての参加者の野尻湖発掘参加期間を割り出し、それを世代交替の概念図として表した（Figure37〜Figure45）。図は上から下に向かって調査時期が新しくなっており、横軸の長さが参加者の野尻湖発掘への関わりの期間を表わしている。

このようにして作成した各参加者の野尻湖発掘との関わりは、長期にわたって参加する人々が存在する一方で、その回の発掘調査だけで参加を終えてしまう人々が存在する。ここでは、野尻湖発掘の継続的な参加者を把握するため、参加回数三回以上の参加者のみを抽出し、図化している。

### ２　初期野尻湖発掘

Figure37は、第一次発掘から第四次発掘の間にはじめて野尻湖発掘に参加し、その後も継続的な参加を続けた人々を図示したものである。長期の休止期間に入る以前の、第一次から第四次までの発掘調査では、豊野層団体研究グループや信州ローム研究会所属の初等・中等教育教員、井尻正二や歌代勤、亀井節夫といった地団研初期メンバーや職業的研究者、在野系研究者、児童・生徒を中に参加者が構成されていた。これらの参加者は、第五次発掘以降の参加

Figure 37 世代交代図 第 1 次〜第 4 次発掘（1962 〜1965）

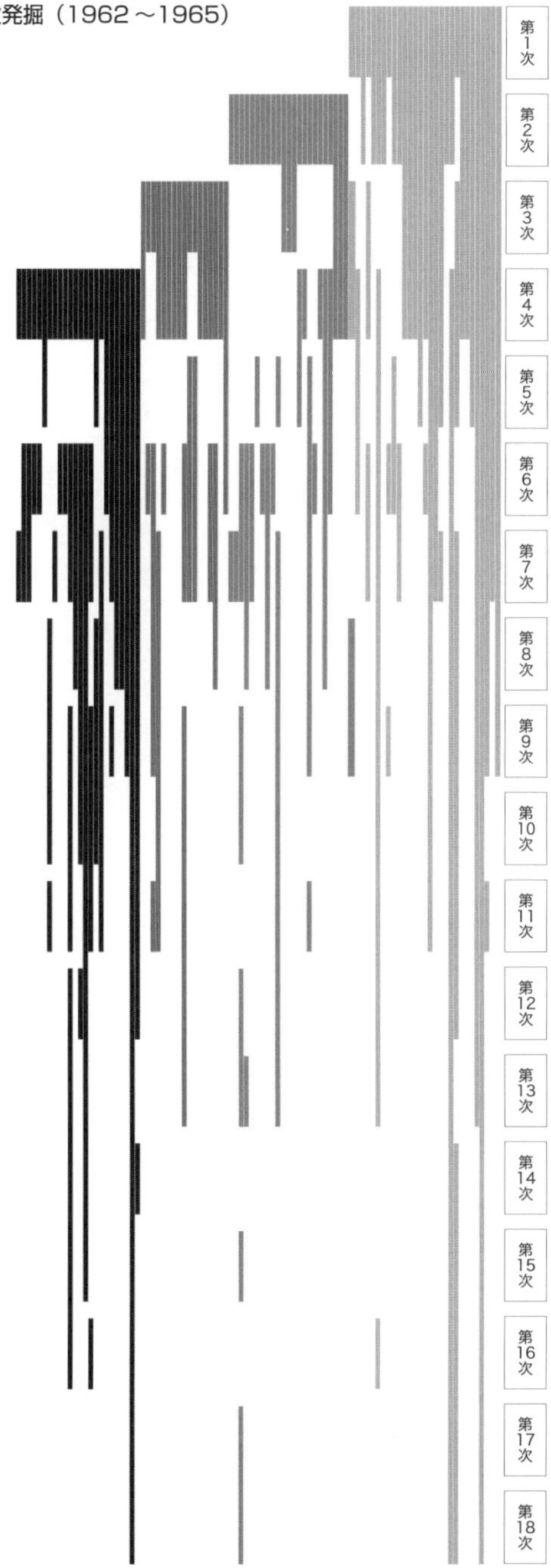

Figure 38 世代交代図 第５次発掘（1973）

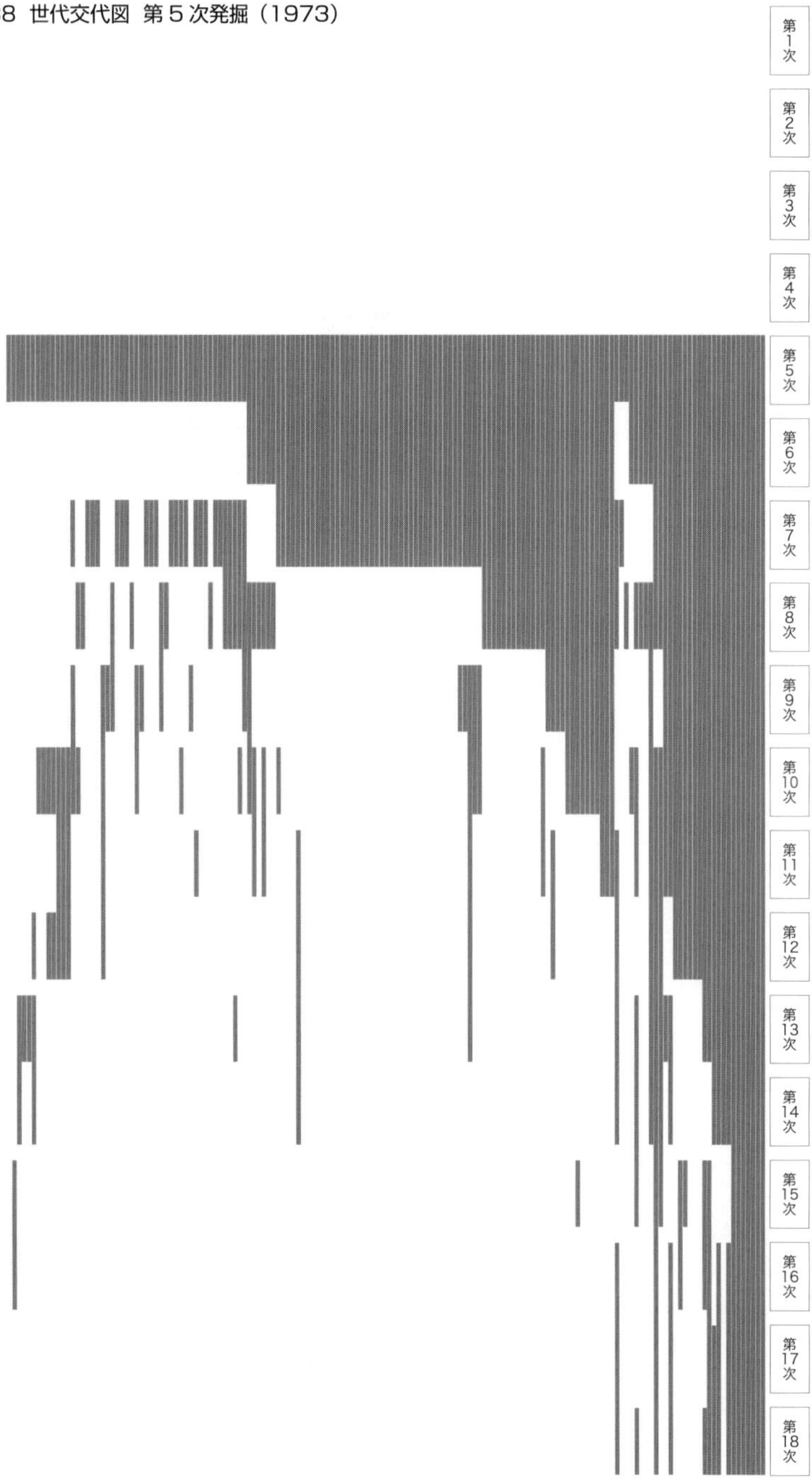

Figure 39 世代交代図 第６次発掘（1975）

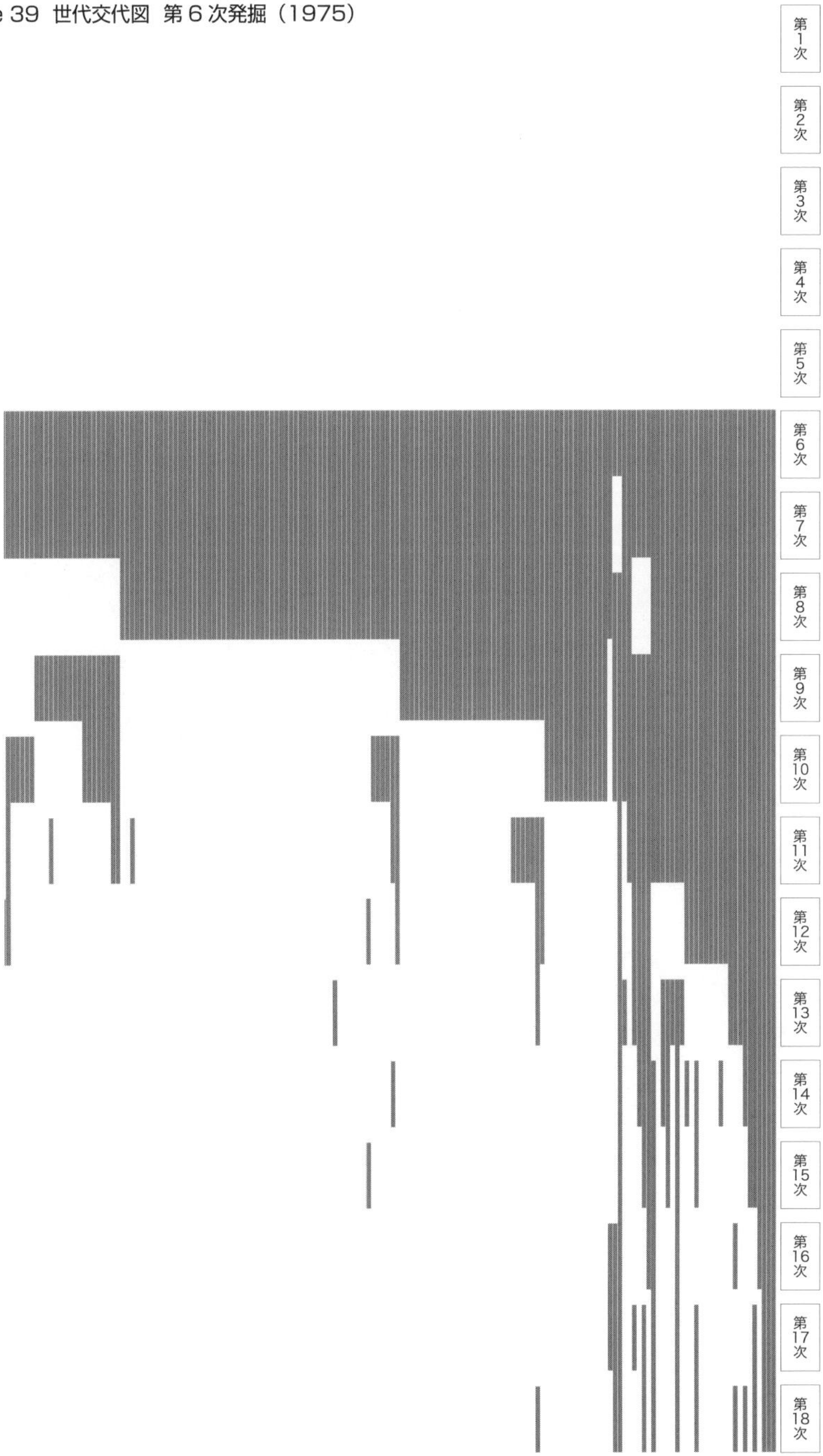

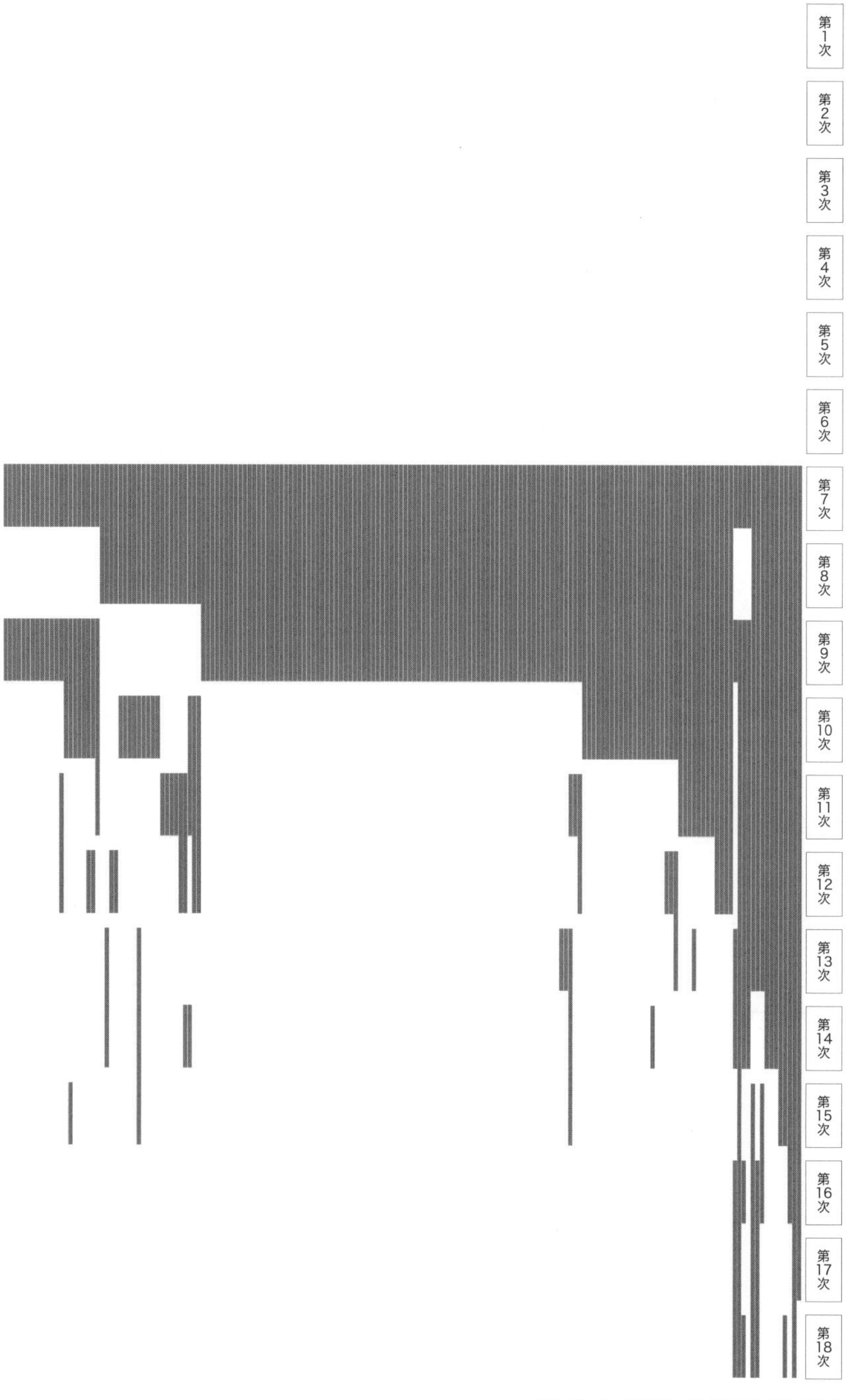
第1次
第2次
第3次
第4次
第5次
第6次
第7次
第8次
第9次
第10次
第11次
第12次
第13次
第14次
第15次
第16次
第17次
第18次

Figure 40　世代交代図　第７次発掘（1978）

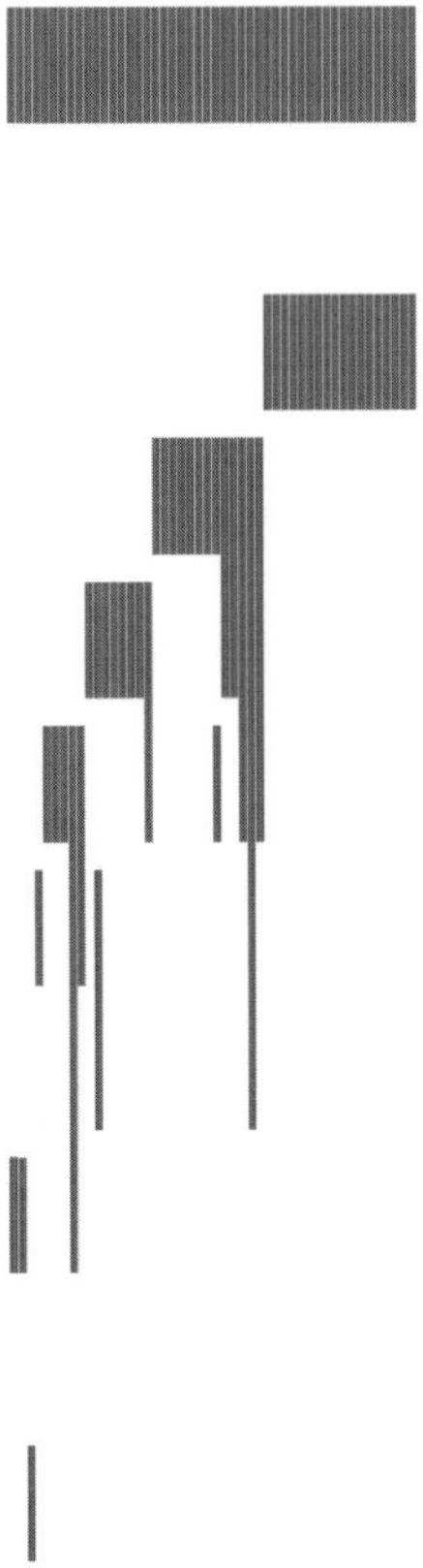

Figure 41　世代交代図　第8次発掘（1981）

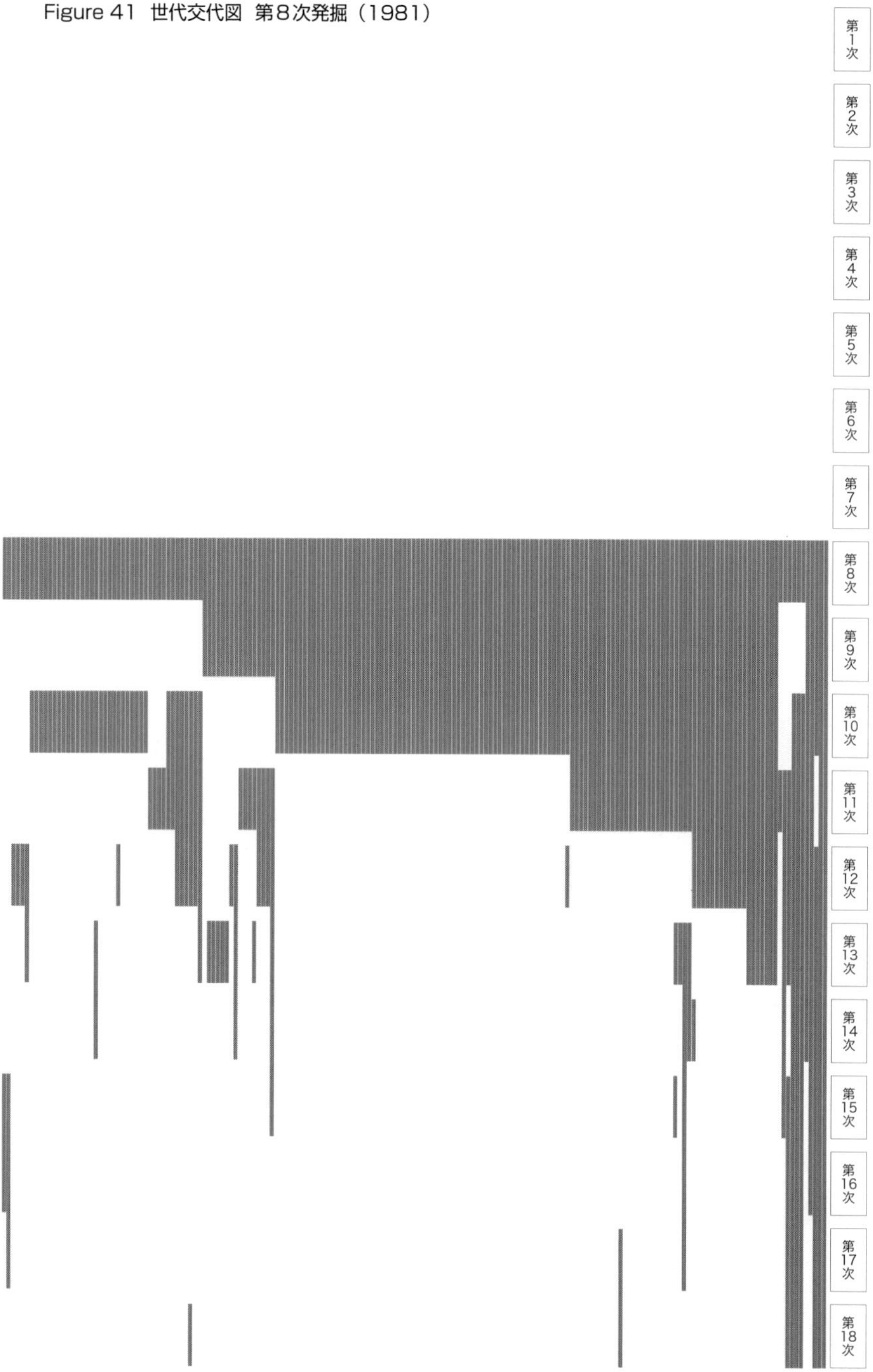

Figure 42 世代交代図 第９次発掘（1984）

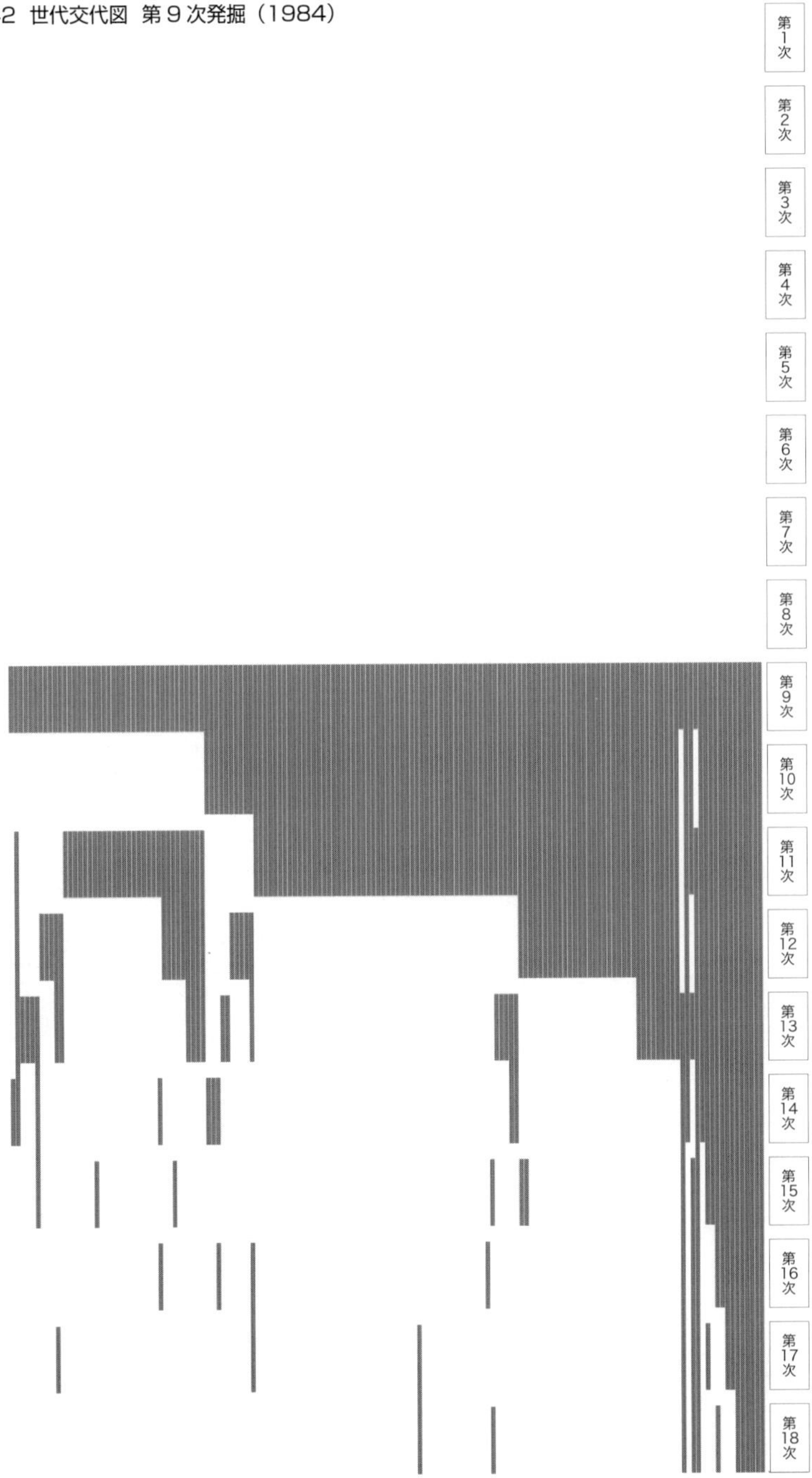

Figure 43 世代交代図 第10次発掘（1987）

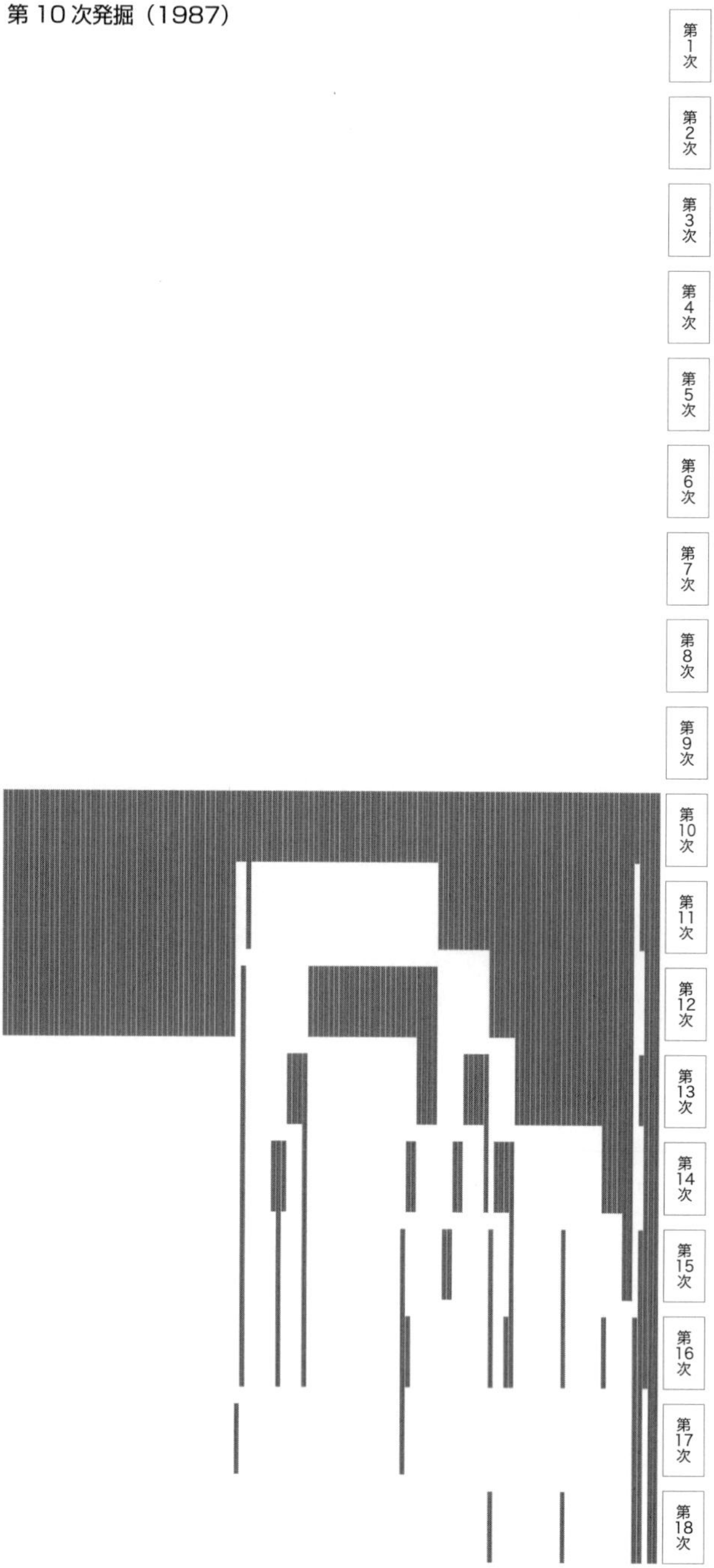

Figure 44 世代交代図 第11次・第12次（1990～1993）

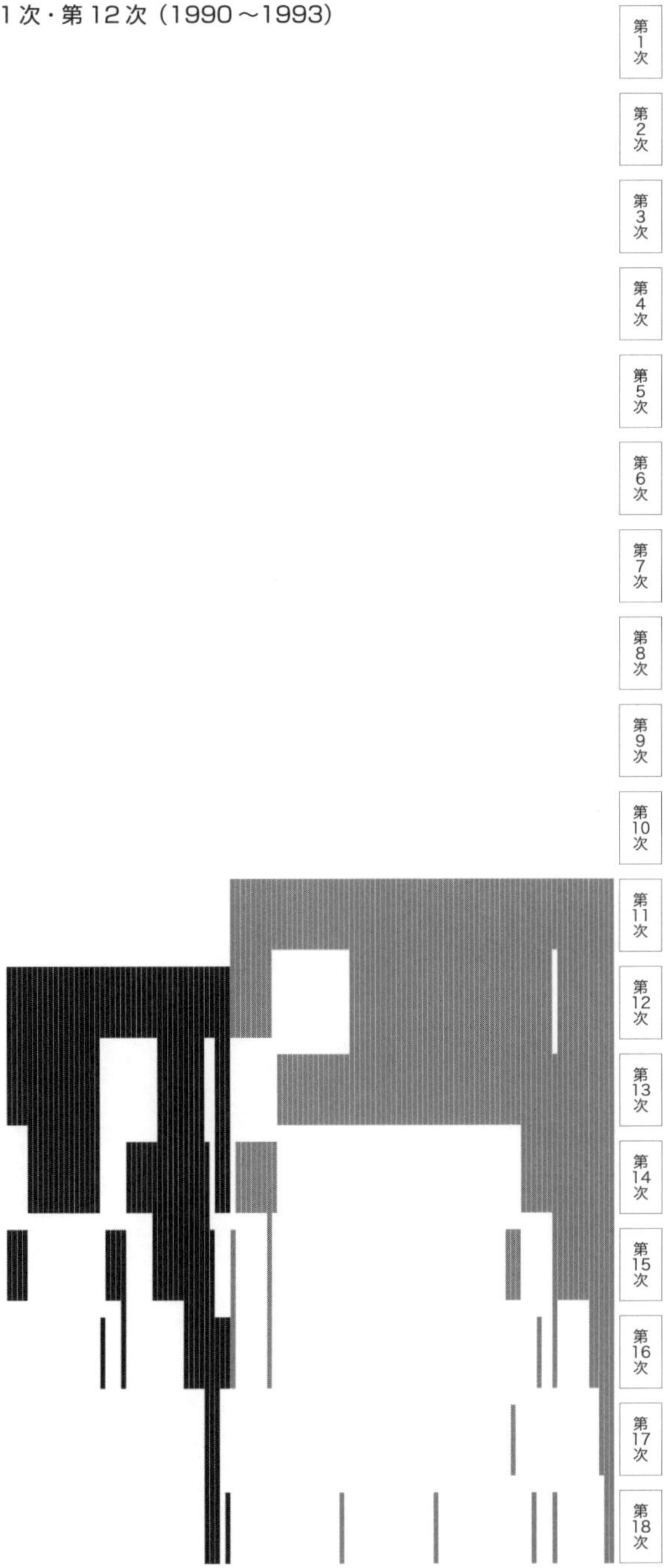

Figure 45 世代交代図 第 13 次～第 18 次発掘（1997 ～2010）

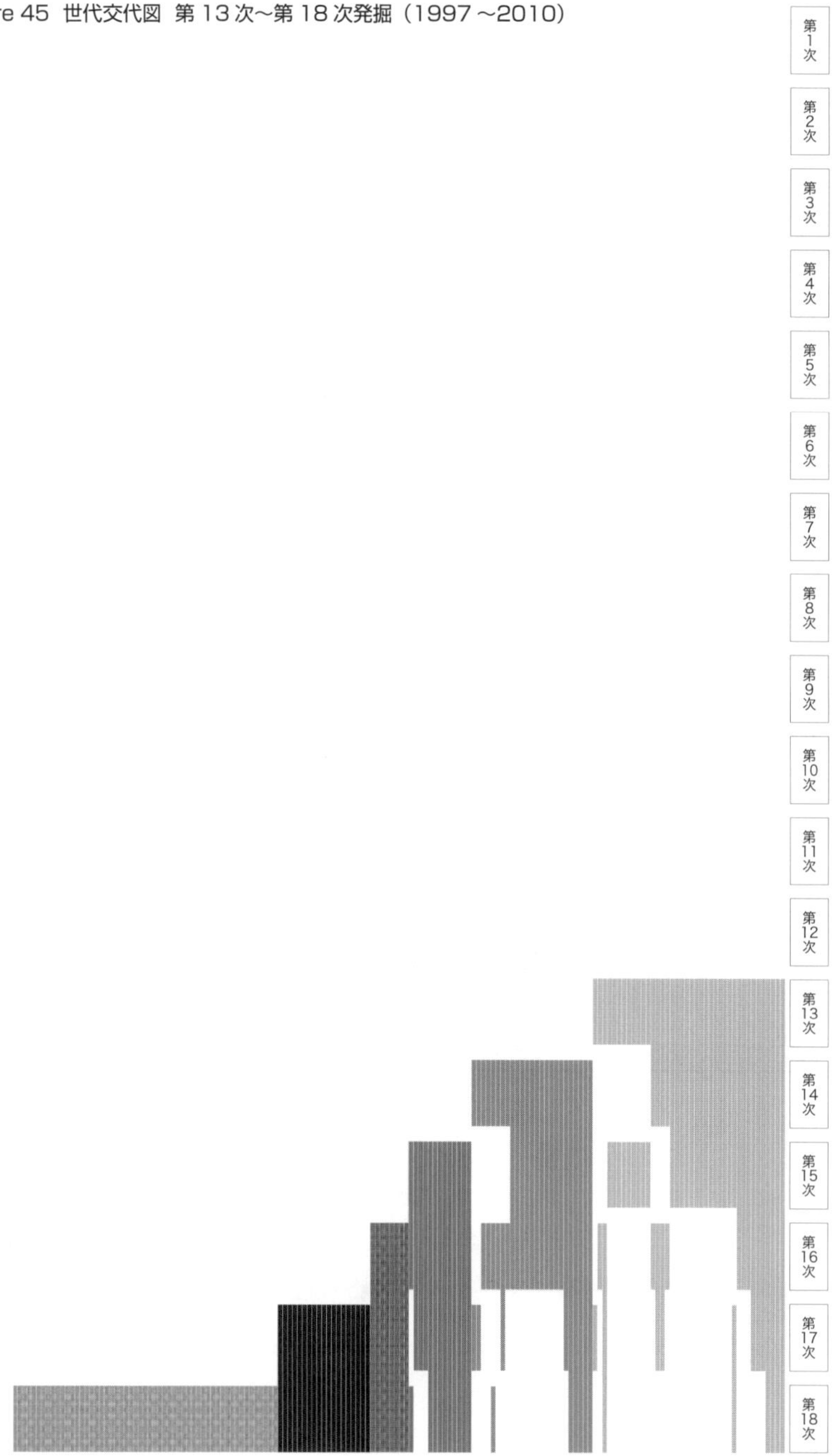

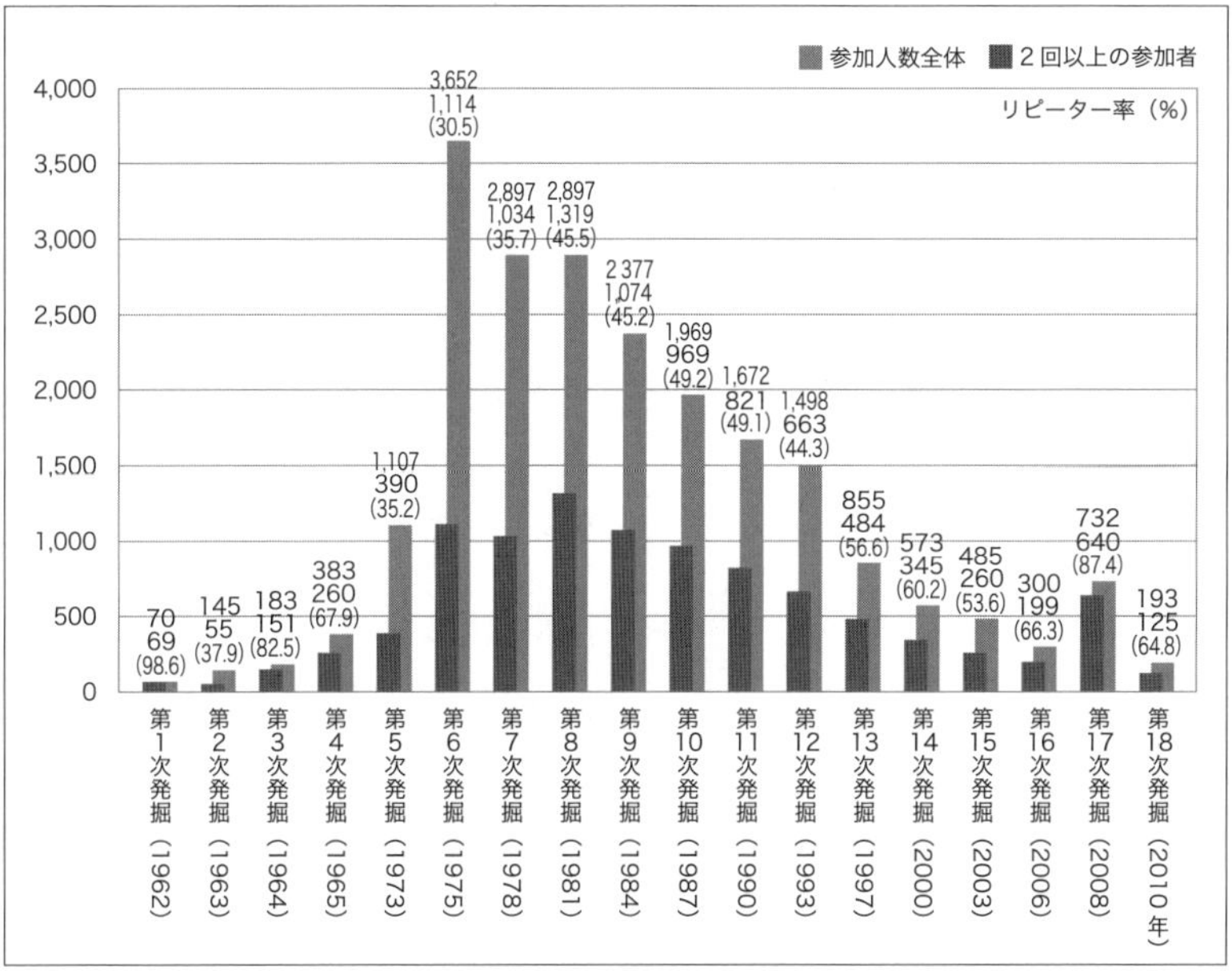


Figure 46　リピーター率の変遷（人）

者と比較しても長期にわたって野尻湖発掘との関わりを持ってきた人物が多い。例えば、公開された名簿上、第一次発掘から第一八次発掘まで一度も休むことなく参加し続けている参加者や、自身が第一次発掘から継続して参加しながら、その子供やさらに孫もまた野尻湖発掘に長く関わっている事例は、初期からの長期継続参加者を象徴している。野尻湖発掘が対等な立場の参加者による相互学習の場であったとはいえ、特に初期段階を中心として、高い専門性を身に付けた参加者が長期にわたって存在し続けたことは、その相互学習には欠かせない要素であった。改めて参加年数を図化すると、野尻湖発掘の継続性にとって、初期参加者が持つ意義が浮き彫りになった。

さらに、野尻湖発掘に二回以上参加した人が、その回の発掘調査に占める割合を図化した（Figure46）。例えば、第一次発掘（一九六二）に参加した七〇人のうち、第二次発掘以降に参加した人数は六九人でリピーター率九八・六％にのぼる。つまり第一次発掘の参加者数はその後の調査に比較すると少ないが、ほぼ全員が翌年の第二次発掘以後にも参加している。それに対して、第六次発掘では、三六五二人が参加しているが、そのうち過去の野尻湖発掘に参加してきた、あるいはその後の野尻湖発掘に参加した人の割合は、三〇・五％（一一二四人）となっている。一九七〇年代に大量の参加者を野尻湖発掘が獲得したとはいえ、それが継続的な参加者の獲得には至っていないことをこの図から読み取ることができる。なお、参加者名簿の一部には、「〇〇他〇名」といった表記の箇所があるために、実数としては正確ではない。あくまで野尻湖発掘の全体的な流れをつかむという主旨で分析を進めることにしたい。

### 3　学校単位での動員型参加の拡大、氷河時代イメージの拡散

Figure38（本書三三六頁）は、第五次発掘（一九七三）からの参加者世代である。八年間の休止期間を経て実施された第五次発掘の参加者の中には、第一八次発掘まで連続して参加する人々が含まれる。一方で、連続して参加しながら、その後野尻湖発掘との関係が途絶えてしまう人々や、一旦参加が途絶えつつも断続的に参加する人々が存在する。このように参加者が入出自由な環境で実施される中、長期にわたって連続して参加する、核となるメンバーの存在が野尻湖発掘を支えている。

ここで再びFigure46に目を転じてみると、第五次発掘全参加者（一一〇七人）に対し、リピーター率は約三五％（三九〇人）である。つまり約六五％（七一七人）がこの発掘だけの参加にとどまる。背景には、それまでの野尻湖発掘に学生として参加した人物が初等・中等教育教員となったのちに、自校の児童・生徒を連れて参加するような学校教育と野尻湖発掘の密接な関係があった。特に、学校全体の行事としての野尻湖発掘への参加には、能動的でない児童・生徒が存在していたことが資料からも確認されたように、動員型の参加者が一時的な参加にとどまっていることに関係している。このような参加形態の一方で、第五次発掘参加者の中から、新たな野尻湖発掘の中心的な担い手が登場する。それは、すでに述べたように、家族単位での参加者であった。

次に第六次発掘（一九七五）の参加者の全体像を確認してみたい。この発掘調査には、実際には参加に至らなかった人々を含め、教科書での野尻湖発掘の掲載や展覧会の開催、野尻湖発掘調査団発行の書籍といったメディアを通じて、発掘調査への直接参加による古生物学や考古学の〈知〉の形成に強い関心が寄せられた。結果、集まった人数は今日までの野尻湖発掘の中で最も多い参加者数、三六五二人となった。第六次発掘以降の参加者の変遷を図化したものが、Figure 39（本書三二七頁）である。この図からわかるように、基本的には第五次発掘から参加した人々の参加状況と類似している。興味深いのは、一旦野尻湖発掘から遠ざかり、一〇年近くを経て再び野尻湖発掘に参加している事例が見受けられることである。就職や結婚、出産や子育、退職などライフステージの変化に合わせて再び参加している。特に子育て期間中の場合、自身の子どもを連れて野尻湖発掘に参加していることを、参加者の感想からも読み取ることができる。もちろん記録として残っているこうした参加者の感想は、全参加者のごく一部にすぎない。しかし、このように図化することによって、ライフステージの変化に合わせて断続的に参加する人々は少なくないことがわかる。

ところで、第六次発掘では野尻湖発掘史上最も多くの参加者を集めながら、野尻湖発掘のリピーターになっていく参加者はわずか約三〇％（一一一四人）であった。つまり大量の参加者を集めながら、この回だけの参加にとどまる人々は、約七〇％（二五三八人）に上る。第五次発掘参加者と同様に、学校の行事等のイベントとして受動的にその場限りで参加した人々を含め、一時的な参加者が少なくなかったのである。

これに加えて、参加者の階層にも注目してみたい（Figure47）⒇。第一次・第二次発掘では、参加者数が少なかったこともあり、参加者の半数以上は「大学生」と「一般」で占められている。ところが、第六次発掘以降では、全参加者に占める小中学生の割合が増えていく。資料の制約上確認できないものの、第五次発掘も含め、学校単位による参加形態によって、多くの小中学生が野尻湖発掘に参加していったことが参加者階層の変遷からも読み取ることができる。言い換えれば、長期休止期間を経て再開された野尻湖発掘は、参加者数が激増するだけでなく、参加者の低年齢化が進行したのである。そして、野尻湖発掘への参加が一度限りで終わってしまう人々の多くもまた、こうした小中学生

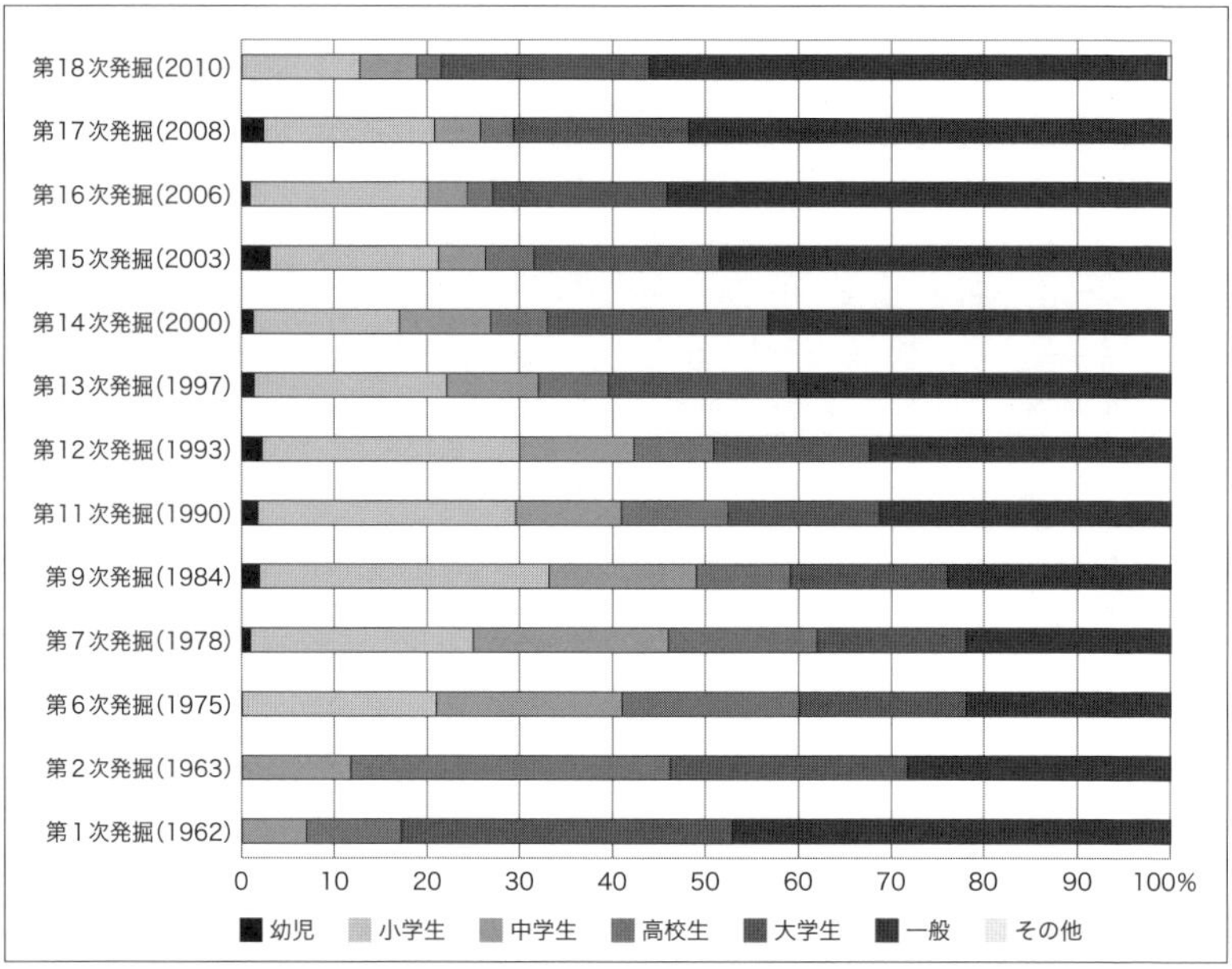


各発掘調査報告書より作成

Figure 47 参加者階層の変遷（%）

であった可能性が高い。

野尻湖発掘の初期は大学の研究室を中心とする研究者コミュニティによる発掘調査であったが、第五次発掘以後は、初等・中等教育の枠組みや家族や友人関係によって人々が野尻湖発掘に参加するようになっていく。こうした背景には、デパートを中心とする展覧会や教科書、調査団発行の書籍、新聞報道といったメディアを通じて、野尻湖発掘の成果を含めた、旧石器文化や大型哺乳類化石の存在が広く知れ渡ったことがあった。こうした背景が遠因となって、野尻湖発掘参加者がこの時期に急増したと推察される。ただし、第五次発掘や第六次発掘の参加者の二回目以降の参加が少ないように、ブームに乗った一過性の参加にとどまる人々が少なくなかった。

一方で、こうした短期的な野尻湖発掘への参加者の中には、それまでの運動論的な枠組みや地団研メンバーとの個人的なつながりの中で参加した人々もまた存在した。第六次発掘でみると、すでに述べたように、井尻正二と共著で漫画を出版してきた伊東章夫は、井尻との個人的な関係の下で参加している。同様に、日本共産党の機関紙「赤旗」科学部長の参加は、それまでの調査団関係者の思想的背景とのつながりを想起させる。思想的な基盤の共有や井尻とのつながりという点では、かつて民科の幹事をつとめた、哲学者の見田（甘粕）石介の参加も特徴的である。この見田と井尻や地団研との つながりは、地団研の民科参入の時期にまでさかのぼる。一九五〇年代以来の人的ネットワークを介した野尻湖発掘 へ参加は同時に、見田にとっては家族との参加でもあった。加えて、当時見田が教鞭をとっていた日本福祉大学の見田ゼミで『象のいた湖』を紹介されたことがきっかけでで参加した大学生もいる(21)。こうした参加者は、第六次発掘のみ、あるいは第七次発掘までの参加である。

一方で、第六次発掘参加以後も継続参加する人々が現れている。例えば、第六次発掘に中学生として野尻湖発掘に参加して以来、大学・大学院での地質学専攻を経て、社会人になるまで野尻湖哺乳類グループで研究活動を続けた男性は、個人の研究活動を続けるだけでなく、職業としても古生物学に関連する仕事に就いている(22)。また、小学生の頃から恐竜に関心があって、国立科学博物館に足を運んでいたという男性は、高校生の時に広告を見て第六次発掘に参加している。野尻湖哺乳類グループに参加し、大型哺乳類化石の研究を行ない、現在では博物館学芸員となっている(23)。この二人の人物は、第六次発掘から第一二次発掘までの間で野尻湖発掘に参加している。

古生物学等への興味・関心を持ちつづけ、それが参加の動機となっている人々が第六次発掘には存在した。中には、社会人になったのちも野尻湖発掘に関わったり、古生物学研究に関わりのある職業へ就いたりしている人物が存在することは、たとえ野尻湖発掘への関わりが部分的ではあっても、参加者のその後の生き方に大きな影響を与えていると言える。博物館学芸員となった男性が、学校では教えてくれないことを自分で学んでいたと語るように、学校教育とは別の主体的・能動的な学びの場が野尻湖発掘であり、ここにも野尻湖発掘の社会教育的意義を確認することができる。

このような第六次発掘参加者の中から、第一八次発掘まで長期にわたって野尻湖発掘の運営を支える中心メンバーが現れる。このメンバーは第五次発掘参加者と共に、第一次発掘から第四次発掘までの初期参加者世代から野尻湖発掘の運営を新たに担う世代であった。こうした世代交代は、続く第七次・第八次発掘へと引き継がれていく。

### 4　家族単位での参加、個人での参加

第七次発掘（一九七八）からの参加者は、Figure 40（本書三二八・三二九頁）で図示したとおりである。長期にわたって連続的に参加するメンバーがこの発掘調査から参加している一方で、その後数回の参加にとどまる人々や断続的に参加する人々が存在している。リピーター率に目を転じると、全参加者二八九七人のうち、二回以上の参加者は約三五％である。第五次発掘や第六次発掘と同様に、参加者の半数以上はこの発掘のみの参加にとどまっている。第五次発掘の段階では、学校行事としての集団的な児童・生徒の参加形態と家族単位での参加形態が併存していたが、第七次発掘では、より家族単位での参加形態が目立つようになっていく。二人の子供を連れて第七次発掘に参加した女性は、その後も第八次・第九次発掘にも足を運んでいる。その契機となったのは、子どもに『象のいた湖』を買い与え、興味を示したことにあるという(24)。また、この七次発掘のみに参加した男性は、自身は高分子工学を専門としながら、子どもと共に野尻湖発掘に関心を持って参加している(25)。なお、その子どもは、名簿上で第九次発掘まで参加が確認できる。

家族単位での参加は、学校教育とも緩やかにつながっていたことを付け加えておかねばならない。高田平野グループの一員として、第一次発掘から参加してきた男性は、第六次発掘以後は自らの子どもたちを連れて参加している。さらに、第一〇次発掘からは孫が参加し、親子三世代での野尻湖発掘参加を実現している。この男性は、「最初は子守がてらだったんです。自分の子供だけでなく、いつも教え子や近所の子供達も大勢誘って来るんですよ」と語るように、小学校教員という立場で児童と共に野尻湖発掘に参加すると同時に家族とも参加している(26)。野尻湖発掘参加者の中でも数少ない事例であるが、家族単位型の参加形態と学校単位型の参加形態とが、つながり合っているのである。しかし、こうした複合的な参加形態も子から孫へと引き継がれていく中で、次第に家族単位での参加が中心に

なっていく。

さらに、参加者階層の変遷グラフに目を転じると、この第七次発掘から「幼児」の参加がわずかながら確認できる。「幼児」の参加は、実際の発掘調査への参加というよりは、親が発掘調査に参加する際に一緒に野尻湖を訪れ、そこで保育されていることを意味する。野尻湖発掘調査団の中には、係の一つとして「保育園係」が設けられた。このこともまた、家族単位での野尻湖発掘参加を裏付けている。

こうした家族単位での参加と共にこの時期の野尻湖発掘参加者に特徴的なのは、個人での参加である。会社員の女性が野尻湖友の会への勧誘パンフレットをきっかけとして野尻湖発掘へ参加したように、学校や家族といったつながりを持たない参加者が存在した。地学クラブに入らずに、個人で直接野尻湖友の会の活動に参加する事例は、組織的な背景を持たない参加形態という点でこの会社員の女性と共通する。そして、この段階でこの女性が指摘するように、新規参加者とそれまでの継続参加者の間に野尻湖発掘に対する認識の差異が生まれ始めていた。

このような野尻湖発掘内の新たな問題が生まれていた状況の一方で、昆虫化石の事例のような市民的な〈知〉が発掘調査・研究の内容を豊かにし、またそれまで蓄積されてきた〈知〉が足跡化石を前に再編成されるなど、学びや〈知〉の創出に変化が現れ始めたのが、この時期の野尻湖発掘の特徴でもあった。学校単位による、多くの児童・生徒の参加から家族単位を中心とする参加へと変化していったことは、子どもを介して、年齢や専門性の異なる大人を野尻湖発掘へと誘うことになった。こうした家族単位での参加者の増大は、間接的にではあるが、学びや〈知〉の創出の変化にも影響を与えていたのである。

## 5　長期参加者の出現と調査手法の精緻化、研究内容の高度化

野尻湖発掘は、実際には世代交代図では図示しきれない、多くの一度きりの参加者が存在している。第五次発掘から第七次発掘までは、野尻湖発掘を担う中核的なメンバーを除いて、多くの参加者は野尻湖発掘と短期的な関わりに

とどまる。しかし、この傾向は第八次発掘（一九八一）以降、徐々に変化していく。第七次発掘と全く同じ人数（二八九七人）が参加した第八次発掘における二回以上の参加経験を持つ参加者の占める割合は、四五・五％（一三一九人）に上昇している。これは、第七次発掘と比較すると約一〇ポイント上昇していることになる。調査回数が増えれば、必然的に野尻湖発掘の経験者数は増えるため、新しい野尻湖発掘ほど過去に野尻湖発掘に参加した経験を持つ人の割合は増大する。このため基本的に、第七次発掘より第八次発掘の方が、野尻湖発掘経験者が増える傾向にはある。それでも、第七次発掘での複数回の野尻湖発掘経験者が一〇三四人であったことと比較して、第八次発掘の一三一九人という数字は、リピーター数が急激に増えたことを示している。Figure 41（本書三三〇頁）からも第八次発掘は、第七次発掘と比較すると、参加と不参加を繰り返す参加者が少なく、継続的に野尻湖発掘と関わりを持つ参加者が多いことがわかる。

この背景には、野尻湖発掘のための準備イベントや地域単位での調査活動が行なわれたように、各地の野尻湖友の会の活動が活発化したことが関連していた。第七次発掘の段階で野尻湖友の会の活動は本格化していたが、阪神わかやま野尻湖友の会の「ナウマンフェスティバル」のように、野尻湖友の会による人的なつながりが多くのリピーターを生み出していった。この間に野尻湖昆虫グループのような、アマチュア研究者の視点を組み込みつつ、新たな研究領域が開拓されていった。

第九次発掘（一九八四）以降も、第八次発掘に現れはじめたリピーター率の上昇傾向は続いた。第九次発掘に二二三七人が参加し、そのうち複数回の野尻湖発掘経験者は四五・二％（一〇七四人）。第一〇次発掘（一九八七）では一九六九人のうち四九・二％（九六九人）、第一一次発掘（一九九〇）で一六七二人のうち四九・一％（八二一人）となっている。第一三次発掘（一九九七）で全参加者（八五五人）のうち五六・六％（四八四人）となり、半数以上がリピーターで占められる。さらに第一七次（二〇〇八）に至っては、七三二人の参加者のうち、リピーターが占める割合は八七・四％（六四〇人）にまで上昇している。全体の参加者数が減少したことに加えて、野尻湖発掘経験者が増えていくことで、野尻湖発掘は、野尻湖発掘経験者の全参加者に占める割合が増大する、いわば〝純化〟傾向にあると言える。

同様の傾向は、参加者階層の変遷からも読み取ることができる。第九次発掘頃を境にして、小中高校生の参加割合が減少していく。それに対して、「一般」の参加者が増えていく。この要因として、学生時代から野尻湖発掘に参加してきた人々が社会人になったのちも野尻湖発掘に関わり続けることで、野尻湖発掘参加者のうちで「一般」が占める割合が高くなっていくことが挙げられる。このようなプロセスの中で、野尻湖発掘リピーターの割合が増えていくと共に、高齢化が進行しているのである。

野尻湖発掘がこれまでのように自由意思によって誰もが参加可能な開かれた場であることに変わりがないものの、「足跡古環境班」の編成や「産状確認法」の導入といった、調査体制の整備や調査手法の精緻化があることはすでに述べたとおりである。長年にわたって参加してきた人々によって野尻湖発掘が運営されることは、調査手法が複雑化し、研究内容が高度化しても、それに対応できる人材が多く存在していることを意味している。しかし、それゆえに新規参入者が野尻湖発掘に参加しにくいという状況を生んでいる可能性がある。もちろん、学校単位での動員型の参加など、大量の参加者が見込まれるような参加形態が失われたことや、学校における教員や児童・生徒の研究活動の場が確保されにくいといった環境の変化もこの背景に存在するだろう。複合的な要因が重なって、単に参加者が減少しただけでなく、その参加者が過去の野尻湖発掘経験者で占められていく。

このような野尻湖発掘を巡る環境の中で、新たな世代が野尻湖発掘の中心的な担い手として登場する。これらの人々はこれまでと同様に、長期にわたって中心的な役割を果していく一方で、進学や就職を機に野尻湖発掘から遠ざかってしまう人々も現れる。社会教育的側面から野尻湖発掘の意義を問い直す時、重要なことは中心的な野尻湖発掘の担い手を生み出すメカニズムと同時に、参加の期間に関わらず、それぞれの生き方に何らかの意味をもたらしていることにある。第五次・第六次発掘で顕著に確認された動員型の参加形態であれば、もしかすると、参加者の人生にとってあまり大きな意味を持っていないのかもしれない。しかし、第七次発掘以後、科学的な関心や興味を動機として、家族や個人の単位で参加する人々が増えるに従って、野尻湖発掘において学術調査・研究に直接触れ、学んだという経験の生き方に対する意味は決して少なくないはずである。それは、結果的に古生物学や考古学に関連した業種に関わらずとも、生き甲斐を得るなど、人生を豊かにするための経験の一つとして参加者個人の中に生きている。

例えば、学生時代に野尻湖発掘に参加し、家業を継ぎながら、その後も野尻湖発掘に関わる参加者の事例があるように、職業や専門性とは別の次元でライフワークとして取り組むのが野尻湖発掘である。もちろん、それを趣味として一括りに論じることは簡単である。しかし、それが参加者個人にとって、生きる上で重要な学びであるならば、単なるレクリエーションや娯楽としての趣味とは一線を画す。

今日の埋蔵文化財保護行政における発掘調査が、記録保存に特化した現状に対して、教育行政的な側面から問い直すと、発掘調査をはじめとするフィールドワークが個人の豊かな人生に寄与しうる可能性を見出しても良いのではないか。現在の野尻湖発掘で参加者の〝選別化〟や〝純化〟が進行しているとしても、入退室の自由な間口の広さと、その先の研究活動にまで携わることのできる奥行きの深さは、社会教育的観点から肯定的に評価することができる。

## 第5節　小括――一九九〇年代以降の〈知〉をめぐる野尻湖発掘の変化

以上のような野尻湖発掘の五〇年間にわたる調査・研究の蓄積は、市民参加という面でどのように変化し、それは参加者にとっての学びに、いかなる意味を持ってきたのか。野尻湖発掘参加者のデータ分析から見えてきたのは、小中学生を中心とする参加者の急増とそれ以後の参加者数の漸減の中でリピーターの割合が増える〝純化〟と参加者の〝高齢化〟であった。その過程で学校単位による参加形態から家族単位や個人単位での参加形態への移行があった。それは必ずしも否定的な結果ではなく、参加者の感想をここに重ね合わせると、野尻湖発掘への参加が参加時期や参加形態に関わりなく、各参加者の生き方に何らかの意味をもたらしている可能性を読み取ることができた。

ここではさらに具体的な項目に応じて、野尻湖発掘を通史的に見ていくことにしたい。そのポイントは、①知識や技術の伝達方法は変化したのか、②市民の専門的な〈知〉は、発掘調査における立ち位置を変化させたのか、③運動論的性格の変化は、市民参加の変化とどのような関係にあったのか、という三つの点である。以下に順を追って考察することにしよう。

## 1　知識や技術の伝達方法は変化したのか

野尻湖発掘はその初期段階から信州大学、新潟大学、群馬大学といった、主に地質学や地学教育教員養成課程をもつ地方国立大学の教員や学生、その卒業生である初等・中等教育の教員が参加してきた。こうした人々は、それぞれの大学が所在する地域で団体研究と呼ばれる集団的な調査・研究活動を重ね、その研究の延長線上で野尻湖発掘に参加している。同時期に参加した考古学専攻課程を持つ大学関係者も、大学という単位で参加するという点では、地質学や地学教育課程をもつ大学関係者と同様であった。こうした初期段階での野尻湖発掘は、大学や高校、あるいは豊野層団体研究グループのような所属するコミュニティごとの調査に終始していた。

これに対して、第六次発掘ではラミナ掘りや層位掘りが導入され、生痕化石のような新たな資料やそれに伴う〈知〉が形成される。このような〈知〉の形成プロセスを可能にしたのは、専門別グループに見られる研究組織にあった。さらに、個人レベルでは、寝食を共にしながら、参加者各人の年齢や経験に合わせて割り振られた作業を通じて、発掘調査に必要な技術や知識を身に付けていく。このことで参加者の知識や技術レベルが一定程度保たれ、野尻湖発掘における新たな研究対象の発見や研究領域の開拓をさらに可能にしていた。

つまり、調査・研究のプロセスとそれを支える参加者への教育的プロセスは、野尻湖発掘において、それぞれ独立して存在するものではなく、相互補完的な関係にあると言える。このような調査・研究・教育の相互補完的関係はレイブとウェンガーによる、「正統的周辺参加論」で指摘された議論と関連する現象である(27)。しかし、正統的周辺参加論の問題は、抽象度の高いモデルとして提示されているために、新規参入者が中核的メンバーへと組み込まれていくプロセスが、その後どのように変化していくのか、あるいは変化しなかったのかといった時間軸が設定されていない点に課題がある(28)。では、野尻湖発掘の場合、一九七〇年代における新規参入者を受け入れ、育成し、やがて中核的な担い手へと転換させるシステムは、その後どのような形態となっていったのか。一九九〇年代から二〇〇〇年代にかけての資料からこのことを確認しておきたい。

### (1)学術的な〈知〉を形成するためのスキル

ここで、本題に入る前に、そもそも地質学や考古学における調査・研究コミュニティの中にあって、参加者間で伝達される学術的な〈知〉を形成するスキルとは何かという点を確認しておくことにしたい。本研究が発掘調査における社会教育的側面に注目する理由は、コミュニティを介した科学的な〈知〉がコミュニティの構成メンバーの間で共有されているからである。このことは、ほかの団体研究の経験談からも見て取ることができる。

学生時代の参加に伴う学びに関して、二〇〇六年に発足した「新潟平野西縁団研」に参加した男性は、次のように語っている。

> 調査を初めてすぐ、それまでの不整合とは別の不整合の存在が提案されました。ひとつの露頭を前にした半日におよぶ観察と議論の結果、当初の不整合面の位置は変更されました。「心ここにあらざれば見れども見えず」、「露頭は作るもの」を実践した結果です。同時にこの一部始終をみていた学生の目も変わりました。〝露頭がみえた〟瞬間でした。以後、「見れども見えず」は、学生との合い言葉になっています。(29)

ここでは特に「心ここにあらざれば見れども見えず」、「露頭は作るもの」といった表現に着目してみたい。まずは、「露頭は作るもの」という表現についてである。露頭にあらわれた地層の情報は、そのままでは研究の対象にはならない。観察者の議論や解釈といった科学的なプロセスを経ることによって、まさに〝創られる〟のである。このことは、考古学における発掘調査にも認められる。地中にあるモノをあるがままに掘り出すのが発掘調査ではなく、掘り出す過程で調査者の解釈や議論が重ねられることで、単なるモノが遺物や遺構、そして遺跡になるのである。これを山泰幸は遺跡化と呼んだ(30)。これに倣えば、単なる崖から研究対象としての露頭へと転換する行為を露頭化と言い換えることができる。

こうした露頭化や遺跡化に共通するのは、記述言語化された知識や技術の習得だけでなく、実際の露頭や遺跡を見る目を養う必要があるという点である。見る目を養うという行為は、目の前の露頭や遺跡と明文化された知識や技術を結びつけ、両者の間に合理的な説明を付与する過程で形成される。考古学の発掘調査における、遺構の覆土と地山の〝土の違いがわかる〟という現象とも類似している。

野尻湖発掘でも同様の現象が確認できる。二〇〇八年の第一七次発掘の中で、「リップルを水平面で切ったもの」が模様として掘り下げた平面から確認され、「断面のみではなく平面でも堆積構造を観察することができるほど」の地層を見る力を参加者が身に付けている(31)。これもまた、参加者が土壌の堆積状況を想定した上で、比較的わかりやすい断面だけでなく、水平面で堆積状況を理解していることの表れである。

つまり、調査・研究コミュニティにおいて、熟練者から未熟者へと伝達される〈知〉を形成するためのスキルとは、記述された言語だけでなく、露頭化や遺跡化のような非言語化された情報なのである。そして、この露頭化や遺跡化のスキルを基礎として学術研究が行なわれる。

### (2) 学術的な〈知〉を形成するためのスキルの伝達方法

では、こうした〈知〉を形成するためのスキルは、どのように人から人へと伝達されるのか。そこで第一に重要なのは、こうした露頭化や遺跡化ができるようになるには、一人では難しいという点である。例えばある男性は、次のように述べている。

独学で花粉分析や大型植物化石の同定や研究をすることは限界があると思います。論文や解説本を読んでも、具体的な分析方法について記載されていないことが多いのです。同定のポイントについても同じです。身近に専門の研究者がいなければ、みんなで研究しているサークルのような場に参加して学んだ方が、結局は効率的に良く学べると思います。(32)

このことは研究に必要な知識や技術の習得が、コミュニティへの帰属を前提としていることを示している。実際の露頭を前にして、それに対する自身の解釈の妥当性をはかるためには、その場を共有する他者との議論が不可欠である。その議論のプロセスを経て、知らず知らずのうちに見る目が養われていく。それを担ったのが、この男性の場合は団体研究であった。

このような集団的な調査・研究過程で、露頭化や遺跡化のためのスキルアップは、よりミクロな場面でどのように進行するのか。ここで、「心ここにあらざれば見れども見えず」という言葉に注目してみたい。参考になるのは「技術屋(エンジニア)の心眼」と呼ばれるものである。ファーガソンは、エンジニアが現場での実際の経験から生み出された非言語的な思考は、図像的なイメージによって具現化されることを指摘した。そして、図で考えるという視覚情報に基づいた非言語的思考は、徒弟制度的な環境等において、図を通じて親方から徒弟へと伝達されるのだという(33)。「技術屋の心眼」に倣えば、「心ここにあらざれば見れども見えず」といった表現に見られるように、地質学者の頭の中には、露頭を解釈するのに必要なイメージが存在し、これが露頭化の上で重要な役割を果たす。そして、非言語化された情報は、露頭という視覚情報を前に、熟練した研究者から未熟な研究者へと伝えられる。

ただし、繰り返しになるが、露頭を読み解くためには、言語化・非言語化された情報を単に誰かから教えられるだけでなく、フィールドワークという文脈に沿って、自らが解釈するという主体的な行為が必要となる。

ここで参照したいのは、生田公美子が「わざ言語」と呼んだものである。「わざ言語」とは、伝統芸能などの教授プロセスにおいて、記述言語や科学言語とは異なる比喩的な表現を用いた言語の存在を表現したものである。例えば、日本舞踊において適切な指示を師匠が弟子に行なう際には、「腰をもっと入れて」、「膝をやわらかく」といった表現を用いる。「腰の高さを何センチ位にして」、「膝を何度の角度にまげて」とは決して師匠は弟子に言わない。「わざ言語」は、比喩的な表現形式であるために、学習者である弟子は推論活動へ誘われる。比喩によって喚起されたイメージを自分の中で作り上げ、それを頼りに自分の知るべき「形」を身体全体で探っていくようになるのだと生田は言う(34)。

こうした日本舞踊で行なわれる学習形態は、一見すると学術研究の場とかけ離れているように思われる。しかし、学術研究の世界も決して記述された言語だけで成り立っているわけではない。少なくともフィールドワークを伴う研究活動においては、記述された言語で得られる知識を基礎として、露頭や遺跡といった文脈に即した推論が研究者に求められる。この推論活動を前提としなければ、「心ここにあらざれば見れども見えず」、「露頭は作るもの」といった比喩的表現は、学習者にとって意味をなさない。上述の男性が目にした現象とは、その作法をフィールドワークの中で先輩から後輩へと伝えたものであった。

集団的な調査・研究のプロセスにおいて、そこに参加する人々に〈知〉を形成するためのスキルが付与される。そこでは、記述言語のような明文化された情報だけでなく、実際の露頭や遺跡を前にそれを解釈するためのスキルが、メンバーに共有されているのである。そしてこうした環境が、最終的に学術論文の作成等の研究成果へとつながっていく。ただし、こうした露頭化や遺跡化のスキルは、学術研究の中でも高い次元に位置づけられるものである。このスキルを身に付けるまでには、より低次の段階にあるスキルの習得が必須となっている。

例えば竹下欣宏は、信州大学一年の春に地質学科の先輩たちによる地団研のガイダンスに誘われたことを契機として、松本盆地団体研究グループと八ヶ岳団体研究グループ、野尻湖発掘調査団に参加するようになる。この頃をふり返って、竹下は「地質学のことはよくわからないけれど、先輩たちに連れられて沢を歩き、露頭をよじ登ることだけでも私にはとても新鮮」であり、寝食を仲間や先輩と共にすること自体に楽しさが生まれたと言う。そして、「そんな楽しい調査の中で「初心者」だった私は、経験豊かな先輩たちから沢の歩き方や露頭での足場の切り方、さらには柱状図やスケッチなど地層の記録のとり方まで地質調査の「いろは」を教わることになる。竹下の卒業研究から博士論文までの研究の対象は、古期御岳火山で、「古い火山なので沢が深くてかなり険しいフィールド」であったが、この調査を団体研究が可能にした。「団研に参加することにより、知らず知らずのうちに鍛えられ、沢や崖の上り方が上達していた」ことは、火山研究とは一見無関係に見える「沢や崖の上り方」といった地質学固有のスキルを身に付けることが、個人の研究や学習を支えており、それは大学の研究室や団体研究といったコミュニティに帰属し、「先輩」から学ぶことで可能となることを意味している(35)。

このように、フィールドワークの最初の段階では「よくわからない」状態ながら、先輩たちと行動を共にする中で、「沢の歩き方や露頭での足場の切り方」といった身体的な技能を習得する。ここまでは、経験者から未経験者へ比較的定型化されたスキルが伝達される。こうしたスキルを基礎としながら、露頭を前にした議論への参加が可能になり、自分なりに露頭を読み解く作法が身につく。この段階で初めて、露頭を見る目が養われることになる。

上記に掲げた男性の経験では語られていないが、おそらくこうした調査の参加者は、段階的な役割分担に応じて、周辺的なスキルからより高次のスキル(心眼)を身に付けていくと推察される。ここまでが、大学教育やその卒業生による団体研究で行なわれる基本的なノウハウの習得過程である。

この調査・研究コミュニティを介した知識や技術の伝達は、一九七〇年代の野尻湖発掘でも確認できる。参加者は野尻湖発掘というコミュニティに属し、調査や研究に伴って発生する雑務をこなしながら、段階的に調査や研究に必要なスキルを身に付けていく。その手法は、地質学以外を専攻する学生や主婦、小学生といった、地質学研究者コミュニティの外部に従来位置づけられてきた人々を対象とする知識や技術の伝達にも応用されることになる。

そして、その回の発掘において、ある知識レベルにある者から下位の知識レベルにある者へ知識や技術が伝達されるというミクロな現象が存在すると同時に、回を重ねるごとに高校生から大学生、教員といった参加者の立場が変化する中で、持っている知識とその伝達対象が段階的に変化するというマクロな現象が併存している。これが、第六次発掘時点での知識や技術の伝達状況であった。

こうした状況は一九九〇年代に入ってからの野尻湖発掘でも確認できる。例えば、新潟県内の中学校教員である男性は、学生時代の一九九一年の第六回陸上発掘から継続的な参加をしてきた。そして、一九九四年の第七次発掘には教員となって初めて教え子と共に参加している。このような参加形態を可能にした要因には、「学生の頃先輩が教え子と発掘に参加している様子を見て、子供のイキイキとした表情が印象的で、自分もいつか子供といっしょに発掘に行きたい」と思い描いていたことがあった。そして、発掘調査に参加し、「実際に実物を前にしながら発掘する姿は「楽しみながら学ぶ」という、教室では教えられないこと」を実感する。さらに、男性は、「この「ともに学ぶよろこび」を忘れずに、育てながら、今度は湖底発掘には生徒と参加したいと考えています」と文章を書いている(36)。

この男性の行動は、野尻湖発掘に教員という立場で自校生徒と共に発掘調査に参加するというモデルが確立され、それが学生時代を通じて次の世代に継承されていることを示唆している。一定のモデル化が図られることで、学校単位での教員と児童・生徒の参加が継続される。野尻湖発掘における世代交代の内実は、主要な参加者が交替する中で、調査・研究に必要なスキルが野尻湖発掘というコミュニティを介して、継承される過程でもあった。

### (3) 九〇年代以降の参加形態の変化と調査・研究スキルの伝達

しかし、野尻湖発掘において、こうした教員と児童・生徒という学校単位での参加形式は、特に一九九〇年代後半以降、成立しがたくなっていく。その背景には、学校におけるクラブ活動の衰退や安全性への配慮から学校単位での集団的な野尻湖発掘への参加が見送られていることがある。

クラブ活動衰退の兆候は、すでに一九六〇年代後半には現れていた。例えば、都立高校の社会科教員であった椚《くぬぎ》國男は、クラブ活動を通じて自校の生徒と共に川口川下流域の遺跡群を二五年間にわたって調査してきたが中止している。進学の盛んな普通高校が先にクラブ活動の終止符を打つ一方、職業高校ではその後も高校生の発掘は続けられたが、「わが国の経済が高度に成長して高校生のアルバイトの需要が増した」一九七〇年頃から発掘参加者が減少し、「五、六年後には他校やＯ・Ｂの応援がなければ不可能になり、数年後ついに消滅」した(37)。進学率の上昇や社会経済の変化は、クラブ活動による発掘調査を衰退させていった。しかし、クラブ活動が衰退したとはいえ、フィールドワークによって地域の歴史や文化、自然環境を明らかにしたいと望む生徒が存在しなくなった訳ではない。

地団研三〇周年を記念して開かれた座談会の中で、司会を務めた男性は、高校教員としての経験から「私のところでも、地学クラブには、はいってこないけど、野尻湖友の会には参加するといった生徒がでてきたり」していると語っているように、学校のクラブとしての参加形態から個人ないしは家族単位としての野尻湖発掘への参加へと移行していった(38)。

一九六〇年代から一九七〇年代を中心に、児童・生徒・学生の野尻湖発掘参加を促してきた学校単位での参加というシステムが徐々に機能しなくなっていく中で、結果的にこれを補完するシステムとして機能したのが、野尻湖友の会や専門別グループであった。例えば、専門別グループの機能は、すでに述べてきたように、野尻湖発掘参加者を非専門領域から専門領域へ、団体研究から野尻湖発掘へと展開させていく機能を果たしていく。大学で化学を専攻した男性が「地学の分野に漠然とした興味があった」ことから団体研究の活動に参加し、その経験からやがて野尻湖珪藻グループに参加するようになっていったプロセスは、学校教育システムとは異なる、野尻湖発掘における人材育成形態の存在を裏付けている(39)。

同様に、大学時代に駿河湾団研に所属した男性は、この団体研究グループで花粉分析を専門とする先輩から花粉化石の面白さを教わっている。この先輩の薦めもあって、この男性は野尻湖花粉グループに入会する。そこでは、「博物館・大学の研究者、学校教員、コンサルタント会社の方、一般の会社員、大学生、大学院生、専業主婦」といった多様な人々に混じって、野尻湖の試料を使用して、花粉分析を行なうようになる。そして結果的に、花粉化石の同定や花粉ダイアグラムからの解析のノウハウを身に付けていく(40)。

学校単位での参加形態での変化に加えて、野尻湖友の会や専門別グループが野尻湖発掘での調査・研究に必要なノウハウの伝達システムとして重要な意味を持つようになるもう一つの要因は、野尻湖発掘における調査・研究の精緻化にある。具体的には、「層位掘り」と「ラミナ掘り」(第五次発掘)、「産状確認法」(第一五次発掘)といった新たな手法の導入には、調査参加者への周知が必要となる。

「層位掘り」と「ラミナ掘り」は、野尻湖友の会や専門別グループの活動を通じて、広く参加者に浸透し、人材育成と科学的な〈知〉の形成、そして調査の中心的担い手の創出という連環の形成に影響を与えていた。すなわち、考古学や地質学を大学で専攻していない参加者に調査手法関連の技術や知識を付与→新たな研究対象や研究領域の発見→彼ら(彼女ら)を新たな研究主体に据えるという一連の流れである。

この連環は、「産状確認法」の導入時期にも確認できる。調査手法が精緻化・複雑化する中で、第一七次発掘では、「産状確認法のような発掘方法は「子どもたちには難しいのでは」という意見も事前にありましたが、そのような心配は杞憂でした。一般の参加者の地層を見る目は、発掘の回を追うごとにぐんぐんアップしていたからです」といった効果が表れている(41)。

野尻湖友の会や専門別グループというコミュニティを介した参加者に対する調査手法の周知は、調査手法が精緻化・複雑化する中にあっても、第五次発掘における「層位掘り」や「ラミナ掘り」の段階と同様に機能していた。しかし、結果的にこのことが参加者の選別を生みだし、参加者数の減少の要因の一つになっている。端的に述べるならば、精緻化・複雑化した調査・研究環境に適合する者だけが、野尻湖発掘に継続的に参加しうる状況が出現したのである。

筆者の野尻湖発掘関係者からの聞き取り調査の中でも、「掘っても何も出ない」との理由で参加を嫌遠する人々が存在することが明らかになっている。「何も出ない」とは、掘っても遺物や化石が出土しないということを意味しているが、「何も出ない」という結果自体、遺跡の全体像を構成する重要な情報である。さらに、遺物や化石が出土せずとも、そこでの調査によって、地層の堆積状況や地形の変化をつかむことができる。もちろん、こうした学術発掘としての意義や野尻湖発掘に必要なふるまいを共有できた者だけが参加しうる傾向は、一九八〇年代までの野尻湖発掘の状況でも散見できるが、「産状確認法」に見られる調査手法の複雑化・精緻化に伴って、いっそう参加者の選別化が進行したのである(42)。

以上のような問題を今日の野尻湖発掘が抱えているとはいえ、社会における学びの選択肢の一つとして野尻湖発掘が存在し続けている意義は大きい。一部のクラブ活動の停滞に見られるように、児童・生徒が主体的・能動的に、容易に答えを見つけ出しにくい課題に取り組む活動が、学校教育での居場所を失い、結果的に学校の外側でその居場所を探さざるを得なくなっている。このことは、教員の研究活動と実物教育が連動していた信濃教育会の活動が、受験教育との齟齬をきたし、批判的に人々に受け止められていることとも共通する。学校教育の枠組みでは受けとめられない、児童・生徒・学生の科学的興味の受け皿としても野尻湖発掘は機能している(43)。

野尻湖発掘には、こうした学校教育とは別の児童・生徒による学びや研究のための場としての側面がある。もちろん、ここから今日の学校教育のあり方自体を議論すべきであるが、一方で、学校教育以外の選択肢としての学びや研究の場が社会の中に存在することの必要性をここでは強調したい。学校教育以外の学びと研究の場の一つが、社会教育であるならば、やはり野尻湖発掘に社会教育活動の場としての性格を私たちは認めざるを得ない。そして、野尻湖以外でのこうした受け皿の広がりを、例えば教育行政における政策的観点から今後議論する必要があるだろう。

ここまでをまとめると、精緻化・複雑化していった調査手法の参加者に対する周知は、それまでの学校単位での参加形態が失われる中で、野尻湖友の会や専門別グループといったコミュニティへ人々が参加することによって可能となってきた。しかし一方で、一九九〇年代以降の傾向として、調査手法の精緻化・複雑化によって、結果的にこれに適合できる参加者のみが選別され、学術調査の意義が一定程度理解しうる者だけが、野尻湖発掘という調査・研究コミュニティに帰属しやすくなっていく。このように均質化した集団において、遺跡化や露頭化に必要な知識や技術の伝達は、より効率的に行なわれることになった。

現在の野尻湖発掘が以上のような課題を抱えているとはいえ、発掘調査コミュニティが学術研究という目的のもとに学びの場として機能してきたことは、発掘調査が持つ社会教育的意義を示唆していることには変わりない。発掘調査が学術的な〈知〉の形成や失われる前に記録として遺す記録保存といった側面だけでなく、誰もが調査や研究に関わりながら学び、新たな〈知〉を形成しうる可能性を野尻湖発掘の事例は示している。そこでの学びとは、個人の教養の滋養といった狭い枠組みにとどまるものではなく、現在の社会環境、自然環境を捉え、その将来的な方向性を考えるための一つの枠組みを社会に提供するものである。

## 2 市民の専門的な〈知〉は、発掘調査における立ち位置を変化させたのか

野尻湖発掘という文脈に即した知識や技術の伝達方法の変化と密接な関係にあるのが、発掘調査・研究によって形成される〈知〉である。この〈知〉は、一九七三年の第五次発掘以後、非アカデミックな〈知〉が参加者によって野尻湖発掘に持ち込まれることで変化を遂げていく。

例えば、井尻正二は、「野尻湖では、刃物で切ったような切り口をもつ材幹がしばしば発見される。そして第五次の発掘で石器のナイフが発見されて以来、このような切り口をもつ材木は、いとも安易に人間による加工物というレッテルがはられがちになってきた」と第五次発掘の調査状況を語っている。これに対して「ところが山林労働者から、木というものは自然の折れ口でも、刃物で切ったような切り口になることがある、と教えられて、材木の化石のとりあつかいに注意深くなった」のだという(44)。

この井尻の指摘のように、現在の考古学が陥りがちな結論ありきの資料解釈という問題が、少なくとも第五次発掘の段階でも存在していた。このようなデメリットの一方で、専門性や経験則といった面で多様な人々を野尻湖発掘が

受け入れることで、複眼的な資料批判の可能性が生まれつつあった。もちろんこの発言にも、参加者の平等性を称揚しつつ、「大衆発掘」と称される非アカデミックな人々を発掘調査に受入れ、野尻湖発掘を科学運動へと昇華させようという井尻の思想的背景が介在していた。

こうした思想的背景を含みながら、市民の専門的な〈知〉は、野尻湖発掘における〈知〉の形成に大きな役割を果すことになる。その代表的な事例が、昆虫化石の発見であった。昆虫化石の発見は、アマチュア昆虫研究者の視点が野尻湖発掘に組み込まれたことと、「ラミナ掘り」のような調査手法の転換といった条件が重なることで実現した。結果的には、昆虫グループの活動は、古昆虫学の成立に寄与するだけでなく、新たに開拓された学問領域の担い手を育成していった。これが野尻湖発掘における〈知〉の形成をめぐる一九八〇年代までの動向であった。

これと一九九〇年代以降の動向を比較してみたい。初期の野尻湖発掘においては、学際性や領域横断化を目指しながら、実態としては個別の学問領域の集合体であった。これに対して、一九九〇年の第一一次発掘における「足跡古環境班」の設立は、単に同じフィールドに多分野の研究者が集う形態から、同じ資料に多分野の研究者の眼差しが注がれる形態への移行の兆しを物語るものであった。同じ資料を複数の研究者が触れ、議論を重ねるという調査形式は、発掘現場という文脈に即した〈知〉を形成していった。同時にその担い手とは、職業的研究者だけでなく、研究職以外の職種に従事し、地質学や考古学を中心とした様々な専門分野を持つ人々であった。つまり、多様なバックグラウンドを持つ人々によって持ち込まれた複数の専門領域が、足跡という共通の資料に注がれ、共同的な〈知〉の形成が可能になったのが一九九〇年の段階であった。

一方、他の遺跡から出土した石器の湖底遺跡への混入事件を契機として、二〇〇〇年の第一四次発掘における「たしかめ掘り」、二〇〇三年の第一五次発掘における「産状確認法」の導入が図られた。このことで、古汀線の復元のような新たな調査・研究成果を野尻湖発掘調査団は獲得することになった。湖底の地層特有の堆積環境を理解しうる参加者の育成を背景に、新たな調査手法の導入が実現し、それに伴う新たな調査成果を得たことは、結果的に昆虫化石の発見事例と共通した、人材育成→調査手法の周知→新たな〈知〉の創出というサイクルを実現したと言える。

こうした人材育成と学術研究のサイクルが連綿と引き継がれてきた一方で、一九八〇年代までと一九九〇年代以降の状況との間には、調査・研究に求められる知識や技術の水準に違いが存在した。一九八〇年代までは、調査・研究の内容と合わせて、必要な知識や技術の水準は必ずしも高いものが参加者に求められてはいなかった。それゆえに「山林労働者」が持つ、経験的に培われ、制度化されていない知識や智恵のような、市民の専門的な〈知〉は、野尻湖発掘に組み込みやすかったのである。

やがて、調査・研究が高度化・複雑化する中で、市民の専門的な〈知〉が野尻湖発掘に受け入れられ、新たな〈知〉の形成に寄与する場面が限定されていく。地団研の「僻地方針」やそれに連なる「大衆発掘」、「地元主義」といったスローガンは、制度化された〈知〉、すなわちアカデミズム化された〈知〉に対して、その対極にある職業的研究者以外の人々の〈知〉を尊重することに力点を置いていた。しかし、井尻正二や郷原保真のような、こうしたスローガンの主唱者の意図に反して、一九九〇年代以降の野尻湖発掘は、調査・研究体制が整備され、誰もが気軽に参加し、経験則に基づく制度化されていない〈知〉が容易に入り込む余地はあまり残されていない。例えば、足跡古環境班に構成メンバーの職業や専門性に多様性があるとはいえ、こうした人々は野尻湖発掘における〈知〉の創出方法の基礎を身に付けており、共同的な学術調査・研究に対する自身の専門性の活かし方を理解していることが前提となっている。

このような〈知〉を生成する場が制度化される中で、非アカデミックな〈知〉が学術研究における役割を変化させていくという現象は、野尻湖発掘に限定されるものではない。民俗学や考古学など、戦前には非アカデミックな〈知〉とアカデミックな〈知〉が交錯してきた領域で、次第に学術研究の体制が整備され、一九五〇年代頃までに非アカデミックな〈知〉が学術研究の発展に直接寄与できる余地が限られていく(45)。野尻湖発掘でも第四次発掘までの時期で、在野系の考古学研究者や地質学研究者が姿を消していくのは、こうした学問のあり方の変化と決して無関係ではない。

野尻湖発掘を中心的に支えてきた地質学もまた、アカデミズムの内側で学問としての体裁を整える中で、アマチュアの研究者が活動できる範囲は限定されてきた。一九六〇年代の時点で科学史家の中山茂が、地団研の団体研究を「ハンマー・クリノメーターと人海戦術という古風な方法では限界に来ている」として指摘しているのは、すでにこの頃、地質学界が必ずしもフィールドワーク偏重主義ではなくなり、学術的な成果を得るために莫大な研究費と巨大な実験装置を必要とする段階へと入っていたことを示しており、そこには自費で参加するアマチュアの研究者が容易に関与しがたい状況が生まれていた(46)。

一九九〇年代以降の野尻湖発掘における〈知〉の形成は、以上のような学術研究の状況と関連して、市民の持つ専門的な〈知〉を受け入れ、調査・研究の発展につながるというような、定式化されたプロセスの中で行なわれるものではなくなっている。〈知〉を形成する担い手が均質化、特定化されていく人材育成の側面と絡み合いながら、野尻湖発掘が受け入れてきた〈知〉もまた、野尻湖発掘という文脈により適合したものだけに限定されてきている。

それでもなお、野尻湖発掘においては、職業的研究者以外の人々が、直接的に〈知〉の形成に関与する機会は残されているのではないだろうか。初期段階を中心として存在した〝気軽な参加〟が難しくなっているとしても、市民の〈知〉が豊かな学術的〈知〉の形成に意味を持っていることには変わりはない。市民一人一人の視点から生まれた疑問や探究心は、特定の専門領域の視点からだけでは見えてこない側面を浮き彫りにする可能性を秘めている。

今日の埋蔵文化財行政における発掘調査は、考古学専攻者が担当職員として配置されることが少なくない。だが、このことは同時に、大学における考古学研究の基礎を持った人々の片寄った視点で、遺跡を評価・検証しているに過ぎない。考古学専攻者の視点から見えているものしか、見ていない可能性が高く、それ以外の遺跡が持つ多面的な情報が失われている危険性がある。しかし、少なくとも法的に発掘調査の手続きが踏まえられている限り、このことが問題になることは極めて希である。

このような状況であるからこそ、非考古学的、あるいは非職業的研究者としての視点が、特定の視点からだけでは捉えることのできない、より豊かな情報を遺跡から抽出できる可能性を持っていると筆者は強調したい。参加者の知識や技術を補う教育・学習システムが構築され、人々の学びを入口にしながら、市民の専門的な〈知〉を学術研究の場に盛り込むことが可能であるとすれば、そこから新たな〈知〉を形成し、より豊かな社会を切り拓くことができるはずである(47)。

### 3 運動論的性格の変化は、野尻湖発掘にどのような影響を与えたのか

地団研が一九五五年総会で掲げた「僻地の人たちとともに」と「編隊を組もう」という「僻地方針」と呼ばれる運動方針は、「最初は研究者が結集しましたが、運動をやっているうちに、全国民の中に運動を進めていきたいという気持ちになりますし、実際そういう方針だったのです」と井尻正二が言うように、段階的に科学を「大衆」と彼らが呼んだ人々に普及するものだった(48)。

しかし、この方針を地団研メンバーは、一九五八年の花泉遺跡の発掘調査に適用するなど、運動方針の具現化につとめることになるが、「〝僻地方針〟を実践して、労働者・農民とのむすびつきを実現しようと個人的に努力してきた経験はあるが、今日にいたっても地団研という組織としては、その面ではほとんど成功しなかった」のが実情だった(49)。

地団研の運動方針の具現化という課題は、一九七三年の第五次発掘以後の野尻湖発掘における参加者の年齢層の拡大や地質学・考古学以外の専門性を持った参加者の出現、野尻湖友の会や専門別グループといった組織再編と運営方法の見直しが図られるという現象面を前に、運動方針自体の転換を余儀なくされる。郷原保真の「大衆発掘」論で示されたように、一九七〇年代の野尻湖発掘での現象を前に、それまでの「僻地方針」における「普及活動に対して反省せざるを得なくなった(50)。同時に反体制・反権力といったイデオロギーで乗り越えるべき対象の喪失とも関連して、そこで生み出されたのが「地元主義」や「大衆発掘」であった。

その中でも「大衆発掘」は、参加者の自発性や主体性の発露を称揚しようとする井尻や郷原の意図が組み込まれたものであったが、必ずしも自発的・主体的な参加ばかりではなく、むしろ学校行事に伴う動員としての参加形態が存

在した。しかし、こうした参加形態も一九八〇年代以降、学校単位での参加自体が減少する中で失われていく。

同時に、一九八〇年代という時期は、地団研初期からのメンバーが、運動論的な枠組みで積極的に野尻湖発掘を評価しなくなる時期でもあった。井尻が「日本人っていうのは生活の中に科学がない」というような従来の科学観を保持し続ける一方で、「私はもう七〇才だよ。難しいことばかり言っていると息が切れてしまうよ」と語り、「ここ（野尻湖）は、（科学運動の）底辺を広げるためにやっているのだから、楽しくやるということに主眼を」置くような境地に至っている(51)。

こうした野尻湖発掘における思想史上の変化は、その思想的源泉であった地団研の姿を逆照射することになる。酒井潤一が「野尻湖発掘調査団の若い人たちが生き生きしているのはなぜかという点を、今度は、地団研がぜひ研究してみていただきたいと思います」と語るのは、野尻湖発掘を通した地団研観であった。この野尻湖発掘の立場から地団研を評価しようとする試みは、この両者の活動実態にズレが生じてきたことを物語っている。参加者数が一九七〇年代中頃を境に漸減しているとはいえ、一九八〇年代に入ってもなお小学生から大人に至るまでの参加者を得て、第一一次発掘の「足跡古環境班」の活動に見られるような新たな〈知〉が創出される状況は、従来の運動論とは別の次元の学術的営為としての市民参加のかたちを野尻湖発掘が体現していったことを示していた(52)。

これまでの戦後日本における科学史研究の中心の一つは、マルクス主義科学史観による自然科学研究への影響を分析することであった。例えば、スターリンのお墨付きのもとでメンデルの近代遺伝学を否定し、獲得形質の遺伝を訴えたルィセンコの学説が、戦後日本の民科系研究者を中心に熱狂的な支持を受け、論争を巻き起こすことになった。中村禎里は、このルィセンコ学説をめぐるイデオロギー対立の全体像を描き出している(53)。また、泊次郎は井尻を中心とする地団研の活動が、地団研の思想と相容れないプレートテクトニクス論の日本における受容を遅らせたとする(54)。

一見、中立的に見える科学というものが、イデオロギーや時代的な背景に大きく左右され、異なる立場や意見が捨象される。そこでは、科学的な正しさよりも政治的な正当性が優先されることがある。こうした類の現象は、左翼思想と自然科学の関係にのみ存在する訳ではない。二〇〇〇年に発覚した前期旧石器の資料捏造事件では、新聞報道でこの事件が世間に知られる以前から、石器の捏造を指摘する少数の意見や批判が存在したにもかかわらず、学界は無視し続けてきた(55)。前期旧石器が存在するという結論ありきの大多数の声は、それを批判的に検証しようとする少数派の声をかき消すのに十分であった。

このようなイデオロギー対立構造や学問の政治性を分析することは、科学とは何か、学問とはどうあるべきかといったテーマの中で重要な視座であることには違いない。しかし、同時にこうした議論は、学界という社会の中でも特殊なコミュニティの中の、さらに特定の人物や集団間の論争に過ぎないとも言える。この対立構造や政治性だけをもって、科学と社会の関係が歪められたとみなすことはできないのではないか。同様に、これまでの市民参加型発掘調査が、思想的な背景を伴っているという部分だけをもって、文化財保護行政とは相容れないもの、文化財保護行政が参照すべき部分が無いものとしてみなすこともできないのではないだろうか。

このように筆者が捉える論拠は、野尻湖発掘が科学運動と呼ばれる左派系イデオロギーの影響を受けているとはいえ、一方で必ずしもその思想に共感した人々だけでなく、思想的な背景を持たず、太古の自然環境や人類を含めた動植物の生態を純粋に解明しようとする人々が参加してきた発掘調査であったという二面性にある。別の言い方をすれば、コミュニティを介した〈知〉を形成する人々への教育的効果とその先に連なる市民の専門的な〈知〉の学術研究への組込みといった、野尻湖発掘の利点それ自体が、「僻地方針」や「大衆発掘」という言葉で表されるようなイデオロギーの具現化という側面があることも否めない。しかし、そこに参加する人々は、このイデオロギーへの共鳴者であるとは限らないのである。

つまり、思想的な影響を受けた側面と影響を受けていない側面などというものは、単純明快に切り離して論じることはできない。常に新規性や革新性が謳われ、前時代の文化をその後の文化が乗り越えるかのような言説が、特定の思想的背景の中で流布されることがある。だが、実際には前時代の文化的な基盤の下に、これを換骨奪胎しながら、全く新たな文化が形成されているかのような外装が施されているに過ぎないのもまた事実である。そして、そこに参加する人々の実態は、こうした思想的背景に寄り添う存在とは限らない。

それは野尻湖発掘の形成過程でも確認することができる。野尻湖発掘では、地団研の「大衆」参加によるフィールドワークの新規性・独自性が地団研メンバーを中心に強調された。しかし、時代をさかのぼると、近代以降、信濃教育会所属の教員が調査・研究組織を形成し、そこに実物教育を意識して、教え子である児童・生徒を組み入れてきたローカルな研究史や教育史の系譜が存在してきた。この二つの系譜の上に成立している野尻湖発掘は、決して特定のイデオロギーが標榜され、前時代の文化を完全に否定したところで成立しているわけではない。フィールドワークを特定の思想的背景を持って評価しようとするのは、そこに参加する人々の一部であって、一方で全く異なる考え方や視点を持って参加する人々が存在する。そして、その割合は、時代とともに変化を遂げている。

今日の野尻湖発掘とは、たしかに運動論的な側面が退潮し、市民の手による調査・研究活動としての側面が前景化しているのだが、だからと言って、過去のイデオロギーに基づく運動論が完全に消失したわけではない。むしろ、こうした運動論的系譜が、例えば「新しい公共」論のような、それまでの運動論的系譜とは一線を画して、人々の直接参加を称揚するようなイデオロギーと交差しながら、今日的な市民参加論を形成している[56]。「大衆」が主体となった科学運動と「市民」主体の生涯学習とは、あらゆる人々が「主体」になるという点で重なり合う。

例えば、「野尻湖大衆発掘の最大の特徴は市民による「大衆発掘方式」だ」という表現は、「大衆発掘」という従来の野尻湖発掘を支えてきたイデオロギーの痕跡を残しながら、その担い手を「市民」とする[57]。今日の市民参加論と呼ばれるものは、突如として新たに生みだされた概念ではなく、それまでの様々な思想的系譜が積み重なった上に成り立っているのである。

このように市民参加論を支えてきた思想的な源流を見直すと、単純に思想的な側面だけをもって、私たちが見るべきものとそうでないものとを選り分けてしまうことが、いかに危険であるのかを痛感させる。市民の直接的な関わりがあるとはいえ、そのすべてが〝美しい物語〟であるとは限らない。翻って、今日の市民参加による文化財保護行政が、市民主体の文化財保護として称揚してしまう前に、そこで立ち止まって問い直すことが必要である。この問い直しにあたって、野尻湖発掘のように特定の思想的背景を持ちながらも、それとは別に存在してきた市民の調査・研究活動における主体性や能動性の意味は、市民の主体的な関わりとしての文化財保護行政における市民の主体性や能動性を問う上で、有効性を失ってはいないのではないか。

むしろこれまで見てきたように、知識や技術をコミュニティの中で共有しながら、職業的研究者と共に非職業的研究者である市民の視点を盛り込むことで、新たな〈知〉の領域を切り開いてきた野尻湖発掘のシステムは、今日の文化財保護行政を社会教育的視点で捉える際に、重要な意味を持つ。多くの文化財保護行政における市民参加型のイベントでは、リピーターの存在を重視するよりは、広く市民に参加の機会を提供しようとする。そこでは、コミュニティとしての成長は想定されず、表面的な知識や技術は専門家である自治体職員側から一方的に伝達される形式になりやすい。しかし、フィールドに即した〈知〉の形成とそれに必要な知識や技術の共有は、野尻湖発掘が示す通り、一定のコミュニティへの継続的な帰属が効果的である。なぜならば、文字化された情報だけでなく、「わざ言語」のような、推論を伴う解釈が必要とされる場面が発生するために、一度や二度の参加体験では賄いきれず、長期にわたって調査・研究活動に関わる中で段階的に習得される必要があるからである。

もちろん野尻湖発掘がそうであるように、市民参加型調査の参加者全員が研究者になるわけでない。だが、自由意思に基づいて、学びや科学的な探求が継続的に可能な〝奥行きの深さ〟もまた、野尻湖発掘にあって、今日の文化財保護行政に欠けている部分である。自治体が市民の主体性や能動性を称揚しながら、その内実は調査や研究の根幹に市民が関わることなく、表層的な市民参加に終始している場面が少なくないことを考えれば、野尻湖発掘の〝奥行きの深さ〟を今日の文化財保護行政に用意することもまた必要ではないか。

以上のように、野尻湖発掘においては、調査手法の精緻化・複雑化によって、参加者の選別化が進行した。これに伴って、野尻湖発掘が受け入れうる〈知〉もまた限定化されてきた。こうした問題を抱えつつも、連綿と引き継がれてきた思想的背景を底流におきながら、野尻湖発掘は学術調査・研究活動、子どもから大人までの学びの場としての性格を前景化させている。

では、こうした野尻湖発掘が歩んできた道程は、遺跡地の地域社会とどのような関係を構築してきたのか。そして、その歩みは、地域社会にどのような変化をもたらしたのか。こうした問題に答えるために、次章では野尻湖発掘の過程で生み出されていった博物館活動の分析を試みることにしたい。

**注**

（1）矢口裕之「第六回野尻湖陸上発掘おこなわれる―二〇日間の発掘で、大きな成果があがる―」『そくほう』四五一号（一九九一年一一月号）、四頁

（2）酒井潤一「反省と今後の方向」『野尻湖ニュース』、一九九一年

（3）野尻湖発掘調査団『野尻湖ニュース』八二号、一九九四年三月二五日

（4）細川学「野尻湖人にあと一歩―第七回陸上発掘―」『そくほう』四八四号（一九九四年一一月号）、五頁

（5）木村衡「市町村における文化財保護行政と地方史――遺跡をめぐる問題を例に」『地方史研究』四六巻四号、一九九六年、六一―六四頁

（6）中野敏男『大塚久雄と丸山眞男―動員、主体、戦争責任―』青土社、二〇〇一年。渋谷望『魂の労働――ネオリベラリズムの権力論』青土社、二〇〇三年

（7）津金達郎・野尻湖発掘調査団「第一二次野尻湖発掘の地質学的成果」『日本地質学会学術大会講演要旨』一〇一号、一九九四年、七二頁

（8）深澤科子「野尻湖人類考古グループの夏の陣　解体痕の実験」『そくほう』四七三号（一九九三年一一月号）、六頁

（9）細川学、前掲誌（4）、五頁

（10）大金斉「「重要品がいっぱい」――第一三次野尻湖発掘への参加報告」『そくほう』五一二号（一九九七年五月号）、六頁

（11）野尻湖発掘調査団「第一三次発掘の成果を訂正」『そくほう』五一七号（一九九七年一一月号）、一〇頁

(12) 安達春香「第一四次野尻湖発掘、盛況！」『そくほう』五四五号（二〇〇〇年五月号）、三頁
(13) 野尻湖発掘調査団「第一五次野尻湖発掘の概要と成果」『野尻湖ナウマンゾウ博物館研究報告』第一四号、一九九七年、一―一二頁
(14) 赤羽貞幸『野尻湖ニュース』一一二号、二〇〇〇年一〇月二六日
(15) 郷原保真「科学運動としての大衆発掘」『日本の科学者』一四巻一〇号、一九七九年、一一―一八頁
(16) 野尻湖発掘調査団「第一六次野尻湖発掘の概要と成果」『野尻湖ナウマンゾウ博物館研究報告』第一六号、二〇〇八年、一―一六頁
(17) 内山美恵子「第一六次野尻湖発掘の成果とその魅力」『そくほう』六一一号（二〇〇六年五月号）、六頁
(18) 内山恵美子「化石と地層の関係がみえてきた―第一七次野尻湖発掘の報告―」『そくほう』六三三号（二〇〇八年五月号）、五頁
(19) 竹下欣宏「第一八次野尻湖発掘行われる」『そくほう』六五六号（二〇一〇年六月号）、四頁
(20) 参加者の階層については、野尻湖発掘調査団『一万人の野尻湖発掘』築地書館、四七頁などにおいて、第一〇次発掘までは断片的にしか公開されていない。第一一次発掘以後は、調査報告の中で参加者の階層が記載されているため、これを用いた。
(21) 地学団体研究会『国土と教育』臨時創刊号三五号、一九七五年、一三頁。見田石介との野尻湖発掘での回想というかたちのコラムでふれられている。
(22) 間島信男「大島浩さんを偲ぶ」『化石研ニュース』九〇号、二〇〇五年、http://www.geocities.jp/tepkun/news/news90.html（二〇一七年三月五日最終確認）
(23) http://blog.livedoor.jp/driver00/archives/1976754.html（二〇一七年三月五日最終確認）
(24) 野尻湖発掘調査団『一万人の野尻湖発掘』築地書館、一九八六年、四二―四五頁
(25) 地学団体研究会「大きく輪がひろがった野尻湖発掘」『そくほう』三〇四号（一九七八年五月号）、六頁
(26) 野尻湖発掘調査団「親子三代で野尻湖発掘」『野尻湖新聞』八号、第四回陸上発掘、一九八五年八月一〇日
(27) Lave, J. and Wenger, E. *Situated Learning: Legitimate Peripheral Participation*, Cambridge University Press, 1991.（佐伯胖訳『状況に埋め込まれた学習―正統的周辺参加』産業図書、一九九三年）
(28) 福島真人『暗黙知の解剖――認知と社会のインターフェイス』金子書房、二〇〇一年、一一五頁
(29) 久保田善裕「将来へ花咲け！団研法―とくに学生・若手会員のみなさんへ―」『そくほう』六二四号（二〇〇七年七月号）、一頁
(30) 山泰幸「遺跡化の論理―歴史のリアリティをめぐって―」『文化遺産と現代』同成社、二〇〇九年、七七―一〇七頁
(32) 内山恵美子、前掲誌（18）、五頁
(32) 此松昌彦「花粉化石や植物化石をもとにした古環境解析の学習法」『団研ニュース』一五号（二〇〇四年一一月号）、二頁

（33）Ferguson. S. Eugene. *Engineering and the mind's eye*, The MIT Press, Cambridge, MA, 1992.（藤原良樹・砂田久吉訳『技術屋の心眼』平凡社、一九九五年、一九五―一九九頁）

（34）生田久美子『「わざ」から知る』東京大学出版会、一九八七年、九四―九八頁

（35）竹下欣宏「団研の魅力―これまでの経験が役立っていること―」『そくほう』六二三号（二〇〇七年六月号）、一頁

（36）細川学「生徒と共に参加して」『野尻湖ニュース』九八号、一九九七年一〇月一五日

（37）椚國男『高校生の発掘―川口川下流域遺跡群二五年間の調査―』揺籃社、一九九五年、一八頁

（38）地学団体研究会「これからの地団研がめざすもの（座談会）」『みんなで科学を――地団研三〇年のあゆみ』大月書店、一九七八年、一八七頁

（39）宮川勝「野尻湖発掘での珪藻分析の経験から」『地学教育と科学運動』一七号、一九八八年、四九―五〇頁

（40）此松昌彦、前掲誌（32）、二頁

（41）内山恵美子、前掲誌（18）、五頁

（42）大森昌衛が座談会の中で、「第七次発掘の時に参加費を少し値上げしたのです。そうしたらある大学の学生が、学生の小遣いでは無理だという批判を出したのです。その時には、無理なら来なくても良い、要するにこれだけ出しても意味があるから皆くるのであって、高いという不満があるならあなたは来なくても、やりたいという意欲がある人が自腹を切って参加するという気持が大事であるということで、その意見は却下されたということがあるのです」と語っているように、一九七〇年代においても野尻湖発掘独自のふるまいが参加者に求められていた。麻生優・井尻正二・大森昌衛・仁科良夫・亀井節夫「〈座談会〉科学研究と国民の接点」『日本の科学者』一四巻一〇号、一九七九年、五三七―五五〇頁、日本科学者会議

（43）児童・生徒が自主的に野尻湖発掘に参加するとはいえ、低学年になるほど、当然保護者の手厚いサポートが必要になってくる。児童・生徒の学びや研究に重要なのは、こうした子どもたちをサポートできる保護者の意識や行動である。研究や教育に対する意識の高い保護者の子どもが、親子での野尻湖発掘参加を支えているのである。その中でも、親が学生時代に野尻湖発掘に参加し、その後自身の子どもを連れて再び参加し、その子どもの学びや研究をサポートする形態は、親の教育環境が子どもの教育環境に影響を与えているという点で、ブルデューの文化的再生産ともつながる現象である。Bourdieu, Pierre. / Passeron, Jean-Claude. *La Reproduction : éléments pour une théorie du système d'enseignement*, 1970.（宮島喬訳『再生産――教育・社会・文化』藤原書店、一九九一年）

（44）井尻正二『井尻正二選集第八巻』大月書店、一九八三年、一六八―一六九頁

(45) 民俗学の場合、アカデミズム化を取り繕う中で、多様な民俗学が切り捨てられ、単純化・画一化されていったという。岩本通弥・菅豊・中村淳編著『民俗学の可能性を拓く「野の学問」とアカデミズム』青弓社、二〇一二年

(46) 中山茂「国民のための科学と僻地方針　民科への反省と評価」『日本読書新聞』一九六六年六月一三日号

(47) 東日本大震災に伴う福島第一原子力発電所の事故を契機に、市民が放射線を測定し、結論を下そうとする動きがある。科学における市民の直接関与が容易ではなくなっているとはいえ、市民の視点から科学的な結論を導き出すことは、可能である。職業的な研究者とは別の視点から批判的に検証したり、あるいは特定の地域に即したきめ細かい情報を得たりするといったメリットが、現在の市民調査にもある。そこでも、野尻湖発掘の学びと科学的な〈知〉の形成システムは、参照枠としての意味を持つと考えられる。

(48) 井尻正二・大森昌衛「戦後の科学技術者運動－一〇－地学団体研究会と民科－下－」『技術と人間』六－三、一九七七年、一五二－一五九頁

(49) 地学団体研究会・小林英夫『科学運動』築地書店、一九六六年、三三一四頁

(50) 郷原保真・野尻湖発掘調査団「第六次発掘の経験」『そくほう』二七二号（一九七五年五月号）、一頁

(51) 野尻湖発掘調査団「井尻正二さん直撃インタビュー」『野尻湖新聞』通号七四号、一九八一年四月一日

(52) 酒井潤一「野尻湖発掘25周年祝賀会開催される」『そくほう』三九九号（一九八七年二月号）、四頁

(53) 中村禎里『日本のルィセンコ論争』みすず書房、一九九七年

(54) 泊次郎『プレートテクトニクスの拒絶と受容――戦後日本の地球科学史』東京大学出版会、二〇〇八年、二二九－二四〇頁

(55) 竹岡俊樹は、前期旧石器捏造事件が発覚する以前からこの問題を指摘していた考古学者の一人である。竹岡俊樹『考古学崩壊　前期旧石器捏造事件の深層』勉誠出版、二〇一四年

(56)「新しい公共」とは、野島正也の言葉を借りれば、「いままで行政が主体となって進めてきた地域の公共（公益）を市民が主体となって進めることで、それぞれの地域にふさわしい幸せのカタチを作り上げていくというもの」である。野島正也「公民館の役割と機能」『新訂　生涯学習概論ハンドブック』国立教育政策研究所社会教育実践研究センター編、二〇〇九年、九三頁

(57) 今日、このように「市民」と「大衆」は混用されていることが少なくない。朝日新聞夕刊『昭和史再訪』、二〇一一年三月二六日

# 第8章　野尻湖発掘から博物館活動へ

野尻湖発掘に見られるような市民参加型の発掘調査は、参加する人々の教育・学習の場として機能しつつ、科学的な〈知〉の形成へとつながっている。半世紀にわたる野尻湖発掘参加者の試行錯誤の積み重ねで、こうした環境が構築されてきたことは、すでに述べたとおりである。一方で、地団研メンバーが調査地の人々との信頼関係構築が調査の成否に重要な意味を持っていると捉えてきたように、組織運営の独自性を保持しつつも、関係する地元自治体や地元住民との関係を野尻湖発掘の調査者は重視してきた。

この野尻湖発掘が地域社会との関係性を具現化したものが、一九八四年開館の野尻湖博物館（現野尻湖ナウマンゾウ博物館）である。遺跡地の資料を遺跡地で保管し、その研究センターを設立しようとする思想を基礎としながら、野尻湖発掘はその当初から博物館建設の計画が調査団や地元自治体、地元住民の間で模索されてきた。多くの公立博物館が、設置主体である自治体主導のもとで計画・設置され、地域社会とあまり密接な関係を構築できていない状況を考えれば、市民の様々な関わりの中で生まれた野尻湖博物館建設の事例は、地域社会と博物館の関係を問い直す上で興味深い。特に、社会教育施設の一つである公立博物館が、市民の主体的・能動的な科学的〈知〉の形成活動と地域の社会教育行政との関係に何らかの影響を与えているとすれば、本研究が埋蔵文化財行政の社会教育的可能性を見出そうとする際にも示唆を得ることができるはずである。このような視座に立って、本章では野尻湖博物館建設史を分析することにしたい。

なお、分析にあたっての視点としては、①思想的な系譜と博物館建設に関わる人々の実像、②〈知〉の形成と共有という市民参加のメリットが博物館建設に与えた影響、③市民参加型発掘調査と地域文化の関係に対する博物館の役割、④遺跡地の地元自治体の役割、⑤市民参加型調査・収集・展示の場の広がりを設定し、論じていくことにする。

## 第1節　遺跡地に博物館を建設する思想の源泉

発掘調査によって得られた資料を保管・管理し、地域研究の資源とするため、遺跡地に博物館を設置しようとする試みは、関東ローム研究会と信州ローム研究会による一九五八年の岩手県花泉遺跡の発掘調査でも行なわれた。ほぼ同時期に実施された、信州ローム研究会による長野県男女倉遺跡の発掘調査においても、同様の内容が調査者によって語られた。野尻湖博物館建設に直接つながる思想の源泉は、この二つの発掘調査において確認することができる。

一九五八年における岩手県花泉遺跡の発掘調査は、「花泉新生代研究会」と「関東ローム研究会と信州ローム研究会」によるものであった。二つの団体がほぼ同時期に同じ遺跡で発掘調査を実施した背景には、「関東ローム研究会と信州ローム研究会」側のこれまでの花泉層の年代観に対する反証のための資料を得るという学術的意図があった。実際に、「関東ローム研究会と信州ローム研究会」では、調査終了後にスウェーデン地質調査所放射性年代測定研究所へ放射性炭素による年代測定を依頼し、その結果から花泉層の年代をこれまでの洪積世後期から後期ウルム期であるとの結論に達している(1)。

他方で、思想的背景がこの発掘調査には存在した。すでに述べたように、この思想的な背景とは、第一に調査対象が遺跡地の人々の生活や地域史に密着する「第四紀層」であるために、現実の地域課題と照合しながら、その成果を遺跡地の人々に直接的に還元可能であること、第二に作業分担に伴う階層分化はプロレタリアートとブルジョアという構図に当てはめやすく、この境界を打破しようとする運動論と親和性を持つこと、第三に調査成果を従来のような調査者が所属する大学や博物館に持ち去るのではなく、遺跡地の人々に寄り添って、出土した資料を遺跡地に置き、博物館などの展示・研究拠点を構築しようとするものであった。この発掘調査における理念は、博物館建設として具現化はできなかったが、郷土教育や社会教育という観点から発掘調査の成果を地域に還元するという思想は、その後も生き続けることになる。

男女倉遺跡の発掘調査も同様のプロセスを経ている。男女倉遺跡は一九五七年に信州ローム研究会の手で発掘調査が実施された(2)。この調査は、職業的・非職業的研究者が入り交じり、考古学や地質学といった複数の学問領域にわたる研究者によって学際的な性格を帯びていた。ローカルな調査史としての位置をこの発掘調査が占めていると同時に、調査地に資料を置き、自由な研究が可能な環境をつくることが調査者に企図されていた(3)。

博物館建設につながっていくこうした思想は、遺跡地における新たな生業への試みとも共通していた。主要産業の衰退を前に水稲耕作への期待が遺跡地の住民の間に強いことを、幻燈会などを通じてローム研究会のメンバーは知ることになる。そこで、ローム研究会メンバーは、「部落の生産をさかんにするため「サル智エ」を提供」した(4)。寒冷地では当時難しいとされていた水稲耕作は、地団研のネットワークを介して高冷地でも栽培可能な種子を取り寄せ、先進地への視察を実現したことで実現に至った。博物館を遺跡地に設立しようとする思想と遺跡地の農業振興とは、発掘調査者が遺跡地の人々や社会に貢献しようとする「僻地方針」と共通の思想的基盤の上に成り立っていた。それゆえに、地団研メンバーを中心とした男女倉遺跡の調査に関わった人々にとって、両者は整合性を持って受け止められていた。

発掘調査によって得られた資料や〈知〉を遺跡地に置き、教育や研究のための拠点を設けようとする博物館建設運動は、花泉遺跡や男女倉遺跡の発掘調査だけに限ったことではない。その地域で得られた知的資源が大学や博物館といった機関によって持ち去られ、遺跡地の人々に共有されないことへの批判は、調査という場面で共通して発生していた。

花泉遺跡や男女倉遺跡の発掘調査では、こうした遺跡地の「被害」問題に対して、運動論で調査者が解決しようとしたところに特徴があった。結果的に、この運動論は博物館建設へ結実しなかったが、背景には、調査する側の成果を調査対象地の人々に還元しようとする図式と実際の調査地の現状とが乖離していたことがあった。調査者が調査によって得られた〈知〉を、それを持たない遺跡地の人々に分け与えようとする運動論の内容自体が失敗の原因にあった。

しかしながら、こうした前例の上で、運動論的な系譜上に位置する野尻湖発掘が現在まで継続され、そこで培われた成果を収蔵・展示し、教育や研究の拠点としての博物館建設が実現した要因は一体どのようなものだったのか。野尻湖発掘開始段階から野尻湖博物館建設史をたどってみたい。

## 第2節　野尻湖発掘の開始と博物館建設の思想

花泉遺跡や男女倉遺跡の発掘を支えた「僻地方針」に基づく博物館建設運動は、関東ローム研究会や信州ローム研究会に所属したメンバーが、一九六二年から開始される野尻湖発掘に参加することで、継続されることになる。

第一次野尻湖発掘では、花泉遺跡発掘調査の参加経験を持つ亀井節夫が、調査終了後に信濃町長宛ての書簡で次のような方針を提示し、その内容は公民館報に掲載され、信濃町民に周知された。

> 発掘された化石などの学術資料は、研究発表されたあとは、信濃町の財産とし、また、後世の研究者の便宜のために、さらには、野尻湖を訪れる人たちに郷土の歴史を知ってもらうためにも、十分な保管施設のもとに、現地に保存すること。(5)

花泉遺跡や男女倉遺跡の発掘調査における経験とそこで試みられてきた思想の具現化は、野尻湖発掘の当初から試みられた。特徴的なのは、博物館という建物自体の建設を急がず、調査者と遺跡地の人々との間に信頼関係を構築することに力点が置かれていたことにある。こうした信頼関係の構築の上で、発掘調査の成果を遺跡地に還元しようとする調査団の考えは、少なくとも博物館建設に至るまで継続されることになる。

しかしながら、第一次~第四次発掘までの野尻湖発掘の初期段階においては、考古学者は杉久保遺跡、地質学者は立が鼻遺跡といった、学問分野別の棲み分けがなされていたように、組織全体としての統一的な運営が行なわれていなかった。このため地団研メンバーとして「僻地方針」を意識していた人々以外にとってみれば、遺跡地における博物館建設運動という理念が必ずしも理解されてはいなかった。実際に、信濃町民と野尻湖発掘参加者との間で、博物館建設に関わる動きは、最初の発掘で公民館報に博物館の必要性を示唆する記事が掲載されている以外、目立ったものは確認できない。

## 第3節　野尻湖発掘の再開と博物館建設への機運の高まり

博物館建設への機運が高まるのは、一九七三年の第五次発掘開始直前の時期である。第一次発掘から第四次発掘まで調査に参加してきた上水内北部高校の教諭によれば、一九七二年に野尻湖畔の小学校移転に伴い、その跡地に公民館が建設されることになった。そこで、この一階部分に大規模な展示コーナーを設け、野尻湖発掘によって得られた資料を展示するという話が地元住民からもち上がった。しかしその後、「歴史資料館としての国の補助金をもらって、不要分は野尻区と観光協会で負担し、別館として公民館の敷地内に建設した方がよいのではないか、その方が管理もゆきとどき保管するにもよいのではないか」という内容に変容していく(6)。

一方、当時の野尻湖区長はこの「資料館」建設の議論を受けて、「資料館(博物館)については費用もかかるのですが、学者の皆さんによって研究されたものを現地に展示出来るとすれば、地元として出費するのにやぶさかではありません」として、「資料館」建設に向けて前向きな姿勢を示している。その上で「素晴らしい歴史的な価値の高い化石、石器、土器、その他動植物等を一目で見ることが出来るならば、今年は公民館だけであっても是非来年、それが駄目ならその次に、是非共実現されることを望んで、野尻区では努力致します」と野尻湖区長は述べる(7)。当時少なくとも野尻湖区長のように、調査団だけでなく、遺跡地の地元住民もまた、遺跡地において発掘調査の成果を公開する場を求めていた。

　過去の発掘調査を踏まえた、遺跡地への成果を還元しようとする調査団側の思想と発掘調査の成果を遺跡地の地元で展示・公開したいと願う地元側の意図が合致したところで、博物館建設が前進する兆しを見せた。しかし、実際には国庫補助金の問題から、資料館（博物館）建設はこの第五次発掘直前の時点ではそれ以上具体化することはなかった。

　一九七三年の第五次発掘が終了した翌年の一九七四年三月には、「野尻湖発掘展―氷河時代の野尻湖―」が信濃町公民館野尻湖支館で開催された。この展覧会は、先述のとおり、一九七二年に建設が決定していた小学校跡地における新たな公民館を使って、野尻湖発掘調査団が主導的に企画し、これに地元住民や地元自治体が参画するかたちで準備が進められていった。展覧会ではナウマンゾウ化石約三〇点、ヤベオオツノシカ化石約三〇点、旧石器・骨器等約一〇点が展示され、それまでの野尻湖発掘の内容が地元住民を中心に公開されることとなった(8)。来場者数は六日間で四六八〇人、このうち信濃町住民は二三〇七人で、来場者の約半数を地元住民が占めており、彼ら（彼女ら）の野尻湖発掘に対する関心の高さを示していた(Figure48)。

　ところで、そもそも野尻湖発掘の成果が公開されたのは、この展覧会が初めてではない。すでに一九六五年に「氷河時代の日本展」と題した展覧会が、読売新聞社と野尻湖総合発掘調査団の共催で、新宿の伊勢丹デパート、大阪梅田の阪神デパート、諏訪市の丸光デパートにて行なわれていた。展覧会では、地形や哺乳類化石、旧石器等の出土遺物といった野尻湖発掘の成果とともに、一九六四年に大阪大学構内で発見されたマチカネワニの化石や、相沢忠洋が戦後発見した旧石器が展示された。この展覧会を通じて、日本列島における大型哺乳類化石と人類の活動の痕跡は世間に広く周知され、これが一つの要因となって、一九七三年の第五次発掘参加者が急激に増加した。

　しかし、一方で一九七四年の「野尻湖発掘展」開催の際に、野尻湖発掘調査団が、「今回の展示は、デパートで催されるような商業主義に立脚したものではありません」と述べているように、このデパートでの展示は、調査団とすれば必ずしも調査団が理想とする展示ではなかった。なぜなら、「地元、信濃町はなんの恩恵にもあづか（原文ママ）っておりません」

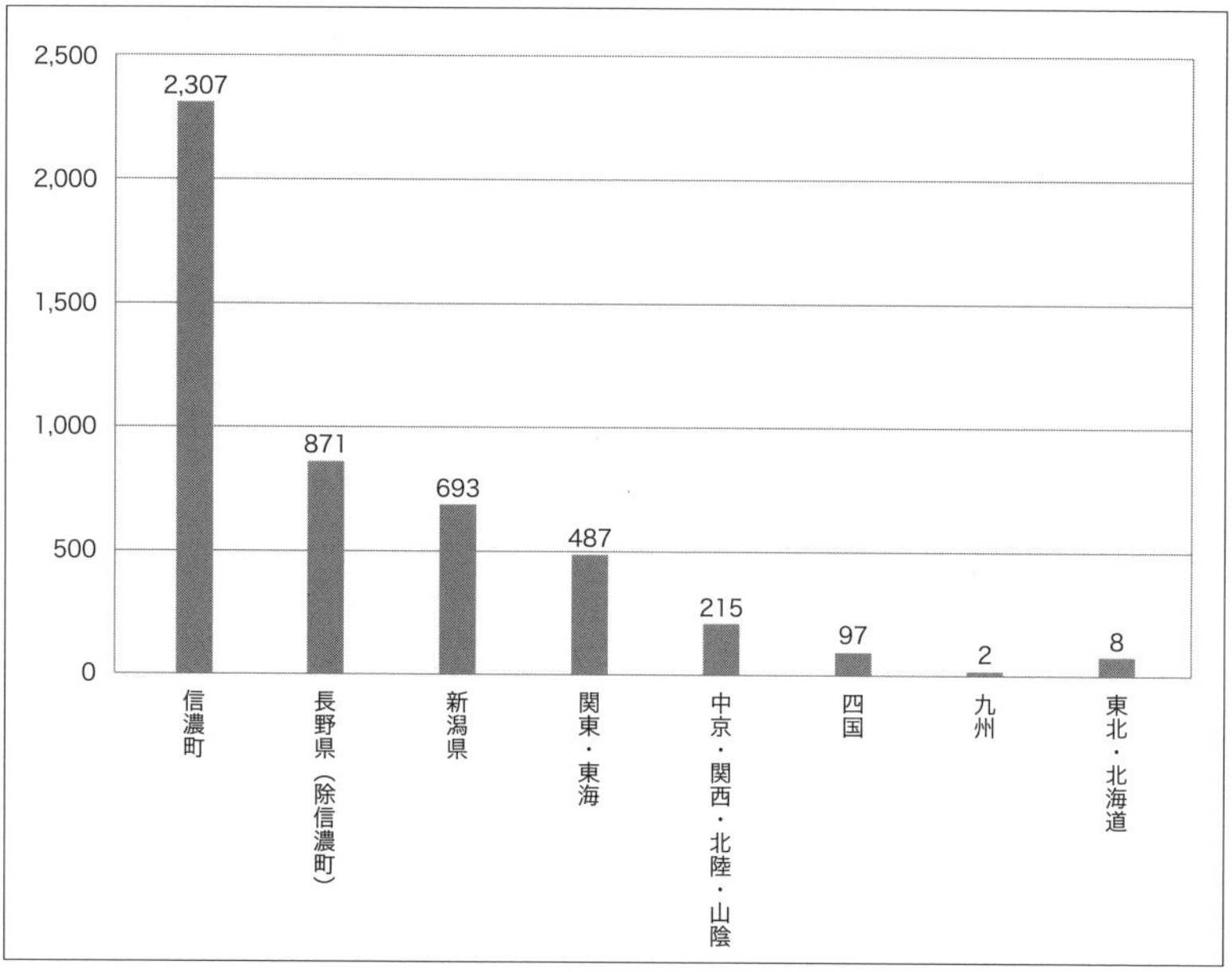


Figure 48 野尻湖発掘展 入場者の地区別内訳[9]

というような、野尻湖発掘の成果を遺跡地の地域社会に還元しようとする調査団側の問題意識と展示内容にズレが生じていたためである[10]。

これに対して、野尻湖発掘成果の遺跡地への還元を目的とした「野尻湖発掘展―氷河時代の野尻湖―」の実施は、調査団と地元住民、地元自治体による博物館建設の実現へのはずみをつけた。展覧会開催翌月の四月には、当時野尻湖発掘調査団長をつとめた郷原保真から小林一雄信濃町長宛てに「博物館設立に関する意見書」が提出された。同時に、信濃町教育委員会からも町長宛てに「博物館設置についての要望書」が提出された。このうち、郷原調査団長から小林町長宛ての意見書では、一九七四年三月末の第五次発掘までの調査成果や野尻湖発掘の成功が、地元自治体や地元住民の協力によって成し得たことを述べた上で、次のように博物館建設について触れている。

　これも地元の方がたのご協力の賜物と感謝していますが、観覧された大方のご意見として、展示された発掘品だけでなく、今までに発掘されたもの全部および今後に発掘されるものを収蔵し、かつ、希望によって常時観覧・研究できるような博物館を地元に建てて欲しいという要望が強く出されています。発掘調査団としても、この要望にこたえ、博物館構想の立案に際して参考意見を述べる用意があります。(11)

この段階に至って、明確に「博物館」という言葉が用いられ、博物館建設に向けた調査団の意向が地元自治体に正式に表明されることになる。一方で、野尻湖発掘の成果を展示することは、結果的に博物館建設に関わるステークホルダーの存在を明確化することにもつながった。野尻湖発掘展における調査団との調整組織である「準備会」が、一九七三年一二月に開催されているが、そのメンバーは区長や行政関係者だけでなく、観光協会や旅館組合といった野尻湖における観光業に関わる人々で構成されていた。このように、遺跡地の地元関係者といっても、その内容は千差万別で、博物館に対する考え方も多様であった。

特に野尻湖博物館建設史における地元住民とは、観光業に関わる人々とそれ以外の職種に従事している人々の二者に大別される。前者は博物館建設に関わる何らかの役割を担い、比較的表舞台に立つ人々である。一方、後者は表立った役割を担うことなく、博物館建設に対する意見を表出させることの少ない人々である。観光業に関わる人々の発言が特に表出しやすい理由は、野尻湖における戦後の観光産業の盛隆と関係している。

野尻湖は近代以降、外国人を中心とする富裕層の避暑地として発展し、戦後に至って観光地として開発されてきた。一九七〇年には年間観光客数が一〇〇万人以上に達し、野尻湖は重要な観光資源となってきた(Figure49)。その後、年間観光客数は漸減する傾向にある。このため、観光船の運営や旅館業などの観光業に従事する人々は比較的多く存在し、地元住民の中には、必然的に野尻湖博物館に新たな観光資源としての性格を期待する声があった。博物館建設や展覧会の運営組織に観光業関係者が加わっていたのは、このためであった。

野尻湖発掘から博物館建設へという流れは、野尻湖の発掘調査・研究の拠点を築こうとする調査団と観光業の振興

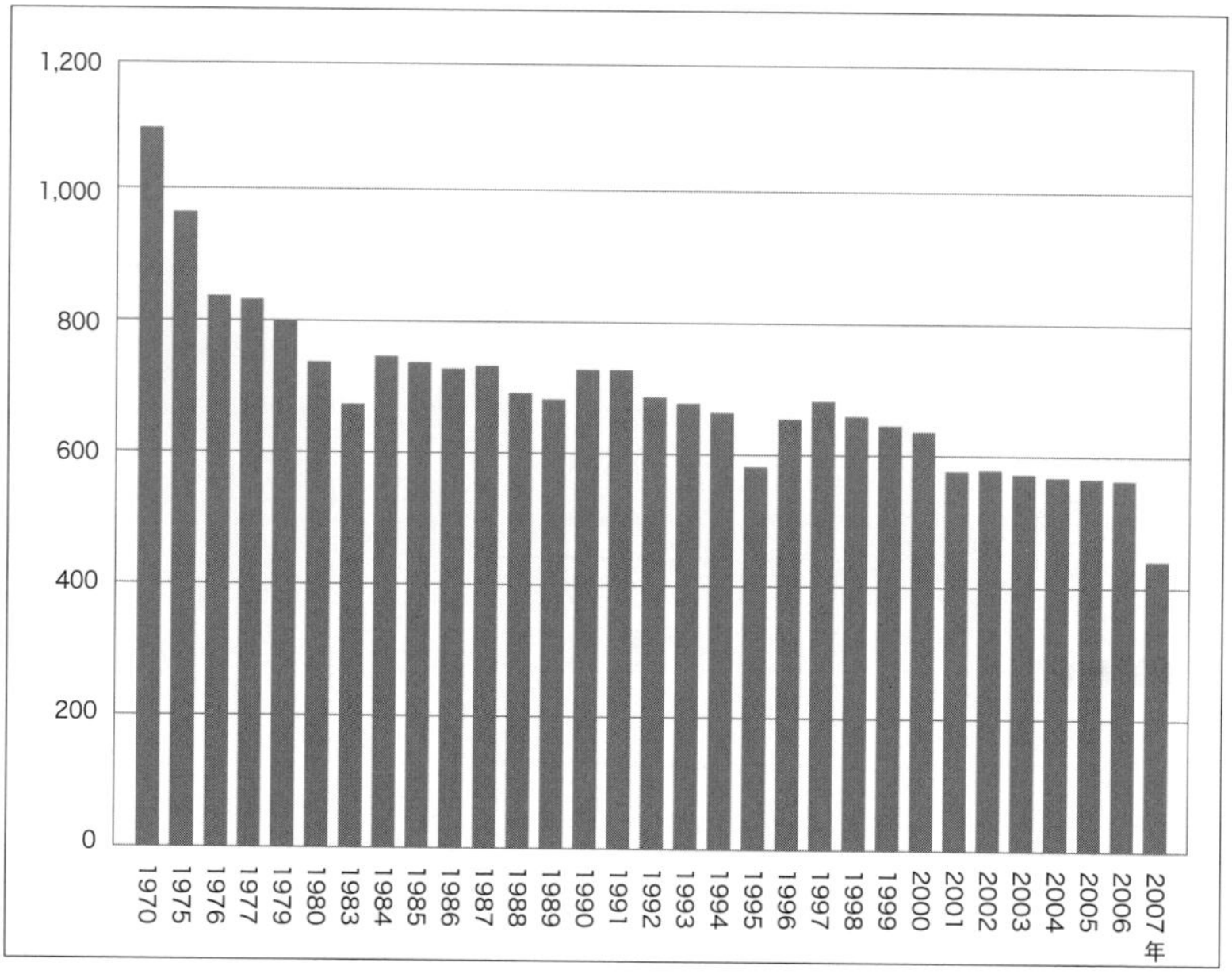


Figure 49　野尻湖観光客数の推移（千人）(12)

を博物館に期待する人々、野尻湖発掘と博物館建設を下支えしようとする人々、そして町立博物館建設を目指す信濃町といった、多様なステークホルダーの存在を浮かび上がらせた。以後、こうした多様なステークホルダー間に生まれた意見の対立を、いかに解消していくかが課題となっていく。

## 第4節　調査団と地元住民の関わりの変化

野尻湖発掘の出土品や得られた知見を遺跡地である野尻湖畔で展示することは、調査・研究成果の遺跡地への還元だけでなく、その準備作業自体が、調査団と遺跡地の地元住民、信濃町の三者を結びつけ、博物館建設への準備過程として成立していた。では、直接的な博物館活動につながるイベント以外では、どのような試みがなされてきたのか。そこで、展覧会以外の野尻湖博物館建設を念頭に置いた遺跡地の地元住民と野尻湖発掘調査団の交流史を分析する。

野尻湖発掘期間中の情報は、野尻湖発掘調査団が発行する「野尻湖新聞」を野尻湖周辺地域に各戸配布することで、周知が行なわれてきた。この野尻湖新聞は、一九六五年三月二六日に創刊されているが、創刊当初は主に調査参加者での情報共有を目的としたもので、信濃町内の旅館や役場、病院に配布されてはいても、遺跡地の各戸に配布されていなかった。

各戸配布が開始されたのは、一九七三年の事件にまでさかのぼる。一九七三年の八月一〇日から一六日の期間において調査団が実施した地質調査の際に、調査団メンバーが酒に酔った状態で、当時信濃町で行なわれていた盆踊りに乱入する事件があった。この事件で調査団は、「地元の方々に迷惑をかけて」しまうことになる。

この地質調査は、それまでの調査方針を改め、層位学的な調査手法を模索しながら、一九七五年の第六次発掘の準備作業として取り組んでいたものである。盆踊り事件を契機に、遺跡地の地元住民との信頼関係構築を意図として、第六次発掘では野尻湖新聞を各戸配布することになる。同時にこの時期は、野尻湖発掘が再開され博物館建設への議論が再燃していた時期にあたり、博物館建設を念頭に、野尻湖発掘の情報を積極的に遺跡地の人々へ周知するという狙いがあった(13)。

一九七五年の第六次発掘終了後は、全国で一六の野尻湖友の会が結成された。翌年の第一回陸上発掘が終了したのちの野尻湖発掘調査団運営委員会では、各地で結成された野尻湖友の会の交流会を一九七七年三月に開催することが決定された。一九七七年一月の運営委員会で、「野尻湖発掘まつり」と命名され、同年二月には、遺跡地の住民、信濃町と合同で開催されることとなった。三月の発掘まつりでは、野尻湖友の会の交流会と、調査団と遺跡地の住民、信濃町との交流会が兼ねられた。

発掘まつりの具体的な内容としては、例えば、一九九二年三月の第七回野尻湖まつりでは、野尻湖友の会を介して三二〇人が参加し、野尻区の人々との交流が図られている。発掘まつりのメインイベントである「〝ナウマンテーリング〟(野尻湖式オリエンテーリング)」では、「遊びながら学ぶ」ことを意図して、「雪の山野に設置されたコースに、的当てや、雪像づくり、距離当てゲーム、雪上迷路、けつぞり、などのポイントがあり、七~八人の班で、これを巡り、得点を」

を競う。また、専門グループフェスティバルでは、「湖底の地層学習会、石器づくりの学習会、自分の歯型取り、花粉化石の処理方法」などの行事を専門別グループごとに行なっている(14)。発掘まつりには、表彰式を兼ねた懇親会を開催し、野尻湖発掘参加者と地元住民との親睦が図られている。このように発掘まつりは、野尻湖発掘参加者相互の親睦を図ると共に、それが学習を伴いながら、調査に必要な知識や技術を伝達する場として機能した。野尻湖発掘の内部的な交流の場に、遺跡地の地元住民を巻き込むことで、野尻湖発掘と遺跡地の地域社会を結節する試みが、調査団と遺跡地の地元住民によって図られることになった。

## 第5節　ステークホルダー間の意識のズレ——コンペ事件と野尻湖展

野尻湖発掘展の開催や野尻湖新聞の各戸配布、発掘まつりによる調査団と地元住民、信濃町の信頼関係の構築の試みの一方で、組織作りなどの具体的な博物館建設に向けた動きが進展する中で、ステークホルダー間の博物館建設に対する立場や意見の違いが明確になっていく。これを象徴する出来事が、コンペ事件であった。一方で、対立的な構造が明確化する中で、調査団と地元住民との間で共同的な作業が同時並行で行なわれる。それが、第二回野尻湖発掘展である。以下、一九七〇年代後半の博物館建設をめぐる動向について、それぞれの出来事を分析してみたい。

### 1　コンペ事件

一九七四年八月一一日には、「野尻湖博物館設立構想委員会」(以下、構想委員会と略す)が設立され、博物館建設に向けた調整が本格化した。このメンバーには、野尻湖発掘に主導的立場で関わってきた歌代勤(新潟大学)、亀井節夫(京都大学)、湊正雄(北海道大学)、大森昌衛(東京教育大学)、井尻正二、郷原保真(信州大学)や野尻湖観光協会会長、野尻区長、信濃町長、信濃町議会議長らが名を連ねている。すでに、前年に開催された展覧会準備に関わってきた人々と同様のステークホルダーが、設立構想委員会に加わっていた。そして、博物館建設に向けた議論が軌道に乗り始める中で、徐々に互いの立場や博物館に対する認識の違いが浮き彫りになっていく。

一九七五年一〇月一一日の構想委員会では地元住民の代表が、①観光を中心とした博物館、②施設規模は一〇〇〇平方メートルで、事業費は一億円程度、③設立・運営主体は財団法人であることを希望した。これに対して調査団は、「地元主義に基づき、地方文化・教育に役だてるために、研究・教育（学習）・展示・標本保管の機能をもつ博物館」が望ましく、「観光面を否定するわけではないが、それは、結果として、あるいは機能と関連した観光内容によって、観光面にプラスすると考えてほしい」との立場から建物の構想思案を提示した(15)。この段階にきて、博物館建設をめぐって、「観光」と「研究・教育」という異なる二つの立場の存在が明確化した。行政内部においても、地元住民の代表と調査団の意見を集約した構想案を作成するために、観光課と教育委員会が折衝することになった。

一九七七年六月二〇日には、構想委員会は「野尻湖博物館建設実行委員会」（以下、実行委員会と略す）に改組された。この実行委員には、井尻や歌代、郷原といった地団研会員で、初期段階から野尻湖発掘に関わってきたメンバーのほか、信濃町長、野尻湖観光協会、信濃町旅館組合、信濃町議会、上水内北部高校信濃町分校からメンバーが選出されている。構想委員会が大学所属の研究者や行政関係者を中心としたメンバーであるのに対して、実行委員会は、地元住民をより多く取り込んでいる。この地元住民は、観光業に関わる人々が含まれ、実行委員会が対立的な意見を調整する場として実質的に機能していくことになる。

七月二〇日には実行委員会事務局が野尻湖支館に設置され、担当職員が配置された。翌一九七八年六月には、町当局が中心となって、野尻湖博物館の建設計画案のコンペを企画し、地元住民を中心に建物の設計案を募集して、調査団に審査を依頼することを計画した。このコンペは、調査団と観光振興を期待する人々との博物館に求める機能や性格のズレを修正し、博物館建設計画を進めようとする地元自治体の努力の現れであった。

しかし、結果的に計画案検討が独り歩きしたかたちとなって、調査団は建物の設計審査を辞退した。一方で、のちに地元の役員が「あのときは、調査団の先生たちが化石が惜しくなって、地元へ返さないのではないかと思った」と述懐しているように、この事件が遺跡地の人々の調査団に対する不信感を生み出した(16)。加えて、博物館運営のための財団法人設立に関して、保有財産の確保が困難であることが明らかとなったこともあり、博物館建設の計画は一時的に停滞することになった。

## 2 第二回野尻湖発掘展

このコンペ事件の一方で、一九七七年には調査団と信濃町との共同により、第二回野尻湖発掘展の準備が進められた。この展覧会では、「地元コーナー」が町独自の企画として準備されることとなった。さらに翌年に第七次発掘を控えていることから、遺跡地の地元住民が発掘調査の準備に協力した。特に野尻湖畔の旅館経営者の協力を得て、発掘参加者の宿泊準備が整えられるなど、野尻湖発掘準備に対する地元住民の直接的な関わりが目立つようになっていく。

友の会が野尻湖発掘の運営の中心となる、一九七八年の第七次発掘の直前には、第二回野尻湖発掘展の実行委員会が開催された。実行委員会メンバーは二〇名で構成され、第一回と比較すると、信濃町役場関係者が多く参加している。具体的には、事務局長に博物館局長、総務部長や発掘部長、運搬部長、展示部長にそれぞれ野尻湖支館の各部門の委員長が充てられ、事務局員として信濃町の商観課、建設課、水道課、教育委員会から二〜三名が参加している。町独自の企画コーナーが配置されていることを併せると、この野尻湖展に地元自治体が積極的に関与していることがうかがえる。

第二回野尻湖発掘展は、一九七八年六月より野尻湖支館を会場として開催され、八月下旬までに約二〇〇〇人が来場している。この展覧会では、野尻湖底の地質図やナウマンゾウ、オオツノシカの骨格標本などが展示された。調査団発行の野尻湖ニュースによると、この展覧会に訪れた人々として、親族からの情報で静岡県から家族四人で自家用車に乗って来館した事例や、夏休みの宿題のために東京から訪れた中学生の事例が記録されている(17)。

## 第6節　野尻湖発掘関係者の博物館論

　コンペ事件は博物館建設に向けたステークホルダーの見解の違いが表出した事件であったが、同時に野尻湖発掘関係者にとっても、野尻湖発掘から博物館活動へという展開に対する見解を、再確認する必要に迫られた。野尻湖発掘関係者は、博物館建設をこの時期にどのように捉えていたのか。野尻湖発掘初期段階から関わってきた井尻正二、亀井節夫、大森昌衛、麻生優、渋谷寿夫、仁科良夫は、博物館活動の方向性について、座談会の中で次のような私見を述べている。

　最初に亀井は、「私も野尻湖発掘に参加して一七年になりますが、やはり、最初から地元とスムーズにいったわけではないと思うのです」と語り、大森はこのような状況下で、「たえず地元の人に融けこむ努力」をしてきたと続ける。そして、「発掘した物を地元へ返すという姿勢を、終始一貫持ちつづけてきた」という、花泉遺跡や男女倉遺跡の発掘調査における博物館建設運動の流れを大森は示唆する。この系譜上に野尻湖発掘から博物館建設へという流れの正統性が大森によって語られる一方、「地元の人たちがほんとうに博物館の意義を理解して、地元の人たちのなかから研究者を育てるために利用できるような基盤を作りながら、長い眼で博物館を作ろう」という長期的な博物館建設への議論の必要性を説いている。

　この背景には、それまでの博物館建設に対するステークホルダー間の意見調整の困難さが存在していた。それゆえに、大森は、「我々は博物館をつくることの意義や、自然環境のなかでの発掘品の意味を地元の人たちが充分理解し、これを自分たちの力で保存し利用していきたいという意欲ができるまで、博物館建設はあせるべきではない」と重ねて強調する。この時間をかけた、地域住民による博物館づくりは、麻生が「博物館というのは本当にその土地に密着した博物館という思想が起きてくれれば、広く見て公害問題も起こってこないのではないか」といった、地域が抱える課題と博物館活動の関わりへと議論を移していく。

さらにこれを受けて、生態学の渋谷は、次のように述べている。

それぞれの地域の住民が、自分の住んでいるところの価値を、自然も、文化、歴史も含めてきっちと評価していない（中略）地域の住民が、自分の住んでいる場所を認識する能力を高める必要があると考えざるをえない。地学のばあいでもそうでしょうけれど、生態学でいろいろな調査等に協力する時に思うのは、最終的には地域の人たちが、自分の地域の自然をちゃんと調査できる能力を持たないと問題は解決できないということです（中略）子どもが育つとか、あるいは素人が研究、調査能力を高めることをふくめて野尻なら野尻の人が、野尻湖のことを中心になって調査できるという方向へ持っていく必要があろう。(18)

その後、渋谷の議論の着地点は、反権力・反体制的な運動論的な結論へとつながっていく。この渋谷の話を受けた大森もまた、「これに対して野尻湖の自然を守るべきだという、住民の本当の気持ちを起こしていかねばならないし、そういう開発の問題に対して、住民自身が環境評価の手だてを持たなければいかんと思う」と述べるように、人々の地域認識のノウハウが地域課題の解決につながるという筋道の中で、その拠点としての博物館の必要性を説いている。

つまり、この座談会出席者に見られるように、野尻湖発掘関係者の立場としては次のようなストーリーが描かれている。これまで見てきたように、野尻湖発掘は、非職業的研究者を含めた参加者の自発的・主体的な参加によって成立し、そこでは、調査・研究に必要な知識や技術を彼ら（彼女ら）が身に付けていく。こうした知識や技術を身に付けた人々は、自らの住む地域を認識することが可能となる。ただし、地域認識のためのスキルを人々が身に付けることができるのは、大森が「野尻湖の発掘調査は地学だから、考古学だから、あるいは野尻湖だからできたのだという眼で見て欲しくない」と指摘するように、学問領域の特異性や野尻湖というフィールドの特性に起因するだけではないのだという(19)。たとえ、地域を捉えるための学問的な枠組みやフィールドが異なっても、多様な視点によって地域社会を調べ、認識し、自ら結論を導き出すスキルは誰もが獲得しうるのであり、その拠点となるものが博物館なのだ、というのが野尻湖発掘関係者側の博物館論であった。

では、そもそもなぜ博物館でなければならないのか。

一つには、資料の体系的な保護・保管と分析・研究を行なうインフラの必要性にある。野尻湖畔でそれまで採集されていた化石や石器などの資料は、採集者がそれぞれ保管し、野尻湖発掘で得られた資料も信州大学が所蔵していた。このために、これらの資料を体系的に分析することができない状況に置かれてきた。それゆえに、保管施設としての博物館が必要となっていた。

そしてその資料を保管する場が、重要な意味を持っていた。上記の座談会の中で、考古学の立場から麻生が、「わざわざ地方からそこの遺跡を見て勉強しようと思ってたずねて来ますと地元には何もない。やはり出たところにあってこそ、価値があると思うのです。出土したものの研究だけでなく、環境とものが結びついているので、出た場所にあって初めてそのものの息吹が感じられる」というように、遺跡地とその出土資料の組み合わせの中で資料保管がなされるべきだという思想がここに組み込まれていた。

もう一つには、野尻湖発掘と遺跡地の地域社会をつなぐ恒常的な場が調査団と遺跡地の人々の双方から求められていたことにある。野尻湖発掘は、一九七三年の第五次発掘以後、三年ごとに定期的に開催されてきた。この調査のために人々は、それまでの資料の整理と次の調査方針を設定するなどの準備を重ねて、発掘調査を迎える。発掘調査が終了すると、また次の調査のための準備作業に入る。博物館の建設前、野尻湖発掘調査団と遺跡地の人々が直接関係を持つのは、主にこの発掘調査の期間に限定されていた。こうした特定の期間のみに限定されていた両者の関係を恒常的に維持するためにも博物館は必要とされていたのである。

## 第7節　博物館建設における自治体の役割

コンペ事件をきっかけに一時的に停滞した博物館建設事業は、水面下の調整によって再び動き出すことになる。一九七八年九月には、信濃町職員三名が、信州大学に出向き、調査団の郷原保真と酒井潤一との話合いに臨んだ。信濃町職員は博物館建設事業の議論が円滑に進んでいないことを踏まえながら、「地元としては、博物館といえば建物のことしか頭になかった。やはり、展示内容、展示計画などを充分に検討・研究するなかで、建物のことを考えないと、うまくいかないのだ、ということに気がついた。そのような観点で、これからは進めていきたいので、よろしく」との方向性を調査団側に伝えた。

これに対して調査団側も、「私たちも、その新しい方向に大いに賛成し、協力を約束」した(20)。この話し合いによって、町当局と調査団が互いの立場を理解しながら、歩み寄りを見せる中で、再び博物館建設事業が動き出すこととなった。

このように、第七次発掘からコンペ事件や野尻湖発掘展に至る出来事は、調査団関係者にとっても調査者と遺跡地の人々との関係を改めて問い直す契機となる。大森昌衛は、この間の出来事を通じて、「地元の方がたと接する機会をもつことができたことは、私にとって得難い貴重な経験となった。都会人としての考え方を押し付けることの失敗や、研究者ずらをした独善的な普及の無意味さを知り、地元の人たちの生活感情や考え方を身につけることの難しさを学んだ」と述べている(21)。地域コミュニティの外側から来た調査者が地域に溶け込み、地元住民や地元自治体と共に博物館を作り上げていくことの困難が、大森の発言に表れている。

野尻湖発掘を主導してきた専門家もまた、その姿勢を野尻湖博物館建設史の中で問い直され、意識改革を迫られることになった。ステークホルダー間の立場が尊重される反面、そこに関わる人々の意識や行動もまたその場に適合したものに変えていく必要があった。それは、地元行政や地元住民だけでなく、野尻湖発掘を中心的に支えてきた専門家もまた同様の立場にあった。こうした専門家の姿勢への問いは、第Ⅰ部で見てきたように、戦後の地団研史においても議論の的となってきた。時代や場所を変えながら、専門家の立ち位置における課題は常に問われてきた。そして、当事者によって、今後も繰り返し問われることになるだろう。

野尻湖発掘関係者側の意識に変化が起きる中で、ステークホルダー間の調整役としての役割が前景化していった地元自治体では、町長が博物館建設の方向性を示すことで、さらに具体化させていくことになる。一九八〇年七月に小林一雄信濃町長は、一九八三年度を目途に博物館を建設する方針を信濃長議会に提案し、全員一致で承認された(22)。その後、一九八〇年一二月定例信濃町議会に対して当時の野尻区長は、「野尻湖博物館の早期着工」の請願書を提出した。さらに、一九八一年七月の信濃町議会において、小林町長は、資料の保存と公開、研究と教育という機能が相互に関連し運営することが博物館の使命であるとした上で、「当町として、今後の状況を考察するとき、研究学習の点で系統的・組織的な体制を整えることの重要性について理解できるものの、より慎重な取り組みが大切であり、この機能が十分に果たせないときは、博物館とは名のみの陳列館となり、たった一度見学すれば、二度と人が寄ってくれないものになってしまうことが予測される」として、博物館の方向性を示した。ここで指摘された「より慎重な取り組み」とは、博物館建設に観光業振興への期待を寄せる人々への配慮が含まれていた。

こうした自治体が積極的に各ステークホルダーの立場や意見を尊重しながら、議論の着地点を探ろうとする背景には、当時の町長であった小林個人の博物館に対する姿勢が関連していた。小林は、第七次、第八次の野尻湖発掘に自ら参加し、一九七八年の野尻湖発掘展のパンフレットにも「私たちの祖先・野尻湖人は、氷河時代に陸つづきだった大陸から、獣を追いながら日本へ移動してきたことが、野尻湖底の発掘で明らかにされ、内外の注目を集めていますことは、地元の町長として、これに過ぐる喜びはありません」とのコメントを掲載するなど、積極的に野尻湖発掘に関わり、その学術的・文化的価値を積極的に評価した。それゆえに小林は、博物館が資料保存や研究・教育の場であるとの認識に立つ一方で、この機能こそが博物館へのリピーターを生みだす原動力となるとの認識を持っていた。博物館が観光振興にも結果的に好影響を与えると考えていた。このような町長の方針のもとで、博物館建設の担当職員により水面下でステークホルダー間の調整が図られたのである。

## 第8節　野尻湖発掘参加者からの博物館建設に向けた取り組み

博物館建設に向けた自治体側の調整が進展する中で、野尻湖発掘参加者による博物館建設への支援が行なわれた。その代表的な活動が、各地の野尻湖友の会が企画した「野尻湖発掘展」である。博物館建設を意識した最初の発掘展は、一九八〇年八月に野尻湖発掘調査団、阪神わかやま友の会、大阪市立自然史博物館の共催により、大阪自然史博物館で開催された。阪神わかやま友の会会員による手作りの展覧会として、「〝みんなでつくる野尻湖発掘展〟」がコンセプトとなっている。開催期間中には、「石器づくり・土器づくり・ワンカケの実習」が行なわれ、京都や岡山などの近隣の友の会との交流会が企画された(23)。

この大阪市立自然史博物館の展覧会を受けて翌年企画されたのが、群馬県立歴史博物館における展覧会であった。北関東野尻湖友の会が企画し、一九八一年一〇月・一一月に開催された。展覧会は、「氷河時代に生きた人類とそれをとりまく自然環境を明らかにするという野尻湖発掘の目的」や「動物化石と人類の遺物が一緒に産出する、世界的にも珍しい野尻湖の遺跡」が人々に知られていないため、「野尻湖発掘を広く知ってもらおう」というのが狙いであった。野尻湖発掘の成果とともに、群馬の氷河時代についての展示が合わせて行なわれ、野尻湖出土のナウマンゾウ臼歯や石器および骨角器のほか、富岡市で産出したオオツノシカの化石が展示された。

北関東野尻湖友の会の事務局員である群馬大学学生や、小中高の教員が中心となって展覧会の原案を作成し、野尻湖周辺の地形模型等の製作を進めていったが、資金面での問題から使用可能なパネル数が限定され、展示の流れが途切れ途切れになってしまった。それを補うため、日曜祝日に北関東野尻湖友の会の会員が会場で説明している(24)。展覧会では、見学者のうち二八人が野尻湖発掘への参加を希望して、北関東野尻湖友の会に入会するなど、野尻湖発掘の成果を周知し、新たな担い手を確保することに一定程度の効果をおさめた。同時に、野尻湖博物館建設にむけた気運を間接的に高めていくことになった。

## 第9節　遺跡地住民の博物館建設への関わり

遺跡地周辺の住民の中には、観光業に携わり、博物館に対しても観光業振興を期待する人々だけでなく、観光業以外に従事し、特定の立場から積極的な博物館論を主張してこなかった人々が存在した。こうした人々の多くは、野尻湖発掘への直接の参加はあまり見られないものの、裏方として野尻湖発掘への支援を行なってきた。

例えば、第八次発掘期間中には、地元住民と調査団で合同実行委員会を組織し、受付の場所に積もった二メートルの雪を除雪し、資材を調達するなど、事前準備の段階から地元住民が協力した。野尻湖発掘の参加者に〝おやつ〟として配られたオニギリもまた、地元住民の手によるものだった。一石二斗の米を使った約四〇〇〇個のオニギリは、野尻湖発掘調査団の「おやつ係」と地元住民一二名が協力して作られた。

調査団と地元住民の協力関係は、第七次発掘準備から徐々に形成され、第八次発掘で具体的な行動となってあらわれた。これ以外でも、例えば陸上発掘において畑地を調査対象とする場合、春先から土地の所有者である地元住民と協議し、夏の発掘調査開始にまで間に合うような作物を作ってもらい、調査期間中は休耕とするなどの措置を取るなど、地元住民の調査への協力が行なわれた。

地元住民が野尻湖発掘の支援に積極的に関わるようになったのは、調査団側が掲げる「地元主義」という方針の具現化という側面だけでなく、この時期の博物館建設計画の進展が関わっていた。コンペ事件でステークホルダー間の博物館に対する考え方の違いが表出し、それが調査団側の働きかけや地元自治体の調整によって、徐々に歩み寄りを見せていた一九八一年という時期に、合同実行委員会が組織されたことは、地元住民の中でも野尻湖発掘から博物館建設へという流れが意識されていたことを示していた。

開始当初から野尻湖周辺の旅館が参加者の宿泊先を格安で提供するなど、観光業に関わる人々が野尻湖発掘を支援してきたが、これに対してこの時期に見られる現象は、観光業以外の地元住民を含めた、地元住民と調査団の協力関係が形成されたことに特徴がある。野尻湖周辺に暮らす住民は、必ずしも直接的に野尻湖発掘への関わりを持ってきたとは言い難い。しかし、博物館建設を目前に控え、発掘調査と遺跡地の地域社会の関係を調査団だけでなく、地元住民が改めて問い直す気運が生まれていった。それは発掘調査という学術行為が、地域文化として組み込まれつつあることもまた意味していた。

今日の公立博物館の多くが、行政主導により建設されてきた。市民によって選挙で選ばれた首長が博物館建設事業を進めることは、間接的には市民がその事業の推進を選択したことになる。しかし、実際にはこうした博物館建設を市民が地域文化の拠点形成として実感することはあまりない。その主な原因は、博物館建設過程に直接的・間接的に市民が関与する余地がないことにある。一般的に博物館建設のプロセスは、建設に関わる委員に特定の市民を参加させているものの、ほとんどの人々にとってはブラックボックス化し、極めてわかりにくい。それゆえに、博物館の活動が地域文化の醸成に寄与する場面は少ない。

野尻湖博物館の建設過程で重要なのは、博物館建設に係る構想委員会や実行委員会のような公的組織への市民の参加だけでなく、例えばオニギリ作りに参加するような、間接的な野尻湖発掘ないし、博物館建設への人々の関与が存在したことにある。こうした人々は、公的な場で自らの意見を述べることはなくとも、間接的に野尻湖発掘やその延長線上に位置する博物館建設に関わる中で、発掘調査という学術調査や博物館と地域社会のあり方に必然的に目を向けることになる。そして、こうした流れは、博物館開館後も野尻湖発掘や野尻湖博物館の活動を地域の人々が下支えする文化へと成長していくことになる。

例えば、博物館開館後三年を経た一九八七年の段階でも、野尻湖発掘における除雪や資料作成、調査期間中のおやつ作りにおいて地元住民が協力すると同時に、地元の小中学生四六人が実際に調査に参加するなど、調査団と地元住民との協力関係が継続された(25)。さらに、従来の野尻湖発掘では見学者の案内を発掘参加者が分担していたが、第一五次発掘が行なわれた二〇〇三年には、地元住民が「発掘ボランティア」として見学者の案内を始めた(26)。見学者の案内ボランティアは、野尻湖発掘参加者から調査の進捗に合わせたレクチャーを受け、その上で見学者の案内を行なっている。こうした取り組みは、第二一次発掘現在でも継続され、遺跡地の住民が発掘調査という学術行為の成果を自らの視点で語ることを可能とした。

これに関連して、もう一つ事例を紹介しておきたい。野尻湖では繁茂しすぎた水草の除去のため、適正量を超えたソウギョを放流したことから、水草帯が壊滅状態にあった。一九九〇年代には、この状況に対して、湖畔の旅館の主人から野尻湖に水草を植えたいとの呼びかけが野尻湖博物館に寄せられた。博物館では、環境教育の観点から地元小学校にも児童の参加を呼びかけつつ、近隣の沼から水草を移植する活動を始めている。その後博物館では野尻湖周辺の人々に呼びかけて、「野尻湖水草復元研究会」を発足させた。先の旅館の主人がウインドサーフィンクラブの事務局を担っている関係から、この会のメンバーにはサーフィンクラブやダイバーたちが仲間に加わり、自主的に水中の作業や観察を行なっている(27)。

発掘調査を巡るステークホルダーの図(Figure1・本書三三頁)に立ち返るならば、「野尻湖水草復元研究会」のメンバーは、どちらかと言えば野尻湖発掘から最も周縁部に位置する人々である。野尻湖発掘や野尻湖博物館は、こうした直接関わりを持たない人々が、地域に科学的な視点で改めて目を向け、主体的に地域を考える契機をもたらした。それは結果的に見れば、地域の人々が、「自分の地域の自然をちゃんと調査できる能力」(28)を涵養する場として、野尻湖発掘や野尻湖博物館が機能したと見なすことができる。

## 第10節　小結――市民参加型発掘から地域文化の醸成へ

一九八一年の一二月定例会議で信濃町は、「信濃町立野尻湖博物館建設準備委員会」を設け、一九八二年に専任職員を配置し、博物館建設準備に着手した。博物館の建物・展示プラン作成にあたっては、野尻湖発掘の初期段階からの参加者である井尻正二や亀井節夫、郷原保真、酒井潤一、熊井久雄に加えて、野尻湖発掘に参加してきた北海道開拓記念館や大阪市立自然史博物館の学芸員の意見が組み入れられた。一方で、観光資源となる博物館として箱根町大涌谷自然科学館が参考にされ、研究・教育活動と観光振興のバランスが配慮された。

一九八二年一二月には野尻湖発掘調査団と信濃町との間で、野尻湖発掘によって得られた出土資料の管理移管についての覚書が取り交わされ、一九八四年七月をもってこれらの資料は正式に信濃町に移管されることとなった。そして、第九次発掘が行なわれた、一九八四年に野尻湖博物館が開館することになる(Figure50)。

では、こうした野尻湖博物館の建設プロセスを通じて、冒頭で掲げた①思想的な系譜と博物館建設に関わる人々の実像、②〈知〉の形成と共有という市民参加のメリットが博物館建設に与えた影響、③市民参加型発掘調査と地域文化の関係に対する博物館の役割、④遺跡地の地元自治体の役割、⑤市民参加型調査・収集・展示の広がりの五点についてまとめてみたい。

### 1　思想的な系譜と博物館建設に関わる人々の実像

発掘調査の成果を遺跡地で保管・管理し、研究や学習の拠点としての博物館を設置しようとする思想は、「科学運動」という言葉で表されるような運動論的な枠組みの中に位置づけられ、野尻湖発掘以前の発掘調査の場で調査者が試みてきた。こうした思想を具現化させようとする調査者の意志は、野尻湖発掘初期段階から遺跡地の地元住民や地元自治体の賛同を得て、「地元主義」の名のもとに博物館建設へと展開されていった。

しかしながら、こうした遺跡に資料を置き、研究・教育の拠点とする思想を具現化させようとする博物館建設運動という側面は、野尻湖博物館建設のプロセスのほんの一部にすぎない。そもそも、遺跡地に資料を置き、発掘調査の成果を還元しようとする考え方自体、運動論的な枠組みとは別の次元でも語られてきた。

例えば、一九六〇年代に松島透は文化財保護運動という観点から次のように記している。

調査結果は活字にして、社会にかえすことと共に、発掘された遺物も社会にかえす必要があると思う。そのための収蔵庫なり、展示館の設置を県段階で、あるいは郡段階でつくる必要がある。個人保管はできる限りなくしていくことと、学校保管は、保管室の整っているもののみ許すべきであるが、学校の場合は責任者がはっきりしないので、遺物が概してなくなりやすい。県として地域として博物館を作り、そこに収蔵し、展示するようにしてほしい。(29)

Figure 50 現 野尻湖ナウマンゾウ博物館
(筆者撮影)

このように、研究者が「大衆」に寄り添って、発掘調査の成果を遺跡地の地域社会に還元しようとする発想は、地団研メンバーに限定されたものではない。むしろ、戦後の発掘調査という場に関わってきた人々の中に広く共通したイデオロギーであった(30)。そして、一九七〇年代以降の地方自治体における博物館行政の展開と共に、調査者である自治体が博物館を通じて調査成果の地域社会への還元を行なうという思想が敷衍されることになる。そこではこうした思想の源泉に、かつての運動論的な議論が組み込まれてきたことが忘却されていく。

野尻湖博物館の場合、こうした一九七〇年代を中心とする地方における博物館建設ブームが収束に向かいつつある中での開館であった。そのために、花泉遺跡や男女倉遺跡の発掘調査で見られた、遺跡地に資料を置き、研究や教育の拠点を設けようとする運動論的な枠組みだけでなく、この頃の地方博物館と地域社会との結びつきが広く社会の中で意識されることで、野尻湖発掘の成果を遺跡地の博物館を通じて地域社会に還元するという発想が、多くの人々に受け入れられやすい環境にあった。政治色の強い運動論が後景化する中で、野尻湖博物館の建設は、広汎な地元住民や地元自治体の支援を得やすかったと言える。この点が、花泉遺跡や男女倉遺跡の発掘調査における博物館建設運動との大きな違いである。

したがって、野尻湖発掘から博物館建設へという流れは、特定のイデオロギーの具現化という物語のみで理解することはできない。博物館に対して、遺跡地の人々が自ら地域を調査する能力獲得の場を期待する野尻湖調査団メンバーや観光業振興を期待する人々、野尻湖発掘を通じた地域文化の醸成に希望を持つ人々が存在し、こうしたステークホルダー間のスタンスの違いを、地元自治体が学術研究と観光振興が両立するという方向性を示すことで調整を図ったことが、野尻湖博物館建設史の全体像である。そしてこのことは、老朽化した公立文化施設の改修や改築、あるいは自治体合併を契機とした公立文化施設の不均衡問題を前にした今日において、公立文化施設の一つである博物館のあり方を地域社会の中での合意を形成する上で、示唆に富む事例の一つであると言えるだろう(31)。

### 2 〈知〉の形成と共有という市民参加のメリットが博物館建設に与えた影響

市民参加による発掘調査は、科学的な〈知〉を多様な視点によって形成すると同時に、そこに関わる人々の間で〈知〉を共有できるという利点がある。このことは、博物館建設という場面でも有効であった。

〈知〉の形成と共有の一つに展覧会がある。一九七四年の小田急デパートでの「日本列島展」見学体験を第五次発掘への参加動機として語る人々が存在するように、展覧会が野尻湖発掘参加者を生みだす重要なメディアとなってきた。野尻湖博物館建設のプロセスでも、信濃町での住民参加による「野尻湖発掘展」の開催や大阪市立自然史博物館や群馬県立博物館を会場とした野尻湖友の会による展覧会は、野尻湖発掘の成果を社会に還元してきた。これを契機に、展覧会見学者の中から野尻湖友の会に入会し、野尻湖発掘へ参加するようになる人々が生み出されていった。特に野尻湖発掘に参加してきた野尻湖友の会メンバーの手による展覧会は、野尻湖発掘で〈知〉の形成に関わり共有してきた人々自身が、野尻湖発掘の枠外の人々ともその〈知〉を共有するという広がりを見せている。

そして展覧会で共有される〈知〉の中身は、野尻湖発掘の成果だけでなく、展覧会が開催された場とのつながりが主催者に重視されていた点に注目する必要がある。こうした展覧会は、単に野尻湖発掘の成果の紹介にとどまることなく、主催者である各地の野尻湖友の会や展覧会開催地の人々にとって、自身が生活する地域を地質学や考古学といった観点から再認識する契機を与えるものであった。

野尻湖発掘展が、調査成果の情報の還元だけでなく、展覧会開催地の地域の人々が地域社会を読み解くための契機となっていったことは、野尻湖発掘に関わってきた人々が想定してきた内容であった。そしてこのことは、地域を読み解くためのスキルを身に付ける場こそが各地の博物館の役割であり、だからこそ遺跡地に博物館を設置する意味があるのだという、博物館建設の正統性を担保する論拠となっている。つまり、野尻湖友の会による「野尻湖発掘展」は、野尻湖発掘参加者の思想に沿うものであった。

しかしながら、一九八〇年前後という博物館建設への議論が加速する段階で突如として生み出されたものではない点にも注目する必要がある。例えば、野尻湖発掘の初期段階に参加した当時の地元高校生が、「野尻湖はわたしの家から約五キロメートルほどのところにあるが、その成因、利用、水源、その歴史について、小さいころから伝説として父母から聞いていたというものの、科学的な根拠のある話を聞いたのはこの研究に参加してからのことである。そしてものごとを科学的に考え、それをはっきり理解することのたいせつさを痛感し、おおいに興味をもった」と語っているように、誰もが参加可能な発掘調査自体がすでに、調査参加者自身が自らの地域を科学という観点から改めて読み解こうとする手がかりとなっている(32)。

このような野尻湖発掘が初期段階から連綿と持ってきた市民参加のメリットは、調査によって直接生みだされる多様な〈知〉だけでなく、そのプロセスの中で参加者に自身が生活する地域を問い直すための契機をもたらすことにあった。それは、結果的に博物館建設を促すことになるのであるが、同時にその地域の新たな文化を生み出す原動力ともなっていた。

## 3　市民参加型発掘調査と地域文化の関係に対する博物館の役割

では、遺跡地であり、博物館建設地である地域の新たな文化とは、どのようなものだったのか。結論から先にのべるならば、それは発掘調査を含めた学術研究への市民参加という文化である。度々述べてきたように、信濃町町民の中で野尻湖発掘に直接関与してきたのは少数派である。しかし、一九七四年に開催された第一回「野尻湖発掘展」の入場者四六八〇人のうち、信濃町町民が二三〇七人と来場者の半数を占めていたように、潜在的に遺跡地の地元住民は野尻湖発掘やその成果に関心を持ってきた。

こうした潜在的に野尻湖発掘への関心を持つ遺跡地の人々が、表立って野尻湖発掘の支援をするようになったのは、野尻湖発掘調査団側の種々の働きかけの中で、生み出されていった現象であった。同時に、野尻湖発掘や博物館に対して観光業への好影響を期待する人々や、自らの地域社会にアイデンティティを持つ人々の意識が、野尻湖発掘というイベントへの様々なかたちでの参加を生み出していった。

このステークホルダーの思惑が重なり合ったところで、博物館建設が実現された。そして、野尻湖発掘調査団事務局が野尻湖博物館に移されたことで、博物館を起点とした市民参加による学術発掘という文化が遺跡地に根付いていくことになる。野尻湖発掘における地元住民の除雪作業や炊き出しへの協力は、遠い存在であった野尻湖発掘が、遺跡地の人々自らが地域のイベントとして発掘調査を支える身近な存在へと転換していったことを象徴している。さらに、

Figure 51　発掘地前のモニュメント
（筆者撮影）

地元住民による解説ボランティア制度の整備は、自身の地域に対する科学的な〈知〉を自らの手で語るまでに、野尻湖発掘が遺跡地の地域文化に組み込まれたことを示している。遺跡地に博物館が建設されることで、市民参加型発掘調査と遺跡地の地域社会との距離感が縮められたのである。

やがて、野尻湖博物館が開館した一九八四年以降における、調査団、地元住民、地元自治体の三者による市民参加型の発掘調査とこれを起点とした博物館活動への取り組みは、野尻湖＝ナウマンゾウ、あるいは野尻湖＝誰もが参加可能な発掘調査という地域イメージを生みだしていく。さらに、近年では地元住民有志によって、「野尻湖と親しむプロジェクト」が掲げられている。そこでは、ナウマンゾウは人類の狩猟対象ではなく、仲良しだったというコンセプトの下、アーティストによって人類とナウマンゾウが仲良く戯れる姿を描いた複数のモニュメントが製作され、野尻湖周辺に設置されている（Figure51）。野尻湖博物館が、野尻湖発掘とその成果に基づいて、太古の記憶と現在の地域イメージに結び付けてきたが、現在それはアートという視点から再解釈されて、新たな地域文化が生まれ、同時にそれらは観光資源として期待されつつある[33]。

## 4　遺跡地の地元自治体の役割

これまで地方自治体による文化財保護行政や博物館行政は、文化財保護思想の啓蒙のような、あるべき市民を育て上げることを主眼としてきた。この背景には、一九六〇年代後半以降における経済的な発展と大規模開発による埋蔵文化財をはじめとした地方における文化財の破壊が社会問題化していったことと関連していた。破壊される文化財を前に、文化財を積極的に愛護するような、あるべき市民としてのふるまいを行政施策として提示しなければならない社会背景にあったと言える。

しかし、今日、地方自治の主要な担い手としての市民像に議論が及ぶ中で、文化財保護行政や博物館行政もまた、市民社会との関係を改めて問い直す時期にきている。従来の地方自治体の主導により市民に対する文化財保護思想の啓蒙といったステレオタイプの文化財保護行政、博物館行政は、主体的に文化活動を展開する市民を前に、新たな方向性を模索している段階にある。その一つが市民参加というキーワードに象徴される、市民と地方自治との直接的な関わりである。こうした地方自治における市民の参加について、そのモデルが存在しないために地方自治体もまた手探り状態であるというのが本音であろう。あるいは、そもそも文化財保護や博物館活動は、自治体が主導するものであり、素人である市民の直接的な関与は不可能であるという自治体職員の立場も依然として存在する。

このような現状を踏まえながら、野尻湖博物館建設史が地方自治体の役割を示唆するのは、自治体主導による地域文化形成ではなく、あくまで市民や研究者による学術調査という地域文化の醸成へのサポート役である。これまでも松下圭一をはじめとして、社会教育行政における地方自治体の役割を最小限に止める主張がなされてきた(34)。この議論に従えば、社会教育行政と密接な関連を持つ文化財保護行政や博物館行政もまた、主体的な学びを実践する市民を「オシエソダテル」立場ではないということになる。

もちろん、こうした地方自治体主導の文化財保護行政や博物館行政が、市民の手による地域文化の形成を阻害してきた側面は否めない。しかし、地方自治体は地域の自治全般を担っており、各セクション間の整合性を図っているのもまた事実である。例えば、野尻湖博物館建設にあたり、町長を中心に学術研究と観光業振興という異なるセクションの整合性を図り、博物館建設に対するステークホルダーの合意形成を促してきた。こうしたプロセスは、そもそも文化財保護行政や博物館行政における地方自治体の役割とは、直接市民を「オシエソダテル」べきか、否か、といった二者択一的な課題だけに規定することはできない。ここでは、自治体としてのビジョンを示しながら、いかに多様な立場や意見を尊重し、議論の着地点を見出すかという地方自治体の調整機能に注目する必要性を示唆しているのではないだろうか。結果的にこうした地方自治体による調整は、市民社会と文化財保護行政や博物館行政の関係をより緊密にすることができることを野尻湖博物館の事例から私たちは読み取ることができる。

こうした地元信濃町による調整のプロセスで、遺跡地の住民の多くにとって遠い存在であった野尻湖発掘は、除雪作業や炊き出しなどの支援を通じて、地域全体で支える重要なイベントとして位置づけられていった。博物館建設を基軸に、地域に根ざした共同的な〈知〉の形成と学びの文化は、間接的な人々の支援のような裾野を含めた地域の文化として成立したのである。その意味で、文化財保護行政や博物館行政における地方自治体の役割は決して小さくない。

今日の社会教育行政や文化財保護行政、博物館行政と市民社会との関わりを考えるとき、直接市民を〝お客様〟として受け入れ、教育というサービスを提供するのか、あるいは、従来通りの地方自治体が調査によって得た成果を一方的に教授すべきか、といった議論は依然として存在する。こうした出口のない議論から一歩引いて、異なる立場やセクションの調整から文化財保護行政や博物館行政を展開するという、地方自治体の役割を再確認すべきかもしれない。

## 5　市民参加型調査・収集・展示の場の広がり

野尻湖発掘とこれを背景にした野尻湖博物館は、市民参加による調査・収集・展示、そして学びの場の拡大にも寄与している。それを示す一つの事例が、長野市立博物館分館 戸隠地質化石博物館である。この博物館は、一九八〇年に中学校旧校舎を利用し戸隠村郷土資料館としてスタートしている。一九八六年には戸隠村地質化石館と名称変更し、学芸員を採用した後に長野県内初の村立の登録博物館へと移行した。採用された学芸員は、地質学を専攻し、学生時代から野尻湖発掘に関わり、現在でも野尻湖発掘の運営を中心的に支えている人物である。その後、この博物館は、二〇〇八年に小学校旧校舎を改修してリニューアルされている。

戸隠地質化石博物館の最大の特徴は、「ミドルヤード」である。従来の博物館は、調査・研究や資料の蒐集・保管機能を担っている「バックヤード」と、展示・教育機能を担う「フロントヤード」に明確に分離されている。市民はこのバックヤードに立ち入ることは許されず、もっぱらフロントヤードでの活動を余儀なくされている。「ミドルヤード」は、従来分離されてきた「フロントヤード」と「ミドルヤード」を融合し、市民に「バックヤード」への直接的な関わりを可能にしている。それは、単に空間的な問題ではなく、活動領域の問題である。博物館が立地する地域の人々は動物の遺骸を博物館にもたらし、博物館ボランティアによって解剖され、クリーニングを経て、骨格標本として展示される。資料の蒐集、整理、分類、展示という一連の博物館活動におけるプロセスに、誰もが参加できる仕組みが「ミドルヤード」なのである。

「ミドルヤード」が実現可能であった背景には、この博物館の立地するフィールドが深く関連している。戸隠山や荒倉山、裾花川沿いには、第三紀鮮新世の地層が露出し、シナノホタテをはじめとする貝類化石を産出する。また、旧村名の「柵《しがらみ》」が長野県標準層序の一つとして地層名に付されていることからもわかるように、地質学研究の場として最適な環境が整っている。これに加えて重要なのは、この博物館がかつての地域のアイデンティティの象徴であった小学校校舎を利用し、旧学校区の住民と博物館との協力関係が形成しやすい環境が存在することである。また、学芸員を中心とする人的ネットワークが構築される中で、博物館ボランティアが博物館の活動を支えている。そこには、野尻湖発掘や地団研といったネットワークでつながった人々の存在がある(35)。

このように「ミドルヤード」に象徴される、市民の手による戸隠地質化石博物館の活動は、野尻湖発掘と緊密なつながりを持ちながら、地域社会の調査・研究活動の拠点として位置づけられている。そこでは、野尻湖発掘で培われた市民参加型調査の思想を受け継ぎつつ、この博物館独自の活動に読み替えられ、〈知〉の形成や共有、学びが成立している。戸隠地質化石博物館の事例は、野尻湖発掘が社会教育的な側面を併せ持ちながら、博物館活動を通じて野尻湖以外の地域へ波及しつつある現状を示していると言える。

## 註

(1)日下和寿「花泉遺跡発掘調査史」『岩手県立博物館研究報告』第二五号、二〇〇八年、二九―四〇頁。花泉層出土の木片を地団研会員である湊正雄を通じて、スウェーデンで放射性炭素年代測定を実施している。小林国夫「スウェーデンにおられた湊さんのお世話で花泉層の層準からとった木片の年代がわかった」『そくほう』一一三号(一九六〇年二月号)、一頁

(2)男女倉遺跡の調査については、信州ローム研究会によって報告書としてまとめられた。これ以後は、和田村教育委員会により調査報告書が刊行されている。信州ローム研究会・信州大学医学部第二解剖学教室『男女倉:黒耀石原産地地帯における先土器文化石器群』、一九七二年

(3)信州ローム研究会「男女倉遺跡発掘計画について」『信州ローム』二号、一九五七年。男女倉遺跡は、石器の材料となる黒曜石の産出地である星糞峠に近接する旧石器時代の遺跡である。この遺跡は、それまで地元住民の児玉司農武が踏査を重ね、資料が採集されてきた。こうしたフィールドワークの蓄積の上で、信州ローム研究会は、この遺跡から出土したハンドアックスが、「いったい〝先縄文文化〟のどの時期のものであるかを確かめる」ことを目的に、発掘調査を計画している。これに合わせて「①発掘のメンバーは学閥にとらわれず、あらゆるところに参加を招請すること、②考古学・地質学その他をとわず参加してもらうこと、③発掘品は地元に適当な保管体制と施設が整ったばあい、そこに保管すること」を調査方針に据えた。

(4)地学団体研究会『そくほう』九八号(一九五八年一〇月号)、八頁

(5)信濃町『しなの』(信濃町公民館報)、五九号、一九六二年

(6)西沢正光「野尻湖の博物館を! 野尻湖における石器・土器・古生物展示に関する構想」『野尻湖ニュース』二号、一九七二年七月二五日

(7)野尻湖発掘調査団『野尻湖ニュース』二号、一九七二年七月二五日

(8)野尻湖発掘調査団『野尻湖ニュース』号外(その三)、一九七四年二月

(9)野尻湖ナウマンゾウ博物館所蔵資料より筆者作成。この展覧会では、野尻湖発掘調査団・信濃町が主催、野尻湖観光協会・野尻湖旅館組合・野尻区が協賛となっている。

(10)野尻湖発掘調査団、前掲誌(8)

(11)野尻湖発掘調査団『博物館設立に関する意見書』、一九七四年

(12)花島裕樹・西田あゆみ・呉羽正昭「黒姫高原におけるスキーリゾートの変容」(『地域研究年報』三一号、二〇〇九年)四頁に加筆・修正

(13)野尻湖発掘調査団「一九××年春―今日は何があったの?―」『野尻湖新聞』七号、一九九三年三月三〇日

(14) 加藤禎夫「第七回発掘まつり　三二〇名の参加で行われる」『そくほう』四五七号（一九九二年五月号）、五頁
(15) 野尻湖発掘調査団『野尻湖ニュース』八号、一九七五年一一月七日
(16) 野尻湖発掘調査団『一万人の野尻湖発掘』築地書館、一九八六年、一六四頁
(17) 野尻湖発掘調査団『野尻湖ニュース』二三号、一九七八年八月一四日
(18) 赤羽貞幸・小林忠夫・野村哲「教育の場としての野尻湖発掘」『日本の科学者』一四巻一〇号、一九七九年、一一―一八頁
(19) 同上
(20) 野尻湖発掘調査団『野尻湖ニュース』二四号、一九七八年九月二二日
(21) 大森昌衛「地元の信頼と協力」『野尻湖新聞』、一九七九年
(22) 野尻湖発掘調査団『野尻湖ニュース』号外、一九八〇年
(23) 野尻湖発掘調査団『野尻湖ニュース』一三号、一九七九年一二月一三日。なお、この大阪市立自然史博物館での展覧会以前には、京都大学（一九七四）、日本民俗資料館（一九七六）で野尻湖発掘の成果を展示する展覧会が開催されている（中村由克「博物館構想二二年」『野尻湖ナウマンゾウ博物館　二〇年の歩み（一九八四～二〇〇四）』、二〇〇五年、一九―二七頁、野尻湖ナウマンゾウ博物館）
(24) 三島弘幸「野尻湖発掘展開かれる　群馬の森県立歴史博物館」『そくほう』三四三号（一九八一年一二月号）、四頁。北関東野尻湖友の会「野尻湖発掘展を終えて」『地学教育と科学運動』一一号、一九八二年、一九―二二頁
(25) 宮東靖浩「大きな成果と今後の展望が生れる―第一〇次野尻湖発掘の報告―」『そくほう』四〇五号（一九八七年八月号）、四頁
(26) 内山高「野尻湖発掘今後一〇年を見とおして―第一五次発掘成功裏に終わる―」『そくほう』五七八号（二〇〇三年五月号）、七頁
(27) 近藤洋一「地域の中の博物館活動―野尻湖ナウマンゾウ博物館の実践―」『地学教育と科学運動』三四号、二〇〇〇年、二九頁
(28) 赤羽貞幸・小林忠夫・野村哲、前掲書（18）、一一―一八頁
(29) 松島透「地方の研究者として思うこと」『考古学研究』一〇巻四号、一九六四年、五一頁
(30) 終戦直後の大規模学術調査であった静岡県登呂遺跡でも、調査終了後の出土遺物の遺跡地への返還とそれに伴う博物館建設が計画された。一九四八年の登呂遺跡調査後援募金運動発起人の委嘱にかかる趣意書では、「なほこの登呂遺蹟調査会の学者諸氏の調査が終りましたらば、発見の遺物を静岡に持帰りをお願いし、それによって静岡の土地に古代文化博物館を建設し、日本の建国当時の姿を科学的根拠によつて世に明かにし、再建に奮い立つわれわれの踏台としたい」との静岡県教育部長の言葉が残されている（『静岡県史』資料編二一近現代六、九〇四頁）。そして実際、一九五五年に遺跡内に静岡考古館（のちに登呂博物館）が開館している。

このことからも、遺跡地に資料を置き、そのための博物館を建設しようとする動きは、特定の政治的イデオロギーの影響だけでなく、遺跡地の人々のアイデンティティの拠り所としての遺跡という認識が、戦後の日本社会の中で部分的にではあっても、形成されていた可能性がある。こうした遺跡地の人々の想いとその時代のイデオロギー（登呂遺跡の場合は、文化国家建設）が重ねられていたと推察される。

(31) 二〇一一年時点で、全国の一五二の公立文化施設が建設もしくは計画中となっている。この背景には一九五〇年代から一九六〇年代を中心に建設された公立文化施設が老朽化して建替え時期を迎えていること、自治体合併に伴い地域内の不均衡緩和のために文化施設の建設を自治体が進めていることが影響しているという。㈶地域創造『地域の公立文化施設のいま』、二〇一一年、二頁。

(32) 亀井節夫「湖底を掘る――野尻湖の調査と発掘」『科学の実験』一四巻九号、共立出版、一九六三年

(33) 一方で、別のメディアに取り上げられる中で、野尻湖発掘のイメージは拡散している。例えば、野尻湖発掘を題材にしたサスペンス小説やそれを原作としたテレビドラマの放映がそれである。この物語は野尻湖の発掘現場で人骨が発見されたことから始まる。この人骨は鑑定の結果、身元は捜索願の出されていた大学教授だったことから事件の様相を帯びていく。学術発掘がフィクションの題材として用いられることで、それまでと異なる地域イメージが形成されている。内田康夫『北国街道殺人事件』講談社文庫、一九九九年

(34) 松下圭一『社会教育の終焉』筑摩書房、一九八六年

(35) 土屋正臣「ミュージアムにおける市民のまなざしの行方：戸隠地質化石博物館〈ミドルヤード〉の意味」『アートマネジメント研究』一二号、二〇一一年、三九―四九頁

# 終章

フィールドワークを前提として成立している文化財保護行政と社会を創る学びとしての社会教育行政との関係とはどうあるべきか。これまで述べてきたことを概観しながら、この最初の問いに戻ってみたい。

一九七〇年代まで各地で試みられてきた市民参加型の発掘調査が、その後激減していった背景には、経済発展に伴う開発事業の急速な増大とそれに対応するための記録保存を目的とした発掘調査の一部を、各地の大学の考古学研究会や在野研究者が下請けするようになったことにある。やがて、これらの発掘調査に携わってきた人々の一部は、埋蔵文化財行政の担い手として文化財保護行政のシステムに組み込まれていく。その過程で市民参加型発掘調査が成立し難くなっていった（第1章）。

もちろん、こうした外部の要因によって、考古学や地質学の専門家と市民の自由な参加で行なわれる発掘調査が減少していったのは事実である。同時に市民が自由に参加し学び研究するためのシステムを、多くの市民参加型発掘調査は、構築・発展させることができなかった。このことにより、専門家と市民による発掘調査の機会は失われていった。

これに対して地団研が各地で立ち上げたフィールドワークは、職業的研究者だけで独占されてきた〈知〉を遺跡地に還元しようとする思想を持っていた。それは「僻地方針」というスローガンに象徴されることになる。しかし、この運動方針は、地団研内部で矛盾や対立を孕むものだったためにやがて頓挫する。「僻地方針」が頓挫した要因の一つは、あくまで調査者が創出した〈知〉を遺跡地の人々に教示するに過ぎなかったからである。それは、社会教育主事や埋蔵文化財行政担当職員といった専門家が市民を「オシエソダテル」ような旧来型の社会教育像とも重なるものだった。この経験はやがて学びや〈知〉を創出する主体とは誰で、それはいかなるシステムの中で成立しうるかという、野尻湖発掘における問いの基礎となっていった（第2章）。

野尻湖発掘を支えるもう一つの系譜は、長野県を中心とするフィールドワーク史であった。特にこの地域に限定されたフィールドワークの系譜は、アマチュアの研究者を育むことになった。それは、野尻湖発掘に非アカデミックな〈知〉をもたらす系譜の一つになっていく（第3章）。

このような〈知〉の創出や社会への還元に対する問題意識、アカデミックな〈知〉と非アカデミックな〈知〉の関係の問い直しといった、複数の思想が織りなす場として野尻湖発掘は成立する。

野尻湖発掘の初期は、花泉遺跡の発掘調査のように、調査者が調査成果を遺跡地に一方的に還元しようとするものではなく、「大衆」と「ともに」発掘調査し、共同的な〈知〉を形成しようとするものだった。そして、発掘調査によって収集した資料は、遺跡地に博物館を設立して、遺跡地の地元に返還するという調査者の意図があった。しかし、参加者が帰属するコミュニティの枠を超えて、全体として学術的な成果を上げ、共同的な〈知〉を形成するまでには至らなかった（第4章）。

その後、野尻湖発掘は八年間の休止期間に入った。この間に展覧会などのメディアを通じて、日本列島における旧石器文化のイメージが日本社会の中に浸透するとともに、誰もが学術発掘に参加できるという野尻湖発掘の存在が知れ渡ることになる。そのため、再開した第五次発掘以降、野尻湖発掘史上最も多くの参加者を得て、学術発掘が実施された。その過程で、大勢の参加者が学術発掘に参加できる環境を整え、また発見至上主義から脱するべく、調査体制や調査手法の改革が行なわれた。このことで、年齢や専門性の点で幅を持つ参加者による集団的かつ段階的な学びが可能となった（第5章）。

やがて、野尻湖発掘は集団的な学びの上で、発掘調査に基づく〈知〉を創出するだけでなく非アカデミックな市民的〈知〉を学術発掘の場に持ちこみ、より豊かな〈知〉を創出する。また、新たな調査対象を前に、野尻湖発掘で蓄積してきた〈知〉を再編成して、新たな〈知〉の創出を図っていった（第6章）。

野尻湖発掘が半世紀にわたって、研究者だけでなく、多くの市民の参加を得て継続されてきた要因の一つは、調査・

収集・展示において、調査体制、調査手法、調査対象・領域の三つが連関し、学びによって野尻湖発掘の担い手を再生産し続けると同時に、〈知〉の領域を開拓しつづけたことにある。そこでは、埋蔵文化財行政担当職員のような、考古学や地質学等における専門性を持った者が、専門的な知識を持たない人々を教導するような単純な社会教育モデルは存在しない。野尻湖発掘では誰もが教える側であり、教わる側であり、〈知〉の新たな領域を切り拓く主体である。このように発掘調査という場が、相互学習や新たな研究領域を開拓するものであるならば、文化財保護行政におけるフィールドワークもまた、同様の機能を果たし得る可能性を秘めている。さらにはこうした市民の探究の場としてのフィールドワークは、野尻湖発掘が示してきたように、フィールドワークや博物館活動に無関心・無関係の人々さえもその活動に巻き込みながら、地域文化の新しい局面を切り拓く可能性も持っているのである。

このような野尻湖発掘を概観した上で、冒頭に掲げた、今日の発掘調査が抱える三つの課題に対する解決策について述べておきたい。

## 第1節　発掘調査に係る三つの課題

### 1　行政システム上の発掘調査の問題と市民参加型発掘調査

行政発掘はシステム上の問題として、短期間で限られた調査費用の範囲の中で発掘調査が進められるために、そこで専門家のアドバイスを受けながら、相互の学び合いを通じて、調査成果をまとめていくことは困難である。それゆえに記録保存のための発掘調査そのものの在り方を変えようとするのではなく、教育行政としての埋蔵文化財行政という観点から、別枠の社会教育的な意義を持った発掘調査や研究の場を設けることが必要である。野尻湖発掘のような誰もが科学的関心から自由に参加しうる学術発掘の場が、参加者の主体的学びや〈知〉の創出を促すのであれば、埋蔵文化財行政の社会教育的意義は担保されるだろう。

これを実現させるための一つの方策として、市民発掘を掲げてきた見晴台遺跡の発掘調査が抱えてきた遺跡の「ショーウインド化」問題から、発掘調査の事業主体を地方自治体以外に求めることを冒頭で挙げた。野尻湖発掘が地元自治体の直接的な支援を受けることなく、参加者の自己負担によって運営されているように、社会教育的機能を持った発掘調査・研究の場を主導する組織は、必ずしも行政である必要はない。野尻湖博物館開館後、その学芸員は、調査団の一員であると同時に地元自治体職員であるように、野尻湖発掘は間接的には行政の支援の下にあると言える。だが、野尻湖発掘調査団はあくまで行政組織からは独立した運営を行なってきた。このことが、結果的に調査者の自由で、能動的な学習や研究のシステム構築を可能にしてきた。

だからと言って、人々の社会を切り拓く学びに行政が関わること自体が否定されるべきではない。野尻湖博物館建設史の中でも明らかになったように、ステークホルダー間を調整する中で、人々の学びと〈知〉の創出を支援し、博物館建設を具体化させた。文化財保護行政や埋蔵文化財行政もまた、必ずしも直営事業ではなく、学びや〈知〉の創出のシステムを構築、支援する役割を選択する必要があるだろう。

## 2　専門性という障壁と市民参加型発掘調査

専門性という障壁は、発掘調査における市民参加を阻害してきた要因の一つである。一方、野尻湖発掘の分析から浮かび上がってきたことは、そもそも発掘調査に必要な専門性とは何かという疑問である。発掘調査という場に必要な知識や技術は、集団的な活動の中で役割を分担しつつ、段階的に誰もが習得可能なものである。つまり、発掘調査に直接必要な専門性とは、その発掘調査の外部で形成されるものではなく、むしろ発掘調査を通じて習得していくものだということである。野尻湖発掘や団体研究において、露頭や地層を読み解く、非言語的・身体的情報が、集団的な作業を通じて人々の間で伝達されていたことは、個別学問の研究のための作法やさらにはフィールドワークを運営する上でのマネジメント能力といったような、現場に即した専門性がフィールドワークにおいて重要な意味を持つことを示している。こうした学びのシステムを構築できるならば、市民が発掘調査に直接関わることは可能である。

同時に野尻湖昆虫グループの分析で明らかになったことは、誰もが参加可能な環境が、特定の専門性だけに囚われない幅広い知識や知恵をフィールドワークに組み込み、フィールドワーク自体を豊かにする可能性である。埋蔵文化財行政がそうであるように、特定の専門性を持った人々のみで発掘調査を運営すると、その専門的な観点から調査すべき対象しか調査しない。反対に、非アカデミックな視点を含め複数の視点からフィールドを観察すると、総合的に遺跡の情報を収集し、幅広い知見を得ることにつながる。埋蔵文化財行政における市民の直接参加を筆者が主張したい理由の一つは、埋蔵文化財行政担当者を含めた専門家の持つ〈知〉だけでなく、非アカデミックな市民的〈知〉が発掘調査という場の可能性を拡げてくれることに期待するからである。野尻湖発掘はこの可能性を示している。

## 3　市民参加型発掘調査にみる調査成果の還元の方法

発掘調査とは地中にあるモノをあるがままの状態で掘り出す行為ではない。掘り出す過程で調査者の解釈や議論が重ねられることで、単なるモノは遺物や遺構、そして遺跡になる。発掘調査の成果に基づいて開催される展覧会、あるいは叙述される発掘調査報告書や地域史(誌)、また発掘調査者や展示する者、叙述者の判断や解釈がその内容を決定する。そこでは、発掘調査から収集、展示、叙述に至るまで、素人である市民の関わりは限定されてきた。では市民が発掘調査から収集、展示、叙述に至るまでの主役になった場合、どのような意味が立ち現われるのだろうか。

野尻湖発掘の事例は、この疑問に答えるものだった。渋谷寿夫が、「最終的には地域の人たちが、自分の地域の自然をちゃんと調査できる能力を持たないと問題は解決できない」、「子どもが育つとか、あるいは素人が研究、調査能力を高めることをふくめて野尻なら野尻の人が、野尻湖のことを中心になって調査できるという方向へ持っていく必要があろう」(1)と指摘したように、「素人」である市民が調査・研究の担い手になることが、地域の問題解決の糸口だという思想が野尻湖発掘には存在してきた。

こうした思想を具現化するかのように、実際に野尻湖発掘参加者の手で、各地で野尻湖発掘の成果が展示された。また、専門別グループでは、報告書の執筆だけでなく、学術的な成果は論文というかたちで公表されている。こうした活動が、職業的研究者だけでなく、誰もが一次資料に基づいて生み出した〈知〉を社会の中に還元することを可能にしている。ここから見えてくるのは、市民は単なる学習者ではなく、自らの調査で得た成果を社会に向けて発信する実践者になりうる可能性を持っているということである。そして、発掘調査から収集、展示、叙述に至るまでのプロセスは、特定の専門家が独占する聖域ではなく、誰もが自由意思に基づいて関与可能な空間として開かれることで、野尻湖発掘参加希望者が新たに生まれたように、その担い手を再生産し続けるのである。

## 第2節　発掘調査が生み出す地域文化の可能性

以上、今日の発掘調査が抱える三つの課題と野尻湖発掘を照らし合わせると、文化的な活動の経営主体、発掘調査における専門性、市民が調査することの意味といった側面で今日の発掘調査を改めて問い直す糸口が見えてきた。ここまでは、Figure1（本書二三頁）で示した①～④のような、発掘調査に直接関わりを持つ人々の問題である。では、こうした人々の外側に位置する、遺跡や発掘調査に積極的な関わりを持たない人々にとって、遺跡や発掘調査はどのような意味があるのか。

野尻湖発掘という学術的な活動の蓄積は、やがて遺跡地を中心とする地域の人々の意識や行動を変えていった。野尻湖発掘の意義は、誰もが能動的な学び合いと〈知〉の創出に関与できるシステムが構築されていると同時に、遺跡地を中心とした地域内のステークホルダー同士を結び付け、こうした人々が地域社会に対する新たな認識を持つようになっていったことである。

花泉遺跡の発掘調査のように、初期の地団研メンバーが目指したのは、それまでのアカデミズムが抱える問題に対して、

「大衆」を学術研究の場に引き込むことだった。幻燈会等を通じて、発掘調査の直接的なステークホルダーの間に横たわる溝を埋めようとする思想は、今日の野尻湖発掘の原型となっている。

だが一方で、遺跡や発掘調査に関心はあるものの、積極的・直接的な関わりを持たない人々、さらには遺跡や発掘調査の存在を知らない、もしくは無関心の人々が、実際に遺跡や発掘調査に直接関わりを持つようになるには、試行錯誤を要した。地団研メンバーが「私たちは、労働者・農民層の周辺をウロツキまわっていたにすぎなかった」(2)と回顧しているように、少なくとも一九六〇年代までは、「僻地方針」に基づいて、専門家と「大衆」とが同じ立場において、科学的な〈知〉を創出する環境は無かった。

その後、野尻湖発掘や野尻湖博物館建設が進展する中で、遺跡や発掘調査に直接的・積極的な関わりを持たない人々の行動や意識に変化が現れるようになる。今日の遺跡解説ボランティアの登場や「野尻湖水草復元研究会」の活動は、こうした人々の行動や意識が変化したことを端的に示している。さらに、一九七〇年代には野尻湖周辺地域に対して、観光都市というイメージに加え、学術都市というイメージが加えられる。そして、「野尻湖と親しむプロジェクト」のように、野尻湖発掘が生み出した学術的成果が、アートという別の視点から評価されることで、さらに新たな地域イメージが形成されていく。つまり、文化資源学的な観点から、今日のように文化財の保護が制度化される以前に立ち戻り、市民参加による学術発掘の意義を問い直すならば、社会に開かれた学術発掘は、直接参加する人々の学びや探究の場だけにとどまらず、遺跡や発掘調査に直接関与しない人々の意識や行動を変え、新たな地域文化を醸成する機能を持っていると言える。

## 第3節　野尻湖発掘を継続させたもの

野尻湖発掘から見えてきたのは、発掘調査というフィールドワークを伴う研究活動は、そこに参加する人々の学びを促進するとともに、参加者の経験や専門性を組み込みながら、新たな知見を生み出す機能を持っているということである。そして、同時に発掘調査に直接的な関わりを持たない人々の意識や行動までも変化させる影響力を持っているということだった。では、こうしたフィールドワークを成り立たせていたものは一体何だったのか。もう少し詳しく整理してみよう。

## 1　野尻湖発掘を中心とする縁

第一に、人的ネットワークの存在である。野尻湖発掘では、第五次発掘から家族単位での参加形態が出現し、第六次発掘以降、それまでの学校単位での参加形態に代わって、中心的な参加者ネットワークの地位を占めていく。野尻湖発掘が教員と教え子という関係の延長線上に位置していたものから、親子や祖父母と孫といった血縁関係に中心が移行したのである。中心的な参加形態に変化が生じたことに加えて、同時に指摘できるのは、参加形態の幅が広がったということである。特に家族単位での参加で重要なのは、子どもの参加を介して、その親や祖父母が参加する事例や、反対に親を介して、その子や孫が野尻湖発掘に参加していることである。さらにはこうした子どもの参加は、子どもの友人までを野尻湖発掘へと参加させる。子どもを介して、大人同士、子ども同士のつながりが広がっているのである。また、初期野尻湖発掘から確認できるように、各地の団体研究への参加者が研究上の理由から参加する事例は、今日の野尻湖発掘でも見られるものである。さらに細かな事例では、思想的な共鳴を伴う個人的な関係（例えば井尻正二との個人的な関係）によって、参加する人々も存在する。野尻湖発掘はこうした様々な人的ネットワークによって成り立っている。

熊谷槇之輔は、学校を核として家庭や地域がつながること、世代継承の循環と社会教育の関わりを指摘する(4)。大人たちは学校支援ボランティアやＰＴＡ活動を通じて、子どもたちのケアをしながら自らも学び成熟する。一方で、多くの親が様々な困難を抱える中で、その困難を乗り換えるために、学校という場を通じて同じ状況に置かれている親同士が関わりを持つようになる。

同様に、野尻湖発掘という場を介して、大人同士、子ども同士が関係性を構築するとともに、参加者が帰属する友の会を通して、調査対象である地域とのつながりが生れ、そこで相互の学び合いが成立している。そして、その縁は発掘調査や研究に直接的・能動的に関わりを持つ人々だけでなく、積極的な関わりを持たない人々までも引き込み、意識や行動に変化を及ぼしている。学校のクラブ活動の衰退など、学校教育における児童・生徒の探究や学びの在り方が変化し、一方で社会教育終焉論以降、大人の学びとはどうあるべきかが問われている。このような状況下にあって、複数の地域や世代が関わり合う野尻湖発掘が、人と人とをつなぐ「縁」の構築を前提として、人々の探究と学びの受け皿としての機能を持っていることは、埋蔵文化財行政の社会教育的意義を求めるにあたって、こうした「縁」の構築とその活用が必要であることを物語っている。

このことを踏まえるならば、筆者が関わった親子での発掘体験教室もまた、参加者に対する主催者側からのレクチャーで終わってしまった反省はあるものの、子どもに連れられて大人が参加することの意義を改めて問い直す必要があるだろう。大人の場合、興味や関心があっても、気恥ずかしさもあってこうしたイベントには参加し難い。だが、子どもを介して、大人もまた、遺跡や遺跡が立地する地域とのつながりや他の参加者とのつながりを持ち、共同的・集団的な学びに参画しうる可能性を秘めている。同時にそれは、大人から子どもへという世代間での学び合いを可能にするだろう。

## 2　市民参加による調査・収集・展示に関わる専門家

第二に、専門家の役割が変化したことである。松下圭一が社会教育の終焉論で主張したことの一つは、市民の自由な文化的活動を阻害する要因として、社会教育主事をはじめとする専門家の存在を取り上げ、その役割を最小限にとどめようとするものだった。松下の指摘に基づけば、文化財保護行政における文化財保護思想の普及・啓蒙を担う「行政内研究者」もまた、その役割は限定的なものに改める必要があることになる。

しかし、野尻湖発掘の事例が示したのは、この専門家の役割の重要性だった。野尻湖発掘前史において、地団研メンバーは「僻地方針」に基づいて「大衆」に科学を普及することに努めた。しかし、調査者が調査成果を「僻地」の人々に押し付ける形式は、地団研内外において齟齬を生み出していった。この反省から生み出されたのは、専門家が非専門家である「大衆」と「ともに学ぶ」という姿勢だった。やがてこの姿勢は、野尻湖発掘に引き継がれていった。初期の野尻湖発掘では、地団研メンバーを中心に専門家は「大衆」と「ともに学ぶ」ことを目指し、誰もが自由意思に基づいて参加可能なフィールドワークのかたちを作り上げていった。やがて、野尻湖発掘の進展に合わせて、野尻湖発掘の中心メンバーは、「教えられる科学」でなく、「自分で科学する」(5)人々の姿を目の当たりにすることになる。こうした人々の変化から、郷原保真は「今までの普及活動に対して反省をせまるとどうじに、〝大衆といっしょに〟おこなう創造活動」という新たな野尻湖発掘の姿を認識する。そして、同時に、こうした「大衆」像に対して、専門家集団としての地団研メンバーの在り方を郷原は問い直そうとした(6)。こうして生まれた郷原の「大衆発掘論」は、「大衆」の変化を言い表しているようで、実はこうした能動的な文化的活動を行なう人々に対して、専門家はどうあるべきかを問い直したものだった。

井尻正二もまた同様の感想を持っていた。「大衆に普及するばあいの、いままでの私たちの立場は、農民やお母さんや子どもたちに、やさしい言葉で話す、「与える」という立場だったわけです。ところが、野尻湖発掘をやってみて、やっとわかってきたことは、「大衆は勉強したいんだ」ということ。つまり、いっしょにやれるんだ、ということです」(7)と井尻が語っているように、「オシエソダテル」専門家の姿は現実の「大衆」の前には存在し得ず、「いっしょに」行動する専門家が必要だった。

では、「自分で判断し、自分で動き」出した「大衆」を前に、専門家はどのような役割を担うべきなのか。この問題を考える補助線として「農村開発」における専門家の役割に関する議論が参考になる。もちろん学術調査とは全く異なる領域の専門家であるが、その立ち位置の変化は市民参加型発掘調査においても重要な示唆を与えてくれる。

農村開発の場面において、貧しい人々が自然発生的に新しい方法を取り入れ、目の前の問題に対処するための革新的な方策を発見することは希である。だからこそ外部のエージェント（専門家）の関与は非常に重要である(8)。ところが、一九七〇年代初頭までは、農村開発における調査の多くは、トップダウン的で専門家が現地の人々に「教える」というアプローチをとっていたために、専門家と現地の人々の間で軋轢を生むなど、多くの問題を抱えていた。これに対して、一九七〇年代後半から一九八〇年代にかけて行なわれたのが、「迅速農村調査（Rapid Rural Appraisal：RRA）である。この手法では、専門家は「人々から学ぶ」というアプローチを採用し、「一番うしろにいた人々を前面に位置づける」という理念が提唱された。しかし、この手法では人々は依然として情報源であり、搾取される立場に変わりはない。在地の知恵や人々が直面している現実に向き合い、人々から学ぶという姿勢が不十分であるという専門家の問題意識がそこにはあった。

そこで、一九八〇年代後半から一九九〇年代にかけて試みられたのが、「参加型農村調査（Participatory Rural Appraisal：PRA）」である。ＰＲＡは、「人々とともに学ぶ」というアプローチを採用し、「前面にいた人々を一番うしろに位置づける」という理念によって特徴づけられる。ここでは専門家は、現地の人々自身の手で問題解決が可能になる状況をつくり出すことを支援する、「ファシリテーター」としての役割を担うことになった。そのため、人々を前面において主導する人から側面支援者へという専門家の意識改革が必要となる(9)。

ＰＲＡに基づく農村開発において、専門家は「ともに学ぶ」という学習行動をとる必要があるとともに、側面支援する「ファシリテーター」の役割を担っている。このことは、野尻湖発掘を主導してきた専門家たちの姿と共通している。では、野尻湖発掘における専門家の役割とはより具体的にはどのようなものなのか。その専門家像は、井尻の言葉にあらわれていた。第六次発掘では、野尻湖友の会や専門別グループといった組織が整備されていく中で、集団に帰属することで参加者は段階的に発掘調査に必要な知識や技術を習得していった。この状況から井尻が野尻湖発掘について「科学的作業ももちろん楽しいけれど、集団の運営そのものも魅力」(10)と語っているように、科学者としての専門性を持った人々だけでなく、「集団の運営」をする専門家の存在が市民参加型発掘調査には必要な存在だった。つまり、フィールドワークを含めた文化的な活動にとって必要なのは、人々に知識や技術を教授する専門家ではなく、学び合いながら、〈知〉を共同的に創出する専門家であり、そうした〈知〉を創出する環境を整備する専門家であった。これこそが、市民を「オシエソダテ」ない専門家の役割であった。そして、野尻湖発掘を中心的に主導してきた、地質学や考古学の専門家である人々が、このように自画像を変革し得たからこそ、新たな研究対象の出現や事件に遭遇しても、柔軟に対処し、半世紀にわたる学術調査・研究を継続できたのである。

翻って、文化芸術振興基本法が「文化財等の保存及び活用」(第一三条)を掲げているように、従来保護に重点を置かれてきた文化財を活用し、地域の発展や人々の学びに積極的に結びつけようとする今日的な状況において、実際の現場において担当する専門職員は、市民に教える、あるいは市民から学ぶという姿勢から、市民とともに学ぶという姿勢へ転換する必要がある。埋蔵文化財行政の社会教育的意義を問い直すと、結局変わらなければならないのは、そこに関わる市民ではなく、埋蔵文化財行政にかかわる専門家(行政職員、職業的研究者)の姿なのかもしれない。

近年の発掘調査に関わる資格制度の創設に向けた動きは、埋蔵文化財行政に関わる専門家の養成や身分保障の面で重要な意味を持つ。同時に考古学研究者でなく、埋蔵文化財行政の専門家としての資質が問われている。これまで多くの埋蔵文化財行政の担当職員は考古学等を大学で専攻し、そのまま各地の地方自治体に就職していった。当然、埋蔵文化財行政に求められる専門性について教育を受けないまま就職する。それゆえに、就職後に考古学研究と埋蔵文化財行政のギャップに直面するというのが、筆者を含めた考古学専攻出身の埋蔵文化財行政担当者の常だった。現在いくつかの大学において、発掘調査士の資格取得のためのカリキュラムが設けられていることは、こうしたギャップを学生に認識させ、埋蔵文化財行政の専門家としての問題意識を醸成する上で有効である。その資格取得のカリキュラムにおいても、本書の結論の一つとして導き出した「ファシリテーター」としての専門性もここで論じられるべきだろう。

だが、こうした資格制度創設の動きに対して、文化政策学の領域で埋蔵文化財行政が中心的な議題として扱われる場面は少ない。文化行政や文化政策研究者の中で、埋蔵文化財行政を含め、文化財保護行政の専門性が問われることは少なく、どちらかと言えば創造都市論など、文化や芸術の振興とそれが生みだす都市再生や経済発展のメカニズムが議論の中心である。こうした状況に対して、文化財保護行政が広義の文化政策の一領域である前提に立つならば、考古学研究の延長線上からだけでなく、文化に関する制度・政策論議として、より積極的な研究領域として扱われるべきである。本書の結論として得た発掘調査における「縁」の存在や専門家の「ファシリテーター」としての役割の意味は、埋蔵文化財行政だけでなく、広く文化政策領域においても応用可能な議論であることを踏まえれば、埋蔵文化財行政、文化財保護行政研究の文化政策研究における位置も自ずと見えてくる。

## 結びにかえて

文化財保護行政とは、端的に述べるならば、文化財の保護を目的に、調査・研究活動を行なうものである。それが基本的に教育委員会が所管する内容である限り、こうした調査・研究活動は、その結果のみが社会的意義を持っているわけではない。調査・研究活動のプロセスがそこに参加する人々の学びや知的探求の場になり得ると共に、地域イメージの再生産や新たな社会の創造に向かう可能性を持っている。この可能性の様々な地域への波及の糸口として想定されるのは、例えば博物館活動を介した市民参加型調査の広がりである。

このように結論付けるならば、文化財保護行政を社会教育的観点から問い直す時、野尻湖発掘から博物館活動への波及という形で実現したような、人々の主体的・能動的な調査・研究と学びの場は、文化財保護行政の領域を中心に、これからも拡大し続ける可能性を秘めていると言える。そこでは、地方自治体主導によるこれまでの文化財保護行政ではなく、その地域の人々自らが地域社会と向き合うための環境づくりの一歩が創られるはずである。

## 註

（1）赤羽貞幸・小林忠夫・野村哲「教育の場としての野尻湖発掘」『日本の科学者』一四巻一〇号、一九七九年、一一―一八頁
（2）地学団体研究会・小林英夫『科学運動』築地書店、一九六六年、三三四頁
（3）「趣味縁」（浅野智彦『趣味縁からはじまる社会参加』岩波書店、二〇一一年）、「女縁」（上野千鶴子『女縁を生きた女たち』岩波書店、二〇〇八年）をはじめ、趣味などを通じて緩やかなつながりを持った人々が、時として政治運動など、社会との積極的な関わりを持つ可能性が指摘されている。同様に、子どもを通じて、大人が他者や地域とのつながりを持ち、それが個人の学びや公益的活動につながる現象が存在する。本研究もこれらの研究にならい、公益的性格を帯びる可能性を持った、ウエットな人間関係を想起させる「縁」という用語を使用した。
（4）熊谷槇之輔「社会教育の存在意義――社会教育の終焉論を乗りこえて」『社会教育』六五巻五号、二〇一〇年、一二―一八頁
（5）麻生優・井尻正二・大森昌衛・仁科良夫・亀井節夫「〈座談会〉科学研究と国民の接点」『日本の科学者』一四巻一〇号、日本科学者会議、一九七九年、五三七―五五〇頁
（6）郷原保真・野尻湖発掘調査団「第六次発掘の経験」『そくほう』二七二号（一九七五年五月号）、一頁
（7）井尻正二『井尻正二選集第四巻　科学運動Ⅱ　野尻湖発掘』大月書店、一九八一年、一九七―一九八頁
（8）Jhon Freidmann. *EMPOWERMENT: The Pplitics of Alternative Development*, John Wiley & Sons, 1992.（ジョン・フリードマン『市民・政府・ＮＧＯ――「力の剥奪」からエンパワーメントへ』新評舎、一九九五年、二一二―二一三頁）
（9）井上真「森林管理への地域住民参加の重要性と展望」『アジアにおける森林の消失と保全』中央法規出版、二〇〇三年、三一一頁
（10）井尻正二、前掲書（7）、一五―一七頁

# あとがき

本書の冒頭でもふれたように、筆者は学部で考古学を専攻したのち、Uターンで地元の群馬県に戻ってきた。と言うと聞こえが良いのだが、大学院進学に失敗して戻ってきたというのが正しい。その後、進学の機会を窺いつつ、発掘調査員のアルバイトをしていたのだが、そこで就職口が見つかり、現在に至る。その間もずっと研究したい気持ちはあったのだが、そもそも何を研究したいのかが、自分の中で明確になっていなかった。恐らくこの中途半端な気持ちが、最初の大学院進学を失敗した主な原因だったのだろう。

しかし、就職して文化財保護行政に関わるうちに、自分が大学時代から関わってきた考古学と就職後に関わることになった文化財保護行政の現場は、似ているようで全く異なるものだった。真理を探究するための考古学研究と地方自治としての文化財保護は、全く別次元の領域なのである。それゆえに、考古学専攻生が、考古学研究ができると期待して文化財保護行政に関わろうとすると、その違いに戸惑ってしまうことも少なくない。幸いにして（?）、考古学研究で何がしたいのかはっきりしない私は、この二つの領域の違いを俯瞰的に見ることができた。

この頃、同じ職場の先輩たちからは、しきりに文化財保護とまちづくり・ひとづくりの関係について問いかけられた。その直接の原因は、市立博物館の建設事業に関わるワーキンググループに参加したことだった。私が考古学研究とは異なる、文化財保護行政や埋蔵文化財行政と向き合う中で、こうした先輩職員たちの議論は、腑に落ちるところがあった。ただし、あまりにも抽象的過ぎて、よくわからない部分もあったのも事実である。しかし、特に〝ひとづくり〟という部分に関しては、文化財保護行政の教育行政における立ち位置を考える上でヒントになったのは間違いない。そういう意味で、この経験は、この論文の着想の一つになっていると言えるのかもしれない。

その後、衝撃的だったのは、首長交代に伴って博物館建設事業が凍結されたことである。政治動向にこうした建設事業が左右されるのは良くあることだが、やはりいざ経験してみるとかなりの衝撃であった。さらに驚いたのは、私の入庁前から議論されてきた博物館建設事業が凍結されても、肯定・否定を含めて、ほとんど反応が無かったことだった。博物館建設に、ほとんどの市民が関心を持っていなかったのが、この件でよく見えた。結果的には、博物館の収蔵施設として計画されていた埋蔵文化財収蔵庫のみが建設され、そこに展示施設が設けられた。このことで、博物館はひとまず建設されたと捉える市民は少なくない。そもそも職員の中でも、博物館と埋蔵文化財収蔵庫の違いなど気にも留めていない人が多かった。如何にハコだけが注目され、その中身の議論に広がりが無かったのかを痛感した。この経験もまた、私にとって、博物館と地域社会の関係はどうあるべきか、そこに展示されるまでのプロセスとしての調査や分析は、地域の人々にとってどのような意味を持つのかを考えさせる契機になった。この問題意識が、本研究の基礎をなしていることは言うまでもない。

博物館建設計画が凍結されて間もない時期に、指定管理者制度の本格導入に向けた議論が起きつつあった。この議論では、少なくとも私の周囲においては、職員の雇用問題が中心的に語られていたように思う。しかし、この職員の雇用問題のみで指定管理者制度を評することに、私は違和感を覚えていた。もっと問題はより本質的な部分にあるのではないかと。そこでたまたま出会ったのが、後に指導教官となっていただく、小林真理先生の論文だった。小林先生はこの論文で、文化活動の担い手を多様化させ、地域の文化活動の可能性を拡げる制度として指定管理者制度を論じられていたように記憶している。

博物館と地域社会の関係に関心があった私は、この頃関わっていた団体の講演会で、小林先生にご講演いただくことを実現することができた。この講演を聴きに来た若手自治体職員の多くの聴衆に、そして、とりわけて私には大きな意義ある講演となった。聴衆の一人であった私が、その数年後に小林先生の門下生となって博士論文をまとめることになったのだから。

本書は二〇一六年三月に東京大学大学院 人文社会系研究科 文化資源学研究専攻から博士号を授与された学位論文「市民参加型調査・収集・展示の文化資源的考察―野尻湖発掘を事例として―」に加筆・修正したものである。

本研究をまとめるにあたり、多くの方々にお世話になった。長野市立戸隠地質化石博物館の田辺智隆学芸員には、研究者や外部からの来館者だけでなく、地域の人々が自由に出入りし、博物館の活動を支える現場を見せていただいた。地域社会にとって博物館とはどういう存在であるべきか、を教えていただいた。信濃町立野尻湖ナウマンゾウ博物館の近藤洋一学芸員には、野尻湖新聞をはじめ多くの資料をご提供いただいただけでなく、論文作成にあたって多くのご指導・ご助言を頂いた。野尻湖発掘調査団長も務められた野村哲 下仁田自然学校長・群馬大学名誉教授には、下仁田自然学校やご自宅にまで伺って、資料をご提供いただいたり、長時間のインタビューをさせていただいたりした。不躾な私を快く受け入れていただいたことに、深く感謝を申し上げたい。地学団体研究会の金井克明氏には、ご所蔵されている、膨大な過去の『そくほう』をお借りし、大変お手を煩わせることになってしまった。しかし、これが無ければ、野尻湖発掘を詳細に復元することは叶わなかった。

また、大学院入学後は文化資源学研究室の方々に大変お世話になった。木下直之先生には、研究面だけでなく、仕事面などの私的な部分についてもアドバイスを頂いた。社会人大学院生にとって特に、博士論文は著者の人生にとって大きな意味を持っている。博士論文が、それまでの公私にわたる人生の歩みの総体を振り返って、その先を見通す契機となるからである。木下先生にプライベートな面も含めてご相談させていただいたのは、研究生活を続ける上で大きな意味を持っていた。そもそも『歌う国民――唱歌、校歌、うたごえ』（中央公論社、二〇一〇）のファンだった私が、この本の著者である渡辺裕先生に影響を受けたことも記しておく必要がある。ある時代とその次の時代の連続性・非連続性に注目することは、自明とされてきた文脈を疑うことで発見されてこなかった側面に光を当てることになる。これが渡辺先生のご研究から私が影響を受けた視点の一つである。結果的にその視点は、信濃教育会や信濃博物学会におけるフィールドワーク史と野尻湖発掘の流れに注目する契機となった。中村雄祐先生には、名簿からデータを作り上げ、言説からだけでは追うことのできない野尻湖発掘の姿に迫ることを教えていただいた。このデータの持つ可能性を活かし切れたとは到底考えられないが、次の研究課題への取り組みの中で活かしていきたい。佐藤健二先生には、論文を書くための作法をご教示いただいた。本論を活かすための注釈の役割や二つの対立概念で論を進めるのではなく、必ず三つの視点から論じる意味を教えていただいた。また、研究時間の限られた社会人として論文を書く際に、毎日少しずつでもいいから論文と向き合う習慣の重要性を説いてくださった。指導教員の小林真理先生には、すでに述べたように大学院修士課程進学前からお世話になった。勢いだけで大学院に入学してきたような私に対して、社会人の視点をアカデミズムの場に組み込む作法を長い時間をかけてご指導いただいた。本書のテーマにたどり着くまでの道のりは長かったが、小林先生のご指導を受ける中で徐々にテーマが明確になっていった経験は忘れることはできない。この他にも職場を含め、多くの方々にお世話になった。こうした方々の支えを今振り返って、あらためてその有難さを噛みしめている。

本論文の書籍化に当たっては、美学出版 黒田結花氏に大変お世話になった。黒田氏には丁寧に編集をして戴き感謝申し上げる。

最後に、結婚前から大学院進学を後押ししてくれ、長期にわたる研究生活を支えてくれた妻と修士課程一年の時に生まれた長女 仁慧、博士課程一年の時に生まれた長男 治恕に感謝したい。家族の助けが無ければ、博士論文を書き上げることはできなかった。加えて、陰ながら応援してくれていた両方の両親にここで感謝しておきたい。

なお、本書の刊行に当っては、「東京大学学術成果刊行助成制度」の助成を受けた。

二〇一七年春

土屋　正臣

## さ



## し



## す



## せ



## た

# 人名・団体名索引

【著者紹介】


土屋 正臣（つちや まさおみ）

1974年群馬県生まれ。1998年國學院大學文学部史学科考古学専攻卒業。2008年高崎経済大学大学院地域政策学科修士課程修了。2012年東京大学大学院人文社会系研究科文化資源学（文化経営）専攻修士課程修了。2016年東京大学大学院人文社会系研究科文化資源学（文化経営）専攻博士課程修了、博士（文学）。

1999年群馬県藤岡市役所に入庁し文化財保護行政を担当、現在に至る。

主要論文に「ミュージアムにおける市民のまなざしの行方：戸隠地質化石博物館〈ミドルヤード〉の意味」（『アートマネジメント研究』第12号、2011年）、「地域文化の担い手と市民参加型発掘調査 野尻湖発掘の今日的意義」（『文化資源学』第11号、2013年）がある。



市民参加型調査が文化を変える

—野尻湖発掘の文化資源学的考察—

2017年5月31日　初版第1刷発行

著　者——土屋 正臣

発行所——美学出版

〒164-0011 東京都中野区中央2-4-2　第2豊明ビル201

Tel 03(5937)5466　Fax 03(5937)5469

装　丁——右澤康之

印刷・製本——創栄図書印刷株式会社





ISBN978-4-902078-46-6　C3030

＊乱丁本・落丁本はお取替いたします。＊定価はカバーに表示してあります。